はじめに

貿易論は国際経済論ではない

本書は商学部の必須科目である「貿易論」の教科書として書かれました。ただし，テーマは国際経済論ではありません。現在，多くの商学部・経営学部では，国際経済論が「貿易論」として講義されています。これは国家間の財・サービスの交換をマクロ統計で捉え，マクロの貿易構造・動態を数理モデル分析するものです。国家間の財・サービスのフローの中に隠された構造・ロジックの解明は興味深いのですが，貿易を動かしている企業・個人の活動はマクロの構造分析の蔭に隠れてしまい，姿が見えません。

商学部はビジネスを担う実業家の育成を目的としており，将来，自らビジネスを企画・形成・運営管理・成長発展させる企業家の「卵」に対して，ビジネス行為としての貿易を教える必要があります。商学は「企業がどのように商品・サービス等の付加価値を生み出し，流通・交換過程を通じて顧客に価値提供するのか」を研究するものであり，「貿易論」もそのようなものとして創り直す必要があります。

貿易はサプライ・チェーンを構成する工程の１つである

ビジネスは，企業と顧客を結ぶ価値連鎖の観点から見れば，顧客に対する付加価値提供を目的としたサプライ・チェーンのマネジメント（企画・形成・運営管理・成長発展）です。例えば，製造企業はサプライ・チェーンの川上に居て，製品の企画・開発，設計，部品の製造・調達，最終製品の組立，物流，販売・サービスという工程（プロセス）を１つ１つつなぎ合わせることで（チェーンは「鎖の輪」の意です），川下の顧客に付加価値を提供します。そして，貿易はサプライ・チェーンを構成する工程の１つです。

我々はいまだに1990年代までの「日本」を引き摺っており，貿易をサプライ・チェーンの最川下のプロセスとしてイメージしがちです。かつての日本は「世界の工場」であり，自動車からテレビ・VTR等AV機器，白物家電，さらには繊維製品・雑貨までを国内集約生産し世界中に供給していました。国内で創り出した価値を海外顧客に提供するサプライ・チェーンにおいて貿易は最終工程に当たり，グローバル競争に勝つためのポイントは国内の開発・生産過程に在り，貿易では，いかに摩擦やムダを少なく，ジャスト・イン・タイムで海外顧客に製品を搬送・供給できるかが課題でした。

貿易はグローバル・サプライ・チェーンでの位置を変えた

しかしながら，我が国は1990年代末以降「世界の工場」の地位を中国に譲り，例えば，自動車では国内・海外生産比率がほぼ均等になるなど[1]，製造企業は国内集約生産を止めてグローバル生産に移行しており，それは完成品も部品も同様です。サプライ・チェーンを構成する企画，設計，部品製造，最終製品組立，物流などの工程はかつて国内完結していましたが，今やバラバラに解体されてグローバルに分散立地しています。

何かモノを作るとなると，グローバル分散した工程をつなぎ合わせる必要があり（工程間で貿易が発生），現在のサプライ・チェーンでは，貿易は「つなぎ『鎖』」として複雑に組み込まれています。1990年代以前の貿易は，国内で創造された価値を海外市場に「つなぐ」役割を負い，企業のグローバル・ビジネス構造は貿易構造と同義でしたが，サプライ・チェーンが工程毎にグローバルに分散立地する現在，企業のグローバル・ビジネスは「最川下」の「貿易」だけ見ていても理解できません。

貿易ではなくサプライ・チェーン・マネジメント全体を見る

商学部で貿易論が伝統的に講義されてきたのはグローバル・ビジネスを理解するためでした。かつてのグローバル・ビジネスは，国内で製品の企画・開発，設計，部品の製造・調達，最終製品組立の「価値連鎖」を築き，さらに国際物流（海運等），海外市場での販売・サービスへとプロセスをつなげるものでしたので，「貿易」工程だけ切り出して議論ができました。国内集約生産された完成品を海外顧客に届けるべく，どのようにグローバル・マーケティングし，輸出入手続と国際物流等を高効率化して，ジャスト・イン・タイムで届けるか。確かに，貿易は最終段階の重要なプロセスでした。

これに対し，現在のグローバル生産体制の下では，サプライ・チェーンを構成する工程はグローバルに分散立地しており，各工程をどのように配置し，相互に連携させて，全体としてムダなく効率的で，かつ，市場変化に迅速に対応できるよう管理するかが課題です。グローバル・サプライ・チェーンに複雑に組み込まれた貿易プロセスだけを切り出しても，グローバル・ビジネスは理解できません。

商学部は企業の経営・ビジネスを担う人材の育成を使命としていますが，1990年以降のグローバル経済では，貿易を含むグローバル・サプライ・チェーンの全体をマネジメントできる才能が求められています。また，サプライ・チェーンの

1　経済産業省（2023c）「第52回海外事業活動基本調査」

単一工程に専業する者も，サプライ・チェーン全体ないし隣接工程を見渡すことができれば，新たなビジネス展開を見つけたり，ビジネスを高効率化したりすることが可能となります。

グローバル・ビジネスとサプライ・チェーンを同時に考える

本書では，企業の貿易過程を含むグローバル・ビジネスをサプライ・チェーン・マネジメントの観点から把握し直し，多国籍企業が市場環境・競争環境等の変化に対応して，経営戦略やビジネス・モデルを革新し，どのようにグローバル・サプライ・チェーンを再編・構築しているかを考えます（第２～４章）。グローバル・サプライ・チェーンを俯瞰して，サプライ・チェーン全体を考え，いかに貿易を含むサプライ・チェーンの「鎖」を連結させて，競争力あるグローバル・ビジネスを組み立てるかを考える機会を提供（望むらくは力を育てることをサポート）したいのです。

この点，「貿易論ではなく，多国籍企業論ではないか」「サプライ・チェーン・マネジメント論ではないか」と指摘する向きもあるでしょう。多国籍企業論は，多国籍企業の戦略・管理・組織を学ぶものであり，多国籍企業化（対外投資）の原因から始まり，グローバル市場で競争優位を確立するための競争戦略・製品戦略，マーケティング，企業運営に係る国際経営組織・人的資源管理などを取り扱うもので，具体的にグローバル・サプライ・チェーンのマネジメントを考えるものではありません。

また，サプライ・チェーン・マネジメント論は開講大学が限られていますが，サプライ・チェーンの効率的な運営管理に関して，立地・調達戦略，倉庫・配送管理，在庫管理，工場内物流・配置，情報化などを学ぶものであり，残念ながら企業のグローバル・ビジネス展開をテーマとして，グローバル・サプライ・チェーンのマネジメントを取り扱うわけではありません。本書では，伝統的な貿易観に縛られず，企業がどのようにグローバル・ビジネスを展開するのか，それに応じて，グローバル・サプライ・チェーンをいかにマネジメント（企画・形成・運営管理等）するかを具体的に取り扱います。

サプライ・チェーンから発想すると自由貿易システムがいかに重要かを理解できる

1990年以降の世界経済はグローバル・ビジネスにとり大変良い時代でした。冷戦時，世界経済は自由主義陣営と共産主義陣営の２つに分裂していたのですが，共産主義陣営の敗北により両者を隔てる壁が崩れ，1990年以降，世界があたかも国境のない１つの国であるかのようにモノ・カネ・ヒトが自由に移動でき，企業・個人が無制約にビジネス活動できることが経済では理想とされました。この「壁」のない世界市場を掲げるグローバル資本主義は，グローバル・ビジネスとグローバル・サプライ・チェーン・マネジメントにとり理想的な環境でした。

ただし，これは努力なしに得られたものではなく，WTO（世界貿易機関）など「自由で開かれた国際貿易システム」に係る制度基盤の賜であり，一方，企業もWTOシステムを上手く利用してサプライ・チェーンを最適化してきました。企業が自由にサプライ・チェーンの「鎖」をつなぎ，グローバル・ビジネスを発展させられるかは，国際貿易・投資の自由を守る国際社会の取組次第です。本書では，「自由で開かれた国際貿易システム」とグローバル・サプライ・チェーン・マネジメントの関係を取り扱います（第５章）。

地政学要件は再びグローバル・サプライ・チェーンを分断するか

この30年間，国際ビジネスの自明の前提だったグローバル資本主義は，冷戦終結後の米国の一国覇権に支えられてきました。中国の台頭，ロシアの復活に伴い，2010年代央以降，国際政治経済の重要ファクターとして地政学的要件と安全保障配慮が復活。コロナ感染症による世界経済の混乱を挟み，米日欧の自由主義国家グループと中ロ等権威主義国家グループで経済的な相互依存をゼロ化しようとする動きが強まっています。

その結果，米国主導により「再グローバル化」の名の下に米中デカップリング（サプライ・チェーンの切離し）が政策的に追求されています。既にTSMC，Intel，マイクロンなど半導体メーカーは巨額の投資を行って，グローバルな生産拠点の再編とそれに伴うサプライ・チェーンの工程の再配置に着手しており，我が国企業も遠からぬうちにグローバル・サプライ・チェーンの再編が避けられません。本書では，グローバル資本主義の修正とサプライ・チェーンの「再グローバル化」を論じます（第６章）。

近年サプライ・チェーンを単位とした規制が増えてきた

「自由で開かれた国際貿易システム」では「壁」を作らないことが肝心ですが，環境規制など必要不可欠な「壁」もあります。伝統的な規制は有害廃棄物，オゾン層破壊物質の輸出入規制のように貿易プロセスにフォーカスしていましたが，近年，サプライ・チェーンを単位とした規制が増加しており，企業としては，貿易プロセスだけにフォーカスするのではなく，サプライ・チェーン全体を俯瞰して，川上から（顧客プロセスも含む）川下まで一気通貫した対応をしなければならなくなっています。

例えば，欧州化学品規制のように，化学物質の生産・流通・使用・廃棄の全過程を対象として人体・環境への悪影響を防ぐ規制では，企業は顧客プロセス（使用・廃棄）も含むサプライ・チェーン全体に関して対応が必要です。また，地球温暖化に関しては，サプライ・チェーン全体でのCO_2削減が課題であり，企業は企画・設計，部品製造，最終組立，物流，販売，サービスだけでなく，顧客による製品の使用・廃棄のプロセスまで含めたCO_2削減が求められています。このため，企業のグローバル・ビジネスがグローバル・サプライ・チェーン単位の規制によりいかなる影響を受けており，企業経営者がどのようにサプライ・チェーン・マネジメントにおいて対処しなければならないかも本書では取り扱います（第７章第３節）。

デジタル技術がグローバルにサプライ・チェーンをスマート化する

貿易決済のデジタル化，貿易手続の電子化などを耳にしたことがあるでしょうか。貿易取引では，膨大な書類が紙ベースで多数関係者の間で遣り取りされてきましたが，紙ベースでの契約・取引は煩瑣であり，銀行，税関など相手に応じてフォーマット修正が必要です。現在，サプライ・チェーンのデジタル化が進められており，貿易取引・物流関係者が個別に書類を作成・保存するのではなく，ブロック・チェーン技術により，関係者全体でデータを一元的に保存管理し活用しようとしています。

また，グローバル競争の激化により，変転して止まない市場動向への適時適切な対応がますます求められていますが，顧客ニーズにジャスト・イン・タイムで応えるには，完成品の物流だけにフォーカスしていても問題解決にはならず，最終加工組立，ユニット組立，部品生産，原材料調達とグローバル・サプライ・チェーンを遡って，モノの動きを最適化する必要があります。企業はIoT技術を活用してサプライ・チェーンをデジタル化し，製品やサービスに関連する商品，データ，財務のフローを可視化して，サプライヤー，部品メーカー，卸売業者，輸送手段提供者，物流業者，小売業者など関係者を含めてグローバルに商流・物流を最適化しようとしています。

企業はデジタル技術により商流・物流をグローバル・サプライ・チェーン単位で効率化・最適化しようとしていますが，本書では，貿易を含むサプライ・チェーン・マネジメントにおけるデジタル技術の活用についても説明します（第７章第１，２節）。

デジタル化はモノ貿易に並ぶデジタル貿易を産んだ

デジタル化と言えば，20世紀まで貿易はモノ貿易と同義でしたが，21世紀にはデジタル貿易が登場し，21世紀の世界経済と国際貿易を牽引することが期待されています。

我々はモノ貿易を即「貿易」と考え，製造企業がサプライ・チェーンを川上から川下に一工程一工程「価値連鎖」させ，川下の顧客に対して国境を越えて製品・サービスを提供する様を想起します。デジタル貿易のうち，国際電子商取引は契約・決済がインターネットで行われますが，そこではモノの越境取引があり，越境データ取引もデータがインターネットを介して顧客に越境提供されますので，モノ貿易の延長で理解できます。

しかしながら，SNS，クラウド，オンライン会議，オンライン・ゲームなどのオンライン・サービスとなりますと，役務がインターネット空間で完結し，「国境を越える」という越境概念が成り立ちません。本書では，誕生して日の浅いデジタル貿易についても，モノ貿易と比較しつつ，リアル空間にはない独特のビジネス・モデルを説明し，プラットフォーマーによるビジネス展開について取り扱います（第8章）。

本書は新しいグローバル・ビジネスの実務的な理解に向けた試みの第一歩です

この本は「国際貿易・ビジネスの再構築――サプライ・チェーンの企画・形成・運営の観点から」をタイトルとしています。

冒頭に述べたように，現在の大学で講義される「貿易論」は国際経済学ですので，グローバル・ビジネスとは無縁です。グローバル・ビジネスの代表科目である多国籍企業論も多国籍企業の戦略・管理・組織を学ぶものであり，具体的にグローバル・サプライ・チェーンのマネジメントを取り扱うわけではありませんし，サプライ・チェーン・マネジメント論もサプライ・チェーンの効率的な運営管理を学ぶものであり，企業のグローバル・ビジネス展開との関連性を直に取り扱うわけではありません。

サプライ・チェーンの工程がグローバル分散する現在，企業がどのようにグローバル・ビジネスを組み立てて実行しているかを理解するには，1990年以前のように貿易プロセスだけ見ていてもムリであり，グローバル・サプライ・チェーン全体を見渡す必要があります。「国際貿易・ビジネスの再構築――サプライ・チェーンの企画・形成・運営の観点から」というタイトルは，多国籍企業論等が取り扱わない，企業のグローバル・ビジネスと直結したグローバル・サプライ・

チェーン・マネジメントを，国際貿易を含めて取り扱い，読者の理解に提供したいという考えを示そうとしたものです。

読者がその視野を貿易工程からグローバル・サプライ・チェーン全体に拡げ，グローバル・ビジネスを遂行する上で，サプライ・チェーンをいかに組み立ててマネジメントするかを考える手助けをしたいと考えています。冒頭，本書は中央大学の担当講義の教科書として用意したと書きましたが，現在又は将来を問わずグローバル・ビジネスを担う方が理解しておくべき事柄をまとめたものであり，いささかなりともお役に立てるのではないかと考えます。では，一読いただければ幸いです。

目　次

第II部
多国籍企業のサプライ・チェーン・マネジメントと貿易

第Ⅲ部
21世紀の自由貿易の制度基盤とグローバル資本主義の修正

第Ⅳ部 デジタル技術と貿易

第Ⅰ部

貿易観の転換

マクロ的現象からサプライ・チェーン・マネジメントへ

今でもグローバル・ビジネスというと（輸出）貿易を連想する向きが少なくない中，1990年以降のグローバル化された経済では，企業は母国で製品を国内集約生産しグローバル市場に輸出供給しているわけではありません。多国籍企業は企画・開発，設計，部品製造，ユニット組立，完成品最終組立，物流，販売，サービスなどサプライ・チェーンを構成する工程をグローバル分散させており，これらの工程を「つなぐ」ことでサプライ・チェーン川下に位置する顧客・ユーザに付加価値を提供しており，本国本社の輸出貿易を見ても，その企業のグローバル・ビジネスの在り方は分かりません。

本書では，グローバル・ビジネスをグローバル・サプライ・チェーンの観点から捉え直すことを考えていますが，直ちに話をグローバル・サプライ・チェーンより起こすと，「グローバル・ビジネス」＝「輸出貿易」と連想しがちな方には呑み込みづらいものとなるため，段階を追って話を進めていきます。

現在の商学部では「国際経済論」が「貿易論」として講義され，国家間の財・サービスの交換に関する統計データに基づきマクロの貿易構造・動態が分析されています。そこで，本書でも，まず，国際経済学が貿易のメリットをどのように説明しているか（第1章），次に，国際経済学が1990年以降の国際貿易構造の変化をどのようにマクロ分析しているか（第2章）を第Ⅰ部で説明した上で，実は国際貿易の構造変化が企業のグローバル・サプライ・チェーン・マネジメントの変化の「集合的」結果であることを第Ⅱ部でお示しします。

第1章 貿易の利益

国際経済学では，貿易の利益をどのように説明しているのでしょうか。

第1節　交換の利益

商学は貿易を個別取引として捉えますが，国際経済学では，貿易を集合的に国家間の財・サービスの交換と捉えます。国家間で貿易が行われるのは「財・サービスの交換が互いの国に利益をもたらす」からですが，問題は交換の利益が何かです。この点，交換の利益として「消費の可能性の拡大」と「特化の利益」が挙げられます。

第1項　消費の可能性拡大

貿易により世界市場と結びつくことで，一国の消費可能性は拡大します。

世界で2種の財（パン，車）が生産されており，世界市場でパンを1トン100万円，車を1台100万円で取引している中，我が国がパン50トンと車300台を生産しているとします。我が国が貿易を行わず鎖国している場合，パンも車も自給自足となりますので，図表1－1のA点で示される生産点が我が国で可能な消費の組合せです。

しかし，我が国が鎖国を止めて貿易をスタートすれば，車輸出1台につき100万円の収益を得，パンを1トン100万円で輸入できますので，車100台を輸出し10,000万円の収益を得てパン100トンを輸入すれば，パン150トン，車200台というB点の消費の組合せが可能となります。さらに，車の輸出を100台追加すればパン100トンが追加輸入でき，パン250トン，車100台というC点の消費組合せも可能となります。

これらA，B，C点のいずれの消費の組合せを選択するかは，我が国の消費者の選好次第ということになりますが，国は貿易を行うことにより，３点を通る直線上のいずれの消費組合せも選ぶことができるようになります。

図表１－１　消費の可能性の拡大

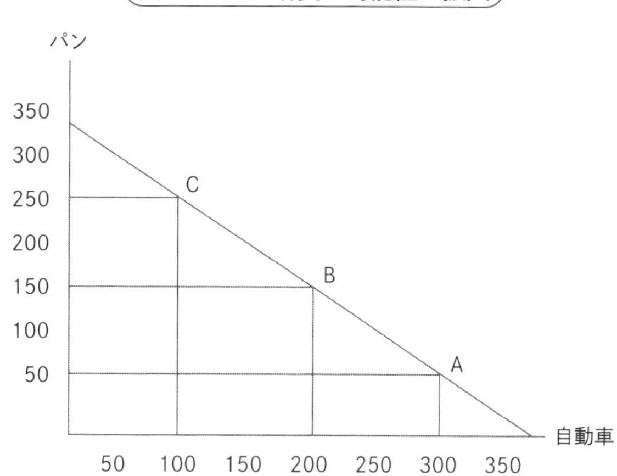

（出所）筆者作成

第２項　特化の利益

経済学の祖とされる，英国のアダム・スミス（Adam Smith, 1723～1790）は『国富論』で，留め具や縫い針などのピン製造を例として，職人が分業して，各々の得意とする作業工程を担当することで，社会全体の労働生産性が飛躍的に向上することを分析しました。スミスは，人間には協働と交換の本能的な性向があり，社会的な分業と分業による生産性向上が可能になると考えましたが[1]，貿易も同様であり，各国が得意な産業に特化し分業することで，世界全体で最も効率的な財の生産が可能となり，各国が生産物を交換することで，世界全体での経済的厚生[2]も最大となります。

19世紀初，アダム・スミスと同郷のリカード（David Ricardo, 1772～1823）は重商主義[3]に対して自由貿易論を唱え，スミスの「分業」に基づく貿易理論を発展させました。アダム・スミスは「絶対優位」に基づく分業を考えたのに対し，リカードは「比較優位」に基づく分業を理論化しました。次項の第２節でリカー

1　Smith, A.（1776）

2　厚生は国民生活を豊かにするとの意味であり，イギリスの経済学者で厚生経済学を打ち立てたピグー（Arthur Pigou, 1877～1959）によれば，経済的厚生は社会を構成する各人の効用の総和であるとされる。

ドの打ち立てた古典的貿易理論を扱う前に，分業と分業のメリットについて説明しましょう。

理解の便のために，妻と夫の２人が家事を分担するケースを使います。家事には料理と洗濯があり，料理１品作るのに妻は10分，夫は５分かかり，服１着洗濯するのに妻は３分，夫は10分かかるとして，２人はどのように家事分担すると１時間で最大の成果を家事であげられるでしょうか。分業せずに妻，夫が30分ずつ料理と洗濯したとすると，妻は料理３品，洗濯10着，夫は料理６品，洗濯３着をこなしますから，２人で料理９品，洗濯13着できます。

しかし，２人の家事能力を見ると，妻は夫よりも洗濯能力は高いのですが，料理能力は夫よりも劣っており，夫はその逆で妻に洗濯能力で劣りますが，料理の能力は優ります。とすれば，１時間全てを妻は洗濯，夫は料理に専念したほうが時間の使い方として賢明そうです。２人で家事分担すると，妻は洗濯20着（もちろん料理は０品です），夫は料理12品（洗濯０着）をこなし，２人では料理12品，洗濯20着となり，分業せず２人がそれぞれ家事を行った時よりも，多くの家事を達成しています。

貿易も家事と同じであり，妻と夫を工業国，農業国，洗濯と料理を工業生産，農業生産と置き換えれば，二国がそれぞれ得意な産業に特化して工業品と農業品の生産を分業すれば，世界全体で工業生産・農業生産ともに増大できます。ただし，ここでは妻と夫の間で得意分野が異なり，得意分野ではパートナーよりも能力が高かったのですが，仮に，妻が夫よりも料理も洗濯も得意だったとしたならば，どのように分業したらよいのでしょうか。リカードが解いたのは，この問題です。

第２節　古典的貿易理論

第１項　比較優位

リカードは重商主義に対抗して自由貿易主義を説いたのですが，重商主義のように，「後発国は先発国に対して多くの産業で劣位にあり，自由貿易体制下では，先発国との競争にあらゆる産業分野で負けてしまい，先発国の製品市場になるだ

3　重商主義は，16～18世紀にヨーロッパの絶対王政下で採られた経済政策であり，貴金属や貨幣などの国富を増やすことを目的として，初期，海外植民地の獲得と鉱山開発により金銀の獲得が目指されたが（重金主義），輸出増大と輸入抑制により外貨準備の蓄積が追求された（貿易差額主義）。国内産業を保護育成するとともに工業製品輸入に対して高関税を課すことで，輸出の最大化と輸入の最小化が図られた。

けである」とはせず，「仮に，後発国が先進国に対して全産業で劣位にあるとしても，後発国と先発国の間で国際分業は可能であり，後発国が必ずしも一方的に先進国の製品市場になるわけではなく，先発国，後発国ともに貿易から利益を得られる」と考えました。

先進国は往々にして後進国に工業，農業ともに生産性で優っています。では，どのように分業したらよいのでしょうか。妻と夫の家事分担のケースに戻ると，妻が夫よりも洗濯能力が高く，夫が妻よりも料理能力が高いため，２人の間の分業は妻が洗濯，夫が料理と決めやすかったのですが，先進国・後進国の優劣関係と同様，妻が料理１皿作るのに10分，洗濯１着に２分かかるのに対し，夫が料理１皿に15分，洗濯１着に10分かかるならば，２人の家事分担をどのように決めればよいのでしょうか。

リカードはこの問題を解決するために提示したのが「比較優位」でした。アダム・スミスが考えたのは，夫婦の家事分担において，妻，夫ともに相手よりも優れた能力を持つ家事に特化する分業でしたので，妻が夫よりも全ての家事で優る場合を想定していません。妻，夫は料理と洗濯のいずれに特化すべきか，何か判断基準が必要です。妻・夫ともに，料理を行えば洗濯ができず，洗濯を行えば料理ができません。特定の活動にコミットすると他の活動が犠牲となりますが，どの程度，他の活動が犠牲になるかを算出して，犠牲が最も少なくなる形で分業することを考えては如何でしょうか。

「特定の活動を行う時に，その活動を行わずに他の行動を執った時に得られる利益」を「機会費用」といいますが，洗濯作業を基準として夫婦が料理にコミットした時の機会費用を計算すると，妻の機会費用は「料理１品作るのに要する時間／洗濯１着に要する時間」で５，夫の機会費用は同様に1.5となります。妻は料理１品作るのを止めると洗濯５着できるのに対し，夫は1.5着が可能であるに過ぎませんから，妻と夫の料理による犠牲は妻のほうが大きくなります。とすれば，機械費用の最小化の観点からは，妻が洗濯，夫が料理に特化するのが最適となります。

夫婦の間で分業をせず，夫婦ともに30分料理，30分洗濯をしたとすると，妻は料理３品，洗濯15着，夫は料理２品，洗濯３着で，併せて料理５品，洗濯18着となりますが，一方，機会費用に基づき決定した分業方法に従い，夫に60分料理に専業させ，妻には20分料理，40分洗濯させると，妻は１時間で料理２品，洗濯20着，料理専業の夫は４品をこなし，夫婦で料理６品，洗濯20着と，より多くの料理と洗濯が可能となります。

アダム・スミスが社会的分業を決定する基準とした，「生産に必要な投下労働量が他国に比べて小さい」(夫婦の家事分担のケースにおける所要「時間」を投下労働量と考えてください）か否かは「絶対優位」と呼ばれるのに対し，リカードが国際貿易の分業を決定する基準とした機会費用に基づく優位性を「比較優位」と言います。夫婦の家事分担でも，1時間という限られた時間で投入できる労働をいかに有効に使うかを判定するため機会費用を用いました。国際貿易においても，各国には，優位分野が複数存在し得る中，限られた労働を用いて生産を最も効率的に行うことができる分野に特化する必要があり，その際，機会費用が最小化できるかがメルクマールとなります。

第2項　リカード・モデル

(1) 6つの仮定

リカードは1817年「経済学及び課税の原理」を著し，その中で，比較優位に基づく国際分業による自由貿易のメリットを主張しています（古典的貿易理論)。ここで，リカードがどのように自由貿易のメリットを比較優位に基づき説明したかを説明しましょう。経済学は経済のモデル化に当たり単純化を行いますが，リカードも自由貿易のモデル化に当たり幾つかの仮定を置きます。下記の6つがリカードの設定した仮定ですが，貿易のメリットは貿易をしていない状態（鎖国状態）との比較が必要ですので，以下，鎖国状態と自由貿易状態で世界全体の厚生が改善されるかを検証します。

仮定1　世界には，A国とB国の2カ国しか存在しない。
仮定2　世界では，2つの財（工業品と農産品）のみが生産・消費される。
仮定3　いずれの財も，労働力のみを用いて生産される。
仮定4　財は自由に国境を越えられるが，労働者は国境を越えられない。
仮定5　A国とB国には，有限な数の労働力しか存在しない。
仮定6　A国とB国では，財1単位の生産に必要な労働力（労働投入係数）が異なる（労働投入係数が小さいほど効率的な生産が可能で，優位にある)。

(2) 鎖国状態

貿易のメリットは，鎖国状態との比較をしてみませんとわかりません。まず，A，B両国の鎖国状態における状況をチェックすることが必要です。ここでは，A国に300人，B国に640人の労働者が存在し，A国の労働投入係数は工業品6人，農産品3人，B国は工業品32人，農産品4人であると仮定します。

鎖国状態にあるため，両国は工業品・農産品を自給自足し，生産数量は国内消費者の需要パターンで決まりますので，Ａ国では，労働者を工業品，農産品の生産に150人ずつ投入して工業品25単位，農産品50単位が生産・消費され，Ｂ国では工業品，農産品に320人ずつ投入して工業品10単位，農産品80単位が生産・消費されていたとします。また，Ａ国の国内市場では工業品６万円，農産品３万円の価格が成立し，Ｂ国の国内市場では工業品16万円，農産品２万円の価格が付いたと仮定します。

リカード・モデルでは，労働力が唯一の生産資源なのですが，市場均衡のためには労働力が工業部門と農業部門の間を移動しなくなる，すなわち賃金が等しくなる必要があります。Ａ国では，工業品の労働投入係数が６人で価格が６万円ですから，工業部門の賃金は１万円です（財価格＝労働者１人当たりの賃金×労働投入係数）。一方，農産品の労働投入係数が３人，農産品価格が３万円ですから農産部門の賃金も１万円となり，工業部門と農業部門の賃金が等しく労働力移動が発生しません。これはＢ国でも同様であり，工業部門と農業部門の賃金は等しく5,000円となり，労働力の移動が発生しない市場均衡状態となっています。

ここで，Ａ，Ｂ両国の比較優位について確認しましょう。Ａ国の労働投入係数は工業品６人，農産品３人，Ｂ国は工業品32人，農産品４人ですので，Ａ国は工業，農業のいずれでも絶対優位にあります。ただし，両国の労働力には制限があり，限られた労働力をいかに活用すると最も効率的な生産ができるかを考えなければなりません。農産品で測った工業品生産の機会費用（工業品の労働投入係数／農産品の労働投入係数）を見るとＡ国２，Ｂ国８であり，Ａ国は工業生産に比較優位を持ち，Ｂ国は農産品に比較優位を持つことがわかります。仮に，経済が鎖国から自由貿易に移行したならば，限られた資源の効率的活用の観点からは，Ａ国が工業生産，Ｂ国が農業生産に特化して分業することが最適となりますが，はたして結論はどうなるでしょうか。

（３）自由貿易状態

ここで，両国が鎖国を止めて自由貿易に移行したとしますと，Ａ，Ｂ両国の財の価格差から，Ａ国の消費者はＢ国の安価な農産品を購入しますから，Ｂ国で農産品価格は上昇し，需要の減少したＡ国の農産品の価格は下落します。一方，Ｂ国の消費者はＡ国の安価な工業品を購入しますので，Ａ国の工業品の価格は上昇し，需要の減少したＢ国の工業品の価格は下落することとなります。

この状態は二国間で財の価格差がなくなるまで続き（両国で同一価格が成立すれば，消費者には外国製品を購入する意味がなくなります），最終的にＡ国が工業生産に，Ｂ国が農業生産に特化し国際分業することとなります。二国間貿易の結果として成立する国際価格は，二国の鎖国時の国内価格の間で決まりますが，工業品10万円，農産品2.5万円にそれぞれ収斂したと仮定しておきます。

この場合，Ａ国は300人の労働力により工業品を50単位生産し，Ｂ国は640人の労働力により農産品を160単位生産することになりますが，世界全体では，鎖国時に工業品は35単位，農産品は130単位しか生産できなかったのですが，工業品は15単位，農産品は30単位生産が増加します。これは二国が比較優位に基づき特定部門に特化した賜ですが，Ａ国がＢ国に工業品15単位（150万円）輸出し，その150万円でＢ国の農産品を60単位輸入すると（Ｂ国側から言えば，Ａ国に農産品を60単位輸出し，それで得た150万円で工業品15単位を輸入），Ａ国の国内消費は鎖国状態と比べて工業品10単位，農産品10単位増え，Ｂ国でも工業品５単位，農産品20単位だけ消費が増えます。

鎖国状態で賃金についてコメントしましたので，自由貿易状態についても見ると，Ａ国は工業品を国際価格10万円で50単位生産しているので，300人で500万円を稼ぎだしている計算となり，労働者１人当たりの賃金は約１万6,667円となります。一方，Ｂ国は農産品を国際価格2.5万円で160単位生産しているので，640人で400万円を稼ぐ勘定になりますから，労働者１人当たりの賃金は6,250円となり，Ａ，Ｂ両国ともに賃金は鎖国状態よりも改善されています。

（４）産業間貿易の理論

上記のケースで見たように，それぞれの国が比較優位のある財の生産に特化し，その財を互いに輸出・輸入すると，各国の消費者がより安い価格で，より多くの財を獲得できるだけでなく，世界全体での生産量も鎖国状態に比べて増えます。リカードは「後発国が先進国に対して全産業で劣位にあるとしても，後発国と先発国の間で国際分業は可能であり，後発国が必ずしも一方的に先進国の製品市場になるわけではなく，先発国，後発国ともに貿易から利益を得られる」と考えましたが，確かに，先発国・後発国を問わず，それぞれの国が，相対的に低い費用で生産できる財の生産に特化し，その財を輸出・輸入することで，貿易の利益を実現できます。

ただし，ここで注意すべき点は，リカードの想定した貿易は産業間貿易であり，産業内貿易は射程に入っていないことです。産業間貿易とは，Ａ国が工業，Ｂ国が農業というように，国が異なる産業に特化して貿易を行うことをいい（inter-industry trade），産業内貿易とは，同一産業内の同じような財やサービスを輸出入し合う貿易形態（intra-industry trade）を指します。例えば，自動車産業では，日米独はそれぞれ世界的な自動車メーカーを擁し，互いに自動車を輸出入し合っています。現在の世界では産業内貿易が大きなウェイトを占めていますが，リカード・モデルは産業間貿易を説明できても産業間貿易を説明できません。この点については別の理論が必要であり，第4節「新貿易理論」にて産業内貿易について説明します。

なお，リカード・モデルでは，国境を越えることのできない労働力のみが財の生産に用いられ，労働投入係数の多寡により比較優位が決定されるとされていましたが，比較優位の源は労働力だけに限られず，資本蓄積，研究開発能力，天然資源の存在量等もあり，現実の国際貿易における各国の比較優位は総合的な判断が必要です[4]。

第3節　余剰概念による「貿易の利益」の証明

貿易のメリットを具体的事例で説明しましたが，財市場における資源配分の効率性を分析する「余剰分析」を用いて，より一般化された形で説明します。「余剰」（surplus）は財市場の取引により得られる「利益」を意味しますが，余剰分析では，消費者余剰と生産者余剰の和である総余剰に基づき，資源配分の効率性を検証します。

第1項　価格変動と余剰

（1）消費者余剰

市場には，いろいろな消費者がいて，同一の製品に対しても評価が異なります。消費者A，B，Cの自動車への評価額が100万円，80万円，60万円であるならば，自動車が90万円で販売されるならばAだけが購入しますが，Aは100万円支払うつもりが90万円で買えたので10万円の利益を得ています。これがAの消費者余剰です。次に，自動車が50万円で販売されるとA，B，C全員が購入し，それぞれ50万円，30万円，10万円の消費者余剰（総計90万円）が発生することとなります。

消費者を「支払ってもよい」と考える金額の順で並べると図表1－2左のように需要曲線が得られ，市場全体の消費者余剰は需要曲線より下で価格より上の部

4　スウェーデンのエリ・ヘクシャー（Eli Heckscher,1879-1952）とバーティル・オリーン（Bertil Ohlin,1899-1979）は，「各国は自国に相対的に豊富に賦存する生産要素を集約的に用いて生産される財を輸出入しあう」として，労働力の豊富な国は労働集約財に比較優位を持ち，資本の豊富な国は資本集約財に比較優位を持つことをモデル化した。リカード・モデルが労働を生産要素と捉えて，各国の労働力を活用する生産技術の相違に比較優位の源を求めるのに対し，ヘクシャー＝オリーン・モデルは，労働だけでなく資本・土地など複数の生産要素を考えて，各国の要素賦存の相違に比較優位の源を求めた。

分になります。市場には多数の消費者が存在しますので，図の階段状の部分は極小化し，図表１－２右のように需要曲線は滑らかな直線となります。そして，価格が変化すると消費者余剰も変わり，当初価格Ｐにおける消費者余剰は△abcですが，価格がＰ'に下落すると需要が増え消費者余剰は△adeとなります。増加分を細かく見ると，△cbfeは価格下落前からの購入者が価格下落で得た利益で，△bdfは新たな消費者が得た利益となります。

図表１－２　需要曲線

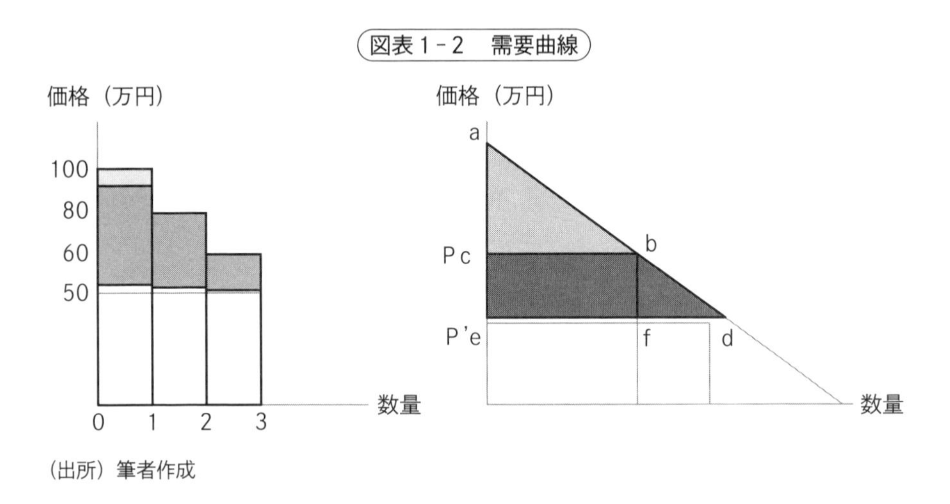

（出所）筆者作成

（２）生産者余剰

生産者余剰についても同様な分析をします。自動車メーカーＡ，Ｂ，Ｃは生産効率に応じて販売可能価格が30万円，50万円，60万円と異なるとします。自動車の市場価格が40万円の場合，Ａのみが販売し生産者余剰は10万円（40万円－30万円）となり，自動車価格が40万円から70万円に値上がりするとＡ，Ｂ，Ｃともに販売し，生産者余剰はそれぞれ40万円，20万円，10万円となります。消費者の場合と同様に，販売可能金額の順で生産者を並べると，図表１－３左のように供給曲線が得られ，市場全体の生産者余剰は需要曲線より上で価格より下の部分120万円となります。市場には多数の生産者が存在しますから，図表１－３左の階段状の部分は極小化し，図表１－３右のように供給曲線は滑らかな直線となります。

図表１－３　供給曲線

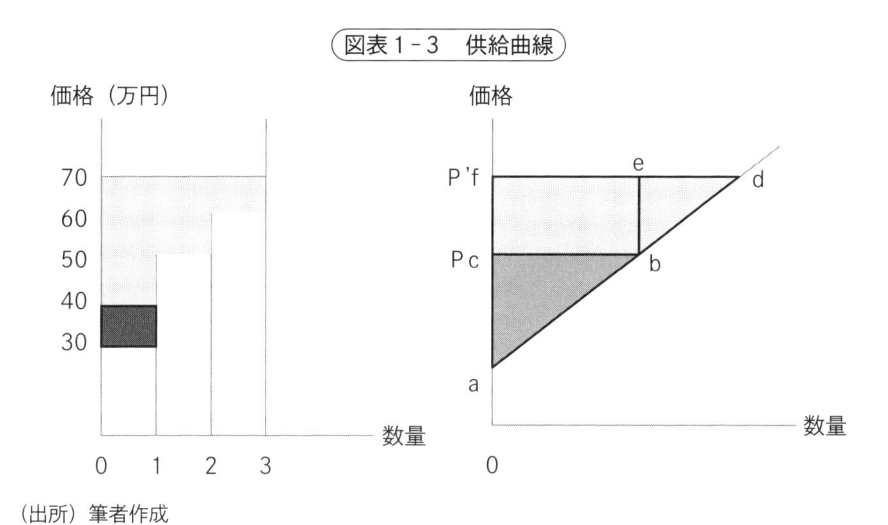

（出所）筆者作成

消費者余剰と同様に，価格が変化すると生産者余剰も変わり，当初価格Ｐにおける生産者余剰は△abcですが，価格がＰ'に上昇すると供給が増えて生産者余剰も△adfに拡大します。増加の内訳は，□cbefが元々の販売者の生産者余剰の増分で，△bdeは新しい生産者の余剰となります。以下，生産者余剰，消費者余剰，総余剰が閉鎖経済（鎖国状態）と開放経済（自由貿易）でどのように変化するかを分析します。

第２項　閉鎖経済

ある国が貿易を全く行っていないと仮定すると，図表１－４のDDが自動車に対する国内需要を示す需要曲線，SSが自動車の国内供給を示す供給曲線となり，市場均衡はDDとSSの交点で成立し，均衡価格はP^Aとなります。均衡価格の下での消費者余剰は△abcであり，生産者余剰は△cbdです。

図表１－４　閉鎖状態における生産者・消費者余剰

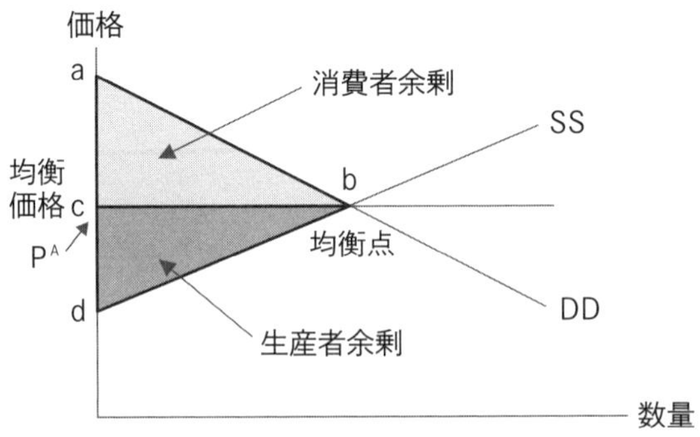

(出所）筆者作成

第３項　開放経済Ⅰ：小国ケース

開放経済は２つのケースが想定可能です。世界市場において価格決定できる大国が存在しない小国だけのケースと，世界市場が価格決定能力のある大国と小国から成るケースがあります。小国だけで世界が成り立っている場合，国際市場で価格が外生的に決定され，小国は外生的に決定された，所与の価格（P^{W}）に適応するだけとなります。国が自動車の輸出国，輸入国のいずれになるかは，閉鎖状態で成立していた国内価格P^{A}とP^{W}の大小関係に依存し，$P^{A} > P^{W}$であれば輸入国となり，$P^{A} < P^{W}$であれば輸出国となります。輸入国及び輸出国の余剰は閉鎖状態から開放状態に移行すると，どのように変化するのでしょうか（以下，図表１－５参照）。

輸入国になると，価格P^{W}で自動車を輸入できますので，国内自動車価格もP^{W}に収斂し需要はD'に増大します。一方，P^{W}以下の価格で生産可能なメーカー以外は市場撤退せざるを得ず，国内生産はS'に減少し，国内需要と国内供給の乖離，D'－S'を輸入が埋めることとなります。その結果，消費者余剰は△abcから△aefに拡大しますが，輸入品との競争に敗れ市場退出する国内生産者の余剰が喪われ，生き残った国内生産者の余剰も国内価格下落で縮減するため，生産者余剰は△cbdから△fgdに縮小します。貿易の消費者余剰と生産者余剰に対する影響はベクトルの方向が異なりますが，総余剰を見ると，貿易後の総余剰（△aef＋△fgd）は貿易前の総余剰（△abc＋△cbd）よりも△begだけ増えており，貿易の利益が国全体として認められます。

また，輸出国になりますと，閉鎖状態の国内価格P^{A}よりも高いP^{W}価格で海外輸出でき，そもそも国内価格もP^Wに上昇しますので，より多くの国内メーカーが市場参入し，国内生産量はS”に増えます。一方，価格上昇により国内消費はD”に減少し，国内生産と国内需要の乖離（S”－D”）を輸出が埋める形となります。その結果，生産者余剰は△cbdから△fedに拡大し，消費者余剰は△abcから△agfに縮小しますが，両者のベクトルが異なるため総余剰を見ますと，貿易後の総余剰（△agf＋△fed）は貿易前の総余剰（△abc＋△cdb）よりも△begだけ増えており，貿易のメリットが国全体として認められます。

図表1－5　小国ケースにおける余剰の変化

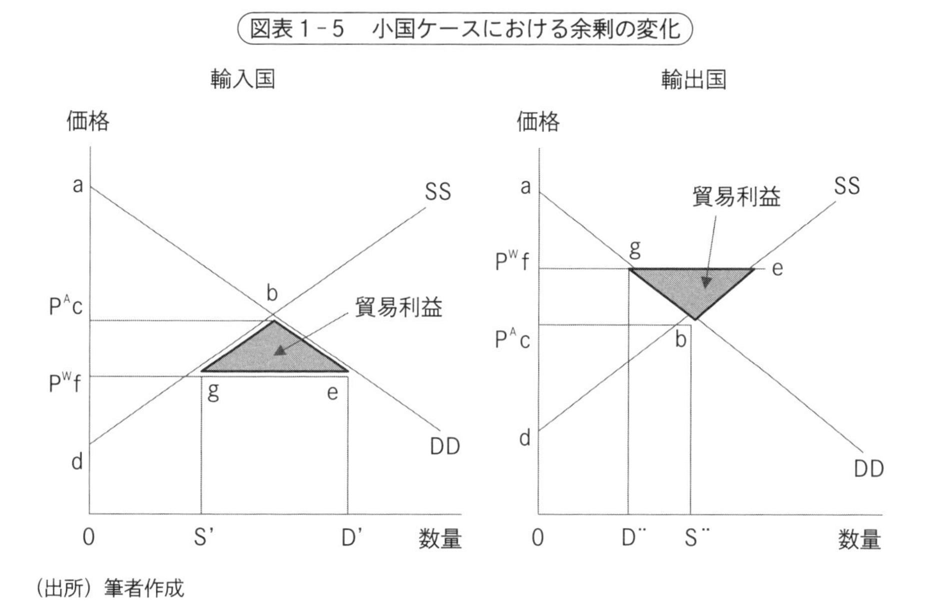

（出所）筆者作成

貿易をしていない「閉鎖経済」（鎖国）状況と，自由貿易を行っている「開放経済」状況を比較すると，生産者余剰，消費者余剰については増減が発生するものの，総余剰は輸入国，輸出国ともに増えており，貿易は経済厚生を改善しています。そして，世界は輸出国と輸入国から形成されており，閉鎖状態から開放状態の移行に伴い，輸出国・輸入国ともに総余剰が増えるのですから，単純な加算の問題として，世界全体として貿易により総余剰は増える，貿易にはメリットがあると結論できます。

第４項　開放経済Ⅱ：大国・小国ケース

このケースでは，国際市場は大国と小国から形成され，大国は比較優位，小国は比較劣位にあるため，大国が輸出国，小国が輸入国になります。小国ケースでは，価格は外生的に所与であり，貿易パターンと貿易利益は一国で需要曲線と供給曲線を用いて分析できましたが，ここでは，価格は国際市場で輸入需要曲線MDと輸出供給曲線XSの均衡により決定されます。

図表１－６では，左図が小国，右図が大国の需給曲線を示していますが，貿易開始前は各国の需要は各国の供給で満たされ，各々P^{A}，$P^{A※}$が均衡価格として成立したとします。貿易が可能となると，小国の消費者は大国の安価な自動車を輸入するので，国内価格はP^{A}から下落，非効率なメーカーは市場撤退します。一方，大国では，国内価格より高い価格で輸出でき，追加的に生産者が参入，国内価格は$P^{A※}$から上昇します。

均衡は，国際価格と大国・小国の国内価格が一致する点で成立し，小国の輸入量と大国の輸出量が均しくなります。ある国の特定価格での輸入量は，当該価格での需要量から供給量を引算しますが，国内生産で賄えない国内の需要超過分は輸入需要曲線MDで表せます。一方，ある国の特定価格での輸出量は，当該価格の下での供給量から需要量を引算し，国内需要では吸収できない国内の超過供給分は輸出供給曲線XSで表せ，図表１－６中央の示すように，小国の輸入需要曲線

図表１－６　大国・小国ケースでの国際市場の余剰の変化

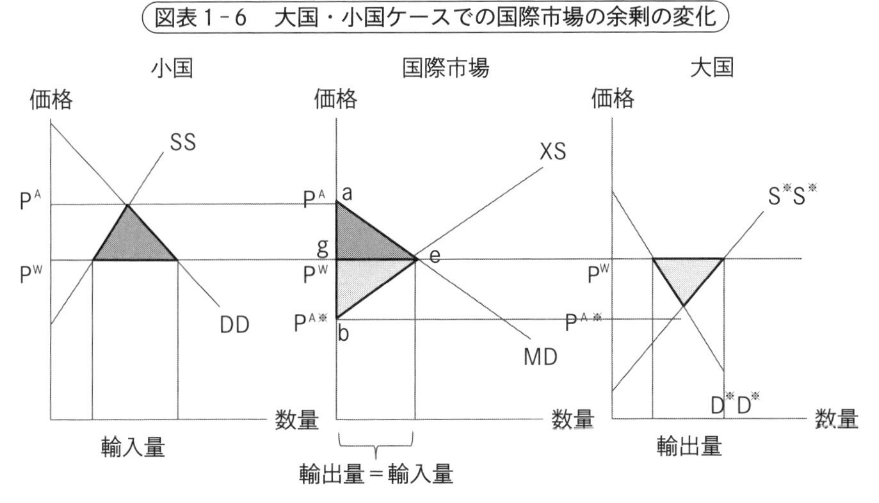

（出所）筆者作成

MDと大国の輸出供給曲線XSの交わる点で均衡し，均衡国際価格はP^Wとなります。

国際市場において，小国の輸入貿易による利益は△aegとなり，大国の輸出貿易による貿易利益は△begとなり，輸入国，輸出国ともに貿易余剰が発生することから，世界全体での貿易余剰はプラスとなることがわかります。第3節では，具体的な例ではなく，一般的，抽象的に貿易メリットを説明するため「余剰分析」を紹介しました。

第4節　新貿易理論

リカード・モデルで指摘したように，貿易には産業間貿易，産業内貿易があり，古典的貿易理論は，国家間の生産技術の差異，要素賦存量の差異により生まれる比較優位に基づき，産業間貿易を説明する理論です。生産技術や要素賦存量が国家間で同じであれば貿易は起こらないはずなのですが，現実には，世界貿易に占めるウェイトは，先進国・途上国の垂直分業よりも先進国間の水平分業のほうが大きくなっており，産業内貿易を説明するモデルが必要です。1970年代，米国のポール・クルーグマン（Paul Krugman,1953～）は「比較優位抜きでも貿易は可能か？」という問いに挑戦します[5]。

第1項　企業及び消費者に係る仮定

クルーグマンの打ち立てた産業内貿易の理論は新貿易理論と呼ばれますが，クルーグマンは，まず，生産要素が労働のみしか存在せず，二国間で相対的な要素賦存に差異が生じ得ない（比較優位に基づく国際分業が成立しない）状況を仮定し，さらに，生産に要する技術も製品に対する嗜好も二国間で同一であるとして，二国間で嗜好・技術の差でも国際貿易が起こらない状況を設定します。古典的貿易理論では，国際貿易が発生しない状況において，貿易が起こるにはいかなる条件が必要であるのか？　クルーグマンは企業と消費者について図表1-7の仮定を置きます。

5　本節は田中（2010a）（2010b）に多くを負っている。

図表1-7　新貿易理論の仮定

企業	消費者
●企業は労働のみを用い1種類の製品を生産する。 ●企業の費用関数は同一（企業は均質）であり，生産には「規模の経済」が働く。 ●生産に固定経費が存在。企業は絶えず生産拡大により平均費用を下げようとし，輸出機会があれば輸出により製品市場拡大に努める。	●消費者は多様な種類の製品から効用を獲得。量だけではなく，種類が多いほど高い満足度を得られる。 ●消費者は，消費する財のバラエティを可能な限り多様化することで，効用水準を高めようとする。 ●貿易は消費可能な財のバラエティを増大させるものであり，消費者はより多様な製品輸入を求める。

（出所）筆者作成

第2項　「規模の経済」

クルーグマンは自己のモデルで，リカード・モデルと同じく生産要素として労働力のみが存在するとし，企業は労働を用いて1種類の製品を生産するとした上で，国により比較優位が生じないよう，全ての企業の費用関数は同一であると仮定しました。ただし，リカード・モデルとは異なり，生産には「規模の経済」が働くとの仮定を導入。そのため，企業は生産を拡大して平均費用を引き下げれば収益を増やせることから，自社が取り扱う1種類の製品を巡りライバル企業と激しい競争を展開し，究極的には国内市場を独占し，さらには輸出の機会があれば，国内市場だけで満足せず輸出を行い，世界市場の独占をも狙うこととなります。

リカードは産業間貿易の理論的説明に専心していたため，毛織物であれば毛織物，ワインであればワインと，各財には1種類の製品しか存在しないかの如く，財の多様性を検討しませんでした。毛織物と名のついた製品が1種類しかないのであれば，クルーグマンの考えた「企業は1種類の製品のみを生産する」との仮定下では，特定国の特定企業が自国市場に引き続き世界市場でも独占を打ち立てれば，世界には，その一社を除き毛織物，すなわち「財」の生産者はいなくなってしまいます。

クルーグマンの仮定では，そのような最終的に一社独占の定常状態に陥ってしまう財市場ではなく，別の財市場の在り方も可能です。仮に，1つの製品で勝負に決着がついてしまったとしても，企業が次から次に新たな製品を産み出して市場参入し，新しい市場を産み出すとすれば如何でしょうか。彼等は自国市場から世界市場へと市場独占を目指して戦い，仮に，ある企業が特定の製品について世界市場の独占まで成功してしまったとしても，他の企業は改めて新しい製品を産み出し，国内市場，さらには世界市場での勝利を目指せばよいわけで，かかるダイナミックな市場像のほうが現実界と合致します。

第３項　「製品の多様性への選好」

リカード・モデルでは，消費者は財の消費量が多ければ多いほど効用が高まると仮定されていましたが，消費者の満足は数量だけでしょうか？　消費者は数量もさることながら，多様な種類の製品を消費することで高い満足度を得ることができます。そこで，クルーグマンは「消費者は消費する財のバラエティを可能な限り多様化することで，効用水準を高めようとする」と仮定します。貿易は消費者にとり，消費可能な財のバラエティを増大させるものですので，消費者は絶えず多様な製品輸入を求めることとなります。

ここで，第２項で仮定した企業と，消費可能な製品の種類の増加を求める消費者を組み合わせてみましょう。生産で「規模の経済」が働くため，企業は生産拡大により平均費用を逓減させ収益逓増を図りますが，１種類の製品しか製造しないとの仮定下では，最終的に製品市場で生き残るのは世界で一社です。しかし，特定製品について国内市場だけでなく世界市場を独占する企業が登場したとしても，消費者が消費可能な製品の種類を無限に増やすことを求めているのであれば，敗退企業といえども，改めて新製品を開発し，国内市場そして世界市場で市場独占するチャンスがあります。

リカードの仮定した世界では，財には多様性は存在しませんが（ワインはワインであり，イタリア，ドイツ，フランスという国による違いも銘柄による違いもありません），クルーグマンの考えるように，財には多様性が存在し，消費者が多様な製品を求めるのであれば，生産者は一製品で競争に敗退しても，他の製品では競争に打ち勝ち，世界市場を独占することができ，その結果，次から次に，新たな企業が新たな製品とともに登場し，世界市場支配を目指すこととなります。一方，消費者は，多様な製品を消費するほど満足度が高まりますので，生産者が国内企業であろうが，外国企業であろうが関係なく，次から次に企業が新製品を開発して消費可能な財のバラエティを増やすことを期待しています。より多くの企業が製品を開発生産し，自国市場だけでなく世界市場に輸出してくれるようになればなるほど，消費者の効用は最大化されることになります。

第4項　貿易のメリット

このように，クルーグマンは，古典的貿易理論が説明できない産業内貿易について，比較優位に基づかなくても，「規模の経済」「消費者の効用」の2つのアイデアで国際貿易が発生することを説明しました。「一財一製品」は，世界がまだ貧しく日常的必要を満たすのさえ難しかったリカードの時代の発想かもしれません。「米」と言えば，腹一杯にできるだけのコメをどう入手するかが問題であり，米の等級だとか，ササニシキ，コシヒカリなどブランドとかは問題でなかった時代です。これに対し，クルーグマンは，財には多様な製品が開発可能であり（一財多製品），「規模の経済」と市場独占を目指す企業と，無限に多様な製品の消費を求める消費者から成る世界では，新たな財だけでなく，同一カテゴリーの財の中で新しい製品が次から次と誕生し，世界中に供給されるとしましたが，これは豊かさと無限の成長を求める現代の発想でしょう。

1970年代と比較的最近になり，産業内貿易の理論化がなされましたが[6]，各国が比較優位に基づき異なる産業で分業し，産業間貿易を行うことで，世界全体だけでなく各国の厚生が改善されるだけでなく，世界中の企業が互いにライバルの提供しない製品を産業内貿易により世界中の消費者に供給することで，企業は「規模の経済」を世界市場レベルで達成して生産の高効率化を達成でき，消費者は製品選択の可能性を極限まで拡げて効用を最大化できます。

第5節　まとめ

貿易のメリットについて，経済学の観点から，いかに説明するかを述べてきました。本書では詳述しませんが，貿易にはマクロ経済的な意義も認められており，WTO（2008）が国際貿易量と経済成長には正の相関関係があるとするように[7]，貿易自由化や国際貿易拡大は各国のGDP成長を促進するとされています。

6　クルーグマンの新貿易理論では，企業は同質的であると仮定され，開放経済では全ての国が輸出を行うとされるが，Bernard et al.（2007）は，2000年に米国で操業する550万企業のうち輸出企業は4％に過ぎず，輸出企業の上位10％で米国の輸出総額の96％を占めることを明らかにしており，一部の企業が輸出を行うに過ぎない。Melitz（2003）は，現実界では生産性が異なる企業が存在する事実を踏まえ，生産性の高い企業のみが，輸出に要する固定費用を賄うだけの利潤を得ることができ輸出を行うと考えた。輸出に必要な最低限の生産性（輸出閾値）を超える一部の企業のみが輸出企業になり，輸出閾値を下回るが，参入に必要な最低限の生産性（参入閾値）は超える企業は非輸出企業となり，国内市場にのみ製品を供給することを示した（新々貿易理論）。

7　WTO（2008），p.71

図表１－８　GDP成長率と貿易の伸び率

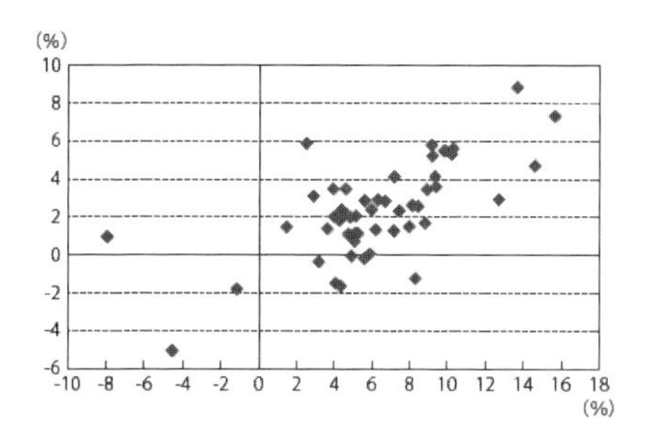

（出所）WTO（2008）

（注）縦軸は人口１人当たりGDPの伸び率，横軸は輸出入の伸び率を示す。世界銀行の地域分類に従い，東アジア，高所得国，欧州及び中央アジア，中南米，中東及び北アフリカ，南アジア，サブサハラ・アフリカについて，1961～2005年の期間について，５年毎に伸び率の平均値を求めプロットしている。

貿易がどのように各国の経済成長に影響するか，その経路は未だ解明されていませんが，（ⅰ）貿易を通じて中間財と資本財の種類が増え，自国の生産技術により適した投入財の組合せが可能になる結果，生産性が上昇する，（ⅱ）貿易は国境を越えて生産技術，製品のデザイン等に関する情報を伝播させるが，自国の技術や製品開発能力と貿易相手国からの学習を組み合わせ，生産性を上昇できる，（ⅲ）貿易産業が国際市場で獲得した技術や知識が国内の非貿易産業にスピルオーバーすることにより，経済全体の成長が促進される等の指摘があります。

この点，通商白書では，全要素生産性（TFP：Total Factor Productivity）と貿易の関係を分析しています。経済成長は資本や労働など生産要素の量的増加だけでなく技術進歩や生産効率化によっても達成されますが，全要素生産性は経済成長率から資本・労働等の量的成長率を控除した残差であり，技術進歩や生産効率化などを示すとされます。「通商白書2017年版」は，貿易と技術進歩・生産効率化に寄与度の高いIT投資との比較を試み，貿易なりIT投資なりが対GDP比で１％変化した時に全要素生産性に与える影響を2001～2014年のOECD諸国を対象に試算していますが，貿易では全要素生産性が2.41％上昇するのに対し，IT投資では1.85％の上昇と，貿易はIT投資以上に全要素生産性の上昇，すなわち一国の技術進歩と生産効率化に寄与していることがわかります。

すなわち貿易は経済を成長させ，国のイノベーション力を高める効果があることがマクロ経済的に認められているのです。

第2章
世界貿易構造変化とサプライ・チェーン・マネジメント

通常，商学部等で貿易論として講義される国際経済論に倣い，貿易のメリットを説明しましたが，国際経済論は国家間の財・サービスの交換についてマクロ構造・動態を分析するものですので，明快な論理性と高度の抽象性は捨て難いものの，個別企業のビジネス活動は背後に隠れて見えません。話をマクロの構造・動態から個別企業の活動に展開したいのですが，間にワン・ステップが必要です。引き続き国際経済学の力を借りて，国際貿易の構造変化を見てみましょう。貿易のマクロ的動態も個別企業の取引の集合的結果であり，国際貿易の構造変化も企業のグローバル・ビジネスの集合的な結果の反映です。ここに何か突破口がありそうです。

第1節　1990年以降の世界貿易構造の変化

第1項　「通商白書2011年版」の分析

第二次世界大戦後の世界を規定してきた「冷戦」はいつ終結したのでしょうか？　諸説ありますが，象徴的な意味では，1989年11月の「ベルリンの壁」の崩壊とそれに引き続く東欧の社会主義政権のドミノ倒し現象を終結時点とできます。米国のソ連に対する事実上の勝利を契機として，市場万能主義ともいうべきグローバル資本主義が少なくとも2010年代央まで支配的な経済思想となり，世界があたかも１つの国であるかのように企業・人が自由に経済活動をできる，バリアのない世界市場が追求されてきました。

その結果，1990年以前は想定できなかった事態，日米欧先進国が中国等に大規模な投資を行ってグローバル生産拠点を置いたり，先端産業分野でも技術移転を行ったりすることが一般化。かつての先進国間の完成品貿易をコアとした国際分業・国際貿易が1990年代を分水嶺として一変します。第Ⅱ部で示すように，多国籍企業が国際貿易・国際ビジネスの主体であり，彼等の国境を越えたサプライ・

チェーンの企画形成・運営管理・発展成長の取組が「集合的」に国際分業・国際貿易の構造を変えたのですが，では，1990年以降，国際貿易では，どのような構造変化が生じたのか？

この点，「通商白書2011年版」は2点を指摘しています。第一に，世界貿易のコアが1990年の日米欧三極から，2010年には米中欧三極に転換しました。日本で製造業が衰退し，「世界の工場」の地位を中国に取って代わられたのでしょうか？　第二に，国際貿易を最終財貿易と中間財貿易に分けて見ると，1990年時点では，世界貿易のコアである日米欧の三極では最終財が交易され，中間財貿易は重要ではありませんでした。自動車でも，テレビでも，完成品が日米独等で製造されて，相互に交易し合っていました。これに対し，2010年時点では，中間財貿易が最終財と並ぶ貿易形態に成長し，中国が日本・東南アジアから中間財（部品・材料）の供給を受けて最終製品に組み立てて米欧に輸出する国際分業が成立。米中欧三極間の最終財貿易と「東アジア生産体制」での部品製造・最終組立の工程分業がセットとして成立しました。

以下，1990年以降の世界貿易の構造変化について説明します。

第2項　1990年の日米欧三極の最終財貿易を中心とする国際貿易

（1）日米欧三極構造

通商白書はNAFTA[1]，EU，ASEAN，メルコスール[2]，中国，日本を世界貿易の主要プレイヤーとして，1990年以降の世界貿易構造の変化を概観しています。

1990年時点の世界貿易は，NAFTA・EU，NAFTA・日本，EU・日本の先進国・地域間の貿易が6割（61.5％）を占め，他に目立つ国・地域間の貿易は日本・ASEAN（7.9％），NAFTA・ASEAN（6.5％）やEU・ASEAN（5.8％）であったように，日米欧先進国地域が主導する貿易関係にASEANが加わる形でした。世界貿易の中核を占める日米欧の三極構造は，「各極を頂点とし，各二極間の貿易額の比で各辺を構成した三角形」で表現してみると，より精確には，

1　NAFTA（North American Free Trade Agreement，北米自由貿易協定）は，米国，カナダ，メキシコが関税や数量制限など自由な貿易を妨げる障壁を撤廃するため1992年締結し1994年に発効した自由貿易協定。NAFTA締結により三国の貿易品目の全ての関税が2008年1月に撤廃され，金融市場の自由化や知的所有権の保護が進んだが，2017年から米トランプ政権の主導により同協定の再交渉が進められ，2020年7月，NAFTAに代わる新協定として「米国・メキシコ・カナダ協定」（USMCA）が発効。

2　南米南部共同市場（メルコスール）は1995年に中南米諸国が域内の関税撤廃等を目的に発足させた関税同盟であり，域内の関税及び非関税障壁の撤廃等による財・サービス・生産要素の自由な流通，対外共通関税の創設，共通貿易政策の採択などに取り組んでいる。加盟国はアルゼンチン，ボリビア，ブラジル，パラグアイ，ウルグアイ，ベネズエラ，準加盟国はチリ，コロンビア，エクアドル，ガイアナ，ペルー，スリナムとなっている。

EU・NAFTAを世界貿易の主軸として，さらに日本が一極として加わるものでした。

図表２－１　1990年時点の世界貿易関係（単位 億ドル）

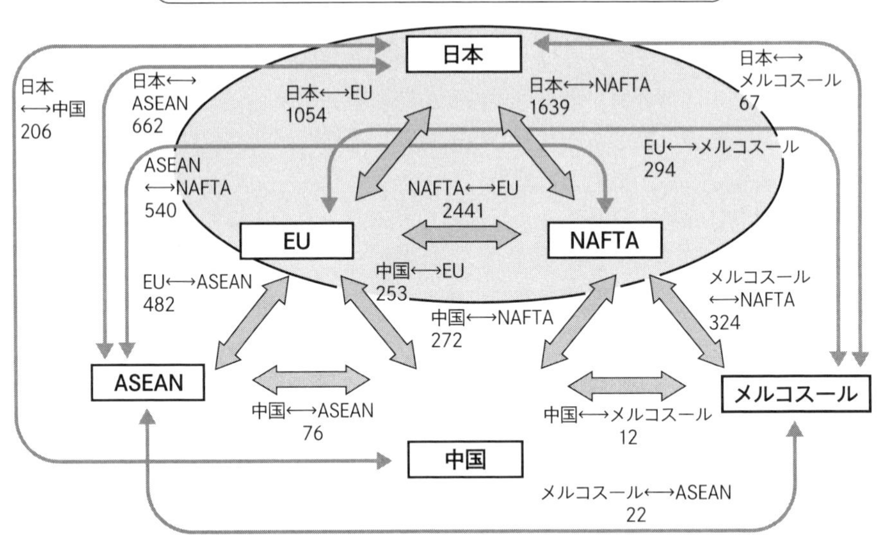

（出所）「通商白書2011年版」に筆者一部修正

図表２－２　欧米を主軸とする日米欧三極構造

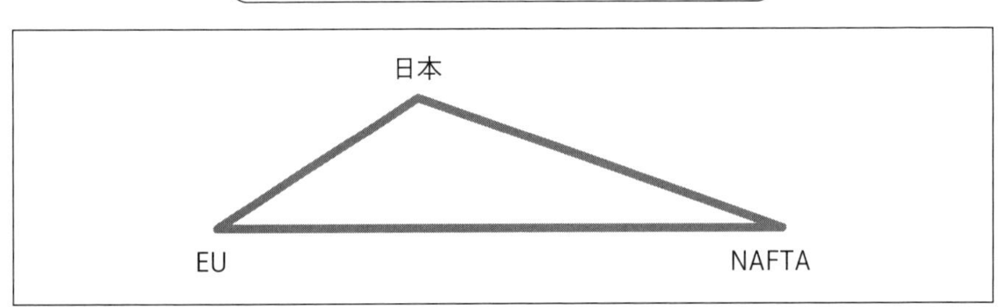

（出所）「通商白書2011年版」
（注）RIETI「RIETI-TID2010」より作成

（2）最終財貿易中心の交易

では，世界貿易の中核である日米欧三極では，何が交易されていたのでしょうか？　第３章を先喰いしますが，1990年までの製造企業は日本，米国，ドイツを問わず自国完結型垂直統合モデルを採用し，製品の企画・開発，設計，部品製造・調達，最終組立を国内で一貫実施し，完成品を国内，海外の顧客に販売・サービスしていました。

図表２－３　垂直統合型モデルによるSupply Chain Management

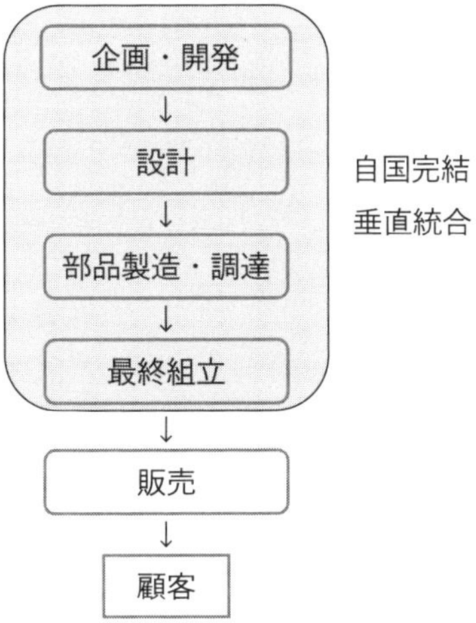

（出所）筆者作成

製造企業が川下の顧客ないしユーザに価値提供するには，製品の企画・開発から始まり，設計，部品製造，最終加工組立，販売というプロセスを経なければなりません。企業の顧客に対する価値提供の一連のプロセスをバリュー・チェーン（価値連鎖）ないしサプライ・チェーンと言いますが，1990年時点までの製造企業はこれらの一連のプロセスを自前で，かつ，自国内に完結した形で行っていました。

メーカーは川上の原材料供給業者からは高値購入を求められ，川下の卸・小売業者からは安値供給を要求されるため，垂直統合により，川上や川下の活動を自社に取り込むと中間コストを抑えられます。また，市場需要は絶えず変動しており，市場の急な引合いに対応するにも，自社で最終組立と部品製造のプロセスを一貫管理しておくことが重要ですし，短納期かつ低コストで受注を処理するには部品製造と最終組立の両工程が自国内に近接立地していたほうが有利です。さらに，メーカーは，製造ノウハウを組み込んだ工作機械を自社開発し，自前で開発から製造・販売までの活動を行うことで，社内に技術・アイデアを蓄積し，ノウハウの漏洩リスクも極小化できます。

1990年以前の製造企業は一国完結型垂直統合モデル（サプライ・チェーン）を採り，海外市場との関係では国内集約生産・輸出戦略を採用していましたが，その結果として，世界貿易は完成品すなわち最終財の貿易がメインとなり，世界貿易の6割を占めた日米欧三極では，最終製品を相互に輸出入し合う貿易を展開していました。

第3項　2010年時点の米中欧三極の国際貿易構造

冷戦が資本主義の社会主義に対する勝利で終わると，1990年以降，グローバル資本主義の理念の下に「世界があたかも1つの国である」かのように企業・個人が自由に経済活動を展開できる世界が目指され，国際貿易・投資が活発化します。特に，1999年の中国のWTO加盟を契機として，世界貿易は2000年以降急拡大を遂げ，同時に中国が1999年から2009年にかけてGDPが3倍になるなど爆発的な経済成長を遂げました。

その結果，世界貿易はNAFTA・中国・EUの三極構造の中に，日本が「取り残される」形に変化します。2009年時点の世界貿易は，NAFTA・EU，NAFTA・中国，EU・中国の貿易が5割（47.1％）を占め，それに引き続く形で日本・中国（7.5％），日本・NAFTA（6.8％）となり，米中欧三極が主導する貿易関係に日本が加わる構図となりました。図表2－4は不正確ではありますが，米中欧三極の貿易構造に，日米欧の三極貿易と米欧ASEANの三極貿易が補完的に加わる形をイメージしていただきたく，3つのバルーンを書き加えてみました。

図表２－４　2009年時点の世界貿易関係（単位 億ドル）

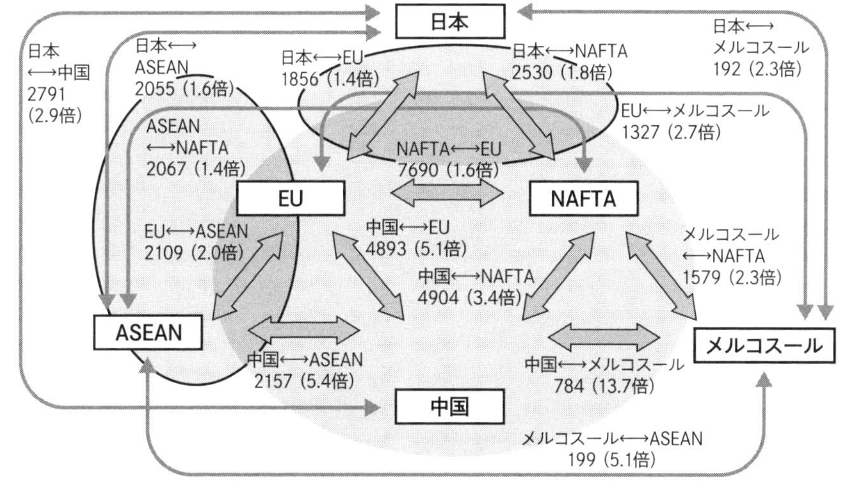

日本
EU
NAFTA
ASEAN
中国
メルコスール
日本←→中国 2791（2.9倍）
日本←→ASEAN 2055（1.6倍）
日本←→EU 1856（1.4倍）
日本←→NAFTA 2530（1.8倍）
日本←→メルコスール 192（2.3倍）
EU←→メルコスール 1327（2.7倍）
ASEAN←→NAFTA 2067（1.4倍）
NAFTA←→EU 7690（1.6倍）
EU←→ASEAN 2109（2.0倍）
中国←→EU 4893（5.1倍）
中国←→NAFTA 4904（3.4倍）
メルコスール←→NAFTA 1579（2.3倍）
中国←→ASEAN 2157（5.4倍）
中国←→メルコスール 784（13.7倍）
メルコスール←→ASEAN 199（5.1倍）

（原注）RIETI-TID2010より作成，括弧は1990年比

（出所）「通商白書2011年版」に筆者一部修正

「世界の工場」。1990年代初まで日本が自認していた地位は2000年代以降中国にシフトしてしまい，「製造立国」日本の製造業は空洞化したのではないかとの指摘もありますが，では，1990年以降，日本では製造業が衰退し（日本人は「何で稼ぎ，何で食べていく」のでしょうか），中国が工業化に成功した結果，日米欧で一国完結型垂直統合モデルに拠る製造企業が最終財すなわち完成品を輸出入し合う貿易関係は衰退し，代わって，欧中米の三極で，一国完結型垂直統合モデルによるメーカーが完成品を交易する貿易構造が成立したということなのでしょうか。

内閣府「国民経済計算」によれば，製造業が日本のGDPに占める割合は1990年38.7％から2010年19.6％に低下したものの（2021年20.6％），日本には，トヨタ，ホンダ，日産等グローバル自動車メーカーが依然存在し，EV（電動自動車）等のグローバル競争の主要プレイヤーですし，これらの完成品メーカーを頂点とした中堅・中小協力企業との分業構造も健在です（少なくとも当座は）。世界市場を制覇した1990年代央までの輝きこそないとはいえ，SONY，Panasonic，日立製作所等もIoT革命を契機として「ものづくり」と「IT」を融合させ，製造企業の新境地を切り拓こうとしています。とすると，日本の製造企業が衰退して消滅したというわけではなさそうです。一方，中国の習近平政権は「中国製造2025」[3]において部品産業の育成を掲げており，中国メーカーはどうも部品製造と最終組立を垂直統合できているわけではないようです。

では，米中欧三極の世界貿易では，どのような貿易関係が成立していたのでしょうか。「通商白書2011年版」は国際貿易を最終財貿易と中間財（部品・材料等）貿易に分けて世界貿易構造の変化を検証しています。

第4項　東アジア生産ネットワーク

（1）3つのバルーン

図表2-4では，世界貿易は米中欧の三極貿易を中心としつつ，日米欧，欧米ASEANの貿易がそれを補完する構造にあることを示しましたが，米中欧三極のバルーンも当初から他を圧倒していたわけではなく，1990年以降20年間かけて成長したものです。そこで，2000年時点の世界貿易構造を見ると，NAFTA・EU，NAFTA・日本，NAFTA・ASEANの貿易が世界貿易の5割（49.5%）を占め，それに引き続く形でNAFTA・中国（8.2%），EU・日本（7.8%）となり，米国との関係で世界貿易構造が規定される格好となっています（図表2-5参照）。日米欧三極が引き続き主導する世界貿易にASEAN，そして中国が加わる構図となりました。

3　中国が2015年5月に発表した産業政策。次世代情報技術や新エネルギー車など10の重点分野と23の品目を設定し製造業の高度化を図り，建国100年の2049年に「世界の製造強国の先頭グループ入り」を目指している。第一段階は2025年までの「世界の製造強国の仲間入り」が目標。産業用ロボットの「自主ブランドの市場占有率」70%，移動通信システム設備の中国市場80%，世界市場40%など数値目標を設定。

図表2-5　2000年時点の世界貿易関係（単位 億ドル）

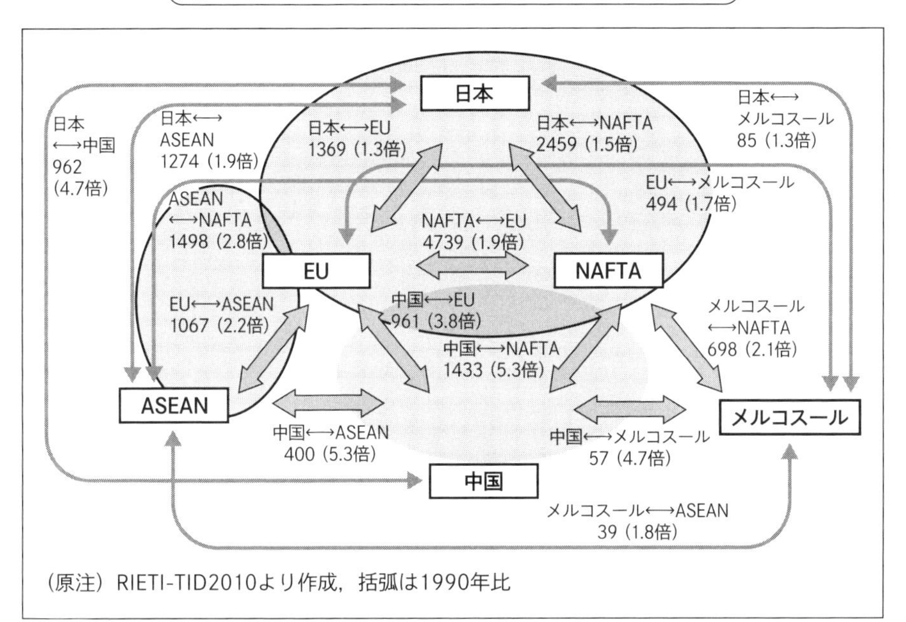

（出所）「通商白書2011年版」に筆者一部修正

図表2-5のように，日米欧の三極貿易が引き続き世界貿易のコアを形成しているのですが，図表2-1と比較すると，その世界貿易に占めるウェイトは退潮し始めており，その退潮を埋め合わすかのようにASEANが世界貿易の補完軸として登場しています。そして，中国はASEANに続く形で世界貿易の補完役として登場したばかりであり，中国，ASEANの世界貿易に占めるウェイトには大きな格差はありません。とすると，世界貿易が日米欧三極から米中欧三極に構造転換した過程では，当初，世界貿易は即「日米欧三極構造」だったものが，1990年代「米欧ASEAN三極」と「米中欧三極」が成長して日米欧三極構造を補完するようになった時期を経て，2000年代中国経済の急速な成長に伴い「米中欧三極構造」が日米欧三極に代わり中核構造となり，それを日米欧三極と米欧ASEAN三極が補完する形に変容してきたこととなります。

世界貿易構造は1990年以降段階的な変化を遂げてきましたが，6地域間の貿易量だけでは，世界貿易における国・地域のウェイトの変化は分かりますが，貿易の内容の変化は把握できません。1990年時点の世界貿易で支配的だった日米欧三極貿易では，一国完結型垂直統合型モデルに拠るメーカーが製造した完成品を交易していました。では，1990年以降，同モデルに拠るメーカーがASEAN，中国でも順次誕生し，日米欧メーカーとの完成品競争に打ち勝つようになり，遂には中国メーカーが日本メーカーに取って代わった結果，米中欧三極構造が世界貿易を規定することになったのか？　ここで，世界貿易を最終財貿易と中間財貿易に分割して検証してみます。

（2）最終財・中間財貿易から見る世界貿易構造の変化

世界貿易の構造変化に関する分析はデータの入手・加工が（手続・資金等を含めて）容易でないことから例が少なく，経済産業省等の政府機関が稀に行った貴重な分析を参考とするより手立てがないのですが，「通商白書2010年版」では，東アジアと欧米の貿易を最終財貿易と中間財貿易に分けて1990年以降の構造変化を検証しています。図表２－１で示された日米欧三極貿易では，各国が国内で製造した完成品（最終財）を交易していたのですが，2000年時点（図表２－５），2009年時点（図表２－４）でも，世界貿易で交易される物品は完成品（最終財）のみだったかというと，どうもそうではないようです。

図表２－６　1999年時点の最終財・中間財の貿易フロー（単位 億ドル）

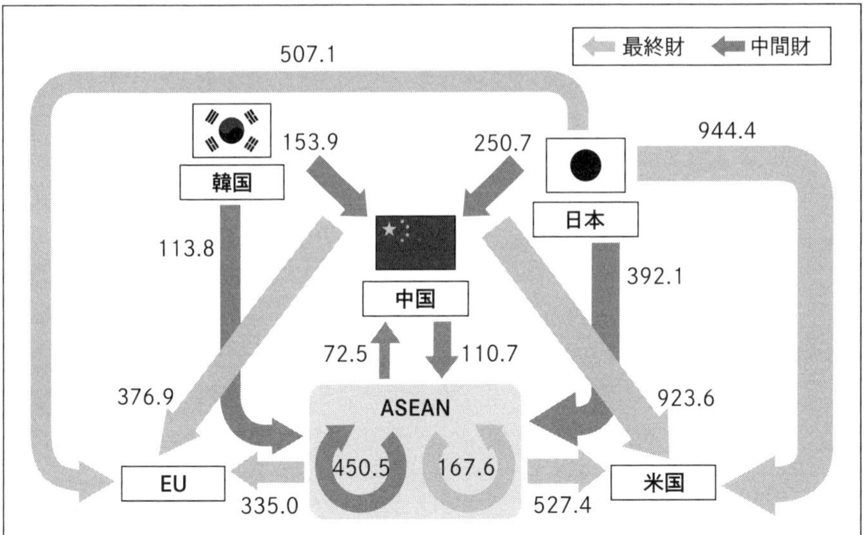

最終財　中間財
507.1
韓国
153.9
250.7
日本
944.4
中国
113.8
392.1
72.5
110.7
ASEAN
376.9
923.6
450.5
167.6
EU
米国
335.0
527.4

（原注）RIETI-TID2010より作成

（出所）通商白書2011年版

図表２－６を見ますと，日本は引き続き「世界の工場」の片鱗を残しており，国内で生産した最終製品を中国に劣らない規模で米欧市場に輸出供給していますが，東アジア全体での米欧市場向け最終製品輸出と比較すると，中国とASEANを合わせた輸出額に及ばず65％相当になっています。では，中国，ASEANに，日本メーカーに対抗できる，一国完結型垂直統合モデルに拠るメーカーが誕生し日本メーカーが彼等に取って代わられたかというと，そういうわけではなく，日本から部品・部材が供給され，中国，ASEANでは，それを完成品に最終組立てしている状況が見えてきます。

すなわち，1999年時点で，日本から中国・ASEANに中間財（部品・材料）を輸出し，中国・ASEANで部品等を最終組立てして欧米に最終財（完成品）を輸出するフローが東アジアと欧米の間で成立しました。この時点で，日本の製造業は「空洞化」したわけでも衰退したわけでもなく，日本から米欧への最終財輸出は米国944億ドル，EU507 億ドルであり，中国やASEANから欧米への輸出額より大きくなっています。そして，その額は，日本から中国・ASEANへの中間財輸出額よりも大きいことから，日本が国内生産を基軸としつつ，ASEAN，中国を補完的な最終組立拠点として活用しているのではないかとの印象が得られます。

では，2009年時点の国際貿易構造では，東アジアから米欧向け完成品輸出において，東アジアでの最終財・中間財貿易はどのように変わったのでしょうか？
日本はもはや「世界の工場」の面影は残していませんが，製造業が空洞化したわけではなく，依然として米欧に完成品輸出を行っています。ただし，中国が東アジアでは米欧市場向け最終製品輸出の中核となっており，「世界の工場」の役割が日本からシフトしたことが図表２－７よりわかります。中国は引き続き日本及びASEANから中間財（部品・材料）の供給を受けて完成品に最終組立する形で工業化を達成しており，1990年時点の日米欧三極とは「極」の意味が異なることがわかります。

こうした中，ASEANの地位ですが，中国と同様，日本から供給された部品・材料を完成品に最終組立てして，米欧市場に輸出する役割を担っている一方で，ASEANから中国への中間財貿易の規模が2000年時点と比べて飛躍的に伸びているように，東アジアの米欧市場向け完成品生産において，部品生産拠点としての役割が成長していることも分かります。では，ASEANの部品生産はどこから生まれてきたのか。ASEANの工業化は中国に先駆けて1990年代にスタートしましたから，部品産業が20年間かけて育ってきたということなのでしょうか。自前の部品産業が育つには，自国に完成品メーカーが存在しませんと部品メーカーが企業存続に必要な最低限度の受注を確保することができません。この点，ASEANの米欧市場向け完成品輸出は2000年から2009年に飛躍的に伸びた形跡がなく，日米欧メーカーに対抗できる完成品メーカーが存在しているとは思われません。とすると，ASEANの部品生産は，日本の部品メーカーが完成品メーカーにやや遅れてASEAN展開をスタートしたためではないかと考えられます。

2009年時点には成立していた，東アジアの欧米向け完成品生産及び輸出の体制は，「東アジア生産ネットワーク」と称され，2000年代後半以降，中国を「世界の工場」として世界貿易構造の基盤を形成してきました。2010年代以降，中国でも国内市場の成長を追い風として完成品メーカーが成長をスタートし，中国も単に日本等のグローバル・メーカーから部品・材料を供給されて完成品に受託製造するだけの存在ではなくなりつつあります。東アジア生産ネットワークも未来永劫続くものではなく，いつの日にかは「歴史的遺物」になってしまうかもしれません。

いずれにしても，1990～2010年，東アジアでは，域内における最適な工程間分業により構築された東アジア生産ネットワークが発展し，日本，韓国等が比較的高付加価値な部品や加工品を生産する一方で，中国，ASEAN等が中間財を輸入，組立作業で最終財を生産し，欧米等へ供給する国際分業が成立。東アジア全体が世界経済における製造基盤として機能する中で，中国は「世界の工場」として重要な役割を担うに至りました。

図表2-7　2009年時点の最終財・中間財の貿易フロー（単位 億ドル）

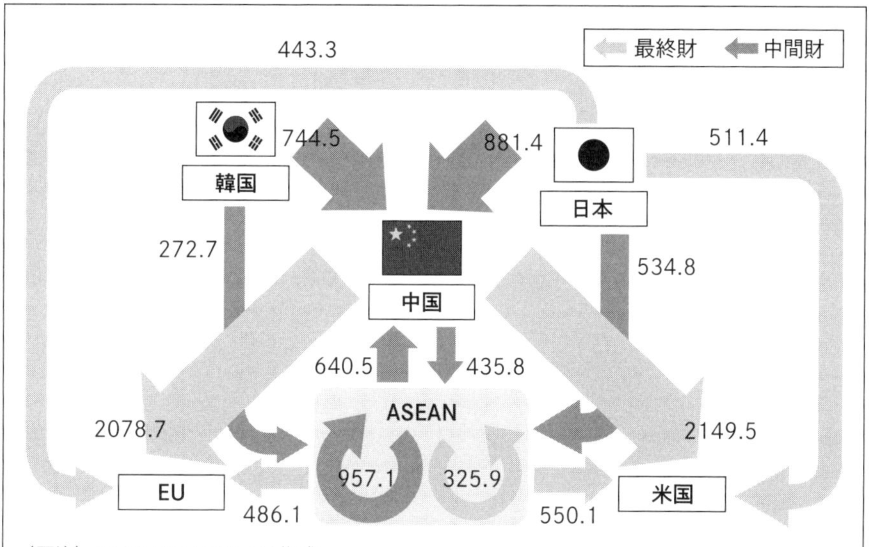

（原注）RIETI-TID2010より作成

（出所）「通商白書」2011年版

（3）まとめ

以上，1990～2010年にかけて世界貿易構造は，第一に，かつての日米欧三極間の最終財貿易を中心としたものから，1990年代に東アジア生産ネットワークが日米欧三極の最終財貿易を補完する形で成長をスタートし，2000年時点ではASEAN・中国が日本等から部品・材料の供給を受けて完成品を最終組立てし米欧市場に輸出するようになり，第二に，2000年代に中国が「世界の工場」として急成長を遂げて，日本及び日本が部品生産を一部シフトしたASEANから部品・材料の供給を受けて，完成品を最終組立てし米欧市場に輸出供給するようになりました。それに伴い，ASEANは第二の「世界の工場」的な地位に回り，日本の最終財生産拠点としての地位は著しく後退しました。より正確に見るのであれば，米中欧三極貿易とは，米・欧・東アジア生産ネットワークの三極貿易と捉えるべきなのかもしれません。では，この現象は何により惹起されたのか？

実は，この世界貿易の構造変化は1990年以降日本メーカーが主導した面が大きく，「世界の工場」の地位が日本から中国，ASEANにシフトした結果と言えます。2000年以降，欧米メーカーが中国のWTO加盟を契機としてグローバル供給のための最終組立拠点を中国に移転したり，台湾資本による巨大受託製造工場が中国本土に陸続と建設されたりすることで，日本メーカーがスタートさせた世界貿易の構造転換は加速化されましたが，日本が大きな原動力であった点は否定できないと考えます。

かつて「世界の工場」として国内集約生産・輸出モデルを採用してきた日本メーカーは，1980年央以降の持続的円高により国内製造コストが急騰し，海外生産体制への転換を迫られ，図表２－３の自国完結型垂直統合モデルのサプライ・チェーン・マネジメントはもはや維持できなくなります。かつて製造サプライ・チェーンの大部分を国内に立地させていた日本メーカーでは，貿易プロセスはサプライ・チェーンの最川下で完成品を海外顧客に供給する段になって登場してきたのですが，1990年以降，本格的に最終組立工程を中国，ASEANに移転したり，部品製造工程をASEAN等に移転したりするようになりますと，貿易プロセスは最川下だけでなく原材料調達，部品工程，最終組立工程の間にも複雑に入り込むようになります。その結果，東アジア域内で通商白書が分析したような最終財貿易と中間財貿易のフローが成立しました。

このように，日本メーカーが「世界の工場」の地位を中国等に譲り渡すほどの規模で「集合的」にサプライ・チェーンの在り方を変えると，世界貿易構造も一変してしまうわけであり，多国籍製造企業のサプライ・チェーン・マネジメントが国際貿易構造転換の原動力ということになります。第２章は，議論の対象を国と国との間の財・サービスのフロー（数量・金額ベース）から，個別企業によるグローバル・サプライ・チェーン・マネジメントにシフトさせる「橋渡し」の章であり，第Ⅱ部では，1990年以降の世界貿易構造の変化を日本メーカー等のグローバル・サプライ・チェーン・マネジメントの変化により説明しますが，第Ⅱ部に移る前に，多国籍企業のグローバル・サプライ・チェーン・マネジメントとは何かを第２節で見ましょう。

第２節　グローバル・サプライ・チェーン・マネジメント

商学は製品・サービス等の付加価値を生み出す過程とそれらの流通・交換を営む市場経済の動きを解明する学問であり，経済活動の基本単位である「企業」の活動を中心にビジネスを分析します。ビジネスは，サプライ・チェーンの観点から見れば，企業による，顧客への付加価値提供を目的としたサプライ・チェーンのマネジメント（企画・形成・運営管理・成長発展）です。経済活動がグローバル化した現在，貿易はサプライ・チェーンの不可欠のプロセス（工程）ですが，あくまでも1つのプロセスであり，その意義・役割・内容等はサプライ・チェーン全体のマネジメントの中で考え，ビジネスとして組み立てなければなりません。将来，貿易を専門的に業としようと考えていても，サプライ・チェーン・マネジメントを出発点としてビジネスにアプローチする姿勢を理解し身につけておくことは有益であると考えます。

第1項　サプライ・チェーン・マネジメント

（1）サプライ・チェーン

企業は顧客のために付加価値を創造し提供することを事業活動としていますが，企業が顧客に付加価値を提供するには，多段階のプロセスを経る必要があります。サプライ・チェーンは，企業が付加価値を創造して顧客に価値提供する一連のプロセス（工程）の連なりのことを言い，製造企業では，製品の原材料の調達に始まり，部品の製造・調達，完成品の製造を経て，顧客に対する販売に至る一連の流れが該当し，日本語では「供給連鎖」と訳されています。

図表2-8　製造業の価値連鎖

（出所）筆者作成

1990年時点に日米欧先進国の製造企業が採用していた，一国完結型垂直統合モデルの図を想起してもらいたいのですが，製造企業は単に原材料を調達し，部品を製造し完成品を組み立てて販売しているだけではなく，製品販売・サービスの過程で把握した顧客ニーズや，顧客とのコンタクト等で得た製品アイデアに基づき，改めて製品を企画・開発し設計することで，新たな付加価値を創造し顧客に提供します。すなわちサプライ・チェーン・マネジメント（SCM：Supply Chain Management）とは，「企画・開発」「設計」から始まり「原材料調達」「部品製造・調達」「最終組立」「販売」[4]に至る工程を単に「つなぎ」「管理」しているわけではなく，サプライ・チェーン全体を統合管理し最適化することで，新たな価値を創造し提供する取組です。

（2）サプライ・チェーン・マネジメントの困難さ

サプライ・チェーン・マネジメントでは，１つには市場動向に迅速かつ柔軟に対応して，高品質の製品を低コストで開発・生産・物流・供給することが課題となりますが，そのためには，開発，原材料調達，部品製造・調達，最終組立，物流，販売等の各プロセスでの在庫量や滞留時間等におけるムダを削減し，顧客に最短かつタイムリーに製品を供給しなければなりません。この点，1990年以前の一国完結型垂直統合モデルは，サプライ・チェーンの主要プロセスをグローバル分散させず，国内に集約立地させることで工程間の情報共有と協働を容易とし，市場変化に即応して生産・原材料調達・部品製造・完成品製造等に係る計画・実行を瞬時に同期させ調整できました。

また，サプライ・チェーン・マネジメントでは，自社内で部門を横断して企画・調達・生産・物流・販売等に関与する多数関係者と調整しなければならないだけでなく，サプライ・チェーンには，自社だけでなく，協力メーカー，物流会社，卸・小売業者など様々な外部企業が関与しています。例えば，自動車製造サプライ・チェーンは，部品の原料の製造・販売をする企業から始まり，次は部品加工メーカーへとつながり，完成部品はメーカー企業に直接流通するか，改めて別の企業で加工された後，メーカー企業へと流通することとなり，そして，集められた部品は，メーカーで組み立てられ，商品として出荷され，店頭に届く流れとなります。

4　部品を最終組立てした製品を工場から国内外の需要地に搬送する「物流」も，顧客に付加価値を提供する上で重要なプロセスであり，「最終組立」と「販売」の間に「物流」プロセスを入れて，「最終組立」「物流」「販売」とサプライ・チェーンを拡張するのも一案であるが，物流は「原材料調達」「部品製造・調達」「最終組立」などのプロセスの間にも存在する機能であることから，ここでは省いた。

図表２-９　自動車製造サプライ・チェーン

企画・開発　部品の調達・組立　自動車メーカー工場での車両組立　海上輸送　陸上輸送　販売店へ納車

1台当たりの部品2~3万点

（出所）UZABASE社資料

このため，製造企業は，自社の関係部門だけでなく，関係企業の垣根を超えて，サプライ・チェーンを構成する全プロセスを同期的に瞬時に調整することが求められるのですが，これは一国完結型垂直統合モデルにより主要プロセスが一国内で集約立地していても容易ではないのですが，ましてや部品製造や最終組立等のプロセスが最適立地によりグローバル分散する（一国に集約立地せず，異なる国に分散立地する）ようになると，低コスト，短期間などの要素を犠牲とせざるを得なくなります。

もう１つの例として，オレンジ・ジュースの製造サプライ・チェーンを挙げます。生産は原材料調達プロセスからスタートしますが，図表２-10のように，オレンジなどの原料濃縮搾汁，ビタミンＣなどの添加物，ペットボトルなどの容器はグローバルに分散生産されており，各地で荷積，輸送（トラック，船），荷卸，入庫，保管，出庫などの物流プロセスを経て，Ｌ／ＣやＢ／Ｌなどの輸出入の書面の取交しを済ませた後，ようやくオレンジ・ジュース製造工場に届けられます。

原材料は，改めて荷解き，検品，検収プロセスを経た上で，混合工程，充填工程を経て完成品となり，完成品は品質検査をされて問題のないもののみを箱詰めした上で，工場内倉庫に入庫して一時的に保管します。そして，各地の需要動向に応じて，工場内倉庫から出庫，各地域の営業倉庫に送られた後，卸売業者の卸売倉庫，さらに小売業者の小売倉庫に収められ，店頭在庫としての状態を経て消費者に販売されます。

図表2-10　オレンジ・ジュースの製造サプライ・チェーン

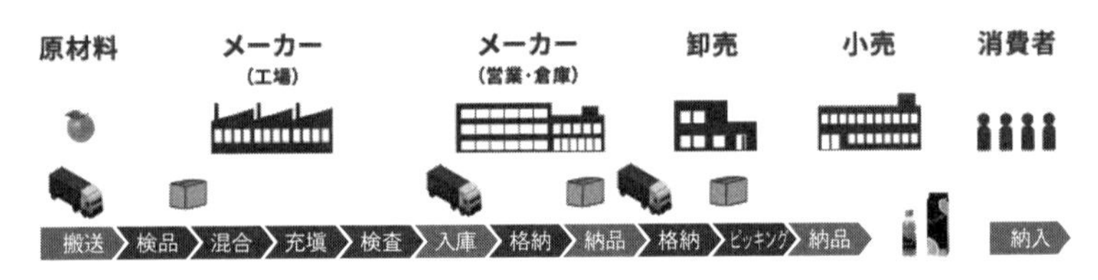

（出所）日立ソリューションズ資料

このように，１本180円程度のペットボトル飲料も，想像以上に多数の人，モノ，情報が関わっていますが，企業が顧客に付加価値を創造し提供する行為は多数の企業・人々の支えがあって初めて成り立ちます。製品需要は季節変動や消費者の嗜好の変化，ライバル企業との競争などにより絶えず変動し，天候不順や災害などによる原材料の入手や物流の遅延等により，川下の消費者の求めにジャスト・イン・タイムで届けるサプライ・チェーン・マネジメントがいかに難しいかは理解できると思います。

（3）サプライ・チェーン・マネジメントのグローバル性

前項（1）及び（2）では，サプライ・チェーンの各工程が一国内に集約立地しているのか，あるいはグローバル分散しているか，顧客が国内顧客であるのか，あるいは海外顧客であるのかは特に問題としませんでした。ただし，1990年以降，グローバル資本主義の下，企業が世界を１つの市場であるかのように自由にビジネスすることを追求し始めると，企業はサプライ・チェーンの各工程も国内集約させずグローバル最適立地させるようになりました。企業は川下の顧客に価値提供するため，グローバル分散したサプライ・チェーンの工程を「つなぎ」「まとめる」必要があり，そのマネジメントの主体が多国籍企業となります。

本書は「多国籍企業論」の教科書ではありませんが，多国籍企業に一言すると，その定義は困難です。代表的な定義とされる国際連合（1973）は「多国籍企業とは，資産（工場，鉱山，販売事務所）を２ないしそれ以上の国において支配するすべての企業を意味する」とするのみで，仮に，街の不動産仲介会社なりクリーニング屋なりが東京港区だけでなく韓国ソウルにも事務所を置くとトヨタ自動車等と同様に多国籍企業ということになってしまい，多国籍企業の本質や多様なビジネス活動を十分把握できません。

実態的な定義に向けて，Vernon（1971）は「多国籍企業は大企業であり，輸出・技術ライセンシング等の国際経営活動を行うだけでなく，海外生産も遂行し，海外子会社は地理的に広範囲に分布多数の海外子会社を１つの共通の経営戦略の下で統括し，親会社と海外子会社は資金・技術・人材・情報・販売網・トレードマーク等の経営資源の共通プールを活用している」とし，パールミュッターは客観的指標と主観的指標を用いた多国籍企業定義を提示しましたが，まだ決定打は現れていません。

敢えて定義すれば，国際貿易・ビジネスとは，一国で完結しない，複数の国・地域の境を越えるサプライ・チェーンのマネジメントであり，多国籍企業は国際貿易・ビジネスの担い手として，グローバル分散する顧客に対し，企画・開発，設計，部品製造・調達，最終組立，物流，販売のプロセスを繋ぎ合わせることで，付加価値を創造し提供する企業であると，「本書」ではしておきます。

図表２-11　パールミュッターの多国籍企業定義

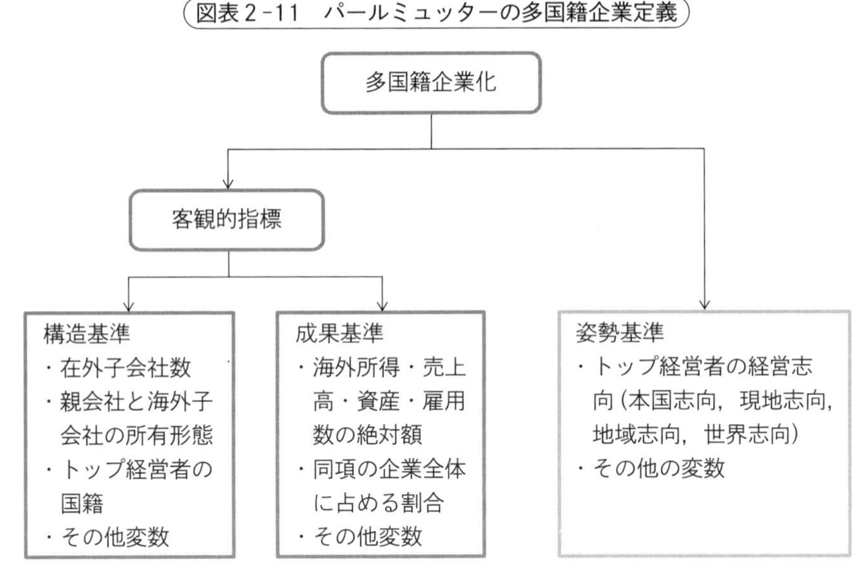

（出所）Heenan and Verlmutter（1979）

グローバル・サプライ・チェーン・マネジメントを企画・形成・運用管理・成長発展させるには，単に複数国の支社・事務所があるだけでは足りず，パールミュッターが求めるように，一定の構造基準，成果基準，姿勢基準をクリアするだけの経営資源・能力と経営方針・計画を有する企業でなければなりません。逆に言えば，かかるハードルをクリアした多国籍企業のみがグローバル・サプライ・チェーン・マネジメントの主体であり担い手たり得るということになります。

第２項　総合商社のグローバル・サプライ・チェーン・マネジメント

（１）ケース分析

第Ⅱ部では，1990年以降の世界貿易構造の変化が多国籍製造企業のグローバル・サプライ・チェーン・マネジメントの変更により惹起された点を説明します。

通常，サプライ・チェーン・マネジメント論では，企業が市場動向に対応し，製品を高効率に開発・生産・物流・供給することに寄与すべく，企業が原材料調達，部品製造，最終組立，物流，販売等の各プロセスで在庫量・滞留時間等のムダを削減し，顧客にタイムリーに製品供給する方法を研究します。過去のデータから需要を予測し，必要量の原材料を仕入れて，必要量の製品をいかに生産・販売するか。サプライ・チェーン全体において，組織や企業の壁を越えた情報共有等を実現し，過剰在庫や無駄な工程の発生を防ぎ，いかに総合的な最適化・効率化を実現するかを探求します。

世界貿易の構造転換とグローバル・サプライ・チェーン・マネジメントの変化との関連性を考える場合，かつて一国に集約立地していたサプライ・チェーンのプロセスがどのようにグローバル配置されるようになったかを考察しなければなりません。サプライ・チェーン・マネジメント論でも，「価値連鎖」の各工程をどのようにグローバル配置するかが，サプライ・チェーンのフローを統合管理し，全工程を最適化する上で重要なファクターですが，現実には，あまり論じられていません。

このため，多国籍製造企業がサプライ・チェーンのグローバル配置を変化させた結果，国際貿易にいかなる構造変化が生じたかを第Ⅱ部で説明する前に，多国籍企業のサプライ・チェーン・マネジメントを具体例に即し学んでおくと理解が楽になるでしょう。ここでは，製造企業ではありませんが，サプライ・チェーン・マネジメント・カンパニーを自称する総合商社を取り上げます。総合商社は財・サービス等の付加価値創造は行わず，サプライ・チェーンの各工程をつないで商流を創り出す企業であり，価値連鎖の各工程をいかにつなぎグローバル配置するかの格好の観察対象です。

（２）サプライ・チェーン・マネジメント・カンパニー

総合商社は三菱商事，三井物産，伊藤忠商事，住友商事，丸紅の５社を５大商社，豊田通商，双日を加えて７大商社と呼ぶ，日本独特の業態であり，海外には類似の存在は見られません。貿易（輸出入・三国間貿易）及び国内販売を業とする事業者ですが，特定製品に特化した専門商社に対して「総合」商社と呼ばれる理由は，「ミネラルウォーターから通信衛星まで」と喩えられる取扱い品目数・事業分野の多さが指摘されるものの，それでは総合商社は単に専門商社の集合体ということになってしまい，両者の違いがわかりません。総合商社は2010年代初，海外投資家に自社事業を説明するに当たり「サプライ・チェーン・マネジメント・カンパニー」と自己規定していましたが，総合商社と専門商社との違いはサプライ・チェーン関与の違いにあります。

総合商社は多数の国々に支社・出張所を設けてグローバル・ネットワークを構築，海外資源国と国内市場を繋ぎ，天然ガス・鉄鉱石・石炭等資源や小麦・トウモロコシ・大豆等の食糧を確保・輸入することで日本経済の発展に貢献してきました。バブル崩壊後の日本経済の長期停滞と中国等新興国経済の成長を背景として，2010年代以降は海外資源地と国内需要地を結ぶだけではなく，海外資源地と海外需要地を直接に結んで資源・食糧のグローバル流通を収益の柱にしようとしています。

工作機械，建設機械，ポリプロピレン，ポリエチレン等取扱い品目を問わず，専門商社はサプライ・チェーン全体には関与せず，海外メーカーと国内需要者との仲介等に関与を限定するのに対し，総合商社はグローバル・サプライ・チェーンの全体に関与しています。例えば，鉄鋼サプライ・チェーンでは，鉄鉱石・原料炭の調達から始まり，日本製鉄など高炉メーカーに原材料を供給，高炉メーカーの生産した鋼板等を最終需要者向けの鉄鋼製品に仕上げる一次・二次・三次加工プロセスを仲介，最終的に最川下の最終需要者に鉄鋼製品を供給するプロセスに直接間接に関与しています。

総合商社は製造企業と異なり，自らは財・サービス等の付加価値を創造せず，最終需要者が必要とする財・サービスが生産され，最終需要者に需要量がジャスト・イン・タイムで届くよう，サプライ・チェーンの各工程を繋いで商流を創り出すことを業としています。この意味で，総合商社はサプライ・チェーンの企画・形成・運用・管理をするサプライ・チェーン・マネジメント・カンパニーであり，グローバルなサプライ・チェーンの構築・運営管理により国際貿易を推進する役割を担っています。

図表２-12　三菱商事の鉄鋼サプライ・チェーン

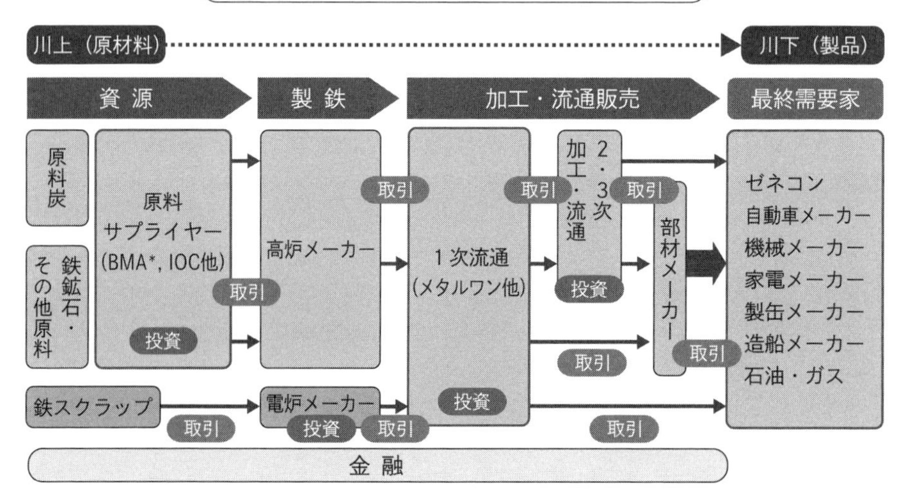

（出所）三菱商事ホームページ

（３）総合事業会社

そして，総合商社はサプライ・チェーン・マネジメントに関して独特のビジネス・モデルを構築しており，総合商社を代表する三菱商事，三井物産は，総合事業会社とValue Chain Designの２つを基本モデルとしています[5]。

総合商社は長らく流通事業会社すなわちトレーディング・カンパニーとして自己規定し，日本の高度成長期には国内経済成長に合わせてトレードを拡大し，薄利多売で高収益を目指す売上高至上主義経営を行ってきましたが，1990年代に経営破綻の危機に瀕した過程で企業革新に取り組み，国内経済の長期デフレ停滞下でも企業収益の安定成長が可能なトレーディングと事業投資の二本柱とする「総合事業会社」にビジネス・モデルを転換します。事業投資と言っても，ファンドの投資とは異なり，トレーディングと並んで，総合商社がサプライ・チェーンのコントロール力を維持・強化するためのツールであり，投資収益だけが目的ではありません。

総合商社の「総合事業会社」としての特徴が最大限発揮されたサプライ・チェーンの１つに「LNG（液化天然ガス）サプライ・チェーン」がありますが，図表２-13のように，総合商社はサプライ・チェーンの各工程にトレーディングと事業投資により関与し，単一事業領域からの収益増を狙うとともに，サプライ・チェーンを構成する各工程の収益性・効率性を向上させ（「取引先，投資先の競争力強化・企業価値向上を支援」），サプライ・チェーン全体の効率性・収益性さらには成長性を高める（Value Chain Design）ことを追求しています[6]。Value Chain Designはまさにサプライ・チェーンのマネジメント（企画・形成・運営管理・成長発展）です。

５　三菱商事編（2011），榎本（2012），同（2017）

６　三菱商事編（2011），同（2013）

図表２-13　三菱商事のLNGサプライ・チェーン

川上（原材料）
川下（製品）
資源保有国
上流
液化設備
物流（LNG船）
販売
ブルネイ
マレーシア
オーストラリア
ロシア（サハリン）
インドネシア
オマーン
ほか
探鉱開発
LNG生産
事業投資
事業投資
資機材調達
取引
傭船
取引
LNG船保有
事業投資
取引
日本
韓国
中国
ほか
金融

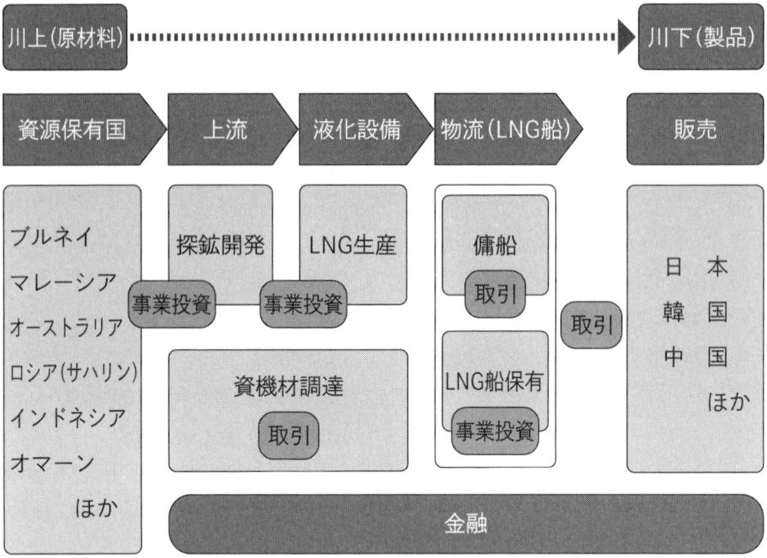

（出所）三菱商事資料

（４）LNGサプライ・チェーン

ここで，我が国における液化天然ガスの資源利用化の話をしましょう。原油生産の副産物の天然ガスはかつて未利用のまま大気中に放出されるか，爆発防止のためムダに燃やされてきましたが，1950年代以降，天然ガス・パイプラインの建設によりエネルギー源としての利用がスタートします。それでは，パイプライン設置可能箇所に利用が制限されるため，天然ガスの液化と輸送に関する研究がスタートし，1960年代には基礎技術の確立を見ますが，原油が低廉だったために実用化されず放置されました。ところが，1973年の石油危機以降，原油価格が高騰すると，日本のように原油供給を中東に依存し高エネルギー消費する国では，代替エネルギー源がエネルギー安全保障の観点からも必要となり，液化天然ガスの利用への挑戦がスタートします。

液化天然ガスの資源化の問題は川上の資源開発者と川下の資源利用者との合意形成です。天然ガス・プロジェクトは２～３兆円の投資を要する巨大案件であり，川上の資源開発者としては，確実に20年超の期間において資源利用者が確保できない限り投資しかねるものです[7]。一方，川下の電力会社・ガス会社においても，天然ガス発電所には建設だけで1,370億円（発電能力85.1万kwを想定）を要し[8]，ガス発電所を建設したものの液化天然ガスが入手できないとなると，たちまち巨額債務に陥り，公益事業者としてのユーザに対する電力の安定供給の使命が果たせません。

1959年，アラスカ原油開発事業者が天然ガスの液化と購入の可能性を東京ガスに直接打診してきますが，東京ガスはガス開発事業に関する知見がなく，海外資源企業との交渉経験もないことから，三菱商事に協力を依頼。これを契機に，天然ガス開発・利用の事業化の検討が始まり，1960年代末になって三菱商事が東京電力を天然ガス・プロジェクトに巻き込むことに成功し，ようやくアラスカの液化天然ガス・プロジェクトが立ち上がります[9]。川下の国内電力・ガス会社は川上の資源ビジネスに関し知見・ノウハウがなく，海外企業とのコンタクトの経験もないため，海外資源会社から天然ガス利用の打診をされても対応できず，一方，海外資源会社も電力・ガス事業におけるエネルギー利用について知識・理解があるわけでも，海外公益企業とのコネもあるわけではないため，LNGサプライ・チェーン構築の推進は困難でした。

三菱商事は川上と川下の市場・業態の距離を埋めるべく仲介の労を取り，川上の海外資源会社と川下の国内電力・ガス会社の間で，アラスカ・プロジェクトの場合は15年間の天然ガスの生産と利用の合意を取り付けます。こうして天然ガス・プロジェクトの実現可能性を担保した上で，三菱商事は天然ガスを海上輸送する前提となる天然ガス液化設備を海外資源会社と共同で立ち上げ，LNG運搬には専用船を要するところ国内海運会社等にLNGの専用船建造と海上輸送を引き受けさせることに成功。さらに，日本にLNGが到着後も，国内のLNG貯蔵基地にいったん保管した上で，国内電力・ガス会社に小口供給できるシステムを構築します。三菱商事は天然ガスの「開発・生産」「液化」「海上輸送」「国内貯蔵」「販売」のプロセスを１つ１つ作り上げ，つなぐことにより，LNGサプライ・チェーンを構築したわけです。

（5）サプライ・チェーンのオルガナイザー

三菱商事は，単に川上の海外資源会社と川下の国内電力・ガス会社の求めを受けてサプライ・チェーンの各プロセスを繋いだだけではありません。各プロセスの特性に応じて，商品（原材料，中間製品，最終製品）のトレーディングに加え，事業投資，物流，（商社）金融，情報提供，コンサルティングなど多様多岐に渉

7　日本エネルギー経済研究所（2006），井上（2015）
8　資源エネルギー庁（2021）
9　森田（2005）

る形でプロセスに関与し，サプライ・チェーン全体のマネジメントに乗り出します。

総合商社はサプライ・チェーン全体に関与する立場を活かし，サプライ・チェーンのオルガナイザーとして，トレーディング・事業投資・物流・金融・コンサルティング等を通じて，サプライ・チェーンに係わる取引先・投資先の競争力強化・企業価値向上を支援（生産・流通効率の改善）し，それにより，サプライ・チェーンを「太く」「収益性ある」ものに発展させることをビジネス・モデルとして追求し始めました[10]。

図表２-14　三菱商事のブルネイLNGプロジェクトの各主体の関係

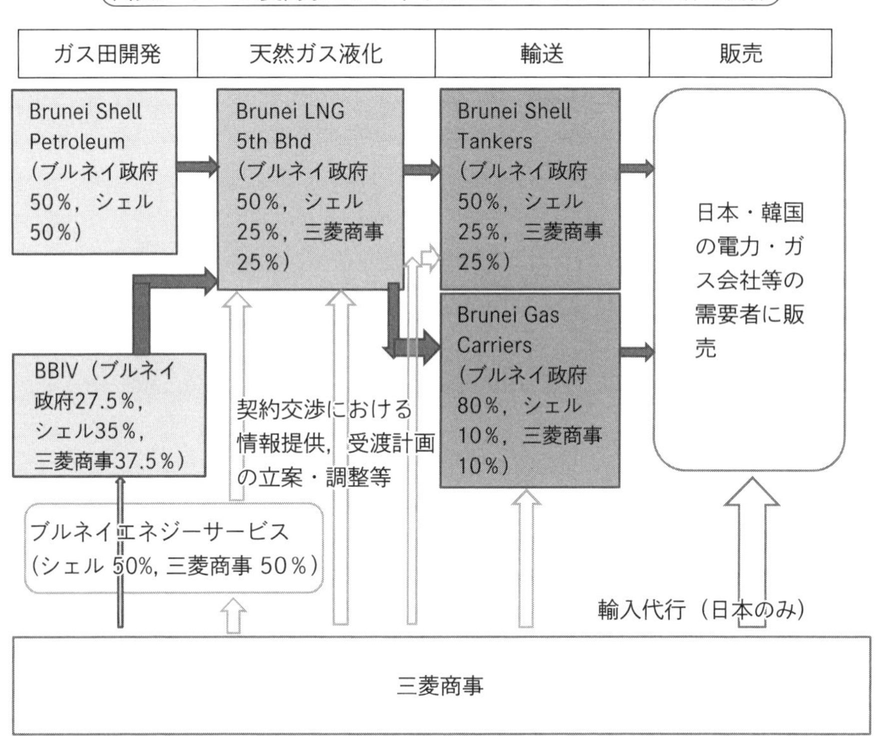

（出所）三菱商事資料に基づき筆者作成

三菱商事はこのビジネス・モデルをポーターのバリュー・チェーン・マネジメ

10　榎本（2012），同（2017）

ント[11]に因みValue Chain Designと呼びましたが，三菱商事は海外資源地と国内資源ユーザを結ぶ貿易事業者である結果，Value Chain Designはそのままグローバル・サプライ・チェーン・マネジメントの１つの類型となりました。グローバル化されたサプライ・チェーンでは，各プロセスが最適立地して，相互にムダや摩擦がなく連結していることが重要です。総合商社はサプライ・チェーン全体のオルガナイザーとして「全体を俯瞰し」，サプライ・チェーン全体の効率化と成長に資する目標を設定し，パートナーと協働して各プロセス及びサプライ・チェーン全体の改革に取り組みます。

例えば，LNGサプライ・チェーンでは，生産を年間1,000万トン増やすには，川下の天然ガス消費を年間1,000万トン増やす必要があり，生産及び消費の双方で能力増強を同期化して行う必要があります。加えて，液化設備の液化能力，LNGの海上輸送能力についても，生産・消費の増加と同期して年間1,000万トン相当の能力アップを図らなければなりません。そのためには，誰かがサプライ・チェーン全体での目標設定と各工程関係者のコミットメントの確保を統合管理する必要があり，Value Chain Designでは総合商社がその任を担うということとなります。

第３項　創造，再創造の繰り返されるサプライ・チェーン

第２項では，総合商社のグローバル・サプライ・チェーン・マネジメントをValue Chain Designというビジネス・モデルに即して説明しました。多国籍企業は付加価値を創造し，サプライ・チェーンの各工程を１つ１つ構築し，つなげることで，川下の顧客に価値提供しますが，三菱商事のLNGサプライ・チェーンの事例からわかるように，川上の付加価値を創造する企業と川下の価値を享有する顧客がマッチングできれば，自動的に付加価値提供に向けた「価値連鎖」が出来上がるというものではありません。

サプライ・チェーンの各工程をどこに立地させるか？　国内でも立地場所は悩ましい問題ですが，グローバルな最適立地を選ぶ場合，前後のプロセスとの接続の問題もありますし，企業の経営本部でコントロールしやすいか否かなど様々な問題が生じます。そして，各工程は誰に担わせるか？　各工程の担い手との関係をどうするのか？　自社が企業設立してプロセスを担うか，外部の独立企業に完全にプロセス・マネジメントを任せてしまうのか，あるいは，外部の独立企業とはいえ事業投資等を通じて一定程度コントロールできるようにするか。まるで，

11　Porter（1985）

多変数の連立方程式を解くかのようです。

本来，様々な計算と配慮を重ねて，グローバルなサプライ・チェーンは時間をかけて形成されていくわけですが，いったんサプライ・チェーンが完成し，その運営管理がメイン業務となると，価値を創造し提供している企業の人間ですら，川上の付加価値を創造する企業と川下の価値享有する顧客を結ぶ「価値連鎖」があたかも「太古の昔」から存在していたかのように考えてしまい，サプライ・チェーンが，先人が１つ１つプロセスを構築し連結させてきた「苦心惨憺」の成果であることを忘れがちです。

海外資源地と国内顧客を結ぶLNGサプライ・チェーンは三菱商事，三井物産にとり巨額の収益をもたらす「ドル箱」であり，国内顧客向けビジネスであることが当然視されてきました。しかし，2010年代以降，日本の長期停滞により国内需要の成長期待が失われると，将来的成長が期待されるインド等の天然ガス需要を掴むべく，総合商社は，川上のガス開発，液化プロセスは既存のものを維持しつつ，インド等の国営資源会社と協働して，新たに川中の輸送プロセス，川下の貯蔵，販売プロセスを形成しようとしています。

ビジネスに永続的なものはなく，絶えず市場環境の変化に対応して事業革新がなされ，サプライ・チェーンも創造，再創造が繰り返されます。LNGサプライ・チェーンは，海外資源地とインド等海外需要地を結ぶラインが形成されることで，資源生産地を起点として，生産・液化プロセスがつながり，輸送・貯蔵・販売プロセスが国内需要地と海外需要地の２つに分岐する形態となることが予想されます。

図表２-15　LNGビジネスのグローバル化

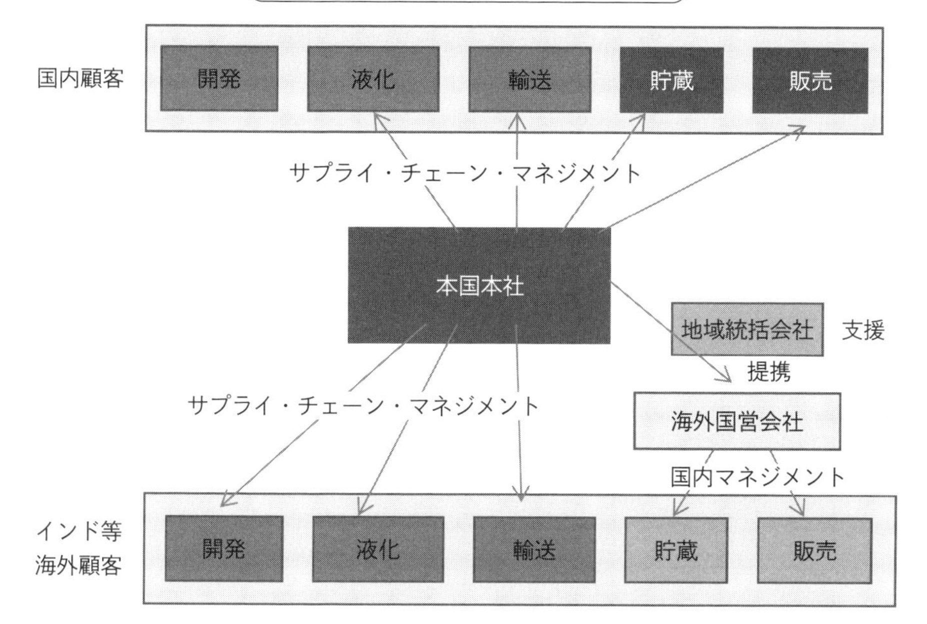

（出所）筆者作成

以上，第２章では，1990～2010年の世界貿易構造の転換と多国籍企業のサプライ・チェーン・マネジメントについて説明しました。第Ⅱ部では，まず，1990年以降の世界貿易構造の変化が日本メーカー等のグローバル・サプライ・チェーン・マネジメントの変化により，いかに惹起されたか次いで，企業のグローバル・ビジネス展開に伴うサプライ・チェーン・マネジメントが世界貿易構造に与える影響は一社一社では識別できないが，国際貿易を動かすのは多国籍企業のグローバル・ビジネス展開であり，グローバルなサプライ・チェーンの在り方が世界貿易の姿を決めることを説明します。

第Ⅱ部

多国籍企業のサプライ・チェーン・マネジメントと貿易

第3章

21世紀の世界貿易構造を規定したサプライ・チェーンの変容

―20世紀の「世界の工場」，日本製造企業のRise and Fall

第Ⅰ部では，1990～2010年の国際貿易構造の基軸が日米欧三極構造から米中欧三極構造にシフトしたこと，日米欧三極時代は最終財（完成品）貿易が主であり中間財（部品・材料）貿易は限られていたのに対し，米中欧三極時代では，日本等が中間財（部品・材料）を中国に供給して，中国が最終財（完成品）に組み立てて米国等世界市場に供給する構図に変質したことを説明しました。

第Ⅱ部では，国際貿易の構造変化は多国籍企業のグローバル・サプライ・チェーン・マネジメントにより惹き起こされた結果であることを示しますが，1990～2010年の国際貿易の構造転換において日本メーカーが果たした役割は大きく，「世界の工場」だった日本がその地位を中国等に譲り渡すほどの規模で（一社だけではなく全製造業規模で）「集合的」にグローバル・サプライ・チェーンの在り方を変えてしまうと，国際貿易の構造そのものが転換してしまう破壊力を持ちました。

個々の取引，個別企業のビジネス展開だけ見ていると，企業のグローバル・サプライ・チェーン・マネジメントにそれほどの破壊力があるとは思われず，驚嘆しますが，結局のところ多国籍製造企業のサプライ・チェーン・マネジメントが国際貿易構造を転換させる原動力です。多国籍企業のサプライ・チェーン・マネジメントは彼等の経営戦略等と緊密に結びついており，市場環境の変化に対応してグローバル・ビジネスを展開していく過程で，戦略目標を達成するため，貿易を含むサプライ・チェーンの工程をグローバル配置し「つなぎ」ます。そのサプライ・チェーン・マネジメントの取組が集合的に国際貿易構造の転換をもたらしました。

第3章では，1980年代央以降，持続的円高により国内立地競争力を喪失した日本メーカーが国際競争力を維持するために国内集約生産体制を放棄しグローバル生産に転換したこと，1999年の中国のWTO加盟を契機として，日本を始め先進国メーカーが豊富な低賃金労働と中国政府の外資メーカー誘致を狙った産業インフラ整備・優遇税制に着眼して，中国に生産拠点を移しグローバル競争に勝ち抜こうとしたことなどに伴い，どのように彼等がグローバル・サプライ・チェーンの在り方を変えたのかを説明し，1990年以降の国際貿易の構造変化との関連を示します。

第１節　1990年迄のグローバル製造企業のビジネス・モデル：自国完結型垂直統合モデル

第１項　自国完結型垂直統合モデルのメリット

1990年時点を振り返ると，日米欧を問わず，製造企業は前掲図表２－３に示すように自国完結型垂直統合モデルをサプライ・チェーン・マネジメントの基本としていました。製品の企画・開発，設計，部品製造・調達，最終組立を国内で一貫実施し，完成品を国内，海外の顧客に販売・サービスするというものであり，かつ，製造企業はこれらの一連のプロセスをアウトソースせず自前で行っていました。

第２章第１節第２項でも説明しましたが，メーカーは川上の原材料調達，川下の販売を垂直統合により自社活動に取り込むと，サプライ・チェーン全体で中間コストを抑えることが可能であるだけでなく，最終組立と部品製造のプロセスを一貫管理しておくことが市場ニーズの変動に機動的に対応する上で重要です。通常指摘される，これらのメリット以外に，自国完結型垂直統合モデルには，製造企業が国内集約生産により「規模の利益」を追求しコスト優位を築くのに適するというメリットがあります。

図表３－１　一国完結型垂直統合モデルのメリットとデメリット

メリット	デメリット
●サプライ・チェーン全体の中間コストを抑え，利益全てを享受できる。 ●製品コンセプトに沿った開発・部品製造・組立を一貫実施できるため，モノづくりとしての完成度が高い。 ●ブランド，品質，納期等を統制・管理できる。	●初期設備投資・固定費等の負担が大きく，投資回収期間が長くなるため競争・市場ニーズの変化に対応が困難。 ●技術革新や製品ライフサイクルの短期化，価格競争の激化への対応で，製造サプライ・チェーンの全工程を自前で処理するモデルには限界。

（出所）筆者作成

第２項　「規模の経済」と自国完結型垂直統合モデル

第３次産業革命（インターネット革命）では，ガレージを仕事場にしている，資本も工場も一切持たないベンチャー企業が短期間に巨大企業に成長するサクセス・ストーリーで一杯ですが，1990年時点のリーディング・インダストリーである鉄鋼・化学，自動車・家電部門では，標準品をいかに低コストで大量生産するかが競争ポイントであり，「規模」が製造企業の優勝劣敗を左右しました。

製造企業は生産量がゼロでも工場建設等のため一定の固定経費がかかり，製品価格に転嫁される平均費用は生産量が増えれば増えるほど安くなり（工場建設に10億円を要した場合，製品を100個しか販売できない場合と100万個販売できた場合で製品価格にいくら転嫁できるかを計算ください），「規模の経済」が企業競争力に大きく影響することとなります。このため，1990年時点の製造企業は基本的に垂直統合モデル（一国完結型サプライ・チェーン）を採り，海外市場との関係では，国内集約生産・輸出戦略を行っていました。その結果，世界貿易は完成品すなわち最終財の貿易がメインとなり（各国製造企業が自国完結型垂直統合モデルを採る限り，中間財が大規模に交易されるニーズはありません），世界貿易の６割を占めた日米欧三極では，最終製品を相互に輸出入し合う貿易が展開されることとなりました。

第二次世界大戦後，日本メーカーは狭隘な国内市場だけでは「規模の経済」を実現できず，市場を求めて早くも1950年代から米国進出を図りますが，国内集約生産・輸出戦略が基本でした。もちろん鉄鋼・化学，自動車・家電部門では，米国には世界有数の巨大製造企業が存在し，1960年代に世界のGDPの６割を占めた巨大な米国市場を寡占していましたので，日本メーカーの挑戦には無謀なところがありました。日本メーカーは，これらの産業分野で技術革新・製品移行が生じた時に，家電での白黒テレビからカラーテレビへの転換，自動車でのガソリン多消費型の大型車からガソリン消費節約型の小型車へのニーズ移行などですが，米国メーカーが競争優位にある旧式技術による高収益に拘り次世代技術・製品への移行に逡巡する間に，果敢に次世代技術・製品の市場化に挑み「破壊的イノベーション」を起こすことで，米国メーカーから市場リーダーの地位を奪っていき，「規模の経済」を実現します。

第３項　自動車産業の成功

ここで一例を挙げます。自動車産業は，国内の高効率生産工場で製品を大量生産し，海外市場に輸出販売する「国内集約生産・輸出」戦略の成功例の１つです。

1950～1960年代のキャッチアップ期に遡れば，敗戦後間もなくの日本自動車産業は，GHQの生産禁止措置とドッジライン不況期の倒産危機を乗り越え，朝鮮戦争特需を受けて再建を達成します。初期より，日本メーカーは輸出志向であり，1950年代後半以降，商用車を中心として東南アジア・中近東市場の開拓に取り組みます。他方，欧米メーカーとは技術格差が大きく，日本メーカーの米国輸出は難航（ディーゼル車主流の欧州は更に難航）。トヨタは1957年米国販社を設立しクラウン輸出を試みますが，パワー不足，ボディ過重，高速安定性能欠如等により失敗しています。

とはいえ，1963年時点で世界のGDPの40.3％を占めた米国は経済超大国であり，先進国経済は1950～1973年に年５％成長を持続したことから，日本企業が「規模の経済」を達成し欧米企業にキャッチアップするには，米国を筆頭とする先進国市場の「拡大するパイ」を奪い取る以外に途はなく，1960年代，日本メーカーは技術導入等により小型車部門を中心にキャッチアップに努め，海外市場開拓に取り組んだ結果，自動車輸出台数は1960年3.9万台，1965年19.4万台，1970年108.7万台と成長を続けます。

図表３－２　世界主要生産国自動車輸出実績

（単位：台）

年代	日本	アメリカ	ドイツ	イギリス	フランス	イタリア
1950	5,949	251,662	83,455	543,591	117,308	21,908
55	1,395	387,213	403,966	531,174	162,681	74,645
60	38,809	322,996	982,830	716,050	555,879	203,935
65	194,168	167,724	1,527,254	793,756	638,305	326,731
70	1,086,776	379,089	2,103,948	862,726	1,525,364	671,032

（出所）日本自動車工業会

こうした中，日本メーカーの画期となったのは，1970年代初，米国マスキー法（1971年）等による自動車排出ガス規制強化と石油危機（1973年）による石油価格高騰より，ガソリン消費抑制型の小型車ニーズが生まれたことです。米国メーカーは小型車需要の伸びを見誤り，大型車の開発生産に注力し続けましたが，日本では，1972年にホンダがCVCCエンジンにより米国の排ガス規制のクリアに成功したのに続き，日本メーカー他社も規制クリアに成功。そして，石油危機後，世界の自動車需要が小型車シフトすると，市場環境は小型車を主力とする日本メーカーにとり有利なものとなります。

図表３-３　日米欧の乗用車燃料消費量

国名	1978	79	80	81	82	83
アメリカ	2.74	2.51	2.53	—	2.52	2.25
カナダ	2.75	2.78	2.70	—	2.60	2.20
イギリス	1.27	1.29	1.28	1.21	1.23	1.22
西ドイツ	1.12	1.07	1.04	0.95	0.95	0.93
フランス	1.04	1.00	0.95	0.93	0.90	0.90
イタリア	0.66	0.69	0.70	0.72	0.63	0.59
日本	1.27	1.22	1.15	1.12	1.08	1.05

（出所）VDA「日本自動車産業史」
（注）単位：年間１台当たリガソリン換算量トン

また，世界経済は石油危機を境に年平均２％の低成長期に移行し，先進国企業は「限られたパイ」を巡る争いに陥りましたが，そこでは短期間のモデル・チェンジ，多様な製品ラインアップ提供が競争優位を左右することになります。日本メーカーは高度成長期にトヨタの「カンバン方式」に代表される，高効率な多品種少量生産体制を確立していましたが，これにより製品ライフサイクルを短縮し，短期間で新製品を市場投入し，欧米メーカーを圧倒。その結果，日本の自動車輸出台数は1975年268万台，1980年597万台と飛躍的拡大を遂げ（ピークは1985年の673万台），1985年には国内生産台数は1,118万台と1,000万台を突破，世界首位となります。

図表３-４　1970年代の日米輸出状況

単位：千台，％

年	日本				アメリカ	
	輸出	対生産比率	対米輸出	世界比	輸出	対生産比率
1970	1,087	20.5	422	38.9	379	4.6
71	1,779	30.6	814	45.7	487	4.6
72	1,965	31.2	833	42.7	531	4.7
73	2,068	29.2	823	39.8	661	5.2
74	2,618	40.0	1,000	38.2	816	8.1
75	2,677	38.6	920	34.4	864	9.7
76	3,710	47.3	1,370	36.9	881	7.9
77	4,353	51.1	1,870	40.5	899	7.5
78	4,601	49.6	1,835	43.4	962	7.5
79	4,563	47.4	2,221	45.1	1,037	9.0
80	5,967	54.0	2,360	38.4	763	9.5

（出所）日本自動車工業会
（注）「世界比」は対世界輸出に占める割合

第４項　貿易プロセスが国内と海外をつなぐグローバル・サプライ・チェーン

1980年代，国際競争力で世界首位を誇った日本メーカーは，自国完結型垂直統合モデルをサプライ・チェーン・マネジメントの基本としました（前掲図表２-３参照）。貿易は国内生産された完成品を海外顧客に提供する販売工程の一部として，サプライ・チェーンの最終段階で登場し，現在，我々の多くがイメージする貿易の姿はこの時代のものです。

2000年以降，創業と同時に世界市場を目指すボーン・グローバル企業が注目を集めていますが，彼等はデジタル部門で革新的製品を創り出したベンチャーであることが多く，インターネット革命後の現象です。これに対し，第２次産業革命後の多国籍企業の海外発展は国内から海外への段階的なものであり，まず，海外市場での成功が覚束ない初期段階では，海外商社の引合いで輸出が小規模ながらスタート。それが軌道に乗ると，製造企業は自国商社の協力を得て，現地販売代理店を介して本格輸出に踏み切り，更なる販路開拓の見込みが立つと，現地市場に自前の販社を立ち上げて，現地代理店を介さず直接的に現地顧客に輸出製品を供給します。

かかる過程を経て成立したグローバル・サプライ・チェーンでは，国内生産拠点と海外市場の関係は，自転車などの車輪を思い浮かべていただくと，国内市場をハブとしてスポークスにより海外市場を結ぶ車輪状の構造が採られ，本国本社を中核とした中央集権的な管理によりグローバル・サプライ・チェーンは管理されています[1]。海外市場の需要動向について，各国・各地域の販売・サービス等を管轄する支社から本国本社に情報が集められ，本国本社がグローバルな需要動向に基づいて生産計画・販売計画を立案し，それに基づき，国内集約立地した原材料調達，部品製造・調達，最終組立の各プロセスをマネジメントし，各国・各地域に製品輸出する体制でした。

こうした多国籍企業のグローバル・サプライ・チェーン・マネジメントは日米欧先進国で共通でしたが，日本メーカーの場合，特に自動車産業に顕著でしたが，独自の生産システムが国内集約生産をより強く要請することとなりました。過去「下請分業構造」とも言われた，完成品メーカーと協力企業による協働システムは，日本メーカーの競争力の源となっていましたが，この協業関係が国内集約生産，言い換えると，グローバル・サプライ・チェーンの自国完結型垂直統合を求めることとなりました。

第２項で述べたように，日本メーカーは1950～1970年代に国内集約生産・輸出戦略に立って規模の経済を追求しつつ，破壊的イノベーションで欧米市場に参入しましたが，第２次産業革命を牽引した米国重化学・自動車・電機メーカーは圧倒的な巨人であり，彼我の技術的格差は大きく，例えば，自動車部門において，欧米完成品メーカーの部品内製率が70％であったのに対し，日本完成品メーカーは30％程度しか部品を内製できませんでした[2]。このため，日本の完成品メーカーは一社単独ではなく集団戦（親企業と協力企業の協業）により対抗。部品メーカーを組織化し恒常的な部品調達関係を結ぶことで，部品メーカーが一定需要の存在により安心して生産・技術革新に取り組める環境を提供し，低コストで安定的に部品調達する仕掛けを構築しました。

そして，日本完成品メーカーは企業グループを部品調達系列に終わらせず，製品・生産方式のイノベーション・パートナーとします。恒常的に部品メーカーに対して生産指導・品質管理指導等を行い，セットメーカーから受け取った仕様に応じて部品を開発する能力，単に仕様を受け取るだけでなく仕様の改善を提案する能力，受け取った図面や自分で描き出した図面に準拠して製造工程を開発し原

1　Bartlett, C.A. and S. Ghoshal（1989）
2　FOURIN社（1999），同（2001）

価を低減させる能力，品質保証しタイムリーに部品納入できる力を持つ企業群に育て上げます。

親企業と協力企業の協働システムが日本メーカーの強みとなりましたが，両者が協業を行うには，両者が近隣に立地して緊密に意思疎通と協働できることが重要であり，特定地域に「企業集積」を形成することになりました。それは自国完結型垂直統合モデルのサプライ・チェーンにおいて実現可能なことであり，日本メーカーでは，欧米メーカーよりも強くサプライ・チェーンの自国完結型垂直統合を求めることとなりました。

第５項　日米欧三極の最終財貿易を中核とする世界貿易構造

以上は日本メーカーのグローバル・サプライ・チェーン・マネジメントに関する分析でしたが，日本メーカーだけでなく，1990年時点で世界貿易の三極を構成していた米国及び欧州のメーカーも，国内集約生産，すなわち自国完結型垂直統合のグローバル・サプライ・チェーン・マネジメントを行っていたことが分かれば，1990年当時の世界貿易が最終財（完成品）の生産能力のある先進国の三極貿易を中心としたものとなり，かつ，最終財を交易するものであった事情が理解できるはずです（前掲図表２－１参照）。

第２節　1980～1990年代：一国完結型垂直統合型サプライ・チェーンの解体

第１項　世界貿易構造の変化

世界貿易構造は1990年から2000年にかけて，日米欧先進国の三極貿易構造から，日米欧三極構造を基本としつつも，米欧ASEANの三極貿易，米欧中の三極貿易が補完的に存在する構造に転換します（前掲図表２－５参照）。1990年迄の製造企業は自国完結型垂直統合のサプライ・チェーン・マネジメントを採用しており，対外貿易においては，国内集約生産・輸出戦略を採っていましたが，では，1990年代，ASEAN及び中国において，日米欧の先進メーカーに対抗できる製造企業が成長し，日米欧メーカーと同じく自国完結型垂直統合のサプライ・チェーン・マネジメントにより国内集約生産を行い，完成品を欧米に輸出するようになったというのでしょうか。

しかしながら，この理解は正しくないようです。「通商白書2011年版」により東アジア地域における中間財・最終財貿易の動向を見ると[3]，日本等からASEAN

に対して中間財（部品・材料）が輸出され，ASEANで最終財（完成品）が組み立てられて米国・欧州に輸出されていますし，中国についても同様に，日本等から中間財が輸出され，中国で最終財に組み立てられて米国・欧州に輸出されています（前掲図表2-6参照）。

仮に，ASEAN，中国が工業化に成功して，日米欧メーカーに対抗できる自国完結型垂直統合メーカーが国内で誕生したというのであれば，日本等が部品・材料を輸入するまでもなく，自ら部品を生産するか，自国の部品メーカー等から部品等を調達すればよい話であり，日本等から中間財を輸入する必要性はないはずです。また，そもそも1990年代に世界市場で日米欧メーカーと対抗できる能力を獲得した中国・ASEANメーカーが出現したという話はありません。後発国製造企業が市場参入する場合，軽工業から重工業，さらに家電等加工組立型産業という順を辿ってグローバル・メーカーが生まれてくると考えられますが，例えば，現在，グローバルな生産・供給活動を行っている中国の白物家電メーカー，ハイアールはその当時，中国の国内消費市場の成長を受けて国内消費者向け白物家電の生産供給を本格化しようとしており，先進国市場において先進国メーカーとの競争に打ち勝つ用意はまだありませんでした[4]。

では，1990年から2000年の間に世界貿易には何が起こったのでしょうか？　実は，この間の世界貿易の構造変化は日本メーカーのグローバル・サプライ・チェーン・マネジメントの変化が大きな要因であり，日本が「世界の工場」の地位を中国に譲り渡すプロセスで生じました。従来の国内集約生産モデルでは，貿易工程はグローバル・サプライ・チェーンの最川下に登場し，国内生産された完成品を海外顧客に供給する販売過程の一部を形成するものでしたが，一国完結型垂直統合モデルは過去のものとなっていきます。以下，日本メーカーのグローバル・サプライ・チェーン・マネジメントの変化の理由と，その変化がいかに世界貿易を構造変化させたかを説明します。

第2項　「世界の工場」の地位からの転落

（1）1985年以降の製造空洞化

日本は「世界の工場」だったと言うと，現在では信じられない顔をする人もい

3　2011年分析時点で入手可能だったデータが1999年だったため1年だけ時点が異なっているが，1999年と2000年で世界貿易が大きな構造変化を遂げた事情もないことから，ここでは無視する。

4　ハイアールは1990年代に製品輸出を先進国メーカーのOEM生産という形で行っていたに過ぎず，自己ブランドにより本格的な海外市場開拓に乗り出すのは1998年以降であり，2011年，日本の三洋電機を買収，白物家電の開発・生産及び販売・サービスについて学習，2010年代に飛躍を遂げてきている。

るほど「製造立国」日本は過去の話になったのかもしれませんが，日本が「世界の工場」の地位を失ったのは存外大昔のことではありません。その変化は不思議なことに1985年を起点としてスタートしています。例えば，白物家電（洗濯機，冷蔵庫，エアコン）の輸出額を見てみると，白物家電のいずれも1985年にピークを築いた後，右肩下がりに，（釣瓶落としといってもいい位の勢いで）減少し，1999年には輸出額はゼロ近傍に近づいています。

図表３-５　日本の白物家電輸出の推移

単位：千台

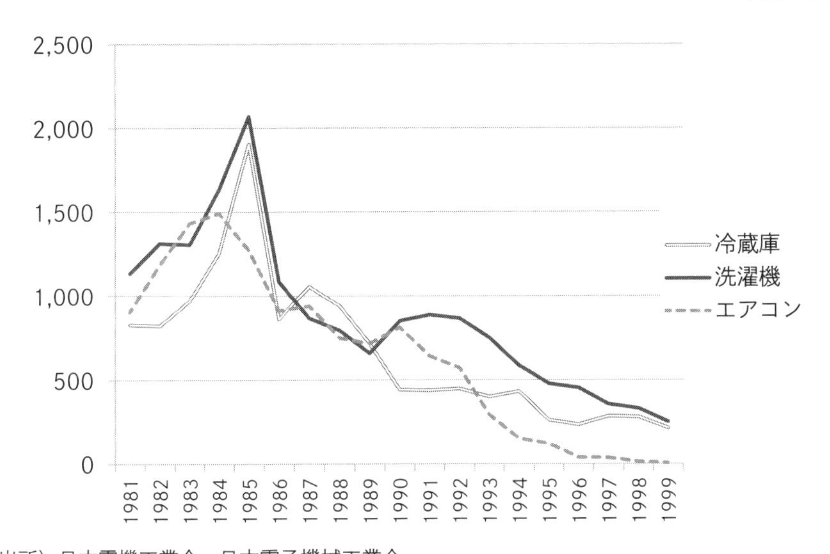

（出所）日本電機工業会，日本電子機械工業会

また，AV家電についても，1960年代にSONYが電子銃式のトリニトロン・テレビで米RCA等に対して「破壊的イノベーション」を起こして以来，カラーテレビは日本メーカーの「お家芸」であり，1985年には世界シェア43％を誇り，民生用VTRに至っては，SONYのベータとPANASONIC陣営のVHSのいずれがデファクトの国際規格になるかを争ったように，日本メーカーが世界で初めて民生用製品化して市場開拓したもので，1985年には世界シェア83％という独占状況にあったのですが，いずれも輸出は1985年を頂点に急落し，2000年にはゼロ近傍に近づいています。

図表３-６　日本のAV家電輸出の推移

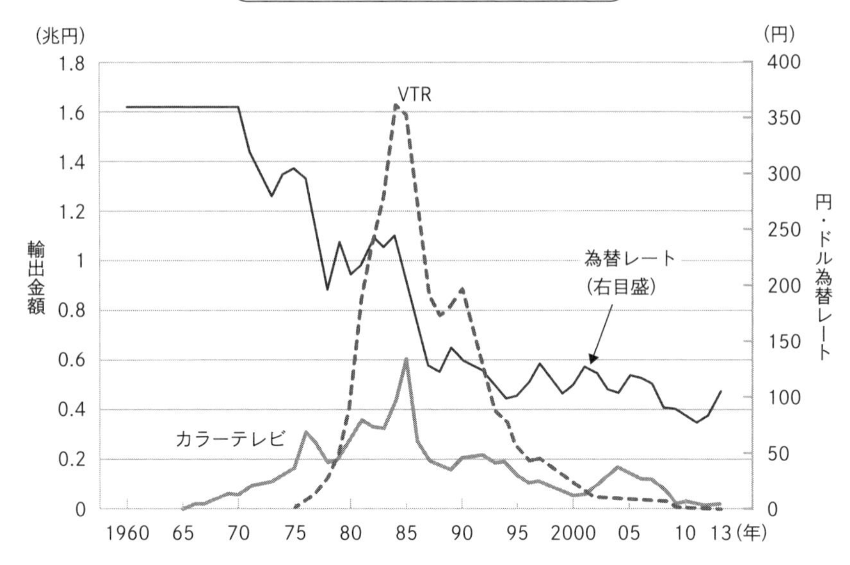

(出所) 日本電機工業会，日本電子機械工業会

輸出額だけでなく国内生産額を見てみると，例えば，電気機械部門については，映像・音響機器は1985年をピークとして1995年まで減少を続け横這いとなっており，産業用電子機器（放送装置，固定通信装置，基地局通信装置，移動局通信装置，無線応用装置，業務用映像装置，超音波応用装置，電気計測器等），産業用電気機器（発電機，配電機器，放送通信機器，設備機械の制御機器等）は５年遅れて1990年に，電子部品・デバイスは2000年にピークを迎え，右肩下がりに急落している状況が分かります（図表３-７参照）。

図表3-7　電気機械の部門別国内生産額の推移

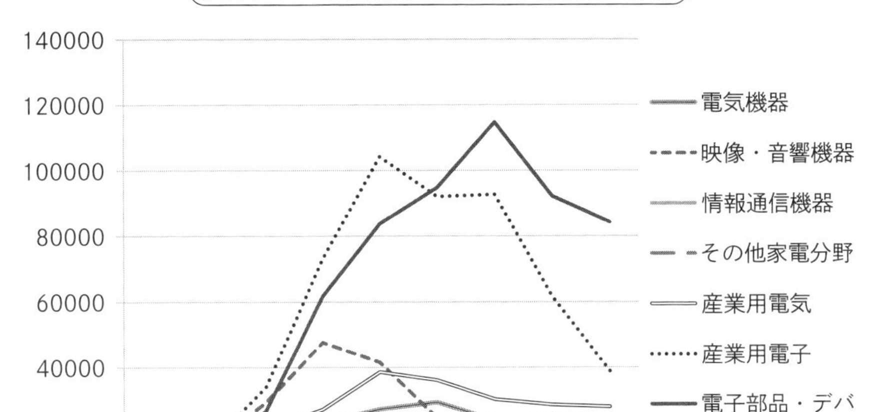

（出所）経済産業省「工業統計表」「生産動態統計」
（注）数値は暦年，単位は億円。電気機械の内訳は，家電協会が生産動態統計を工業会毎にまとめたもので，電気機器にはルームエアコン・除湿機が含まれ，映像・音響機器は1980年以前の数値にはラジオが含まれ，情報通信機器はPCのみとなっている。「その他家電分野」は照明器具・電球類・電池類の合計で，産業用電気は回転電気機械・静止電気機械・開閉制御装置の合計であり，産業用電子は通信機器，電子計算機及び関連装置，電子応用装置，電気計測器と事務用機器の合計から情報通信機器を除いている（1995年以降）。

国内生産額の推移を電気機械だけでなく機械工業全体と自動車等輸送機械についても見てみると1985年から５年遅れてピークアウトし，おおむねそのまま横這い状態となっており，1970年以降1985年までの破竹の勢いの右肩上がりの成長力が完全に失われた状態となっています（図表３-８参照）。では，なぜ1985年という特定の時期に製造業の全部門で輸出がピークアウトし，その後，右肩下がりの急落を続けただけでなく，国内生産そのものも1985年でピークアウトしてしまう現象が発生したのでしょうか？

図表３－８　機械工業の国内生産額の推移（単位：億円）

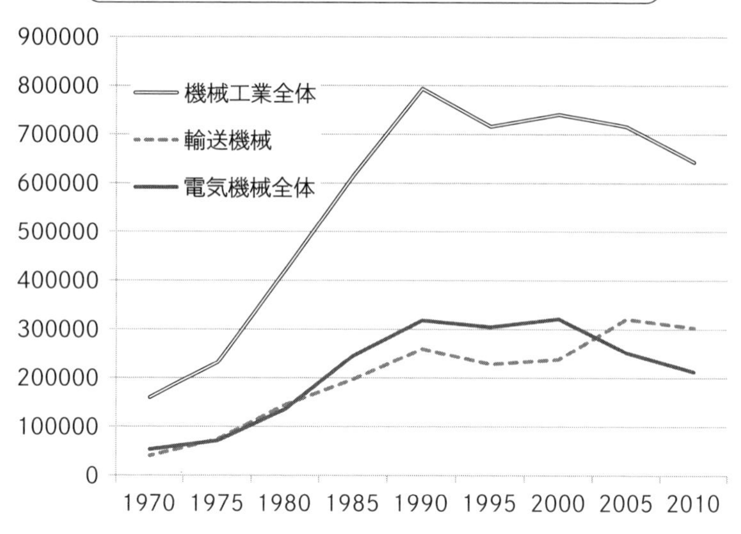

（出所）経済産業省「工業統計表」「生産動態統計」

（２）持続的円高によるコスト競争力の喪失

1985年という明確な時点を境として，日本製造業の輸出がピークアウトし，例えば白物家電，AV家電の輸出が2000年頃にはゼロ近傍まで減少したのも，また，1970年以降1985年まで飛躍的増大を遂げていた機械工業の国内生産が1985年以降横這いとなったのも，1985年９月に米国ニューヨークで開催されたG７財務相・中央銀行総裁会議における「プラザ合意」を契機とする「持続的円高」が原因です。

1973年に国際通貨制度が変動相場制に移行して以来，円相場は円高傾向にありましたが，図表３－９の示すとおり，1985年以降，不規則な変動を伴う長期持続的な円高が定着します。1985年９月１ドル＝260円だった円ドル相場は1986年１ドル＝160円，1987年120円と急激な高騰を起こすと，1990年代初のバブル崩壊後には1994年に100円台を突破，1995年４月には80円台を割り込みます。その後，１ドル100円から150円の間を変動し続けましたが，2008年のリーマン危機後１ドル＝100円を超える円高が定着し，2011年央から2012年央には70円台後半の「超円高」が続きました。

図表３－９　円ドル相場の長期トレンド

（１ドル＝円）

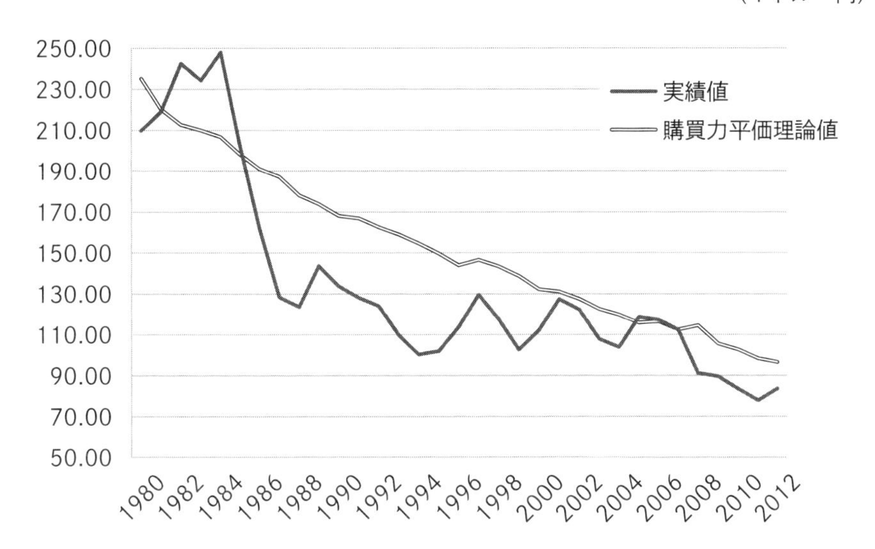

（出所）日本銀行，国際通貨研究所
（注）数値は各年12月時点。購買力平価理論値は企業物価PPP

1985年以降の円高の特徴は，単に1985年260円から1986年160円と短期間で大幅に変動しただけではなく，為替相場が波打つように変動し続け，メーカー等にとり円相場が円高を止めて安定したのか，あるいは円高を続けるのか，判断の難しいものだった点が指摘できます。この不規則変動を伴う長期持続的円高により，国内集約生産・輸出モデルに立つ日本製造企業は壊滅的な打撃を受けます。

１ドル260円が120円に高騰するとは，例えば400万円の普通乗用車が870万円相当に値上がりすることであり，日本メーカーだけにしか製造できない等の事情がなければ，他でも買える製品を日本から輸入して買おうという者はいません。日本メーカーは1985年９月を境として突然重いハンディを負わされたようなものであり，2000年代に入り韓国メーカーが急速に台頭しますが，円とウォンの実効為替相場の推移を見ると（図表３－10参照），1980年代央以降の為替動向が日本の製造業にとりコスト競争の面でいかに不利なものだったかが分かります。

図表3-10　円とウォンの名目実効為替相場

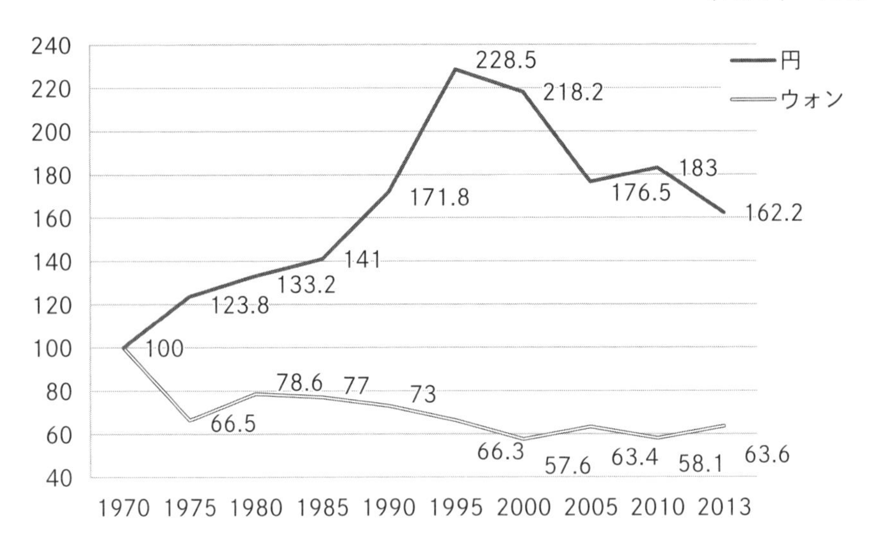

（出所）国際決済銀行
（注）数値は各年１月時点

（3）国内集約生産・輸出型モデルの修正

円高のインパクトは甚大でした。例えば，PANASONICは1986年の期初に同年の輸出額を44億ドルと見ていましたが，為替相場が1985年１ドル＝245円から1986年初に175円に切り上がったことを受けて▲3,000億円の損失発生を予想。実際はドル建て価格の上昇と製品輸出量の減少により（価格×数量ベースで）損失額は減ったものの，為替差損・生産減により▲900億円の巨額損失を被ります。PANASONICは急激な環境変化に対し，あらゆるコストダウンを実施し，海外からの部材・部品調達により円高メリット活用を図りますが，円高による損失のうちカバーできたのは約６割に過ぎず，特に，輸出の落込みの深刻さは今後の製造事業の継続を疑問視させるものでした。

日本メーカーは製造事業を存続させるため，これまで競争力の源と捉えてきた自国完結型垂直統合モデルを断念し，低賃金労働を活用できて為替変動リスクの少ない東南アジア等に，取り敢えず最終組立プロセスを移転することとし，国内工場は日本メーカーしか製造できない製品，価格ではなく品質・性能に競争ポイントのある製品などの高付加価値品生産にシフトします。その結果，国内生産は縮小の一途を辿り，国内生産の縮小と反比例するかのように，製造業の海外生産は拡大します。

製造業の海外生産比率は1986年度に3.2％に過ぎませんでしたが，1998年度には13.1％と4倍強となり，2011年度には約2割に達しています。特に，電気機械部門の海外生産移転が急ピッチであり，1986年度に8.1％だった海外生産比率が1995年度には16.8％，2001年度には27.6％となりました。実は，海外生産の伸びは，海外現地市場向けだけではなく，国内逆輸入の拡大にも支えられたのですが，円高が日本メーカー（及び日本の国際金融行政当局）の期待したように一回的現象で終わらず，繰り返し「底なし」に続いた結果，その都度，当初想定していた標準品と高付加価値品の線引きが「なし崩し」的に変更されて行き，海外生産化の対象はコモディティ品から高付加価値品にも及ぶようになり，日本製造業は空洞化の道を突き進んでいきます。

図表3-11　海外生産比率の推移（年度）

単位：％

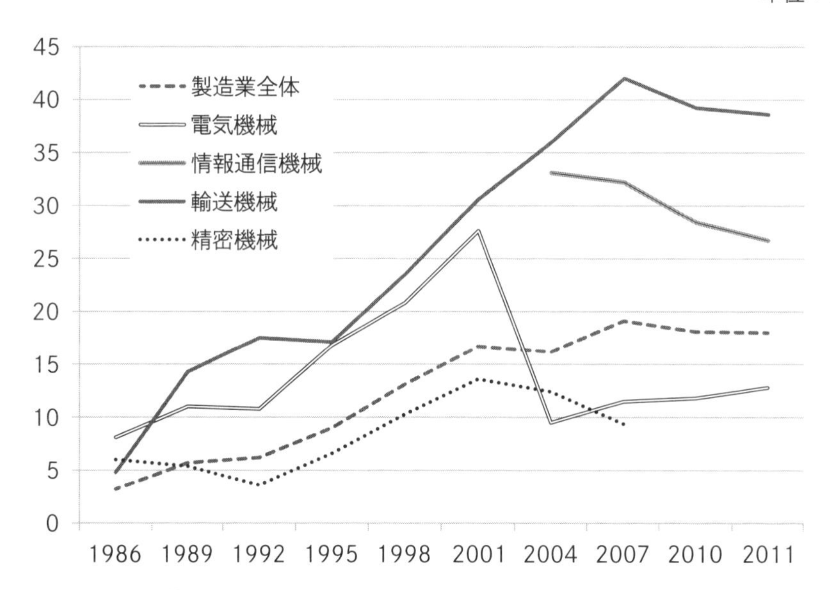

（出所）経済産業省「海外事業活動基本調査」，財務省「法人企業統計」（国内売上高）
（注）法人企業統計が2004年度に業種分類を見直し電気機械より情報通信機械を独立させ，2009年度以降，精密機械の分類を廃止した結果，不連続が生じている。

第３項　国際分散生産と（企業内）国際工程間分業

（１）国際分散生産型のグローバル・サプライ・チェーン

日本メーカーは1985年以降の持続的円高による国内生産のコスト競争力の喪失に対応し，標準品の製造ビジネスを維持するため，取り敢えず低賃金労働を活用でき為替変動リスクの少ない東南アジアに最終組立工程を移転します。1990年時点のグローバル・サプライ・チェーンの自国完結型垂直統合は放棄され，最終組立工程がグローバル分散することとなりました（国際分散生産）。

日本の製造企業の強みは完成品メーカーと部品製造の協力企業との分業構造であり，総合電機メーカー，自動車メーカー等は最終組立工程だけでなく，部品製造工程も同時に海外移転することを考えましたが，部品製造を担当する協力企業には中堅・中小メーカーが多く，完成品メーカーの最終組立工場の海外移転に随伴して自社の部品製造工場を直ちに海外移転できるだけの資金・人材がなく，また，海外生産が可能である一定規模の部品メーカーであっても，完成品メーカーの海外生産移転にタイムラグを置いて随伴することとなりました。このため，完成品メーカーが東南アジア等に移転した最終組立工程に対しては，日本国内から部品ユニット等を輸出する形で供給して組み立てることが行われました。

当時の日本メーカーは，なんらかの時点で持続的円高が停止し，長中期的には円ドル相場が安定すると考えて「国内生産の高付加価値シフト」「標準品の海外生産」の戦略を採用。当然ですが，“Japan as No.1”と呼ばれた彼等は決して製造ビジネスを断念しようとはせず，国内では高付加価値部門を中心とした生産活動を堅持しようとしていました。現在から振り返れば，日本は「製造空洞化」の道を辿りだしたのかもしれませんが[5]，1980年代に国際競争力の絶頂を迎えた製造基盤は引き続き健在だったわけであり，図表３-12でも最終組立工程は国際分散していますが，引き続き国内に存続している最終組立工程に関しては，自国完結型垂直統合のサプライ・チェーン・マネジメントが取られています。

図表３-12　国際分散生産

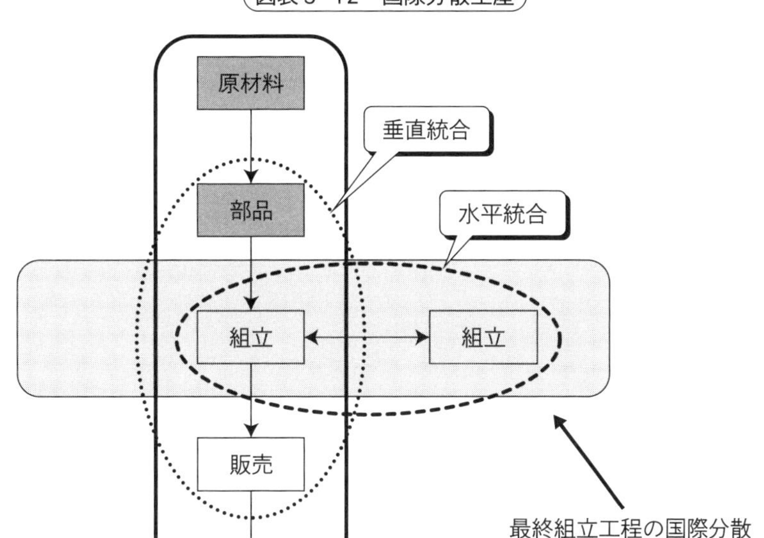

（出所）筆者作成

5　厳密には日本には製造基盤は残っており，製造空洞化が発生していないと主張する向きがある。経済産業省製造産業局は2023年５月「製造業を巡る現状と課題と今後の政策の方向性」を公表（https://www.meti.go.jp/shingikai/sankoshin/seizo_sangyo/pdf/014_04_00.pdf），同趣旨の見解を述べているが，製造空洞化を否定しようとする論調は特に2010年代央には根強く残っており，独立行政法人化したとはいえ，かつては経済産業省内部組織であった経済産業研究所は，深尾・袁（2001）による「対外直接投資により海外生産を行う企業ほど生産性が向上しており，日本の産業競争力の向上にも貢献している」との論調を維持し，製造業の海外生産は空洞化ではないとし，むしろ製造企業の海外生産移転が生産性向上に裨益するとの分析を展開してきた。この議論は海外生産と企業生産性の問題ではなく，日本が製造分野において国民に豊かな生活を保障し得る産業基盤を有しているのか否かで判断すべきではないだろうか。1990年以降，中国・ASEANが工業化をスタートして，中国・ASEANと日本の間で国際分業が成立する過程で，日本が高付加価値部門，中国・ASEANが労働集約部門に特化する形が一時的に生まれ「（日本を先頭とする東アジアの）雁行発展」という表現がなされたが，現在，5Gから6Gに進化しようとする通信システム・機器分野，デジタル・エコノミーの基盤である半導体産業，IoT革命の基礎となるソフトウェア，電動自動車などの先端分野で，はたして日本メーカーが最先端の地位にあるかは疑わしく，通信・半導体分野においては中国・韓国メーカーの後塵を拝している。確かに製造基盤ないし製造業は残っているが，21世紀のデジタル・エコノミーにおいて，国民に豊かな生活を保障するに足りる最先端の技術と製品開発能力を有する製造基盤であるのかを製造空洞化では問うべきであり，必ずしも将来が明るいとはいえない日本製造業の現状は1980年以降の円高対応時点から始まっていたのではないだろうか。

さて，日本はかつて「世界の工場」でした。1985年時点で世界シェアの83％を占めていたVTR，同じく43％の世界シェアを有していたカラーテレビの対外輸出がほぼゼロとなってしまうような海外生産移転が1990～2000年に実行されたのですが，日本製造業全体のグローバル・サプライ・チェーンの転換が世界貿易構造に影響を及ぼさないわけがありません。その結果，第一に，日米欧三極間の最終製品（完成品）貿易が世界貿易に占めるウェイトが縮小し，第二に，ASEANないし中国と米欧の三極貿易が日米欧三極貿易を補完するかのように成長することとなり，第三に，ASEANないし中国は日本等から中間財（部品・材料）を供給されて最終製品（完成品）に組み立て欧米に輸出する世界貿易構造が成立することになりました（前掲図表2－5，2－6参照）。

（2）（企業内）国際工程間分業

日本メーカーは，国内製造拠点が持続的円高によりコスト競争力を喪失したため，低賃金労働を活用でき為替変動リスクの低い東南アジア等に最終組立工程をスピンオフしたわけですが，国内立地のまま残された部品製造は円高により割高となっており，高い部品を低コストで組み立てても，コスト競争力の回復は中途半端なものとなります。

日本メーカーは国際分散生産の次なる段階として，部品生産工程も最終組立工程と同様に，低賃金労働を活用できて為替変動リスクの低い国・地域にグローバル分散させることとなります。また，部品供給の観点からは，最終組立工場の近傍で部品生産することが効率的であり，最終組立工場とのコミュニケーションと連携を緊密にすることで，顧客ニーズにより善く対応することができました。

円相場が持続的に騰貴し続けた結果，かつて国内集約立地していた製造サプライ・チェーンは，最終組立工程だけでなく部品製造工程もグローバル分散するようになり，前項（1）にて説明した，日米欧三極の最終製品（完成品）貿易の世界貿易に占めるウェイトの低下，ASEANないし中国と米欧の三極貿易の成長が加速し，その背後でASEANないし中国が日本等から供給された中間財（部品・材料）を最終製品（完成品）に組み立てて欧米に輸出する相互依存関係が深化することとなりました。

ここで注意を要するのは，日本メーカーは最終組立工程の国際分散生産だけでなく，部品製造工程もグローバル分散させるようになっても，依然「垂直統合モデル」を競争力の源と見なし続けた点であり，グローバル分散するサプライ・チェーン全体を自前主義に立ち統合管理しようとしました。垂直統合モデルは，川上の原材料供給や川下の販売活動を自社に取り込むことでサプライ・チェーン全体の中間コストを抑え，市場需要に敏速に対応するため，自社で最終組立と部品製造のプロセスを一貫管理しておくためのものでした。サプライ・チェーンがグローバル分散しても，日本企業は引き続きそれらのメリットが享受できると考えていましたが，現実はどうだったのでしょうか。

（3）分断し錯綜したグローバル・サプライ・チェーン

白物家電，エアコンはもっとも早く国内集約生産を断念しグローバル生産に切り替えた製造分野ですが，韓国・台湾メーカー等の追上げが1990年前後には既に厳しくなっていた分野でもあり，単に国際分散生産や企業内国際工程間分業によりコスト競争力を回復するだけではなく，東南アジア等の国際分散させた最終組立工場を活用して，国内市場に並ぶ稼ぎ場としてアジア市場を開拓しようとしました。

ただし，単一の商品で国内市場とアジア市場をカバーできるかというと，国内市場とアジア市場では，製品の価格帯だけでなく製品の嗜好も異なるため，日本メーカーは製品の企画・開発については，本国本社とシンガポール等に置いたアジア本社の双方で行うこととします。製品の基本設計は本国本社で一括して行い，アジア本社は基本設計に基づきアジア市場向けに応用設計。製造については，ASEANの最終組立工場で国内市場及びアジア市場向け製品を生産することとし，国内工場と共通の生産ラインを採用しました。

部品については，基幹部品の開発は本国，応用部品の開発はアジア本社と分業。日本国内で内製化した部品と，国内で協力関係にある部品メーカーが現地設立した子会社の製造する部品を調達し，最終組立工場で，国内市場向けとアジア現地市場向け製品を製造し，完成品は日本向け，（最終組立工程の立地する）現地及びその他のアジア諸国向け，米欧向けにそれぞれ輸出していました。

国際分散生産，企業内国際工程間分業を経て形成されたサプライ・チェーンでは，かつての自国完結型垂直統合のサプライ・チェーンと比較すると，「価値連鎖」を構成するプロセスはストリームライン性を失っており，企画・開発，設計，部品製造，最終組立の各段階で複数のラインに分かれたり，再び複数のラインが統合されたりなど錯綜し，かつ，全てのラインが１つのコアにより統合管理されているわけではないなど，かつての統合管理の善さが失われています。

図表３-13　ASEANの白物家電・エアコンの国際工程間分業

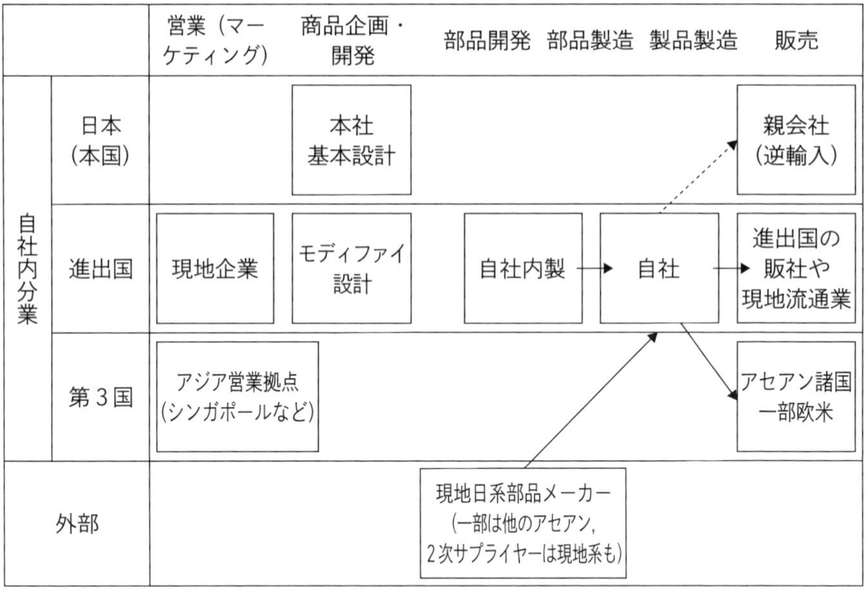

		営業（マーケティング）	商品企画・開発	部品開発	部品製造	製品製造	販売
自社内分業	日本（本国）		本社 基本設計				親会社（逆輸入）
自社内分業	進出国	現地企業	モディファイ設計		自社内製 →	→ 自社 →	進出国の販社や現地流通業
自社内分業	第３国	アジア営業拠点（シンガポールなど）					アセアン諸国 一部欧米
外部					現地日系部品メーカー（一部は他のアセアン，2次サプライヤーは現地系も）		

（出所）中小企業金融公庫総合研究所（2003）

企画開発段階から経路は２つに分かれ，設計段階で２つに分かれた経路が基本設計で統合されたと思いきや，応用設計で再び二経路に分かれます。部品段階でも，製品の基本性能等を左右する基幹部品と，消費者ニーズに応じた応用部品は本国本社とアジア本社で設計分担されるようになりました。本来，革新的な個性ある製品を作るには，基幹部品と応用部品は一体的に設計する必要があり，それにより１つのコンセプトを実現できるのですが，国際工程間分業では，それが実現しにくくなりました。最終組立工程で組み立てる部品は，国内での内製部品と現地調達部品に依存しましたが，部品の調達経路が２つに分かれ，国内内製部品だけでなく，現地調達部品も第三国調達品は貿易プロセスを経なければならず，市場動向に即応して，必要な部品を調達し，それをジャスト・イン・タイムで生産することも容易ではなくなりました。

2000年時点で日本メーカーの白物家電の世界シェアが円高によるコスト競争力の低下により１～２割に落ち込んでいたのに対し，テレビは約４割，DVDプレーヤー約６割，オーディオ製品７～８割と高い競争力を維持していましたが，高付加価値だったテレビやオーディオ機器のグローバル・サプライ・チェーン・マネジメントの状況は白物家電と大差はなく，1990年時点の自国完結型垂直統合と比較すると，「価値連鎖」を構成するプロセスはストリームライン性を失っており，企画・開発，設計，部品製造，最終組立の各段階で複数のラインに分かれ，再び複数のラインが統合されるなど錯綜し，かつ，全てのラインが１つのコアにより統合管理されているわけではないなど，統合管理の善さが失われています。

急激で持続的な円高が日本の立地競争力を激しく蝕んだため，日本メーカーは早い時点からテレビやオーディオ機器も国際分散生産，国際工程間分業せざるを得ませんでした。テレビとオーディオ機器は白物家電と比べると世界商品的な色彩が強く，高級品から標準品まで幅広いラインアップを維持しなければなりませんでしたが，製造事業そのものの存続を迫られた日本メーカーはグローバル・サプライ・チェーン再編に精力を奪われ，本来最重要視すべき商品開発に十分な力を割けませんでした。

製品のマーケティングは各地の消費者ニーズを掴むべく本国本社，シンガポール等にあるアジア本社及び最終組立工場の立地する現地会社で行うのですが，製品の開発・設計に関しては，高級品は本国本社，小型製品や普及品は，過去の設計を基として，現地会社が独自設計を行う分担が行われました。この開発方式から分かるように，日本メーカーは東南アジア，中国等の市場開拓は旧製品の焼き直しで対応し，現地需要に真摯に向き合って消費者ニーズに最大限応える努力を怠っていました。これが韓国メーカーに対する日本家電メーカー敗退を招く一因となります。

部品については，製品の基本的性能を決定する先端部品や中核部品は本国工場で内製，それ以外の部品は，本国市場での協力企業が現地設立した部品会社又は第三国に設立した部品会社から調達。そして，最終組立工場で，国内市場向けとアジア現地市場向け製品を製造し，完成品は日本向け，欧米向け，（最終組立工程の立地する）現地及びその他のアジア諸国向けに分けられ，それぞれ輸出していました。テレビ・オーディオ機器においても，白物家電と同じく，最終組立工程の部品調達経路が２つに分かれ，国内内製部品，現地調達部品，第三国調達部品もグローバル調達のため貿易プロセスを経なければならず，市場動向に即応して必要な部品を調達し，それをジャスト・イン・タイムで生産することは難しいものとなりました。

図表3-14　ASEANのテレビ・AV機器の国際工程間分業

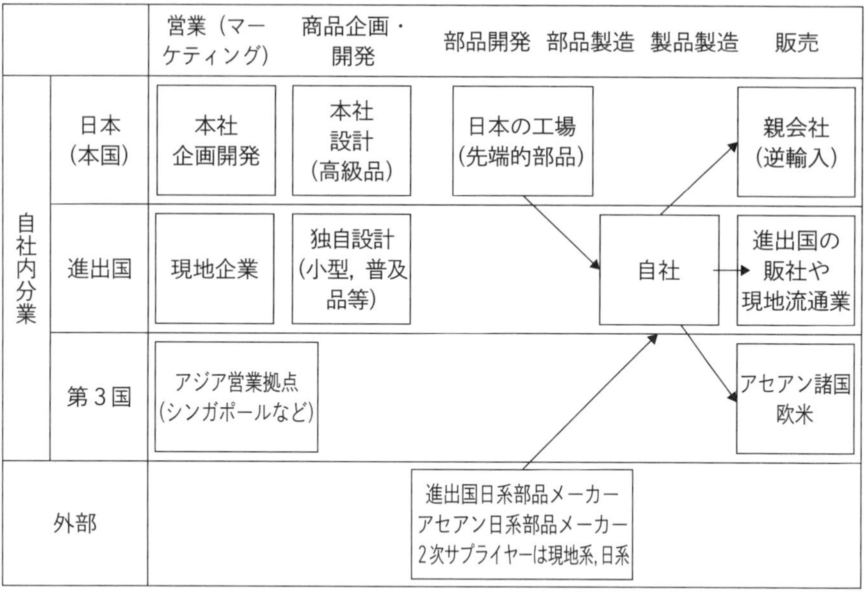

		営業（マーケティング）	商品企画・開発	部品開発	部品製造	製品製造	販売
自社内分業	日本（本国）	本社 企画開発	本社 設計 （高級品）	日本の工場 （先端的部品）			親会社 （逆輸入）
	進出国	現地企業	独自設計 （小型，普及品等）			自社	進出国の 販社や 現地流通業
	第3国	アジア営業拠点 （シンガポールなど）					アセアン諸国 欧米
外部				進出国日系部品メーカー アセアン日系部品メーカー 2次サプライヤーは現地系，日系			

（出所）中小企業金融公庫総合研究所（2003）

（4）サプライ・チェーン・マネジメントと貿易

以上，1980年代央以降の持続的円高に起因する日本メーカーのグローバル・サプライ・チェーンの変化について説明しました。1990年までの自国完結型垂直統合のサプライ・チェーン・マネジメントでは，「価値連鎖」がストリームラインに仕上がっており，国内集約生産により規模の経済を実現し，リーン生産方式，完成品メーカーと協力企業の協業システムなどの生産イノベーションによる高効率生産により，高品質の完成品をジャスト・イン・タイムに産み出し，世界経済の中核市場である米国市場等に輸出できました。

サプライ・チェーン・マネジメントにムダはなく，貿易プロセスはサプライ・チェーンの最川下の販売プロセスの一部を構成。輸出基地である東京・横浜・神戸などの大規模港湾に製品を工場から効率的に集荷・運搬・集積し，海外市場の変動する需要動向に即して，常に製品供給に過不足のないように，海運会社よりコンテナ船ないしタンカーを傭船。米国向けであればコンテナ輸出の主要仕向け地であるロサンゼルス港，ロングビーチ港さらにはオークランド港に海運し[6]，現地の港湾でコンテナを積み下ろし保税倉庫に一時保管する間，税関において輸入申告・輸入審査・貨物検査・関税納付等の手続を経て輸入許可を取得。その上で保税倉庫より貨物を引き取り，輸出国の物流会社により各国内需要地に輸送するというものでした。

これに対して，国際分散生産，企業内国際工程間分業を経て形成されたサプライ・チェーンでは，かつての自国完結型垂直統合のサプライ・チェーンと比較すると，「価値連鎖」を構成するプロセスはストリームライン性を欠いており，企画・開発，設計，部品製造，最終組立の各段階で複数のラインに分かれたり，再び複数のラインが統合されたりなど錯綜し，かつ，すべてのラインが必ずしも１つのコア組織により統合管理されているわけではないなど，かつての統合管理の善さは失われています。図表３-13，３－14に見るように，最終組立工程に国内と第三国の２地域から部品が輸出され，最終組立工程で製造された完成品は改めて日本市場，アジア市場，米欧市場に輸出されるなど，ただでさえ手間暇のかかる貿易プロセスが倍化される形でグローバル・サプライ・チェーンに組み込まれるようになっています。

貿易手続がグローバル・サプライ・チェーンにおいて倍化されて組み込まれているだけではなく，部品の調達が国内内製品の輸入と現地ないし近隣国の日系部品メーカーからの調達の複数フローに分かれてしまったことがジャスト・イン・タイムの計画立案と生産変更を難しくしてしまいました。米国など主要市場で製品引合いが急増した場合，中国ないしASEANに立地させた最終組立工程に，国内から基幹部品・中核部品，ASEANから応用部品等その他部品を，その増産に必要なだけの数量を用意して「同時」に届けなければなりませんが，国内内製又はASEAN生産の部品供給のうち一部品でも供給が遅れれば，製品を加工組立できず，生産ラインを稼働できません。これが自国完結型垂直統合のサプライ・チェーンであれば，部品生産は国内集約されており，基幹部品・中核部品・応用部品の製造者（完成品メーカー，部品メーカー）は産業集積等の特定エリアに集積していますから，部品製造工程と最終組立工程の間でコミュニケーションと連携がとりやすく，国内本社の指示の下にスムーズに部品製造と部品組立を同期化し，（トヨタのカンバン方式ではありませんが）市場からの引合いに即応したジャスト・イン・タイム生産が可能です。

日本メーカーが1980年代央以降持続的円高への対応として始めた時点では予想できませんでしたが，国際分散生産や企業内国際工程間分業に基づくグローバ

6　森山・赤倉（2019）

ル・サプライ・チェーンでは，サプライ・チェーンをスムーズにつなぐはずのプロセスが地理的に分断され，サプライ・チェーンのフローが分岐したり収斂したりと錯綜状態に陥ってしまいました。かかるサプライ・チェーンでは，国内集約生産・輸出モデルでサプライ・チェーン・マネジメントの基本とされた，「自前主義（工程は可能な限り自社ないし協力企業で管理）」に立つ「垂直統合モデル」は，必ずしもサプライ・チェーン全体でのコスト抑制を約束してくれるわけでも，可能な限りムダを省いたサプライ・チェーンのマネジメントにつながるものでもありません。

日本メーカーはかつての自国完結型垂直統合のグローバル・サプライ・チェーンを（自発的にではなく，持続的円高に対応してサバイバルのために）嫌々ながら解体し，国際分散生産や国際工程間分業により非効率なものに「崩して」しまいました。その後，日本メーカーはグローバル分散して非効率化したサプライ・チェーンを立て直そうとして果たせず，今日まで来てしまっているのかもしれません（第3節参照）。1990年代は製品イノベーションで日本メーカーに太刀打ちできる者はいなかったので，国際水平分散なり企業内国際工程間分業なりサプライ・チェーンの見直しに専念できましたが，2000年代以降，日本メーカーは製品イノベーションで韓国メーカー，Apple等欧米テック企業との競争に敗れてしまいます。こうなると，日本メーカーがいかに効率的なグローバル生産体制を組み上げても，今や時代遅れとなった（あるいは標準品化した）国際競争力のない製品を効率的に生産しているだけでは，製品イノベーションを起こした企業に対してグローバル競争で敗れざるを得ません。

なお，日本メーカーが国内集約生産から国際分散生産，企業内国際工程間分業とグローバル・サプライ・チェーンを変えていくにつれて，貿易プロセスのサプライ・チェーンにおける位置と役割が変化したことには注意いただく必要があり，貿易工程はかつてのように国内集約生産された完成品を海外顧客にジャスト・イン・タイムで高効率・低コストで届けるだけのものではなくなり，多国籍企業のグローバル・サプライ・チェーンに「つなぎ」工程として複雑に組み込まれることとなりました。

第3節　2000年代央以降の東アジア生産ネットワークと世界市場

1980年代後半以降の持続的円高に対応して，日本メーカーが自国完結型垂直統合のグローバル・サプライ・チェーンの解体に着手し，最終組立工程をASEANないし中国に移転し，次いで部品製造工程をASEAN等にグローバル立地させる過程で，かつての「世界の工場」の機能が大規模にASEAN等に移ることとなりました。

日米欧三極貿易では，自国完結型垂直統合モデルに立つ完成品メーカーが各極に存在し最終財を交易していましたが，ASEAN等に立地した日本メーカーの最終組立工程は部品供給を本国本社と日系部品メーカーに依存，中間財を日本等から輸入して完成品に組み立てて，米欧等世界市場に輸出。これが一部の日本メーカーだけでなく日本製造業単位で行われたことで，日米欧三極貿易の世界経済に占めるウェイトが縮小し，それを埋め合わせるかのように，ASEANないし中国と米欧の三極貿易が成長します。ASEAN等は日本等から部品供給を受けて完成品に組み立てて米国等に輸出する，中間財と最終財の貿易フローが世界貿易で確立しました。

この世界貿易構造の変化は2000年代に加速し，中国が日本に代わり「世界の工場」の地位を獲得し，ASEANが第二の「世界の工場」の役割を担うようになった結果，日米欧三極に代わり米中欧三極が世界貿易の基本構造となり，日本及び（日本部品メーカー等が海外生産展開した）ASEAN等が中国に中間財（部品・材料）を供給，中国がそれらを完成品（最終財）に組み立てて米国・欧州市場に輸出する，東アジア規模の国際分業構造である「東アジア生産ネットワーク」が成立しました。

この世界貿易構造の転換は，第一に，日本メーカーが2000年以降も中国への最終組立工程の移転を加速し，部品製造工程もASEAN等に一層のグローバル分散を進めたこと，第二に，中国のWTO加盟を機として，欧米メーカーが将来的な巨大消費市場への成長が期待される中国市場で地歩を築くべく，大規模な工場生産移転を行いグローバル供給拠点としたことで決定的となりました。この過程で台湾資本のメガ受託製造企業が成立すると，部品製造・最終製品組立はアウトソースし製品企画・開発・設計と販売・サービスに特化する国際水平分業モデルも登場します。

第１項　中国の外資誘致政策：外資の輸出加工貿易による経済成長

東アジア生産ネットワークの成立は日米欧先進国メーカーのグローバル・サプライ・チェーン変革が原動力でしたが，日米欧の多国籍製造企業の動きは，国内に世界中のメーカーの生産工場を誘致し，経済発展と技術移転の起爆剤としようという中国政府の政策展開に強く後押しされました。

1999年，中国はWTO加盟を果たします。1979年，中国は最高指導者・鄧小平の指導の下に開放改革政策に転じ，社会主義経済から資本主義的な市場経済への移行を目指しますが，外国資本誘致により輸出加工貿易主導の経済発展を図りつつ，外資企業との合弁を通じて中国に技術移転を進め国内製造業を育成することを構想しました。

外資誘致のために，1980年以降，広東省深圳，珠海，汕頭，福建省廈門，海南省に５つの経済特区を設置し，1984年には，大連，天津，青島，上海，寧波，福州，広州等の14沿海都市を開放し，経済特区では，巨大インフラ整備（港湾，空港，工場用地等）と優遇税制により外資系企業を誘致して，中国の低賃金労働力を活用した大規模工場による輸出加工貿易を行わせます。中国政府は外資企業からの技術移転を目論見，合弁を投資許可要件として外資企業に対し先進技術及びノウハウ提供を要求し，中国企業は外資企業からの技術移転により製造基盤を確立していきました。

1989年の天安門事件により，欧米企業の投資は一旦冷え込みますが，1993年に米国でクリントン政権が誕生し，同政権が中国を将来的な主要貿易相手国として位置付けて恒久的な最恵国待遇を与えるなどの政策転換を行うと，米国企業の投資も再開。1999年の中国のWTO加盟を契機として，中国が米国の主導するグローバル資本主義の世界秩序の中で有望な消費市場として成長することへの期待感が世界的に高まると，欧米企業は中国投資を本格化させます。結果的には，2010年には約45万の外資企業が法人登記され，中国国内で従業員5,520万人を雇用し，中国国内生産に占める割合は2003年35.9％，輸出に占める割合は2005年58.3％を占めるまでに至りました。

第２項　日本メーカーによる国際工程間分業の中国シフト

日本メーカーは天安門事件にかかわらず1990年代も対中投資を欧米諸国ほど抑制せず，ASEANと並ぶ第二の国際分散生産のための拠点と位置付けて[7]，最終組立工程の中国分散を行ってきましたが，1999年の中国WTO加盟以降，最終組立の基軸をASEANに代わり中国に移転する動きを加速化します。人口14億人を抱える中国が経済的にテイクオフすれば巨大消費市場となることが期待されるため，中国市場に地歩を築く目的もありました。中国に最終組立工程をシフトした日本メーカーが構築したグローバル・サプライ・チェーンは，1990年代にASEANで

7　中小企業金融公庫総合研究所（2003）のヒアリング調査によれば，日本の総合電機メーカーはASEANと中国をアジアにおける２大生産拠点として位置付けており，1999年の中国のWTO加盟を契機としてASEANから中国シフトすることが検討されたが，結果的には，日本国内の生産拠点を中国シフトするのが基本的流れとなり，ASEANの生産拠点を閉鎖して中国に移転するという動きは観察されなかった。ただし，部品メーカーについては，逆に中国の生産拠点を縮小ないし閉鎖してASEANに生産拠点を集約する動きが見られたとする。

構築したものと構図は同じですが，両者のグローバル生産体制における位置付けには差別化が図られました。

製品に応じ差別化の在り方は異なりましたが，例えば，テレビやオーディオ機器では，ASEANにはグローバルな輸出拠点という役割が期待されたのに対し，中国には量産拠点としての役割が求められました。テレビ，オーディオ機器は世界商品としての性格が元々強く現地仕様という考えは弱いものの，グローバルな輸出拠点としての役割が課せられたASEANでは，製品開発については，基本設計は国内本社で行うものの，応用設計は現地本社に任せるスタイルが採られ，部品供給についても，基幹部品・中核部品は国内本社が製造するものの，応用部品はASEANで日系メーカーから調達されるなど，グループ内分業が図られました（完成品は日本市場，現地市場だけでなく，その他のアジア市場や欧米市場にも輸出）。

図表3-15　中国におけるテレビ及びオーディオ機器の国際工程間分業

		営業（マーケティング）	商品企画・開発	部品開発	部品製造	製品製造	販売
自社内分業	日本（本国）	本社 企画開発	本社 設計	本社 ICなど高度な部品			親会社 （逆輸入）
	進出国	アジア営業拠点 （香港・上海 など）				自社	進出国の 販社や 現地流通業
	第3国						アセアン諸国 欧米
外部					進出国日系部品メーカー		

（出所）中小企業金融公庫総合研究所（2003）

一方，中国生産は製品の量産拠点の性格が強く，完成品は対日輸出と中国現地販売に向けられました。これを反映して，製品設計は完全に国内本社で行われることが多く，部品もASEANと同様に国内本社と日系部品メーカーから調達されたものの，ICなどの高度な部品は開発段階から供給まで国内本社が行い現地本社を関与させない方式が採られました。まさしく中国拠点はASEANと比べると独自製品の開発を期待されず，一義的に量産機能が求められたと言えます。

なお，ASEANにおける同種の製品と比べると，中国の部品供給インフラが日系企業の求める水準に達していなかったこともあり（日本メーカーは海外の部品生産はASEANに集約立地させ，中国には，あえて必要の限度を超えて集約立地させませんでした），部品の現地調達のウェイトは小さく，日本・ASEANからの輸入部品を中国量産工場で完成品に組み立てるサプライ・チェーン・マネジメントがなされました。

図表3-16　中国における情報・通信機器の国際工程間分業

		営業（マーケティング）	商品企画・開発	部品開発	部品製造	製品製造	販売
自社内分業	日本（本国）	本社 企画開発	本社 設計	本社			親会社（逆輸入）
	進出国	アジア営業拠点（上海，北京，香港など）				自社	進出国の販社や現地流通業
	第3国						欧米など全世界
外部				進出国日系部品メーカー 進出国欧米系部品メーカー			

（出所）中小企業金融公庫総合研究所（2003）

PC，携帯電話等の情報・通信機器はテレビ，オーディオ機器と比べると世界商品性が強いのですが，PC，携帯電話等では，中国は世界市場向け量産拠点として位置付けられ，完成品は日本市場，中国国内市場，欧米市場向けに供給されました。情報・通信機器関連は世界商品の性格が強かったため，製品の企画・開発は本国本社が一元的に行うことが合理的でしたので，製品の設計や部品の開発も本国本社が専管。部品についても，本国本社が国内で内製した部品と，現地中国に進出した国内協力部品メーカーが本国本社の指示に従い製造した部品を基本的に採用・調達し，一部部品に限って欧米部品メーカーの設立した現地メーカーから調達し，それらを中国量産拠点で完成品に組み立てました。情報・通信機器関連では，中国拠点が世界市場向け量産拠点として位置付けられ，ASEANは中国市場を補完する副次的な生産拠点となり，最終加工組立拠点というよりも，部品製造拠点としての役割が増します。

第3項　日本部品メーカーの随伴的な国際分散生産

日本の完成品メーカーによる国際工程間分業は単独でなく，国内で協力関係にある部品メーカーによる完成品メーカーに随伴した国際分散生産がサポートしました。

日本の完成品メーカーは1980年代央以降，ASEANを中心とした国際分散生産を推し進め部品製造工程の一部もASEANに展開しましたが，1990年代以降は中国にも最終組立工程を移転。第2項のとおり，1990年代後半，特に中国のWTO加盟前後から，中国をグローバル量産拠点，ASEANを副次的な量産拠点と位置付けて，最終工程のグローバル最適立地を推進します。中国等の量産拠点で組み立てる部品については，基幹部品等は国内で内製，応用部品は協力メーカーがASEANに設立した部品会社から調達する体制を整え，（企業内）国際工程間分業システムを形成しました。

完成品メーカーの国際工程間分業の動きは部品メーカーの国際分散生産により一層加速され，国内で完成品メーカーと協力関係にあった部品メーカーは，完成品メーカーの国際分散生産の動きに（一定のタイムラグを置いて）随伴し，完成品メーカーの量産工場が立地する国か，近傍のASEAN諸国に自らの最終組立工程を移転します。例えば，IC，リレー，チップ・コンデンサーなどの電子部品メーカーは，完成品メーカーの海外生産移転により国内で失われる受注機会を逃さないため，完成品メーカーの海外工場の近傍に工場を建設し部品供給に取り組みました。工場には収益分岐点があり一定数量以上の受注が必要です。このため，部品メーカーは完成品メーカーの海外移転先全てに同伴したわけではなく，ASEANで中核的な部品生産拠点を設立しASEAN全域及び完成品メーカーの中国工場に部品供給する体制を整えました（図表3-17参照）。

図表３-17　ASEANにおける電子部品メーカーのサプライ・チェーン

		営業（マーケティング）	商品企画・開発	部品開発	部品製造	製品製造	販売
自社内分業	日本（本国）	本社 企画開発 （汎用品）	本社 設計	本社 素材を本社経由で 日本，欧米から調達			親会社 （持ちかえり）
	進出国	自社 アジア営業拠点 （シンガポールなど）				自社	
	第３国						
外部		納入先 セットメーカー			進出国日系部品メーカー 進出国地場系部品メーカー （コイル，金属，プラスチック などの補助部品中心）		進出国の セットメーカー 一部は他のアジア のセットメーカー

（出所）中小企業金融公庫総合研究所（2003）

部品メーカーにとり，完成品メーカーがどこで製品設計プロセスを行うかは，完成品メーカーとの連携上重要な問題です。日本の完成品メーカーは基本設計を本国本社，応用設計を現地会社に分担させるケースが多く，部品メーカーは完成品メーカーの本国本社に対して営業・マーケティングを実施し，完成品メーカーの新製品向け部品の企画・開発は国内で行いました（部品設計も本国本社で実施）。また，部品メーカーでは，本国本社がICの素材など重要な部材を日本国内又は欧米から一括調達して，国内工場とASEAN等の海外工場に供給し，海外工場で必要となるコイル，プラスチック製品等の補助的部材は現地日系メーカーより調達する体制を採っていました。

上記の事情はモータ，ベアリング等の機械部品についても同様であり，ベアリング・メーカーは完成品メーカーの海外工場移転に随伴し受注の取りこぼしを防ごうとしましたが，海外工場で損益分岐点を超える生産量を確保する必要から，ASEANに中核的な部品生産拠点を設立し，ASEAN全域及び完成品メーカーの中国工場に部品供給する体制を採りました。部品開発についても，完成品メーカーの本国本社が製品設計を主管していることから，本国本社が完成品メーカーの本国本社と連携を採って部品開発に当たり，新製品の共同開発にも取り組みました。なお，部品製造に必要な部材・素材は本国本社が一括調達し，国内工場向けと海外工場向けに供給することで「規模の経済」を維持し，その他部品については，ASEAN等に進出している日系部品メーカーから購買して「日本品質」の維持を図ろうとしました（図表３-18参照）。

図表３-18　ASEANにおける機械部品メーカーのサプライ・チェーン

		営業（マーケティング）	商品企画・開発	部品開発	部品製造	製品製造	販売
自社内分業	日本（本国）	本社 企画開発	本社 設計	本社 キーデバイスや素材を本社経由で日本，欧米から調達			
	進出国	自社 アジア営業拠点 （シンガポールなど）	簡単なものの設計やモディファイ			自社	
	第３国						
外部					進出国日系部品・部材メーカー 一部は進出国地場系メーカー		進出国日系・外資系メーカー アセアン等の日系・外資系メーカー

（出所）中小企業金融公庫総合研究所（2003）

第４項　欧米先進国メーカーによる垂直統合型モデルの中国移植

日本メーカーは過去の成功モデルである自国完結型垂直統合モデルを可能な限り守ろうとして，円高の進行に応じて，国際分散生産，企業内国際工程間分業を「対処療法」的に進めました。その結果，ASEAN，中国のいずれを量産拠点にするのかを決めかねるなど，基本戦略がそもそも長らく軸足の定まらないままグローバル化を進めたため，グローバル・サプライ・チェーンは，各プロセスがストリームラインに接続しておらず，全体を効率的に制御することが難しく，かつての自国完結型垂直統合によるサプライ・チェーン・マネジメントの善さが失われることとなりました。

これに対して，欧米メーカーは，円高のような急激なビジネス環境変化に直面しておらず，長期的な視点に立って，巨大消費市場に生まれ変わる中国市場において地歩を築くことを目標に置き，中国の低賃金労働を活用したグローバル生産供給拠点の構築を，慎重に時間をかけて進めることができました。1990年代，天安門事件の影響から対中投資に慎重だった欧米メーカーは，中国のWTO加盟に向けた議論が本格化した1990年代後半以降，特に自動車メーカーを中心として対中投資を本格化させます。

まず，欧米自動車メーカーでは，部品内製率が元々６～７割と高かったことから，部品の７割を協力企業等に依存する日本メーカーと異なり，完成品・部品メーカー一体での海外生産を検討する必要性が低く，単独で海外生産移転の意思決定が可能でした。また，1990年代以降，Volkswagen等はトヨタのリーン生産方式に対抗して部品共通化や自動車モジュール化に取り組み，自動車を共通のプラットフォームでモジュールの組立てにより生産する取組をしてきましたが，この点でも，欧米メーカーは中国等でグローバル生産を本格化しやすい立場にありました。

一方，中国政府は自動車産業の育成に向けて，1994年策定の「新自動車産業政策」に基づきVolkswagen，GM等との合弁企業８社を集中支援しますが，欧米メーカーは，人口13億人ながら自動車１台当たりの人口が157.4人（世界平均8.3人）と低い中国市場の将来的可能性に賭けて，2000年以降対中生産投資を本格化させます。日本メーカーが地政学上の理由から中国に部品生産拠点を集約せず，国内又は東南アジアに国際分散生産する日系部品メーカーより部品調達したのに対し，欧米メーカーは垂直統合された自動車サプライ・チェーンを中国にそのまま移植しています。

また，欧米自動車メーカーは内製率が６～７割と高いとはいえ，やはり部品メーカーに依存せざるを得ない部分は残り，かつ，自動車モジュール化により共通化された部品等は独立部品メーカーに外注するようになっていました。このため，Bosch，Continental等自動車部品メーカーは，欧米系完成品メーカーの中国生産本格化の動きに対応して，欧州生産拠点からの部品輸出ではなく，中国現地生産による部品供給に踏み切ります（中国政府の部品国産化など自動車産業保護の動きも背景にあり）。

欧米自動車メーカーによる中国国内での垂直統合型のサプライ・チェーン構築は，かかる欧米部品メーカーの動きに支えられましたが，それにも増して，ASEAN及び一部中国に展開していた日系部品メーカーによる部品供給にサポートされました。1990年以前には想定できなかった，欧州完成品メーカーと日系部品メーカーの取引関係を日本部品メーカーの側から見ると，日系部品メーカーは日本完成品メーカーのグローバル生産展開を支援するため随伴的にグローバル生産に踏み切ったものの，従来系列関係にあった日本完成品メーカーの海外工場だけと取引しているだけでは，日系部品メーカーの海外工場は損益分岐点を超えるだけの受注を受けられませんので，欧米メーカー（さらには系列関係になかった日本完成品メーカー）に部品供給することで，海外工場を経営することが可能となりました。

欧米自動車メーカーは，中国に垂直統合型のサプライ・チェーンを移植し，中国から完成品を欧米・アジア市場にグローバル供給するとともに，中国国内市場開拓に取り組みました。欧米メーカーの自動車グローバル・サプライ・チェーン・マネジメントは中国から欧米市場に向けた完成品貿易フローを成長させるとともに，日本メーカーほどではありませんが，ASEANから中国への中間財貿易拡大に貢献しました。

中国に生産投資を行った企業は自動車だけではなく，Ｐ＆Ｇ，ロレアルなど日用品・化粧品メーカー等も本格生産投資に踏み切り，中国生産拠点で製造した完成品は欧米市場に輸出すると同時に中国国内市場開拓に活用しました。なお，半導体・通信機器・家電メーカーは，中国で台湾資本が設立したメガ受託製造事業者に対し完成品組立をアウトソースする形で中国をグローバル生産供給拠点とし（第５項参照），部品は日本の部品・材料メーカー（日本工場及び東南アジア等の海外工場）から調達しました（先端的な高性能半導体等は欧米半導体メーカーの本国工場から調達）。

いずれにしても欧米メーカーは，日本メーカーに若干のタイムラグを置いて，中国生産投資を本格化させましたが，グローバル市場及び中国国内市場向け製品の生産により中国・欧米間の完成品貿易拡大に貢献し，中国生産に必要な部品を日系部品メーカー等より調達することで東アジア生産ネットワークの強化にも寄与しました。

第５項　メガ受託製造事業者の登場

受託製造事業には，受託者が委託者に代わり製造を行うOEM（Original Equipment Manufacturing）と受託者が委託者から開発・設計を請け負い，製造も代行するODM（Original Design Manufacturing）の２つがあります。受託製造は歴史が古く，グローバル資本主義前から，自国完結型垂直統合モデルを採用した先進国メーカーも，短期的な市場での需要変動に対応するために，例えばPANASONICが韓国・台湾メーカーに対し白物家電の一部製造を委託するなどを慣行的に行っていました。

製造委託しても，製造名義は先進国メーカーですから，先進国メーカーは品質保証のために，OEM受託メーカーに対して生産技術指導や（場合によっては）工場建設等に関する援助等も行い，製造関連の技術・ノウハウを移転。受託製造は後発メーカーにとり先進的な製造技術を獲得する１つの道でした。ただし，1990年までの自国完結型垂直統合モデルを基本とする製造業では，後発メーカーがサプライ・チェーンの全工程を統合して運営・管理できる組織と能力を獲得することは困難であり，発展途上国の工業化は日本のような例外を除けば不可能事と考えられていました。

しかし，1990年代以降，日本メーカー，続いて欧米メーカーが最終組立工程を中国等の低賃金労働の活用を求めて海外移転し，部品工程も日本メーカーがASEAN展開し，欧米部品メーカーも完成品メーカーの中国展開に続いて中国に本格展開するようになると，サプライ・チェーンにおける自国完結型垂直統合は必ずしも自明のものではなくなり，各工程が独立して機能し得る余地が生まれてきます。この時期，半導体産業では垂直統合型に代わり「設計と製造の分業」が急速に進み，1990年代後半以降，家電製品・オーディオ製品ではデジタル化とモジュール化が本格化します。その結果，先進製造企業では，製造サプライ・チェーンのうち最終組立工程をアウトソースし，製品の企画・設計に特化することが１つのビジネス・モデルとなります。

こうした先進メーカーの動きの裏には最終組立を引き受ける受託製造企業の成長が「鏡像」のようにあり，台湾の受託製造企業は，かつては日本メーカー等の市場需要変動のバッファーに過ぎなかったのですが，特定メーカー専属ではなく，PCであれば世界中のPCメーカーから，液晶テレビであれば（液晶パネルの独占的な生産供給力をバックとして垂直統合モデルを堅持する韓国メーカー等を除き）世界中のテレビ・メーカーから受託製造することで「規模の経済」を実現。台湾受託製造企業は自国完結型垂直統合ではなく最終組立工程に特化する形で世界的な製造企業となることに成功します。

例えば，鴻海精密工業（Hon Hai Precision Industry Co.）はスマートフォンや薄型テレビなどの電子機器の受託製造で知られる台湾受託製造企業ですが，1972年創業後，1980年代はテレビの周辺部品等の製造供給をしていましたが，1990年代に世界的に大普及期を迎えたPCの受託製造を引き受けることで成長を遂げます。2004年には売上高で世界首位の受託製造企業となり，2003～2012年の10年間で連結売上高が約10倍となる大躍進を遂げ，2016年SHARPの買収で総合電機メーカー成りしています。もはや最終組立工程のみに特化した受託製造企業ではなく，製品の企画・開発・設計からスタートして部品製造・最終組立・販売サービスという製造サプライ・チェーン全体をカバーする総合電機メーカーなのです。

図表３-19　鴻海精密工業の連結売上高・純利益の推移

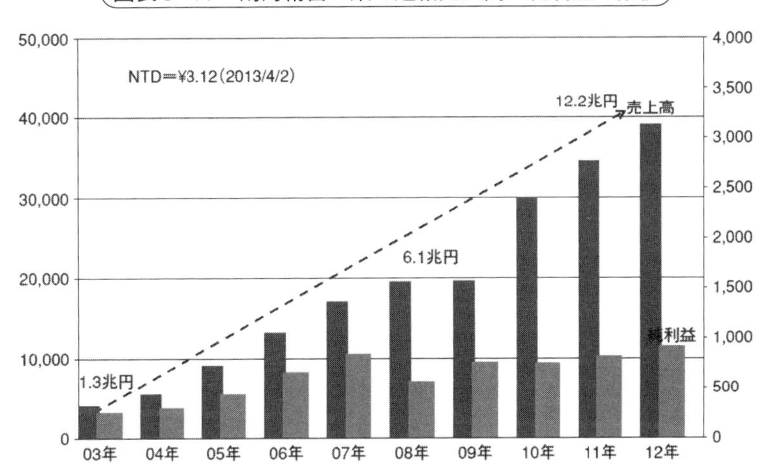

（出所）「型技術」第28巻第７号
（注）左軸：連結売上高，右軸：連結純利益　単位：台湾億ドル

第６項　国際水平分業

自動車では，欧米メーカーが中国進出に当たり垂直統合モデルを移植したように，製造サプライ・チェーンを工程毎に分離解体する動きは弱かったのですが，半導体・PC・情報端末・家電等のIT分野では，製品のモジュール化が早くから進展したこともあり，日本メーカーのように円高対応の観点から部品製造工程と最終組立工程をグローバル分散するケースや，欧米メーカーのように，中国の低賃金労働を活用した大規模生産のため台湾資本の受託製造企業に最終組立をアウトソースするケースなど，様々な形でサプライ・チェーンが工程単位で解体される動きが現れました。

こうした中，製造企業でありながら，かつての自国完結型垂直統合モデルは勿論，企業内国際工程間分業のようなグローバル版垂直統合モデルにも拘泥せず，サプライ・チェーンの部品製造工程，最終組立工程をアウトソースして，製品の企画・設計と完成品の販売・サービスのみに特化する企業が登場します。その代表であるAppleではiPhone生産に関して部品を日韓米の広範な部品メーカーに外注し，台湾資本の鴻海精密工業等が中国本土に構える大規模工場に製造委託する「国際水平分業」を「ものづくり企業」としての競争力の源としています。

図表3-20　Appleの国際水平分業モデル

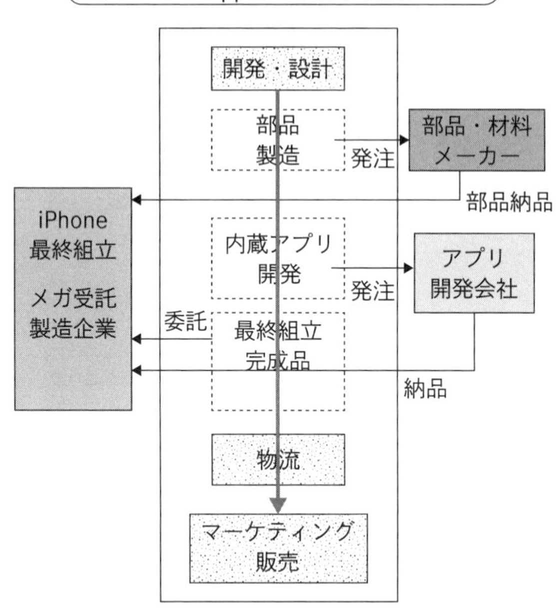

（出所）筆者作成
（注）点線囲みはアウトソースされた工程

国際水平分業は自社が製造サプライ・チェーンのうち得意工程に特化して，外部に部品製造・最終組立をアウトソースするものですが，これは単純な「良いとこ取り」ではなく，アウトソースした工程についても品質・納期・価格を徹底的に管理しなければなりません。アウトソースにより，工場・設備等の固定資本投資は節約でき，専業メーカーへの部品・材料の大量発注，大規模な受託製造事業者への完成品組立委託によりコストは抑えられますが，安定的な部品供給や完成品製造が受けられない可能性や製品品質の維持に問題が発生する危険もあります。このため，AppleはiPhoneの心臓部であるOS，CPUについては自社開発を原則としつつ，高品質な部品の安定的な納期内の供給確保のために，単一企業への発注ではなく複数企業を競合させて緊張感を保ち，部品製造・最終加工組立をアウトソースしても，最新の切削加工機やレザー加工機等を調達又は開発して委託先に貸与するなど製造工程へのコミットメントを維持しています。

また，Appleが国際水平分業によりグローバル分散したサプライ・チェーンを統合管理できるのは，１つにはiPhone，iPadのような世界市場で独占的な地位に立った（現在でも世界市場で高シェアを維持）製品をイノベーションした結果であり，受託する側の部品メーカー及び受託製造事業者としては，世界販売額が年々爆発的に伸びていく世界商品の生産に関与することが自社成長のキーとなりますので，Appleからの品質・納期・コスト等に関する厳しい要求にも喜んで応えた次第でした。

なお，正確には，国際水平分業はAppleではなく半導体メーカーが先鞭を着けたものです。1980年代，半導体製造は設計・前工程（ウェハ製造）・後工程（組立・検査）を一貫実施する垂直統合モデルに拠っていましたが，1980年代末以降，半導体の開発サイクルが短期化すると，垂直統合企業は全工程に渉る巨額の投資負担に耐えられなくなり，製品開発も市場の求めに間に合わせることができなくなります。このため，半導体部門では，開発・設計に特化したファブレス（「生産設備のない」という意味），前工程（ウェハ製造）に特化したファウンドリ，後工程（組立・検査）に特化したOSAT（Outsourced Assemble and Test）企業による水平分業が急速に一般化しました。

図表３-21　半導体製造における分業

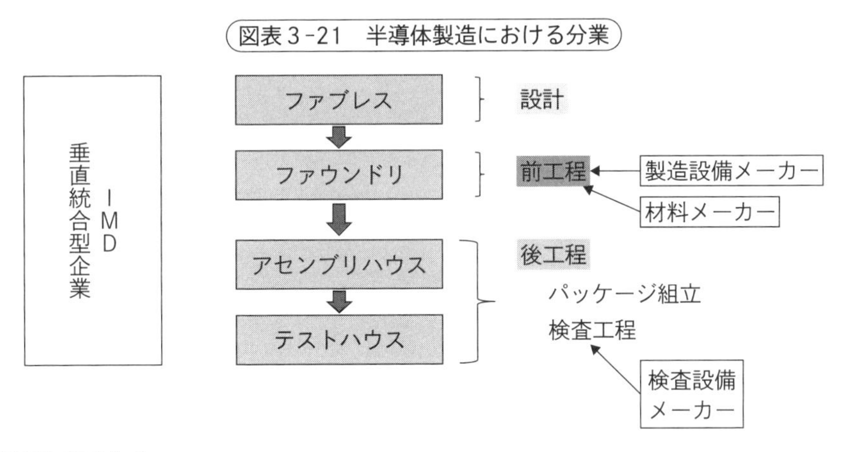

（出所）筆者作成

かかる分業が可能となったのも，国際水平分業をトータル・マネージメントするファブレス企業のQualcomm，Broadcom，AMD，MediaTek，Appleが，他社の真似できない高付加価値製品により世界市場で圧倒的な地位を占め（半導体売上で世界トップ10位入り），TSMC，サムスン電子，UMC，GlobalFoundries

等ファウンドリ企業に対して巨額のビジネスを保証できているからであり，ファブレス企業とファウンドリ企業は何代にもわたる半導体の世代交代において共生関係を続けてきました。

2000年以降，国際水平分業は広範な産業分野で活用されるようになり，日本にも，ユニクロや任天堂のように国際水平分業により世界市場で成功を収めている企業もありますが，半導体ファブレス・メーカーやAppleのように世界市場で強固なポジションを占めている会社でないと，「ものづくり」のアウトソースによる製造ノウハウの喪失，生産管理・コスト管理の困難化などのデメリットがあり，必ずしも中長期的には競争力強化につながらないケースもありました。

例えば，米国PCメーカーのDell社は，直販モデルを採用してサプライ・チェーンの最川下に位置する顧客と直接的接点を持ち，マーケティング・受注・顧客サポートを自社で行う一方で，部品製造・最終組立・物流は外部企業との戦略的提携によりアウトソースしました。このビジネス・モデルは，低コスト生産を追求しつつ顧客満足度を高める長所はありましたが，PC部門では標準化とモジュール化が進み，価格競争でライバル他社を打ち負かすか，他社製品と品質・性能等で差別化するかを選択しなければならなくなると，部品工程・製造工程をアウトソースしたDell社には，双方の選択肢ともに実行が次第に難しくなります。2000年代央以降，AppleがiPhoneにより世界市場を席巻し，インターネット接続デバイスがPCからスマートフォンに転換すると，PC需要は失速して世界年産約１億台に落ち込みますが，PC産業が成長力を失うと，Dell社のPCビジネスもかつての輝きを失うに至りました。

図表３-22　Dellの国際水平分業モデル

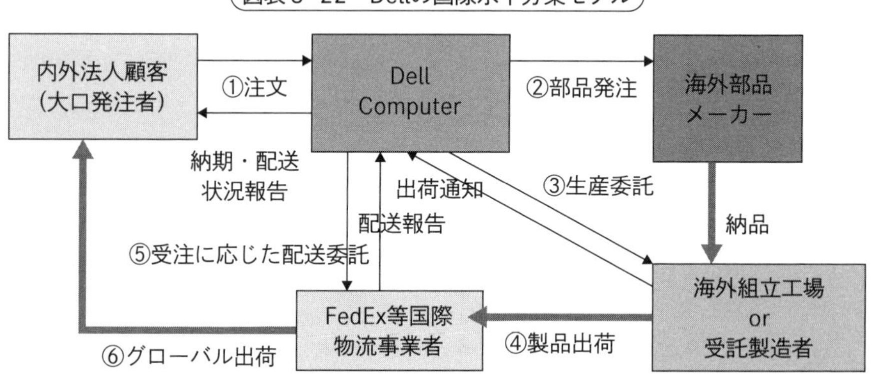

（出所）筆者作成

第７項　2000年以降のサプライ・チェーン変化と世界貿易構造転換

（１）2000年代の世界貿易構造の変化

第２節では，1990年代に日本メーカーが円高対応のためスタートした国際分散生産と国際工程間分業が日本製造業単位で実行された結果，世界貿易構造は日米欧先進国の三極貿易構造から，日米欧三極構造を基本としつつも，米欧ASEANの三極貿易，米欧中の三極貿易が補完的に存在する形に転換したことを見ました（前掲図表２-５参照）。

また，1990年以前の日米欧三極貿易構造では，最終財（完成品）が三極間で交易され，中間財（部品・材料）はほとんど貿易されていませんでしたが，日本メーカーが国際分散生産から企業内国際工程間分業へとグローバル生産を進める過程で，国内本社及びASEAN展開した日系部品メーカーがASEAN及び中国の生産拠点に部品・材料を提供し，ASEAN及び中国の生産拠点が最終加工組立をして完成品を米国等グローバル市場に輸出供給する構図が生まれています（前掲図表２-６参照）。

2000年代，「世界の工場」の地位が日本から中国に移ると，世界貿易における日米欧三極間の最終貿易はウェイトを大きく落とし，それに代わって，米中欧間の三極貿易が世界貿易の中核構造となります。この構造転換には世界貿易における中間財貿易のウェイト向上が伴い，日本及びASEANで生産された部品・材料が中国に輸出供給されて最終加工組立され，完成品は米国等世界市場に供給される東アジア生産ネットワークが次第に形を明確化していきます。その結果，前掲図表２-４，図表２-７に見るような現在の世界貿易構造と東アジア生産ネットワークが2010年頃に確立することとなりました。

以下は本節第１～６項のまとめですが，多国籍製造企業のグローバル・サプライ・チェーン・マネジメントが世界貿易構造転換の原動力であり，最初の主役は日本メーカー，引き続き欧米メーカーが舞台に登場し，Apple等の革新的製品メーカーとメガ受託製造企業のコンビによる国際水平分業が構造転換を決定的なものとしました。

（２）日本メーカーのグローバル生産体制の完成

第３章第３節では，2000年代，日本メーカーによる国際分散生産と国際工程間分業が中国のWTO加盟を契機して一層の進展を続けたことを見ましたが，1990年代にASEAN中心だった最終組立工程の移転先が中国中心に切り換わります。それに伴い，日本メーカーのグローバル生産体制における中核的な量産拠点は中国となり，ASEANは副次的な量産拠点となりました。1990年前半まで日本は「世界の工場」として国内集約生産していましたが，2000年以降，海外生産移転が加速的に進み，国内空洞化が昂進します。そして，この事情は完成品だけでなく部品についても同様でした。

かかる日本メーカーのグローバル・サプライ・チェーン・マネジメントの変化は，世界貿易構造の日米欧三極から米中欧三極への転換を更に加速し，日本及びASEANが中間財（部品・材料）を生産供給，中国がその中間財を最終加工組立して最終財（完成品）を世界市場に供給する「東アジア生産ネットワーク」を志向するものでした。

（3）欧米メーカーの中国生産拠点化と国際水平分業

第４項のとおり，この世界貿易構造転換の動きは欧米メーカーによる中国グローバル生産拠点化により加速されます。欧米メーカーは中国のWTO加盟を契機として，中国をグローバル供給拠点とすべく垂直統合モデルを移植して本格的生産に踏み切り，その結果，日米欧三極に代わり米中欧三極の構図が世界貿易構造で強まります。

自動車部門では，Volkswagen等完成品メーカーの中国本格進出に続き，Bosch等の部品メーカーも本国の垂直統合モデルを中国に移植。伝統的な欧米メーカーは基本的に中国国内で部品生産・最終組立を行い，欧米市場等にグローバル供給する途を選びましたが，全ての部品を中国国内で内製また外部調達できないため，日本部品メーカー及びそのASEAN子会社から部品供給を受けることとなり，その結果，東アジア生産ネットワークの確立を後押ししました。

こうした中，Apple等の先端メーカーは垂直統合型モデルを放棄し，サプライ・チェーンのうち自社に優位性があり，かつ，収益性も高い工程に特化し，他工程はアウトソースする国際水平分業モデルを採用します。同モデルは，第一に，メガ受託製造企業の誕生と，第二に，自国完結型垂直統合モデル時代には想定できなかった，系列を超えた取引関係を結ぶ部品メーカーの存在により可能となりました（第６項）。

この点，第４項のとおり，中国に巨大受託製造拠点を構築した台湾資本が最終加工組立を引き受け，部品生産は，日本部品メーカー及びそのASEAN展開した海外拠点がApple等に部品・材料供給を行いました。国際水平分業は中国の「世界の工場」化を決定的なものとし，世界貿易構造は日米欧三極から米中欧三極に転換するとともに，中国を最終加工組立拠点，日本・ASEAN等を部品・材料供給拠点として国際水平分業を行う東アジア生産ネットワークが確立することとなりました。

（4）サプライ・チェーン・マネジメントとグローバル・ビジネス

以上，世界貿易構造の転換は，日本メーカー，欧米メーカー等の「集合的」なグローバル・サプライ・チェーン・マネジメントの変化に起因しますが，グローバル・サプライ・チェーン・マネジメントの変化は多国籍企業のグローバル・ビジネスの戦略転換によることは改めて指摘するまでもないでしょう。多国籍企業は競争環境変化等に対応して経営戦略を立てグローバル・ビジネスを展開しますが，サプライ・チェーン・マネジメントはそのグローバル・ビジネス展開の一部を成すものです。

①　日本メーカー：持続的円高に対するコスト競争力維持

まず，1990年代以降，世界貿易の構造転換に大きく寄与した日本メーカーにおいて，国際分散生産，企業内工程間分業等は，1980年代央以降の持続的円高により喪われたコスト競争力の回復が主たる目的でした。1985年９月のプラザ合意後，円ドル相場が１ドル240円から160円にわずか半年で切り上がり，その後も持続的円高が続いて1995年４月には79.8円に到達する厳しい国際事業環境にもかかわらず，日本に製造業がいまだ存続していることを考えると，その取組はとりあえず製造業のサバイバルという戦略目標の達成に成功したと評価すべきであるのかもしれません。

ただし，国内集約生産からグローバル生産への転換に何か戦略性があったかと問われれば，1980年代央以降，天井なしに進んだ持続的円高に対して製造事業の存続のために状況対応してきた部分が少なくありません。最終組立工程の国際分散は，1980年代後半の韓国からスタートして，1990年代はASEAN諸国を彷徨い続け，2000年以降中国を中核的量産拠点とするに至りました。企業内国際工程間分業により，サプライ・チェーンの工程がグローバル分散してしまうと，全工程を自前でマネジメントする垂直統合モデルは事業活動の非効率化につながりかねないため，その維持に拘泥することに絶対的な意味があるか疑問ですが，2000年代央以降，日本の情報端末メーカーはAppleに限らずグローバル競争で常套化していた国際水平分業にも出遅れることとなりました。

それよりも深刻な問題は，グローバル・サプライ・チェーンの最適配置や連結性に関心が集中するあまり，製品イノベーションが疎かになったことです。ものづくり企業にとり，製品を効率的に「ものづくり」するのは重要ですが，それ以上に，顧客価値の高い「製品」をイノベーションすることが大切です。競争力のない製品を効率的に生産しても売れません。1980年以降の企業部門の研究開発投資額の推移を見ると，1990年まで右肩上がりだったものが1990年以降横這いに転じ，2008年のリーマン危機に起因する世界不況時に急減後，停滞状況にあります(図表３-23参照)。当然ながら日本製造業からiPhone，iPad等の革新的製品が生まれることはなくなり，総合電機メーカーでは，1990年代後半に世界に先駆けて製品化した液晶テレビ等が最後かもしれません。

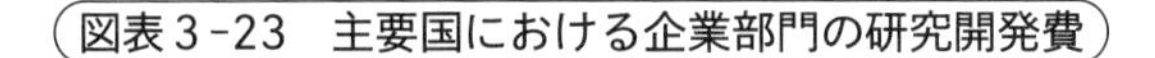
図表３-23　主要国における企業部門の研究開発費

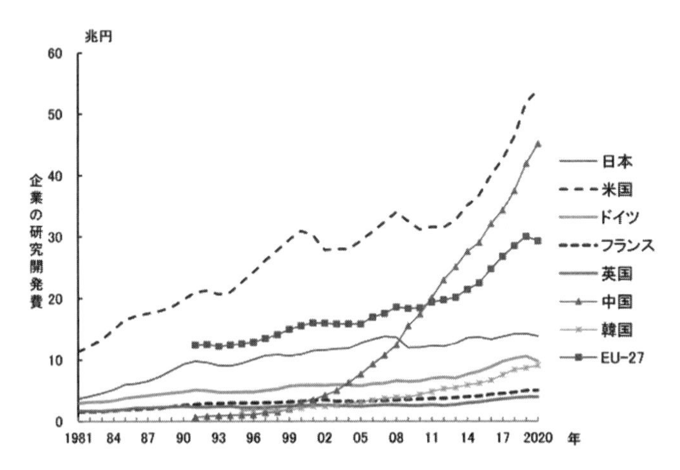

(出所) 文部科学省科学技術・学術政策研究所
(注) 数値は名目額（OECD購買力平価換算）

製造サプライ・チェーンは企画・開発工程からスタートしますが，1990年以降の日本メーカーは持続的円高に対応して部品製造，ユニット組立，最終組立工程のグローバル最適配置に取り組むことに専心し，価値提供で最重要であるはずの製品の企画・開発について努力を怠ってしまったのかもしれません。ただし，製造業全体がそうだったわけではなく，ハイブリッド自動車等製品イノベーションを持続した部門もありましたが，大勢としてはイノベーティブな企業が減ってしまったようです。

②　欧米メーカー：中国のグローバル生産供給拠点化

1990年代までの欧米メーカーは日本メーカーとの競争に圧倒され，トヨタ生産方式等に対抗できる高効率生産システムの開発，グローバル市場の再開拓による巻返しが課題となっていました。例えば，Volkswagenは1980年代後半トヨタ生産方式の導入を試みますが，日独の労働慣行の違いから壁に突き当たり，1990年代，工場組立作業のFA化に注力。同時に，自動車を複数のサブ・システムから構成されるモジュールに分解し，プラットフォームをベースとして，各種モジュール（フロントエンド，コックピット，ルーフ，ドア等）のインターフェイスを簡素化・統一化。モジュールの組合せにより複数モデルを開発生産できる生産革新を起こします。

同時期，Volkswagenは地球温暖化に関連して電気自動車，水素自動車等の開発を同時に進められる企業規模を獲得するため，欧州メーカーを中心に合併・買収を展開（グループの生産台数は1990年306万台から2000年516万台に増加），高級ブランド車Lamborghini（伊），子会社化したAUDIによるスポーツ・カー，Porscheとの共同開発によるSUVなど製品ラインの幅を広げ，マルチ・ブランド化を進めてグローバル競争力の強化を図ります。そして，2000年代以降，製品モジュール化による生産高効率化とマルチ・ブランド化を武器として中国事業展開に取り組みます。

Volkswagenは中国市場の将来的成長に期待するとともに，低賃金労働の豊富な中国をドイツに次ぐグローバル供給拠点とすべく，中国に部品製造・最終組立等を一貫実施する垂直統合モデルを移植し，本格的生産に踏み切ります。従来のように，車種毎にプラットフォームが異なり，３～４万点とされる部品を車種毎に専用に開発製造していたならば，中国での生産拠点構築は困難でしたが，自動車のモジュール化により，共通プラットフォーム上でモジュールを組み合わせて，複数モデルを開発生産できるため，中国で短期間に本格的生産拠点の構築が実現できました。

また，中国生産拠点はグローバル供給拠点ではあるものの，将来的に巨大な自動車市場に生まれ変わることが期待される中国市場の開拓もミッションとしており，2000年代，中国の所得水準は先進国に比べれば低く，先進国市場で流通している高級ブランドを持ち込んできても販売拡大は期待できないところ，Volkswagenは1990年代のマルチ・ブランド化により広範な中国消費者を捉えることに成功しています。

図表3-24　Volkswagenの傘下ブランド

(出所) Volkswagen資料

こうしたグローバル・ビジネス展開に対応して，Volkswagenは一国完結型の垂直統合型サプライ・チェーンを中国に移植。Bosch等の大手ドイツ自動車部品メーカーは当初，ドイツ国内で生産された部品を輸出供給しましたが，Volkswagen等の中国展開をよりきめ細かく，低コスト・高効率でサポートするため，自らも中国に最終加工組立拠点を設立（国際分散生産），Volkswagen等の中国工場に部品供給するようになります。Volkswagenだけでなく欧米完成品メーカーの中国生産が本格化し，彼等からの引合いが2000年代末以降増えていくと，Bosch等の自動車部品メーカーは部品製造工程も中国に移転して垂直統合型のサプライ・チェーン・マネジメントを行うようになります。

③　先端部門における国際水平分業

第6項で取り扱ったAppleの国際水平分業は改めて説明しませんが，国際水平分業は，第一に，メガ受託製造企業の誕生と，第二に，系列取引から自由となり，系列を超えた取引関係を結ぶ部品メーカーの存在により可能となりました。

1990年までの世界経済では，一国（母国）でサプライ・チェーンを完結させる垂直統合型マネジメントが自明のものであったことから，サプライ・チェーン・マネジメントというと川上から川下まで全て自前で統合管理するイメージに囚われがちです。しかし，2000年以降の東アジアでは，日本メーカーが国際分散生産から企業内国際工程間分業を進めてサプライ・チェーンをグローバル分散させ，部品メーカーが国際分散生産を進めて系列の枠を超えて取引関係を結ぶようになりましたので，製造企業は製造サプライ・チェーンの全工程にコミットせずとも，Appleのように部品製造・最終組立をアウトソースしても製造企業として成り立ち得る土壌が形成されました。

東アジア生産体制は一国完結型垂直統合サプライ・チェーンが東アジア規模に拡張された（別の言い方をすれば解体分散された）ものであり，グローバル分散した工程間の関係は，地理的な距離があるだけではなく，取引関係においても，距離のある，緩やかなものとなりました。その結果，Appleは，かつてであれば一国完結して外部者には手が出せなかった他社のサプライ・チェーンの川中工程を，自社のサプライ・チェーンに組み込めたわけですが，もっとも，全ての製造企業が，国際水平分業によるグローバル・サプライ・チェーンを構築できたわけではありません。

国際水平分業モデルにおいて，一国完結型垂直統合モデルに劣らないジャスト・イン・タイムでの部品供給，最終加工組立，物流等を実現するには，パートナーである部品メーカー及び受託製造企業に対する強力なコントロール力が必要となります。部品メーカー及び受託製造企業が完成品メーカーの主導する国際分業に参加すれば十分な収益が得られると確信できなければ，完成品メーカーの部品メーカー及び受託製造企業に対するコントロール力は生まれません。Appleのように，世界商品をグローバル市場で独占的に供給しており，商品市場も急速に成長をしているケースのみ，コントロールが可能になると考えられます。

本章では，多国籍企業のサプライ・チェーン・マネジメントが世界貿易の構造変化の原動力であることを理解してもらうために，1990～2010年代の世界貿易構造の転換に大きな寄与を果たした日本製造企業のグローバル・サプライ・チェーン・マネジメントに相当程度の紙数を割きました。多国籍企業はグローバル市場で競争優位を確立するためにグローバル・サプライ・チェーンを企画・形成・運営管理するのですが，1990年以降の日本製造企業の場合，持続的円高によりコスト競争力を喪失した「ものづくり」の存続が主たる戦略目標となってしまい，企業が最終的に評価を問われる顧客への価値提供が疎かになり，製品イノベーションも軽視したきらいがあります。

国際水平分業では，Appleの主眼はiPhone，iPad等の革新的製品の顧客提供にありました。自社の経営資源を革新的製品の企画・設計と，製品のマーケティング及びプロモーションに投入し，部品製造・最終組立を最も効率的かつ高品質に遂行できる企業にアウトソースしたのも，川下顧客に対して革新的製品を最善の方法で届けるためでした。1980年代末以降，半導体部門で進行した国際水平分業も革新的製品の開発・供給のために産み出されたものであり，1990～2010年の日本メーカーのグローバル生産への転換のみが製造事業の継続を目的とした異質なものでした。

以上，第３章では，第２章で説明した国際貿易の構造変化が多国籍企業のサプライ・チェーン・マネジメントにより惹き起こされたことを示しました。個々の取引，個別企業のビジネス展開だけ見ていると，企業にそれほどの力があるとは思われませんが，多国籍製造企業のサプライ・チェーン・マネジメントが国際貿易の構造転換の原動力です。多国籍企業のサプライ・チェーン・マネジメントは彼等の経営戦略と緊密に結びついており，グローバル・ビジネスの展開過程で，戦略目標を達成するため，サプライ・チェーンの工程をグローバル配置し「つなぎ」ます。その取組が集合的に国際貿易構造の転換をもたらします。

1990年以降の先進国メーカーにとり，グローバル生産は新興国メーカー登場により熾烈化した競争に勝ち残る上で不可欠のものであり，かつての常識，一国(母国）完結型垂直統合モデルはもはや自明のものではなく，工程のグローバル分散や国際水平分業が不可欠です。1990年以前，貿易はサプライ・チェーンの川下に位置して海外顧客と「つながる」工程であり，企業の貿易構造を分析すればグローバル・ビジネス展開を理解できました。現在のグローバル・サプライ・チェーンで貿易は工程間に複雑に入り組み，もはや貿易を見てもグローバル・ビジネスは具体的なイメージを結びません。

多国籍企業のグローバル・ビジネスはサプライ・チェーン全体の在り方を見なければ理解できません。多国籍企業がどのような戦略・目的を設定し，その達成のためにサプライ・チェーンを構築したのかを考えることが，グローバル・ビジネスを理解する１つの方法です。そして，サプライ・チェーンに着目してビジネスを考えると言っても，サプライ・チェーンの組立だけ見るのではなく，顧客提供価値の件を忘れてはなりません。1980年代央以降の日本メーカーのグローバル展開は円高に対する「緊急避難措置」の色合いが強く，製品イノベーションなどライバル企業には真似できない顧客価値提供をどうするかを考える余裕を失っていたようです。

第 4 章

新たな顧客価値提供とグローバル・サプライ・チェーン構築

第1章では国際経済学の観点から貿易の利益と1990年以降の世界貿易構造の変化について説明しましたが，経済学的アプローチでは，貿易の主体である企業・個人の活動がマクロ統計データの蔭に隠れてしまい，見えません。そこで，第3章では，世界貿易構造の変化が企業のグローバル・ビジネス展開に伴うサプライ・チェーン・マネジメントにより惹き起こされていることを示しましたが，1990年以降のグローバル化された世界経済では，多国籍企業がどのようにサプライ・チェーンをグローバル展開し，川下の顧客に価値提供しているかを考えることが重要です。

製造企業が一国完結型垂直統合モデルを採り，先進国間で最終財貿易を行っていた時代であれば，各国の貿易構造なり各企業の輸出構造を吟味すれば世界経済なり企業のグローバル・ビジネスなりを理解できたのですが，今や貿易プロセスだけ見ていても足りません。第4章では，グローバル資本主義の中で，新たな顧客価値を提供するために，新しいグローバル・ビジネス展開に挑んできた企業を紹介します。日本メーカーも，顧客価値提供という原点に立ち返り，再びグローバル・ビジネスを構想しグローバル・サプライ・チェーンを組み立てられるでしょうか。

第1節　新興国の工業化

第1項　国際水平分業における製造企業成り

1990年代まで製造企業は一国完結型垂直統合モデルを基本モデルとしており，後発国メーカーは先進国メーカーと同様に垂直統合モデルを採用して，「規模の経済」や製品開発を巡り競争せざるを得ませんでした。しかし，後発国メーカーが製品の企画・設計から始まり部品製造，ユニット組立，最終組立，物流，販売・サービスに至るサプライ・チェーン全体を一から組み立て上げ，先進国メーカーに対抗することは現実的ではなく，日本だけがそれを実現したため「日本の奇跡」と呼ばれていました。

1990年以前，先進国メーカーは基本的に母国で技術開発，企画・設計，部品製造，製品組立を垂直統合して一貫実施していたのですが，1990年以降，グローバル資本主義により，カネ，モノ，ヒト，情報など経営資源の国境を越えた移動が可能となると，垂直統合メーカーも（低賃金労働等を求めて）本国国内ではなく部品生産，最終生産を最適立地にグローバル展開するようになります。同時期，液晶テレビ，DVD，携帯電話など日本メーカーがかつて得意とした製品でモジュール化が進みますが，製品モジュール化のお蔭で，完成品メーカーは技術開発，製品企画・設計に特化し，グローバルに分散立地した部品メーカーから部品調達し（製品仕様に基づき専用部品を生産），受託製造企業に加工組立を行わせる国際水平分業が可能となります。

従来は垂直統合型サプライ・チェーンの自主構築がグローバル市場で活動する製造企業の必要十分条件とされており，発展途上国は工業化のチャンスが極めて限定されていましたが，グローバル資本主義における新たな国際分業の中で，後発国メーカーは新たな工業化のチャンスを獲得します。国際水平分業において，完成品メーカーの指図に従って部品メーカーより部品供給を受けて完成品に組み立てる，最終組立に特化する形での製造企業成りの可能性が生まれました。

後発国の工業化との関連で，「スマイル・カーブ」という概念がよく用いられます。スマイル・カーブは，台湾Acer社の創始者であるスタン・シー会長がPCの各製造過程での付加価値の特徴を述べたのが始まりとされますが[1]，電子産業等の収益構造について，製品の企画・開発及び販売・サービスの工程の付加価値率が高いのに対し，部品製造工程と最終加工組立工程の付加価値率は低いことを指摘したもので，縦軸に付加価値率，横軸にサプライ・チェーンの各工程を川上から川下に並べると，人が笑った時の口のような形の曲線が得られることから，スマイル・カーブと呼ばれています。

台湾企業は国際水平分業において最終加工組立に特化し，世界中の完成品メーカーから製品の最終加工組立を請け負うことで，「薄利」ながら「多売」することで高収益を稼ぎ（メガ受託製造企業化），グローバル・メーカーとして世界市場に登場しました。

1　『日経クロステック』2006年３月９日付記事。

図表4-1　製造企業の工程別付加価値率の変化

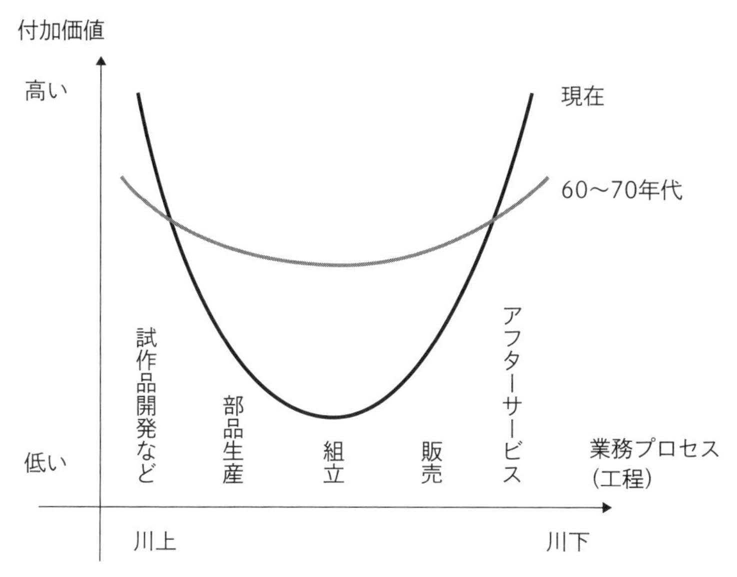

(出所) 関 (2016)

第2項　鴻海のビジネス・モデル

(1) 企業概要

鴻海精密工業は1974年に台湾で設立された，スマートフォンや薄型テレビなど電子機器を受託生産するEMS（Electronics Manufacturing Service）世界最大手であり，群創光電（InnoLux），SHARP等を傘下に抱える鴻海科技集団（フォックスコン・テクノロジー・グループ）の中核会社です。

鴻海は電子機器の受託生産を中心として2023年通期28.6兆円の世界売上高を挙げ，電子機器の受託製造に関して世界シェア4割を占め，特に，Apple社のiPhoneについては，生産全体の約7割を鴻海が受託製造しています。生産拠点はアジア・欧州・南米など世界14カ国に展開しているものの，主要生産地は中国であり，製造受託したiPhoneの実に9割を中国の生産拠点で最終組立しています。

(2) 1990年代のPCブームを受けた企業成長

設立当初，鴻海は白黒テレビの選局つまみなどのプラスチック製品の製造・加工事業を日本電機メーカーの下請として行っていましたが，転機となったのは

1980年代の米国PCメーカーからのPC受託製造であり，世界的なPC市場の成長とともに発展を遂げます。1985年のアメリカ支社設立を契機として，Apple，Intel，HP，Dell，Compaq等大手PCブランド企業との提携を実現しますが，スタートはPCの受託製造ではなくプラスチック成形品加工でした。

1985年に鴻海は米国ヒューストンのCompaq社の近くに成型工場を作り，郭台銘董事長が自ら販路開拓を行い，やがてIntelからも優良マザーボード・メーカー指定を受け，同社とCPUの対応コネクタを共同開発するようになります。IntelがPentiumを普及するためマザーボードを大増産した1995年，鴻海の売上は急伸し374億円になります。鴻海は1996年に中国東莞に設立した筐体（きょうたい）工場で，筐体に電源などを組み込んだベアボーン[2]の生産を開始しCompaq社への供給を開始しますが，鴻海のベアボーンは低価格のPC供給を狙うPCメーカー他社からも発注が殺到し，2000年には2,400万台規模の大型ヒット商品となります（2000年に世界売上高は3,400億円に増加）。

Apple，Intel，HP，Dell，Compaq等大手PCブランド企業は，鴻海のベアボーン生産能力に着眼し，1990年代のPCブームの中で自らは製品企画に注力し，鴻海に製造委託するようになります。鴻海もこれに対応して中国で低賃金労働を活用した大規模な生産工場を建設・拡張し，製品を国際水平分業によりグローバル供給しようというApple等顧客ニーズに応え得る体制を整え，急激に業績を伸ばしました。

（3）2000年代央以降のiPhone受託製造による成長

1980年代末以降，半導体部門では，工程間での国際水平分業が急速に進みましたが，1990年代，PC部門でも国際水平分業が進み，PCの受託製造により急成長を遂げた鴻海は，2000年代，AppleのiPhoneの受託製造により大躍進を遂げます。

Appleは鴻海以外にも台湾ペガトロン，シンガポールのフレックス（2015年フレックストロニクスより社名変更）を受託製造者としていますが，鴻海の存在は抜群でありAppleのiPhone世界出荷台数の過半を受託製造しています。その結果，鴻海は世界最大のEMSに躍進しましたが，前掲図表４−１の示すように，鴻海が国際水平分業で分担する最終組立工程は付加価値率が最も低く，国際的なブランドから製造委託を受けて，柔軟性と価格競争力で顧客ニーズに応えて「薄利多売」で稼ぐものでした。

なお，このビジネス・モデルはApple等完成品メーカーと受託製造企業である

2　PCの半製品であり，筐体（ケース）に電源とマザーボードがセットされており，メモリ，HDD，グラフィック・カード，モニタ等PCとして動作させるために必要な部品を組み付けるとPCとして完成する。

鴻海だけの力により可能となったものではありません。1990年代，日本電機メーカーが国内集約生産からグローバル生産への転換を図り，部品生産と最終組立の工程をグローバル分散させると，電機各社及び部品メーカーは海外部品工場等で採算ラインをクリアするため，電機各社のライバル企業であるApple等にも部品供給を行うようになります。部品生産は日本及びASEAN，最終組立は中国という東アジア生産ネットワーク確立の流れの中で，Appleと鴻海の国際水平分業は可能となりました。

（４）2010年代の鴻海の事業転換の試み

しかしながら，2010年代に鴻海が主要生産拠点とする中国で賃金上昇がスタートし生産コスト・メリットが縮小しだし，他方，小米（Xiaomi Corporation），華為技術（Huawei）などスマートフォン・メーカーが成長し，低価格ながら中国ユーザのニーズを掴んだ製品供給によりApple製品等に対抗するようになると，鴻海はiPhone受託製造に依存したビジネス・モデルの見直しを迫られます。

第一に，鴻海は低付加価値の商品を顧客の求めに応じて受託製造するだけではなく，自らも総合電機メーカーとなるべく，2000年代にSamsungとの競争に敗れ経営破綻寸前のSHARPを2016年に企業買収します。所謂「スマイル・カーブ」の最終組立工程だけに特化せず，製品の企画・設計から始まり部品製造，最終組立，物流・販売・サービスに至るサプライ・チェーン全体を垂直統合する電機メーカー成りを鴻海は図りました。SHARPの買収により，鴻海は世界に通用する家電ブランドを所有するに至りましたが，SHARP事業の再建にはいまだ苦労しています。

鴻海の強みは，生産効率を極限まで高めたライン生産と，数万人を抱える大規模な生産拠点によるスケール・メリットによる価格競争力なのですが，SHARPが液晶テレビ，携帯電話事業においてSamsungとのグローバル競争に敗退した理由は，基幹部品である液晶パネル生産において自社需要しか販路を開拓できず「規模の経済」を実現できなかった点にあります。そして，液晶パネル生産については門外漢である鴻海はこの点を解決できないままでいます。

SHARPとは対照的に，Samsungはライバル企業も含めて液晶パネル供給先を確保して「規模の経済」を達成，その成功により得た巨利を次世代パネルの開発・生産立上げに他社に先駆けて投入し，世界液晶パネル市場で圧倒的シェアを獲得しました。そして，Samsungは液晶パネルにおける競争優位を液晶テレビ等にも活かし，2008年以降の「超円高」に苦しむSHARPを経営破綻に追い込んだのですが，現在でもSHARPの液晶パネル生産における弱点は解決されていません。その結果，鴻海はSHARP買収による総合電機メーカー化を完全に果たせていないのです。

第二に，中国の人件費上昇については，鴻海も売上高の７割を稼いでいる中国への依存度を低減させるべく，インド，ヴェトナム，メキシコへの生産拠点移転を図ろうとしています。現在，鴻海はインド南部タミル・ナドゥ州チェンナイ近郊の工場でiPhone14を年間600万台組み立てていますが，組立て数を2024年末までに2,000万台に引き上げ，従業員数も３倍の10万人に増やす予定であり，南部カルナータカ州ベンガルール及びテランガナ州ハイデラバードで生産施設を追加建設しiPhone等の製造を予定しています[3]。

生産拠点の脱中国依存の動きは米中覇権抗争に伴うサプライ・チェーンの中国切離しによっても加速されています（第Ⅲ部第６章参照）。AppleはiPhoneの95％を中国工場で生産していますが，今後，米中対立が熾烈化して中国生産品の米国（さらには米国の同盟国）への輸出が認められなくなった場合，iPhone事業は決定的な打撃を被りますし，中国においても中国政府の介入によりiPhone生産が困難となる危険もあります。現に2022年に中国政府の厳格なゼロ・コロナ政策により，中国国内工場が数度にわたり一時閉鎖されサプライ・チェーンが混乱した次第であり，米中対立の行方次第では中国生産に依存したビジネスは危険極まりないからです。Appleは取引先各社にも中国からの生産拠点移転を要請しており，鴻海も脱中国シフトを図っています。

日本経済新聞社調べでは[4]，2018年に3,405億台湾ドルあった鴻海の非流動資産のうち74.5％が中国に集中していましたが，2022年には4,873億台湾ドルある非流動資産の中国比率は56.8％に下がり，台湾14.4％，米国11.3％となりました（インド2.6％，ヴェトナム7.4％，メキシコ4.6％）。米国・台湾では低賃金労働が活用できませんので，鴻海はAppleが今後市場開拓を狙うインド展開を推進しようとしていますが，もしかすると，1990年代以降の鴻海の躍進を支えた，中国等発展途上地域の低賃金労働に依存した大規模集約生産モデルは限界に達しつつあるのかもしれません。

鴻海は今後グローバル生産体制への移行過程で引き続きメガ受託製造企業としての地位を維持し続けられるでしょうか。あるいは，SHARP買収で始めた総合電機メーカーへの転化で新たな事業体に生まれ変わるのでしょうか。

3　JETROビジネス短信2023年５月22日付（台湾のフォックスコンが南部ベンガルール，ハイデラバードで生産拠点拡大）

4　日本経済新聞2023年11月15日付（「鴻海，強まる生産分散圧力　拠点集中の中国，当局が調査　米の取引先はリスク意識」）

第３項　ミッタル・スチール：異形の多国籍鉄鋼コングロマリット

1990年以降，グローバル資本主義の下で，企業が国境など存在しないかのように世界中で自由に経済活動が行えることが理想とされ，貿易・投資の自由化が進められました。サプライ・チェーン・マネジメントの自由度が上がり，サプライ・チェーンのグローバル分散が可能となったのも，そのお蔭ですが，あるインド人企業家は鉄鋼メーカーのM＆Aにより「多国籍鉄鋼コングロマリット」を一代で築き上げました。

（１）鉄鋼産業の常識

「多国籍鉄鋼コングロマリット」と言われても疑問に感じない向きもあるかもしれませんが，ミッタルの築き上げた鉄鋼メーカーは２つの点で「異形」でした。

第一に，多国籍メーカーである点です。高炉建設には巨額の費用が必要であり（5,000億円～１兆円）海外生産に向かず，輸出についても，鋼材輸送は重量単位で製品価格が安くてコストが過分となりがちです。鉄鋼は産業社会の基礎素材であり，国内に自前の生産基盤が必要とされるため，鉄鋼は典型的な内需型産業と考えられてきました。

第二に，鉄鋼は高炉と電炉に大別されますが，高炉メーカーは高炉で鉄鉱石を原料として銑鉄を生産し，転炉工程，造塊（鋳造）工程や連続鋳造工程を経て最終製品の製造までを鉄鋼プラントで一貫実施する巨大装置産業であるのに対し，電炉メーカーは鉄スクラップを原料として棒鋼，形鋼，平鋼，鋼板等の普通鋼を電気炉で生産するメーカーです。両者は製品品種，生産設備・技術，販路等が異なり，高炉，電炉で専業するのが通常ですが，ミッタル・スチール（Mittal Steel）は高炉，電炉のコングロマリットです。

ミッタルは「多国籍鉄鋼コングロマリット」をM＆Aで築き上げたわけですが，「鉄は国家なり」とされ，鉄鋼産業は自国経済の自立にとり重要であるため，グローバル資本主義以前の時代は，国家安全保障上の理由で投資規制がされてきたにも関わらず，彼はどのようにして「異形」のメーカーを築くのに成功したのでしょうか。

（２）ミッタルの夢

ラクシュミー・ミッタル（Lakshmi Mittal）は1950年にインド北西部の商家に生まれ，若年の頃から「鉄鋼メーカーを持つ」ことを夢見ていましたが，インドは社会主義国であり鉄鋼業等の基幹産業は国有を原則としていたため，インドで世界に通用する鉄鋼メーカーを個人が築くことは不可能でした。そこで，彼は「インドで無理ならばインド国外でも。屑鉄を溶かす電炉メーカーではなく，鉄鋼を一から作る高炉メーカーになりたい」と考えるようになります。

仮に，インドが民間セクターでの鉄鋼メーカー設立を認めていたならば，ミッタルは伝統的なコースに従って，母国であるインドで経営資源を蓄積し，電炉から高炉，汎用鋼から高級鋼へと生産供給能力を形成する内部蓄積型のコースを採ったかもしれません。しかしながら，インド政府の鉄鋼参入規制により通常コースを否定されたミッタルは活路を海外に求め，海外鉄鋼メーカーを買収し，商品・市場・経営資源をそのままパッケージ毎に獲得し，かつ，それを連続的かつ大規模に繰り返すことで，事業地域・製品の多角化した多国籍鉄鋼メーカーに成長する途を選びます。

結果的には，ミッタルが辿った道が，新興国企業にとり，最後発企業の不利を克服し，短期間でグローバル企業化する方法として優れていたわけですが，ミッタルは最初にインドネシアの経営破綻した電炉メーカーをM＆Aして企業再建を果たした時に，こうした戦略を構想していたわけではありません。その後，紆余曲折を経て，先進国企業等の国際買収による商品・市場・経営資源のパッケージ獲得を戦略的に追求し，多国籍鉄鋼コングロマリットに成長することに成功しました[5]。

（3）東南アジア・北中米等の電炉買収による多国籍電炉メーカー化

インドは鉄鋼産業の国有化を原則としていましたが，国有企業のライバルとならない範囲での小規模電炉事業は民間に許していたため，ミッタルはインドで小規模電炉事業の経験を積みます。その間，インド政府の国有化方針が変わるのを待ちましたが，結局，大規模電炉への民間参入を認めない母国での事業発展を断念します。

1976年，インドネシア政府が経営破綻の危機に瀕した電炉メーカー，イスパト社を売却に出すと，ミッタルはイスパト社を企業買収し，新たに直接還元鉄を材料として条鋼等を生産する電炉一貫方式を導入。東南アジアの建設需要を捉えることで条鋼販売に成功し，企業再建に成功します。その過程で，ミッタルは途上国に適した「直接還元鉄・電炉・条鋼」経営と汎用鋼販売のノウハウを蓄積し，1989年以降，北中米・西欧の経営破綻電炉メーカーを次々と買収して収益企業に甦らせることで，1990年代後半までに多国籍電炉メーカーに発展します。

5　堀一郎（2010）はミッタル・スチール社の成長とグローバル企業買収戦略を詳しく分析しており，本項はその成果に多くを負っている。

鉄鋼は内需型産業の典型であると指摘しましたが，ミッタルは1990年以降のグローバル資本主義の下で各国が進めた投資自由化の波に乗り，各国の電炉メーカーを企業買収し各国市場で鉄鋼を生産供給する「マルチナショナル型」多国籍企業を形成しました[6]。通常「マルチナショナル型企業」は各国の海外子会社の独立性が高く，各国市場に事業計画・活動を最適化するなど本国本社からの独立性が高いのですが，ミッタル・スチールの場合はミッタルが各国電炉メーカーの経営についても指示管理する直接支配スタイルを採用していました。

（4）旧ソ連・中東欧の高炉メーカー買収による多国籍鉄鋼コングロマリット化

ミッタルは若年から「世界的な鉄鋼メーカー」を夢としており，多国籍電炉メーカーを築いても，高炉部門に対して技術・市場規模の面で劣後する電炉部門での成功に甘んじず，次に，高炉部門への事業進出を図ります。インドネシアの電炉メーカー買収からスタートしたのと同じく，冷戦終結後，社会主義から資本主義への転換で経済混乱に陥り，その過程で経営破綻の危機に瀕した旧ソ連・中東欧の（元国有）高炉メーカーを買収し，高炉事業の経営ノウハウを蓄積します。

図表4－2　ミッタルによる高炉メーカーの企業買収

年	内容
1995年	カザフスタンのカルメトを買収
1998年	米国インランド・スチールを買収
2001年	アルジェリアのアルファシド，ルーマニアのシデックスを買収
2002年	南ア政府との協定によりイスコルの経営権取得
2003年	チェコのノヴァ・フットを買収
2004年	ポーランドのポルスキ・フティ・スタリ，ボスニア・ヘルツェゴヴィナBHスチール，バルカン・スチールからマケドニア共和国内の高炉設備を買収。米インターナショナル・スチール・グループを買収
2005年	ウクライナのクリボリシスタリを買収
2006年	ルクセンブルクのアルセロールを買収

（出所）筆者作成

この間，1997年にロンドンに本社を移転し，ニューヨーク及びアムステルダム

6　Bartlett and Ghoshal（1989）

で上場を果たしますが，これを契機として，世界企業として北米・西欧地域には欧米式企業統治を採用し，ガバナンス経験も深めていきます。ミッタルが高炉部門でも採用した国際企業買収策は多国籍高炉メーカーにつながるものであり，既に建設していた多国籍電炉メーカーと併せて，ミッタル・スチールは多国籍鉄鋼コングロマリットという前代未聞の鉄鋼メーカーとなりました。

（5）アルセロール社買収による世界最大の鉄鋼メーカーへの躍進

ミッタルの強みは国際買収を通じた「商品・市場・経営資源」の獲得でしたが，2005年米国ISG（インターナショナル・スチール・グループ）買収及び2006年欧州アルセロール買収により，先進国市場及び高級鋼市場における地歩を獲得し，ミッタルのビジネス活動はハイライトを迎えます。

アルセロールは，2001年に自動車用鋼板に強い仏ユジノールと，条鋼類を主力製品とするルクセンブルクのアーベットが企業統合した欧州最大の鉄鋼メーカーでしたが，ミッタルは同社を統合して世界最大の鉄鋼メーカーとなるべく，2006年に買収を提案。アルセロール社はフランス，ルクセンブルク両国政府の支持を得て買収防衛策を講じますが，友好的な買収相手のWhite knightが現れず，買収防衛策が株主の利益を害するとの批判が欧米株主の間で広まります。世間の反応が「インド人」ミッタルによる欧州企業乗取りに対する反発から，アルセロール社の経営合理化と企業成長策にシフトすると，仏政府等の反応も中立化。最終的に大口株主がミッタルの企業経営案を支持し，2006年７月に企業買収が成立します。ミッタル・スチールとアルセロールの合同により，世界27カ国に61カ所の工場を持ち，年間粗鋼生産量が１億1,000万トンに達する（世界第２位の新日本製鉄（現日本製鉄）の３倍超）鉄鋼メーカーが誕生。「多国籍」と「高炉・電炉のコングロマリット」という世界で類例を見ない「多国籍鉄鋼コングロマリット」，アルセロール・ミッタル・スチールが成立しました。

アルセロール社の買収過程で明らかになったように，かつて国家安全保障上の理由で投資規制されてきた鉄鋼部門でも，1990年以降の経済思潮であるグローバル資本主義によりグローバル投資の自由が貫徹されており（少なくとも尊重されており），ミッタルはグローバル資本主義の波に乗りアルセロール社の買収にも成功しました。電炉部門に続き，高炉部門でも，各国の高炉メーカーを企業買収し，各国市場で高級鋼板を生産供給する「マルチナショナル型」多国籍企業を形成します。

ミッタル・スチールの多国籍電炉メーカー化でも指摘したように，通常「マルチナショナル型企業」は各国の海外子会社の独立性が高く，各国市場に事業計画・活動を最適化しているのですが，アルセロール・ミッタル・スチールの場合，ミッタルが各国の電炉メーカーと高炉メーカーの経営も指示管理する直接支配スタイルを採用しました。ただし，ミッタルの鉄鋼メーカーはあまりに巨大で多国籍展開し過ぎているため，本国本社の中央統制ではマネジメントし切れない部分が発生し，かつ，各国市場単位で事業活動が分割されているため，グローバル・グループとして経営資源を有効活用できず，グローバル企業の効率的経営の問題が現在でも未解決のままです。

第２節　Tier１部品メーカーのメガ・サプライヤー化

第１項　グローバル資本主義とメガ・サプライヤーの誕生

1990年以前の一国完結型垂直統合モデルでは，完成品メーカーと部品メーカーの取引は基本的に各国で完結したものでしたが，1990年代末以降，日本メーカーに引き続き欧米メーカーもグローバル生産を本格化させ，サプライ・チェーンをグローバル分散させるようになると，部品メーカーもグローバル展開をスタートし，その過程で従来取引関係にあった完成品メーカーに限らず，そのライバル企業を含めて，部品取引先を多角化します。その動きが先鋭的だった産業の１つは自動車産業でした。

かつて自動車一台の生産には３～４万点の部品が必要とされ，メーカーは車種毎に専用部品を設計・調達して最終組立していましたが，1990年代以降，Volkswagen等が低コスト生産と開発期間短縮化のため製品モジュール化を進め，モジュールの組合せにより多種多様な自動車の生産を行うようになると，自動車の差別化に必要なコア・パーツを除き，部品も共通化と標準化が推し進められました。その結果，完成品メーカーは系列の枠を超えて特定の部品メーカーに集中発注するようになり，上述のグローバル・サプライ・チェーンの構造転換とも相俟って，1990年代末以降，Bosch，Continentalなどメガ・サプライヤーが登場してきます。

メガ・サプライヤーに定義があるわけではありませんが，特定完成品メーカーに限定せず世界中の完成品メーカーを取引相手として，各社にカスタマイズされた部品又はシステムを納入するのではなく，全メーカー向けに共通化・標準化された部品又はシステムを供給する自動車部品メーカーであって，世界売上高が200億ドルを超えるTier１企業を指すとされており[7]，これには独Bosch，独Continental，DENSO，独ZF Friedrichshafenなど上位10社が該当します。

また，メガ・サプライヤーは自動車部品部門だけではなく，制御機器・システムのように広範な産業部門で使用される製造部門でも，Siemens等「メガ・ベンダー」と称される部品メーカーが存在し，1990年代末以降，世界中のユーザに製品・システム供給しています。メガ・サプライヤー，メガ・ベンダーはどのようなグローバル・ビジネスを展開し，グローバル・サプライ・チェーンを構築してきたのでしょうか。

第２項　自動車部品メガ・サプライヤー，Boschのグローバル展開

（1）競争領域・非競争領域を峻別する事業発想

Boschは1886年創業のドイツ自動車部品メーカーであり（本社はシュツットガルト近郊），2023年末時点で世界約60カ国に拠点を持ち（468子会社），従業員数は約42.9万人，売上高は916億ユーロのグローバル企業です。1897年の自動車エンジン点火装置から始まったBoschは，電子制御燃料噴射装置，排出ガス浄化装置用センサ，ディーゼル・コモンレール・システムなどに事業領域を拡げ，エンジンの効率向上や環境性能の向上に貢献してきましたが，ブレーキ，パワーステアリング等のトランスミッション，運転支援システムなど自動車走行制御についても幅広い技術を備え，中核的な欧州自動車部品メーカーとして事業展開しています（売上高の６割が自動車部品）。

Boschはドイツ完成品メーカーを主要顧客として自動車部品ビジネスを展開してきましたが，事業展開では（他社との差別化を左右する）競争領域と（他社と共通化・標準化できる）非競争領域を峻別し，非競争領域では開発の重複を避けて製品の標準化を進め，完成品メーカー全社に納入して「規模の経済」の達成を重視しています。日本完成品メーカーは部品メーカーを系列化して囲い込んできたため（部品メーカーの観点では特定完成品メーカーへの専属化），部品メーカーは競争領域・非競争領域を問わず特定完成品メーカーの指図通り専用品を開発・供給してきたのと対照的でした。

（2）日米欧完成品メーカーのグローバル展開

日本の自動車メーカーが1960年代に小型車を中心に台頭し，1970年代，米国環境規制・石油危機を契機として小型車市場が世界的に成立すると，日本メーカーはグローバル・メーカーに躍進します。これに対し，Boschは日本メーカーとの

7　日刊自動車新聞2020年５月15日付記事等は「世界売上高１兆5,000億円以上の上位10社」とするが，おおむねメガ・サプライヤーとして認識されている世界上位10社を指すとすれば，2021年及び2022年実績から売上高は200億ドル以上としておくことが適切。

取引関係の開拓・拡大を目指して1972年に日本に子会社を設立しますが，一国完結型垂直統合モデルが製造業の基本モデルだった1980年代，Boschには日本メーカーとの取引機会がなかなかありませんでした。

ただし，1990年代央以降，日本メーカーが日米自動車協議を契機として国内集約生産から「地産地消型」のグローバル生産に転換する方針を打ち出し，国際分散生産を本格化します。日本完成品メーカーは系列関係にある部品メーカーにグローバル展開への随伴を要請しますが，全ての部品メーカーが必ずしも随伴できたわけではなく，海外工場が生産計画上想定していない引合いに対応するには，外部メーカーから部品調達を行う必要も生ずるようになり，Boschにも取引のチャンスが生まれます。

また，1990年代末以降，欧米自動車メーカーが中国進出を本格化し，垂直統合型モデルを移植して本格的な現地生産に踏み切ると，Boschとしても，従来から取引関係のある欧州完成品メーカーの中国生産をサポートするため，現地生産に踏み切る必要が生じ，また，中国で成長が期待される地場完成品メーカーを顧客として囲い込む必要からも東アジアにおける生産体制を確立することが必要となりました。

（３）Boschのグローバル・サプライ・チェーン再構築

Boschは，日本完成品メーカーがグローバルにサプライ・チェーンを分散させる過程で生まれたビジネス・チャンスを掴み，欧州完成品メーカーの中国展開をサポートするため，1999年，日本ABS等３社を統合してABS（アンチロック・ブレーキ・システム），ESC（横滑り防止機構）等のブレーキ制御システムを生産するボッシュ・ブレーキ・システム社を設立し，2000年，ディーゼルエンジン用燃料噴射装置等を主力製品とする日本メーカー，ゼクセルを子会社化して，日本国内で12の生産工場と11の開発拠点を保有するに至ります。なお，Boschは日本完成品メーカーがグローバル生産化の過程でタイをアジアでの中核生産拠点としたことに対応し，タイに生産・研究・開発拠点を構築し，日本完成品メーカーとの取引に喰い込もうとしています。

中国についても，2000年代央以降，欧州完成品メーカーの生産工場が本格的に立ち上がると，彼等の求めに応じて部品をジャスト・イン・タイム供給し，顧客ニーズにきめ細かく応えるため，Boschも中国に本格的生産工場が必要となります。1990年代央以降着手したものの遅れていた本格生産立上げを2000年代央以降加速，製品開発・設計はドイツ本国，基幹部品生産はドイツ本国，応用部品生産は中国等現地，最終加工組立は中国等現地とするグローバル・サプライ・チェーンを再構築しました。なお，中国現地で顧客メーカーの求めにきめ細かく対応するため，中国に研究センタを設立しています。2022年末現在，Boschは中国に34の生産拠点と26のテクニカル・センタを持ち約６万人の従業員を雇用，2022年の中国売上高は1,321億元（２兆4,900億円），そのうち自動車・高度交通技術事業は1,000億元（１兆9,000億円）となっています。

図表４－３　Boschの中国生産拠点構築

部品分野	概要
ガソリン・エンジン・システム	1995年，上海汽車等との折半出資で聯合汽車電子有限公司を設立。ガソリン・エンジン・マネジメント・システムを上海，無錫，西安の３拠点で生産。
ディーゼル・エンジン・システム	2004年，無錫威孚高科技股份有限公司と合弁で博世汽車柴油系統股份有限公司を設立。2005年以降，コモンレール高圧燃料噴射システムの新工場とディーゼル・システム技術センタを稼働開始。
シャーシ・システム車載エレクトロニクス	2003年，上記子会社・博世汽車部件（蘇州）有限公司にてABS生産開始。2005年，車両セーフティ・システムの技術センタを開設するとともに，2006年，車載エレクトロニクス工場を設立。
電動ドライブ・トレインシステム等	2004年，博世汽車部件（長沙）有限公司を設立しスタータとオルタネータ生産を開始。2006年にはモータの新工場が稼動開始。
ステアリング・システム	1994年，BoschとZFとの合弁会社ZF Lenksystemeが上海汽車との合弁で上海采埃孚転向機有限公司を設立，ステアリング・システムの生産開始。2015年，Boschは同社を完全子会社化。

（出所）MarkLines社調べ

第３項　電動化による自動車産業の構造変化

1990年以降，グローバル資本主義の下で，中国が「世界の工場」として世界経済に組み込まれ，東アジア生産ネットワークが完成して行く過程で，先進国自動車メーカーが中国にグローバル生産拠点を構築し，中国でも国内自動車市場と地場メーカーが成長します。Boschは1990年以前のドイツ国内を中心として欧州完成品メーカーに部品納入するビジネスを見直し，完成品メーカーのグローバル展開をサポートすべく，新たに中国・日本に生産拠点・研究センタを設立し，製品開発・設計はドイツ本国，基幹部品生産はドイツ本国，応用部品生産は中国等現地，最終加工組立は中国等現地とするグローバル・サプライ・チェーンを構築しました。欧州完成品メーカーに限らず，世界中の完成品メーカーと取引関係を結んで「規模の経済」を実現し，それにより得た収益[8]を次世代投資に投入しようしています。

（1）自動車CASE革命への対応

現在，自動車産業は「100年に一度の変革期」にあるとされ，CASE（ネットワーク化（connected），自動運転（automated），シェアリング（sharing），電動化（electrified））が自動車産業だけでなく自動車の社会的役割を変革すると考えられています。自動車産業が電動化，コネクテッド，自動化のイノベーションに巨額の投資を行い，パラダイム・シフトを進める中，Boschはその先頭を走ろうとしています。

例えば，自動運転では「サラウンド・センシング」「マップ・データ」「システム・アーキテクチャ」「安全とセキュリティ」等が重要技術ですが，車両の360度をカバーできるサラウンド・センシングについては，長距離対応と中距離対応のミリ波レーダを車両の前方と後方に，ステレオ・カメラを車両前方に，車両の周辺の近距離認識用にカメラと超音波センサを用いた統合システムの開発競争が行われています。全ての完成品メーカーが必ずしもサラウンド・センシング関連技術を蓄積しているわけではなく，BoschはABSに始まり，ESC，安価なミリ波レーダ，駐車支援システムに不可欠の超音波センサなど予防安全システムで先駆的開発を続けてきた技術力を活かし，自動運転車及び自動運転システムの基幹システムをいち早く開発し，標準品として普及させようとしています。

電動化についても，電動モータ，パワー・エレクトロニクス，一体型のドライブ・ユニットが中核部品として必要とされ，Boschはオプショナルな搭載可能な48Vハイブリッド・システム[9]，システム・コンポーネントのモジュール化により全車種・アプリケーションに対応できるパワー・エレクトロニクス，電動モータ，回生ブレーキ・システムなどを開発し，世界中の自動車メーカーに納入しています。

8　Boschの売上高営業利益率は2019年3.7％，2020年2.4％，2021年4.1％，2022年4.2％と低水準であり，TSMC，鴻海などメガ受託製造企業と同様に「薄利多売」のビジネス展開を行っている。

9　48Vハイブリッド・システムとは，スタータ兼発電機として作動するモータと小型リチウムイオン電池で構成されており，モータはエンジン始動以外にも，発進・加速時に駆動アシストすることでエンジンの負荷を低減しつつ，減速時にはそのエネルギーを電気として回収（回生電力）。モータのみでの走行はしないことにより非装着車比で最大10～20％の燃費向上を実現。

（2）自動車生産システムの垂直統合から水平分業への転換

従来，完成品メーカーは部品メーカーに対してエンジン，モータ，外装部品などの部品を個別発注し，部品メーカーは完成品メーカーの指図図面に従って部品を生産納入してきましたが，1990年代以降の自動車のモジュール化により，完成品メーカーはユニット全体をBosch等のTier 1 メーカーに一括発注することも増えました。CASEはこの動きを加速するものであり，完成品メーカーがその開発の全てを抱えるには投資額は巨額になり過ぎています。1980年代の半導体産業では，垂直統合メーカー（IMD）による一社単独の開発生産から，工程毎に登場したメガ企業による国際水平分業への転換が生じましたが，自動車産業でも，完成品メーカーによる垂直統合に代わり，生産体制が水平分業に転換される可能性が示唆されています。

図表４‐４　電動自動車生産における分業

(a)完成品メーカーによる統合

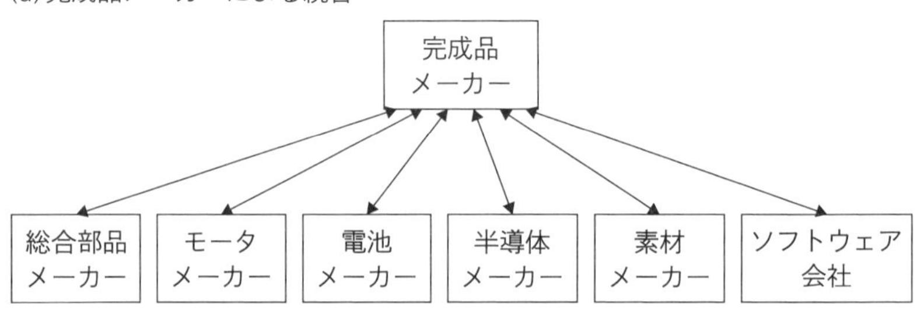

(b)メガ・サプライヤーのMicrosoft化

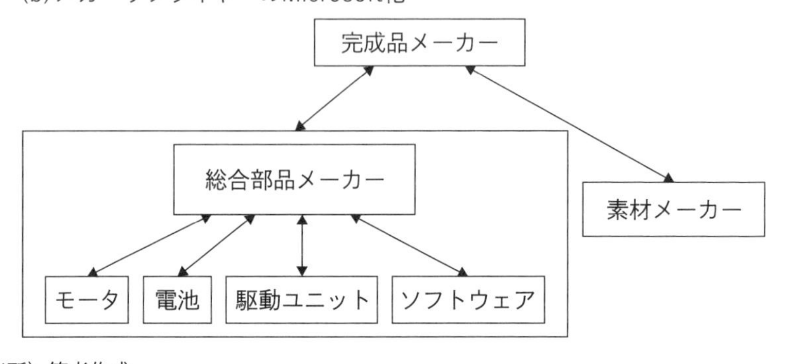

（出所）筆者作成

伝統的な内燃機関車では，Tier 1，Tier 2，Tier 3 など重層的な分業構造が生産システムを特徴づけていましたが，電動自動車では，図表４－４(a)のように，完成品メーカーが引き続き自動車開発生産を統合し続けるものの，生産体制は完成品メーカーと部品メーカー等が直結するフラット化が予想されています。完成品メーカーが電動自動車開発の主導権を握り続けられるとは断言できず，PC産業では基幹部品を握るMicrosoft，IntelがPC開発・世代交代をコントロールしてきたように，自動車産業でも，電動自動車の基幹ユニットの開発生産を握る総合部品メーカーが電動自動車の開発生産をコントロールする可能性もあると予想する向きもあります。

すなわちPCにおけるMicrosoft，Intelの役割をBosch等が担う可能性を指摘しているのですが，1990年以降の自動車モジュール化，2000年代以降の完成品メーカーのグローバル生産移行に伴うユニット納品の動きはBosch等の自動車生産への影響力を高めてきました。自動車の電動化・自動走行化等が自動車生産を垂直統合から水平分業に転換させ，Bosch等のグローバル・メガ・サプライヤーが開発生産するユニットがWindows OSのような地位を電機自動車で占めるに至ったならば，その可能性も決してないわけではありません。特に，Boschは近年ソフトウェア開発に事業の軸足を移し，CASEの自動走行化・ネットワーク化に関連した開発に注力しており，完成品メーカーはBosch等のソフトウェア開発力に依存度を高めています。

（3）Boschのグローバル体制

Boschは1990年以降先進国自動車メーカーが中国にグローバル生産拠点を構築し，中国でも自動車市場と地場メーカーが成長する状況に対応し，中国・日本に生産拠点・研究センタを設立し，製品開発・設計はドイツ本国，基幹部品生産はドイツ本国，応用部品生産は中国等現地，最終加工組立は中国等現地とするグローバル・サプライ・チェーンを構築しました。

今後の自動車産業の変革においても，このグローバル・サプライ・チェーンがBoschにとり製品・システムのグローバルな生産・供給の基盤たり続けると考えられます。本国本社がグローバル・グループの中核となって，CASEに対応した次世代システム・製品の開発を推進し，欧米・東アジア等に展開する地域統括会社・各国支社を通じて世界各地の完成品メーカーと連携し顧客ニーズをきめ細かく把握した上で，上記グローバル・サプライ・チェーンを通じて製品等を供給するものと予想されます。

第３節　中国製造企業のグローバル市場への挑戦

第１節では，先進国メーカーが1990年以降一国完結型垂直統合モデルによる国内集約生産からグローバル生産に転換する過程で，台湾の受託製造企業がApple等の展開した国際水平分業に参画し，グローバル・サプライ・チェーンの最終組立工程で巨大な地位を占めることによりグローバル製造企業化に成功した事例を紹介するとともに，1990年以降のグローバル資本主義が企業・個人に大幅な投資・貿易の自由を許したことを活かして，インド企業家ミッタルが多国籍鉄鋼コングロマリットを一代で築き上げたことを示しました。

第２節では，自動車・電機産業等において，日米欧完成品メーカーが一国完結型垂直統合モデルによるグローバル・サプライ・チェーン・マネジメントを止めて，国際分散生産，企業内国際工程間分業，国際水平分業により国内集約生産からグローバル生産に移行する過程で，かつては一国完結型垂直統合の下で完成品メーカーとの国内取引に事業活動が制約されていたTier１部品メーカーから，系列取引の枠を打ち破り標準化製品により世界中の完成品メーカーと取引関係を持ち，メガ・サプライヤーとなる企業が現れており，グローバル生産する完成品メーカーの要求に応えるため自らも国際分散生産等を展開している事例を紹介しました。

いずれも1990年以降の一国完結型垂直統合型モデルの解体が生んだ新たなグローバル・ビジネス展開とそれに対応したグローバル・サプライ・チェーン・マネジメントの話だったのですが，2000年以降「世界の工場」となった中国では，新たに一国完結型垂直統合型モデルに拠りつつ（とはいえ，部品調達は日本・ASEANからの部品供給に依存している点で1990年以前の一国完結型垂直統合モデルとは異なるのですが），世界市場への進出を目指す企業が登場しています。以下，かかる企業を紹介します。

第１項　Lenovo：先進メーカーのＭ＆Ａを通じたグローバル・サプライ・チェーン構築

（１）創業期

Lenovo（Lenovo Corporation，聯想集団）は中国のPCメーカーであり，1984年に中国科学院の計算機研究所員11名が設立した外国製PC販売会社からスタート，IBM製品の販売を手掛ける傍ら独自製品の開発に取り組み，1987年にDOS上で中国語を扱うための拡張カードを発売して大成功を収め，それを契機として

1988年にPC製造部門を立ち上げ，1989年以降独自ブランドの販売に踏み切りました。

当時の中国ではPC産業は黎明期にあり，国内需要も政府機関等が中心でしたが，LenovoはIBM等海外メーカーのPC中国語対応の遅れを突いて，中国語に対応した一般ユーザ向けデスクトップPCを開発し市場投入，1996年には中国PC市場で国内シェア第１位を獲得します。1998年には総生産台数100万台を突破，中国国内でのマーケット・シェアを14％以上にまで伸ばします。Lenovoの強みは中国語対応したPCであるというだけでなく，中国の低賃金労働力を活かした大規模生産体制でした。

1990年代以降，先進国製造企業で一国完結型垂直統合型モデルが崩れ，系列取引に拘束されなくなった部品メーカーが広範な完成品メーカーと取引関係を結ぶようになりましたが，Lenovoはこうした部品メーカーからPC製造に必要な部品を調達し，中国国内の低賃金労働を活用した大規模生産拠点で低コスト生産を行う，拡張された一国完結型垂直統合モデルで製造事業に参入しています。「拡張された」としたのは，かつての日米欧先進国メーカーは一国完結型垂直統合モデルで自前主義を原則とし，部品メーカーについては系列化して自社専属としていたのに対し，Lenovoの垂直統合モデルでは，部品生産は標準部品をメガ・サプライヤーから調達して組み立てている点で「自前主義」が一部放棄されているためです。

（２）先進国メーカーのＭ＆Ａを通じたグローバル進出

Lenovoは早い段階からグローバル市場進出を意識しており，グローバルに通用するブランド，グローバルな販売・サービス網を必要としていました。2004年12月，Lenovoは米国IBMからPC部門を12億５千万ドルで買収。IBMには，PC部門の売却により，コモディティ化して利益の出難いPC事業を分離し，企業向けサーバ，ソフトウェア，サービス事業に「選択と集中」できるメリットがありましたが，一方，Lenovoでは，IBMブランドであるThinkPadとThinkCentreをラインアップに獲得し，Lenovoは同ブランドを先頭に押し立てて世界市場進出を進めます。

IBMのPC部門買収により，Lenovoの世界PC市場でのシェアはDell，HPに次ぐ第３位となりましたが，2011年に日本電気（NEC）のPC部門と独大手PCメーカー，メディオンを買収し，米国市場だけでなく日本市場，欧州市場においても地歩を築きます。2013年以降，Lenovoは世界シェア第１位の座をHPと争うようになり，世界トップのPCメーカーとなることに成功しましたが，2017年には富士通のPC部門を買収して日本市場でも４割超のシェアを獲得するなど一強体制を築きます。

（3）グローバル・サプライ・チェーン・マネジメントの見直し

この過程でLenovoはグローバル・ビジネスを見直し，それに対応したグローバル・サプライ・チェーンの再構築に取り組みました[10]。聯想集団の中国流通チャンネルにIBM中国の販売チャンネルを統合し，IBMの国際的な大口顧客に強みを有するグローバル販売チャンネルを維持。研究開発に関しては，IBMのThinkPadブランドを開発した日本で法人向けノート型PC開発を継続させ，中国では消費者向けノート型PCの研究開発，米国ではアプリケーション開発を分担。

その上で，国際的な大口顧客向けPCについては，日本研究拠点で開発された製品を日本部品メーカー等から部品調達を行い，中国の深圳等６カ所の大規模生産拠点で量産して，国際的な大口顧客に供給するとともに，消費者向けノート型PCについては，日本部品メーカー及びそのASEAN拠点から調達した部品を深圳等の中国生産拠点で量産し，中国消費者及び海外ユーザに供給しています。

なお，PCのモジュール化が進んだこと，OS，CPUに付加価値が集中していることから，PC製造事業は低収益化しており，Apple等PCメーカーの多くは製品の企画・設計に注力して「ものづくり」自体については受託製造企業にアウトソースしていますが，Lenovoは対照的に「ものづくり」に拘り垂直統合モデルを維持しようとしています。製造工程をアウトソースしてしまうと新製品開発等の足枷となりかねず，変化の急速な市場ニーズに応えることは難しいことから，Lenovoでは垂直統合型モデルを維持することで競争力の維持と強化を図ろうとしています。

第２項　Haier：国内市場から世界市場へ飛躍する白物家電メーカー

（1）冷蔵庫専業メーカーから総合家電メーカーへの成長

Haier（海爾集団）は1984年設立の中国最大の家電メーカー（本社，青島）であり，独リープヘル（Liebherr）社から生産技術・設備を導入し，冷蔵庫の生産販売から事業をスタート，現在は冷蔵庫，洗濯機，エアコンなど白物家電，ビデオ，テレビ，オーディオ等黒物家電，携帯端末，ロボットなど広範な製品群の生産を行っています。

Haierは2023年末時点で冷蔵庫（2008年以降），洗濯機（2009年以降），冷凍庫

10　黄磷，範超（2011）「後発企業の国際M＆Ａ戦略―レノボ・グループによるIBMのPC事業部門の買収―」，多国籍企業学会編『多国籍企業研究』（4）

(2011年以降）の３製品分野で世界販売台数首位の座を長年保ち続けている（ユーロ・モニター調べ）グローバル・ブランドですが，1984～1991年の冷蔵庫事業に集中して中国国内でブランドの地位を確立した時代，1992～1998年の事業多角化に取り組み（白物家電では冷蔵庫専業からエアコン，洗濯機，冷凍庫に事業拡大しテレビ等の黒物家電に進出）総合家電ブランドの地位を確立した時代を経て，1999～2005年海外事業展開に取り組むなど段階的な発展を遂げてきました。

第１期の冷蔵庫専業時代で，Haierはリープヘル社から生産技術・設備を導入しましたが，冷蔵庫生産で品質管理を徹底し高効率生産を行い，当時の粗悪品が溢れる国内市場で販売業者と消費者から信頼を獲得し，ナショナル・ブランドの地位を得ています。第２期の多角化と総合家電ブランド化の時代では，18企業を買収して，1990年代前半にエアコン，冷凍庫，1990年代央に洗濯機，1990年代後半に黒物家電に事業進出しました。

第２期，Haierは白物家電では1993年に三菱電機と業務用エアコン製造会社を，伊メルローニ社とドラム式洗濯機会社を合弁設立し，1999年には東芝と業務用エアコンで技術提携を結び，黒物家電では1997年に蘭フィリップス及び独ルーセントとカラーテレビに関する技術提携，1998年には米国のC-MOLDとソフトウェア会社を合弁設立するなど先進国メーカーから技術導入を図り，先進国メーカーへのキャッチアップに向けた取組をスタート。Haierは多角化した部門でも，冷蔵庫事業で学習した品質管理と巨大工場での高効率生産を行い，ライバル企業を圧倒。そして，この時期，中国全土での販売・サービス網の整備と積極的な広告戦略により中国トップ・ブランドの地位を獲得します。

白物家電はコモディティ化した成熟製品であり，製品のモジュール化が進み，基幹部品を含めて外部調達が可能となっていたことから，創業以降の総合家電メーカー化を果たした時期，Haierは自社製品の製造に必要な部品を外部より調達して，中国国内で豊富な低賃金労働を活用して大規模工場で組み立て，中国消費者が価格見合いで満足できるレベルの白物家電製品を低価格で供給することを実現しました。1990年代以降，日本電機メーカーが国内集約生産からグローバル生産体制に転換する過程で，部品メーカー等が系列取引の枠を超えた部品供給を行うようになりましたが，HaierもASEAN等に進出した日系部品メーカー等より部品を調達し高品質製品を生産しています。

（2）国際事業展開への取組

Haierが中国トップ・ブランドの地位を確立した1990年代は中国が経済的にテイクオフし国民所得が急上昇を始めた時期に当たり，消費者が生活の近代化のため白物家電，黒物家電を争って買い求めるようになりましたが，これがHaierの飛躍を支えました。Haierは1990年代前半より売上高ベースで国内生産・国内販売，国内生産・海外販売，海外現地生産を３分の１ずつにするビジョンを有していましたが，1999年以降，Haierは国際市場への進出と国際ブランドの地位確立を目指します。

Haierは1996年インドネシアで冷蔵庫生産工場を設立したのを皮切りに海外生産をスタートしますが，同社は直ちに自社ブランド製品で海外市場開拓することが難しいのは理解しており，冷蔵庫等の受託製造を引き受けることで海外工場の採算ラインをクリアしつつ，海外生産のオペレーション等に係るノウハウを蓄積して行きます。

世界最大の消費市場である米国には，中小型冷蔵庫の輸出からスタートし，販売実績が40万台に達したところで現地生産に切り換え，1999年にサウスカロライナ州に冷蔵庫工場を建設。2000年代，競合他社の販売価格の半額程度の価格設定で，WalMart，Best Buy，Kmart等大手量販チェーン店の販売網を通じて量販する戦略により，小型冷蔵庫部門で高いシェアを獲得することに成功しました。欧州についても，イタリアの冷蔵庫メーカーを買収して自社ブランドを生産・販売しアフターサービスを行い，同様に低価格帯の冷蔵庫等で市場参入を果たしています。

このように，Haierは多国籍企業の海外展開パターンを忠実になぞる形で，輸出からスタートして現地販売が一定額を超えた時点で海外現地生産に転換しており，1990年代後半以降の国際展開では，世界各地で消費者の使用慣行や嗜好の異なる白物家電の製品特性を踏まえて，現地企業と企業提携し，現地の消費者ニーズにマッチした製品を現地生産し，現地販売ルートを通じて顧客に提供する事業展開を行いました。Haierの強みの１つは大規模生産による低価格であったわけですが，国際展開に伴う海外生産においてもコスト競争力を維持するために，部品メーカーから標準部品を大量調達して中国生産・海外生産に投入するなどの工夫が図られました。

繰り返しになりますが，かかる部品調達を可能にしたのも，1990年代以降の日本メーカーのグローバル・サプライ・チェーン・マネジメントの変化により系列関係の枠を超えた部品供給がグローバルに可能となったことが重要な要因です。

（3）グローバル・ブランドの地位確立に向けた取組

Haierは1999年以降，低価格製品の現地生産化により国際展開を進めましたが，グローバル・ブランドとしての地位を確立するには，市場セグメントの標準品帯において競争優位を確立する必要がありました。

Haierは日本市場進出のため2002年に三洋電機とHaier製冷蔵庫，洗濯機，エアコンの輸入販売会社を合弁設立していましたが，2000年代央までに日本市場での製品販売に一定の実績を挙げ，販売ノウハウ等も蓄積したことから，2007年に三洋電機との合弁会社を解散させます。ただし，三洋電機との関係がここで切れたわけではありません。三洋電機は，1990年代前半のバブル崩壊以降日本国内では家電需要が停滞を続けた結果，家電部門を中心として深刻な業績不振に陥り，最終的に兄弟会社だったPanasonicに企業統合の形で救済されます。2011年，Panasonicは自社事業と重複した三洋電機の白物家電事業（冷蔵庫・洗濯機）のリストラを決定し，結果的に三洋電機の白物家電事業はHaierに譲渡されます。

Haierは三洋電機の白物家電部門を買収することで，日本国内及び海外市場で高品質製品として認知された「AQUA」ブランドを入手するとともに，白物家電部門を組織ごと引き受けることで，家庭用冷蔵庫に係る先端技術と製品開発能力，生産管理・品質管理に関する先端的な技術・ノウハウなどをまるごと獲得し，先進メーカーへのキャッチアップを果たします。また，三洋電機が1980年代央以降構築してきた海外生産・販売ネットワークもHaierは継承し，旧三洋電機タイ工場を東南アジア，アフリカ，中東向けの輸出拠点として活用，中国工場からの他品種製品の輸出供給と相補う形でグローバル生産供給体制を飛躍的に高めます。2016年，Haierは三洋電機での成功体験に基づき，米国GE社の家電部門を譲渡取得し，米国市場でも，低価格帯ではなく標準品から高付加価値品に至るセグメントでブランド・イメージを確立し，グローバル生産供給の更なる拡充を果たしています。

（4）グローバル・サプライ・チェーン・マネジメント

Haierは中国において一国完結型垂直統合モデルによる国内集約生産で（部品は日系部品メーカー等より調達しており1990年以前の国内完結型垂直統合と比べると対外開放されている）トップ・ブランドの地位を築いた後，2000年以降，米国・日本市場に対して製品輸出からスタートして一定の販売実績を築いてから現地生産・販売に切り替える，伝統的な多国籍企業の国際展開を行ってきました。中国本土の垂直統合型サプライ・チェーンの「複写」を図ったものと言えます。

この過程でHaierは先進メーカーにキャッチアップすべく三洋電機等の白物家電部門を組織・人員ごと獲得し，先端技術と製品開発能力，生産管理・品質管理に関する先端的な技術・ノウハウなどを身に付けていきます。加えて，三洋電機等は1990年以降東アジア圏を中心に部品生産・最終組立ネットワークを構築していましたので，Haierはグローバル生産ネットワークも引き継ぐことになりました。三洋電機はグローバル生産ネットワークを国内供給向けに活用していましたが，Haierは三洋電機とは異なり各国に展開する最終組立拠点を現地及び周辺地域向け生産供給拠点として活用します。部品生産拠点は日本国内向け製品の生産のためだけではなく，中国・米国に展開する最終組立拠点への部品供給にも活用し，「規模の経済」を達成しました。

Haierのグローバル・サプライ・チェーンにおいては，本国における垂直統合型サプライ・チェーンが国際展開とともに海外市場でもコピーされた，（伝統的な多国籍製造企業の）グローバル・サプライ・チェーンと，三洋電機が1990年以降グローバル生産体制の移行のため東アジア圏で構築した，開発・設計，部品製造，最終組立の工程がグローバルに最適立地したサプライ・チェーンが並立する形となっています。Haierはこれらのグローバル・サプライ・チェーンを組み合わせて，中国国内市場，米国・日本・ASEAN市場等向けに最適生産・供給しようとしています。

第３項　世界電池市場の覇者CATL：中国での一国完結型垂直統合生産

（１）民生用バッテリー・メーカー，ATLからのスタート

CATL（Contemporary Amperex Technology，寧徳時代新能源科技）は2011年に設立された，電気自動車の車載用リチウムイオン電池及びバッテリー・マネジメント・システム（BMS）メーカーです。CATLは今や世界トップの車載バッテリー企業として著名ですが，元はiPhone等スマートフォン向け民生用電池で世界シェア首位のATL（Amperex Technology，新能源科技）から独立して誕生した会社です。

CATLを理解する上で重要なATLは，福建大学卒業後に磁気ヘッドを生産する日系電子部品企業TDKに就職した曾毓群が1990年代後半，携帯電話とmp３プレーヤーの普及により民生用バッテリー需要が急増し始めたことに着眼して1999年設立した企業です。米国ベル研究所から特許を取得しバッテリー製造を開始しますが，2000年代の携帯電話に続きスマートフォンが世界的に普及する過程で民生用バッテリーが恒常的に供給不足であったことからATLは急成長を遂げ，2004年にはAppleのiPodのサプライヤーに認定されて1,800万個のバッテリーを供給するに至ります。

しかしながら，2000年代央から民生用バッテリー市場では競争が激化，ATLの業績は急速に悪化して2005年には出資者が資金回収に乗り出す事態となります。曾毓群はかつて勤務していたTDKに資金援助を求め，107億円出資と引き換えに

子会社となりますが，その後，ATLは製品がAppleからiPhone向け電池として採用され，再び成長軌道に乗ります。iPod向け電池供給でサプライヤーに指定されるなど信頼関係が存在したことが，iPhone向け電池サプライヤーとしての採用にもつながったのですが，鴻海と同様に，ATLはiPhone事業の発展とともに急成長を遂げ，2007年には売上高が400億円強に到達。2012年には出荷が累計で10億個を超え，スマートフォン向けのラミネート型薄型リチウムイオン電池で世界生産トップとなります。

ATLは中国国内に生産拠点を構え，部品・材料は内製品を除いて日系部品・材料メーカー等から調達してリチウム電池を生産し，Apple等の受託製造企業の中国生産拠点に対して納品するビジネスを展開。AppleのiPhoneの世界販売の拡大に合わせて，中国国内の生産拠点の製造能力を拡大していく方策を採りました。

（２）ATLからの独立創業

民生用バッテリーと電気自動車向け車載用バッテリーは異なる製品ですが，リチウム電池としてシナジー効果があり，同一企業が生産しても差し支えなさそうですが，なぜ曾毓群等創業者はATLから車載部門を独立・分社化して2011年にCATLを創業したのでしょうか（完全に資本関係がATLと切れるのは2015年）。これには中国政府のEV産業政策が深く関連しています。

中国政府は長年，国際競争力ある自動車メーカーの育成に取り組んできましたが，自動車はモジュール化した家電・オーディオ製品と異なり「擦合せ」型の典型であり，ガソリン自動車，ハイブリッド自動車では日米欧先進国メーカーにキャッチアップできませんでした。自動車は地球温暖化対応のため内燃機関から電動モータへのパラダイム・シフト過程にありますが，中国政府はこの点に着眼し，EVを中核とする新エネルギー車を政府主導で普及させ，先進国に対する「一発逆転」を狙います。

2010年以降，中国政府はEV普及に向け手厚い優遇措置を打ち出しますが，優遇措置は中核部品であるバッテリーが中国企業製であることが条件であったため，曾毓群等はATLの車載部門を分離・独立しCATLを創立します。厳密には，創立時，CATLはATLからの直接出資ではなく，ATL子会社の15％出資の形で間接的な資本関係を保持していました。2015年，中国工業情報化部が，EVメーカーの補助金給付条件である車載バッテリー生産企業の要件を告示し，併せて適合企業リストも発表。同リストにはSamsung，LGなど外資系企業は１社も含まれていなかったため，曾毓群等はATL子会社の出資も解消し，CATLを100％中国資本とします。

100%中国資本企業となったCATLは，中国政府の破格のEV購入補助金等に支えられつつ，国内EV市場の成長の波に乗り，車載用電池供給者トップの地位を築くのに成功します。技術的には，三元系リチウムイオン電池ではなく，リン酸鉄リチウムイオン（LFP）電池を採用することで価格優位を確立し[11]，電池の構成をシンプルにして，限られたスペースでより多くのセルを搭載し，LFP電池のエネルギー密度の低さという弱点を克服。EVの弱点とされる航続距離を延ばすことに成功しました。

CATLは創業6年後の2017年には，TESLAへの車載用電池供給により，世界首位の座にあったPanasonicを抜いて，EV用車載用電池の出荷量で世界トップに躍り出ます。中国EVメーカーが供給先ですので，CATLはATLと同様に中国国内に生産拠点を構え，国内集約生産により「規模の利益」を実現。部品・材料についてはALT時代に取引関係のあった日系部品メーカー等より調達する（緩やかな）「一国完結型垂直統合型モデル」によりサプライ・チェーン・マネジメントを行っています。

（3）グローバル展開

中国EV産業は中国政府の補助金等優遇措置によりテイクオフした部分が大きいですが，2019年ともなると出遅れていた日米欧メーカーも本格的にEVに取り組まざるを得なくなります。日米欧メーカーはEVの重要性を認識していながらもハイブリッド自動車等から転換を果たせませんでしたが，それはEV生産ではコスト問題が大きく，長距離走行かつ急速充電可能な小型の車載用電池の開発に難航していたことも原因です。

日米欧メーカーが中国メーカーやTESLAの独走にストップをかけるには，車載用電池を自前で開発生産していては間に合わないため，世界首位メーカーのCATLからの調達を考えざるを得なくなります。例えば，BMWは2018年に車載リチウム電池の自主開発方針を修正して車載用電池に搭載するセルをCATLから調達することとしましたが，2022年には車載用電池の原則外部調達方針を表明。欧州に建設する6カ所の車載用電池工場のうち1つをCATLと共同設立・運営する計画を公表しました[12]。

11　三元系電池はエネルギー密度が高いが，ニッケルやコバルトなどの高価な素材を利用することで生産コストが高くなるのに対し，鉄とリン酸を使用したリン酸鉄リチウムイオン（LFP）電池は生産コストが低くできるとされる。

12　BMWプレス発表2022年9月9日付（"More performance, CO2-reduced production, significantly lower costs: BMW Group to use innovative round BMW battery cells in NEUE KLASSE from 2025"）（https://www.press.bmwgroup.com/global/article/detail/T0403470EN/more-performance-co2-

一方，CATLにおいても，同社は中国工場で国内集約生産を行ってきましたので，当初，外国自動車メーカーからの引合いに対して輸出で対応しましたが，外国自動車メーカーにおける車載用電池の安定供給に関する不安を払拭するため，自らも海外生産に乗り出します。BMWとの提携が発表された2018年には，CATLは独チューリンゲン州アルンシュタットに海外初の工場建設を発表，総額18億ユーロを投じて生産ラインを立ち上げ，2023年に生産開始（電池セルの生産能力は年間3,000万個見込み）。さらに，CATLは2023年10月ハンガリー東部での工場着工を公表，同工場建設に73億4,000万ユーロを投じ，メルセデス・ベンツ，BMW，ステランティス，Volkswagens等欧州メーカーに納入する電池セルとモジュールを製造する予定です。

現時点でCATLは国内需要をメインとして国内集約生産体制を採っていますが，今後，海外EV市場の立上りに伴い，各国メーカーから車載用電池発注が急増するため，海外顧客の近傍に工場を設立して現地生産・供給する「国際分散生産」にコミットすることが予想されます。車載用電池生産に必要な部品・材料等は，中国生産でも日系部品メーカー等から調達しているように，同社の垂直統合型モデルは1990年以前に日米欧メーカーが採用していたクローズドなものではなく「緩やかな」ものです。

（４）CATLの陥穽

現状，CATLは着実に海外市場開拓を進めており，韓国調査会社SNEリサーチによれば，中国を除く世界自動車工場で2024年１月にEV，PHV，HVに組み込まれたCATL製車載用電池は計5.7GWhとなり，韓国LGエナジー・ソリューション（計5.4GWh）を初めて上回り，現代自動車，起亜もCATL製車載用電池の小型EV搭載を決めるなど，車載用電池生産のライバルである韓国市場にも浸透しつつあります[13]。

しかしながら，CATLにも，思わぬ穽が待ち構えているかもしれません。第Ⅲ部第６章でも取り扱いますが，米中覇権抗争に伴うサプライ・チェーンからの中国切離しはCATLを米国市場から締め出すことになるかもしれません。次世代産業と交通システムを支配するEV生産が中国車載用電池メーカーにより死命を左右される事態は米国としては回避しなければならないものであり，それは自国だ

---

reduced-production-significantly-lower-costs: -bmw-group-to-use-innovative-round-bmw-battery-cells-in-neue-klasse-from-2025?language=en）

13　東洋経済新報オンライン2024年３月27日付記事（中国電池CATL，海外市場でも「シェア首位」に躍進　１月の搭載量が韓国LGエナジーを初めて逆転）（https://toyokeizai.net/articles/-/742244）

けでなく同盟国である欧州・日本等にもシェアしてもらわなければならない事項となります。

また，中国は2010年以降補助金等によりEVメーカー及び車載用電池メーカーを育成してきたわけですが，日米欧メーカーは基本的に政府支援を受けず独力でEV開発とEV生産に必要なエコ・システムの形成に取り組んできた次第であり，それが中国勢への立遅れを招きました。欧米では，中国政府が産業政策により保護育成したEVメーカーによる世界市場独占を認めることは「不公正」であるとの意見が台頭しつつあり，この声が日米欧，さらにはインド等でも共有されるに至った場合，現在，CATLが製品性能・生産技術で優位にあるとしても，世界市場で不公正な方法で得られた優位として排除されないか，懸念が残ります。

日本メーカーは1980～1990年代の欧米との貿易紛争において，国家の産業政策に支えられた競争優位の「不公正性」への批判と世界市場独占の野心への疑いから厳しい攻撃を受け，競争力の源だった国内集約生産を修正して海外現地生産に転換し，「地産地消」にビジネス・モデルを変えましたが，CATLも世界市場において外国企業及び外国政府と共存共栄でビジネスを行っていく上で，日本同様にグローバル化が不可避かもしれません。

第４節　非製造企業のサプライ・チェーンの川上展開

第１節から第３節まではグローバル・メガ製造企業のグローバル・ビジネスとグローバル・サプライ・チェーンについて取り扱いましたので，第４節では，いささか風情の異なる企業を取り扱います。端的には，非製造企業が製販統合によりサプライ・チェーン全体に関与するようになり，グローバル・サプライ・チェーン・マネジメントの主体となった事例を見たいと思います。

第１項　ユニクロの製販統合（SPA）モデル

（1）製販統合（SPA）

通常，卸・小売業者はメーカーから商品を仕入れ販売活動を行うのみで商品企画・開発をしませんが，小売・卸業者の中には，消費者・ユーザに近い場所に居てニーズをより深く理解できるメリットを活かして，商品を独自に企画・開発し，独自なブランドで販売する者がいます。

アパレルは伝統的な工程分業が進んだ産業部門です。アパレル・メーカーが製品企画を行ってアパレル専門商社に製造を委託すると，アパレル商社はアパレル・メーカーの生産・販売計画を実現すべく，原材料（糸・布地・染色）調達を行い，繊維メーカーより調達した染色済みの布地を製造業者に供給してアパレル製品を製造させ（縫製・生産），アパレル・メーカーに納品。アパレル・メーカーはアパレル専門商社より納品された製品を百貨店，総合スーパー，専門店等の流通チャンネルを通じて消費者に提供するビジネスが展開されてきました。

流行に明確なモードが存在し，モードが年単位に変わった昔であれば，このような工程分業でも消費者ニーズに対応できましたが，明確な流行モードが存在しなくなり，高度消費社会の下で消費が個性化・個人化するようになると，アパレル・メーカーが複数年以上前に流行を予想して生産・販売計画を立てても，的中することは少なくなり，当然，消費者のニーズ・嗜好にマッチしない製品は売れないまま山積されることとなります。

そこで，サプライ・チェーン川下の消費者・ユーザの求めに敏感に対応して，消費者が欲しいモノを欲しい時に提供するには，企画・開発，原材料調達，製造，物流，販売サービスの全工程を垂直統合する必要が生じます。かつては小売・卸業者の中で，商品を独自に企画・開発し，独自なブランドで販売する者はアパレル専門商社等に製造委託したのかもしれませんが，現在，自ら製造工程にも進出してサプライ・チェーン全体をマネジメントして消費者・ユーザに商品供給を行う者が登場しており，これを製販統合（SPA）モデルといいます[14]。

（２）ユニクロの衣料品専門店からSPA企業への脱皮

ユニクロはファーストリテイリングの中核ブランドであり，ファーストリテイリングには他にジーユー，セオリーなどのブランドを抱えていますが，ユニクロはグループ全体の売上高の８割以上を占め，ファーストリテイリングのブランド・イメージとほぼ同義に近いことから，以下，ユニクロとして話を進めます。

ユニクロは1984年に広島市でユニセックス衣料品専門店としてスタートしましたが，1980年代後半から独自商品の企画・開発に乗り出し，全世界で衣料の生産・販売を手掛けるに至ったSPAアパレル企業です。2023年８月末現在，世界中で2,434店舗を出店し，年間売上高（2023年８月期）は２兆7,665億円に達します。企画・開発，原材料調達，製造，物流，販売サービスの全工程を垂直統合し，高品質素材や機能性素材を使った独自商品を手頃な価格で販売することで広範な人気を獲得しています。

ユニクロは元々輸入衣料品を中心に取り扱っていましたが，1990年代初のバブ

14　SPAは，米国衣料品小売大手GAPのDonald Fischer会長が1986年に発表した“Specialty store retailer of Private label Apparel”の頭文字を組み合わせた造語であり，製造から小売までを垂直統合した販売業態。

ル崩壊後，国内経済が長期経済停滞する中で消費者マインドが高額衣料品に向かわなくなると，ユニクロはブランド衣料品の取扱いを止めて，カジュアルでベーシックな衣料品をオリジナル・ブランドで低価格提供することとします。当初，製造業の経験がないユニクロはアパレル専門商社に製造委託しましたが，伝統的な衣料品ビジネスの方法では，市場動向に対応した機敏な商品企画や生産は不可能であり，価格も専門商社をゼネコンとして使うため「手に取りやすい」水準まで下げるのは難しく，ユニクロは1990年代末以降，米国衣料小売業GAPが採用していたSPAモデルを段階的に導入します。

（3）優秀な海外協力工場群の育成に向けた取組

日本のアパレル製造は早くから人件費高騰や円高によりコスト競争力を喪い，1970年代には原材料生産，縫製・最終製品生産など製造工程が海外移転していましたので，専門商社は海外に分散立地する原材料メーカー，縫製企業等を「つなぎ」，サプライ・チェーンにまとめ上げていました。このため，ユニクロもSPAモデルの導入に伴い自らサプライ・チェーンをまとめ上げなくてはならなくなります。ユニクロは，日本のアパレル製造企業が1990年代以降工場移転先としていた，低賃金労働を豊富に抱える中国に着目して，中国の海外工場に生産委託するようになります。

伝統的にアパレル・メーカーが専門商社に製造委託をしてきたのは，アパレル・メーカーには海外工場での生産管理等を行う余力がなかったからですが，ユニクロも同じ問題に直面します。カジュアルでベーシックな衣料品を高品質で手頃な価格で提供したいのですが，中国サイドの品質管理に関する意識が日本からかけ離れていたため，低価格ではあるものの品質が粗悪な商品しか生産できない事態となります。そこで，ユニクロは品質管理を徹底するため，国内からの遠隔管理は止め，1999年に上海と広州に生産管理事務所を設置して生産管理担当者を現地に常駐させ，海外協力工場に対して生産技術，品質・生産進捗管理に関する指導を恒常的に実施することとします。

ユニクロの海外工場管理では「匠チーム」の存在が著名ですが，「匠チーム」とは，日本の優れた技と心を中国の次世代技術者に伝承することを目的としており，日本のアパレル製造企業から海外工場の運営管理で実績ある人材をヘッド・ハンティングし，上海・広州に設置した生産管理事務所に駐在させ，こまめに協力工場を巡回して生産状況や生産管理などを監察し技術指導を行っています[15]。2000年代，現地生産管理事務所と「匠チーム」により中国協力工場の生産技術は向上し生産管理も改善されましたが，引き続き国内生産部門が遠隔管理する形であり，それでは迅速な問題解決や現地状況の精確な把握ができないと判断したユニクロは2010年に本社生産部門を上海に移しています。

図表４－５　ユニクロのビジネス・モデル

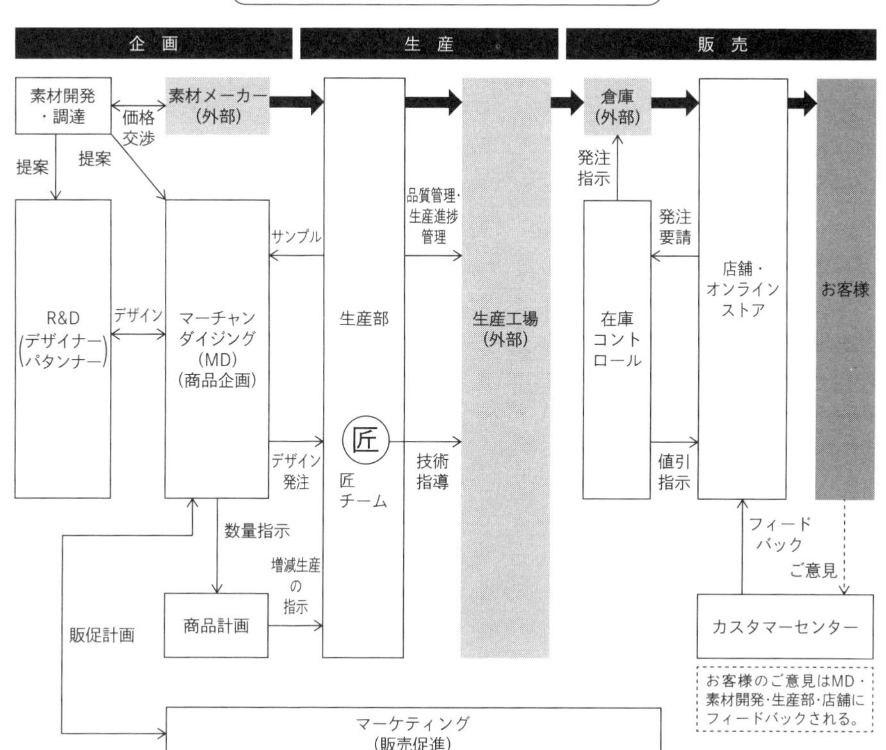

（出所）Fast Retailing（2010）「アニュアルレポート2010」

同時にユニクロは優秀な海外協力企業群の育成に向けて，ユニクロが設定する数量・品質・納期に対する達成度に応じて次年度の契約を見直すこととし，パ

15　匠は「素材匠」と「縫製匠」で構成され，ユニクロは「匠チームは中国，ベトナムなどのユニクロの生産事務所に駐在し，取引先の素材工場や縫製工場へ直接出向き，技術指導を行っている。例えば，染色や縫製の技術を工場に伝授することで，工場では高い品質が維持されている。また，匠チームは労働安全の指導も行っており，安全な作業環境の確保に工場とともに取り組むなど，工場全体のキャパシティビルディング（組織の基盤強化）にもつながっています」と自己評価している（https://www.fastretailing.com/jp/sustainability/products/quality_and_safety.html）。

フォーマンスの優れた協力工場に対しては発注数・金額を増やすことで報い，パフォーマンスの良好でない協力企業に対しては発注数・金額を減らすシステムを導入します。通常，優良な協力工場は囲い込みたいところですが，アパレル販売には「波」があり，常に協力工場を専属化させておけるだけの売上と収益を見込めないため，ユニクロは協力工場に対してアパレル他社との取引を禁止せず，優良な協力企業に対しては発注数を増やすことで（当然，協力企業の収益は増えますし，契約段階で収益が確定しますので設備投資等にも踏み切りやすくなります）「系列化」することを狙いました。

ユニクロは2010年代以降中国での賃金上昇に対応してヴェトナム，バングラデシュ，インドネシア等でも協力工場を発掘し生産拠点を分散していきますが，上海に本社生産部門を置き生産管理事務所を通じて協力工場の生産管理・品質管理を監督するとともに，優秀な協力企業に対しては次年度契約額を引き上げて「報償」とするシステムを導入することにより，優秀な協力企業が選別されて取引相手として残っていく状況を産み出し，高品質の商品を生産できる体制を構築しました。

（4）ユニクロの独自の販売・マーケティング

ユニクロはカジュアル衣料品を豊富な品揃えで取り揃えて，手頃な値段で顧客提供することを基本としており，都市部やショッピングモールなど消費者がアクセスしやすい場所に多数直営店を出店し，単身であれ，カップルであり，家族連れであれ，客が気軽に店に入って商品を好きな速度で，自由な順番で見て回れるよう「声掛け接客」はあえてせず，店舗を自由に回遊できるようにしています。

アパレルでは，他社との差別化のためにセグメントを細分化したり深掘りしたりする企業が少なくありませんが，ユニクロは消費者が日常生活で必要とするベーシックなカジュアル衣料品を豊富な品揃えと「品切れ」のない在庫で提供することを提供価値としていますので，商品構成はベーシックなカジュアル衣料品を特定のセグメント等に特化することなく満遍なく提供し，SPAモデルにより，中国の協力工場群を育成し，生産技術・品質管理・納期管理等で優秀なパフォーマンスを示した生産工場に大量発注・大量生産することで「高品質」と「低価格」を実現しています。

同時に，ユニクロは東レと提携してヒートテックやエアリズムなどの高機能性商品を共同開発し，顧客を自社店舗に誘引するアイテムに育てています。アパレルは競合企業が多く，カジュアル衣料品になるほど利益率が低くなり，独占的利益を上げるのが難しいのですが，高機能性商品は価格・機能面以外に差別化要素がないため競合他社が参入できず，ユニクロの独り勝ち状態となっています。「夏にエアリズムを着て，冬にヒートテックを着る」ライフスタイルを定着させ，ユニクロは日々着用するカジュアル衣料品を求める顧客を自店舗に誘引し，その他のベーシック商品も豊富な品揃えで用意しておき消費者に購買してもらう戦略を採り，成功を収めています。

SPAは企画・開発，原材料調達，製造，物流，販売サービスのサプライ・チェーンを垂直統合するものですが，垂直統合型製造企業のメリットが，市場動向に即応して生産計画・実施を機動的に調整できるだけでなく，川下で把握した顧客ニーズを製品開発・設計にフィードバックして的確な製品開発が可能となることにもあったように，ユニクロはSPAモデルを採ることで川下の潜在的な消費者ニーズに基づき川上で商品として企画・開発することが可能となりました。ヒートテック等の成功も川下と川上の連携による要素が大きくなっています。

ユニクロは販売チャンネルの多様化のためオンライン・ストアにも力を入れていますが，オンライン・ストアの顧客を実店舗に呼び込む仕掛けも用意しており，オンライン・ストアで買った商品を店舗で受け取ると送料が無料になり，返品や交換も店舗でできるなどのサービスを提供することで，オンライン・ストア顧客が店舗に足を運ぶ動機を与えています。また，オンライン・ストアと実店舗を連動させ，買いたい商品を見つけたものの，着心地がわからないため購入に踏み切れない顧客に対して，近くの店舗に立ち寄って試着する機会を提供して販売促進につなげています。

（5）国内事業の強みを活かす国際事業展開

ユニクロの国際展開は，2002年英国初出店から始まり，2003年に中国進出，その後，北米地域に展開し，2023年８月末現在，ユニクロは27カ国・地域（1,634店舗）に進出しており，中国本土925店舗，東南アジア・オセアニア332店舗，インド10店舗と欧米地域ではなくアジア地域に注力した展開となっています。

ユニクロの海外展開は試行錯誤の歴史であり，初進出した英国では短期間の大量出店策が裏目に出，老舗百貨店の接客担当を引き抜いたところ組織が保守化するなどのマネジメント上の失敗により，店舗の過半を閉鎖する事態に至っています。2002年に中国上海に進出しますが，当時の中国の所得水準は低く，国内製品よりも質を落として低価格商品をコアとしたビジネスを展開したため現地に浸透できませんでした。このため，国際化戦略を見直し，2006年「ユニクロ事業の海外戦略～世界No.1のカジュアルブランドになるために～」を公表します。

このプランにおいて，ユニクロは2010年までの売上高1,000億円，経常利益100

億円達成を目標に掲げるとともに，第一に，海外事業と国内事業は別物との考えを捨て，グローバル展開している１つの事業に発想転換する，第二に，国内で成功した，良質で低価格な商品，接客しないスタイル，ブランド・イメージを体感できる店舗を海外でも展開する，第三に，進出国の市場や文化を理解している現地に強いスタッフを増強して，海外子会社の経営陣を強化する，第四に，ブランド・イメージを体現した旗艦店を首都に出店することなどによりブランド認知度を高める方針を打ち出します。

中国については，消費を支えるのは中産階級であるとして，2005年，ユニクロは品質と価格を上げる戦略へと転換，店舗の什器なども日本の最新型に合わせるなど，良質で手頃な価格の商品を豊富な品揃えで提供。中国消費者の心を掴まえるべく努めた結果，その後，売上も店舗数も増加し中国本土で900店舗を超える店舗を展開するに至りました。米国については，2005年ニュージャージー州郊外のショッピング・センタに３店舗を出店しますが，客足が集まらず売上は低迷，不良在庫を多数抱えます。ところが，余剰在庫を集めてニューヨークの高級ブティックが立ち並ぶソーホー街に小規模の仮設店舗を出店してみると郊外３店舗を上回る売上を得たため，2006年にソーホーに大型旗艦店をオープンさせると売上も増加し，米国事業は軌道に乗りました。

ユニクロの国際展開は1990年代末以降同社が構築してきたSPAモデルに支えられたものであり，国内供給基盤として形成された中国協力企業群はそのまま中国展開でも米国展開でも頼りになる製品供給基盤となりました。川下において，直営店を中核とする販売ネットワークで把握した顧客ニーズを川上の製品企画・開発段階にフィードバックして迅速に売れ筋商品を開発できるのもSAPのお蔭でしたが，ユニクロはGAP，Zara等と同様にSPAをグローバル競争力における強みとしています。

（６）サプライ・チェーン効率化のための物流管理

ユニクロはSPAモデルに基づきグローバル・サプライ・チェーンを形成し運営管理・成長発展させていますが，物流はサプライ・チェーン・マネジメントにおいて無視できない重要要素であり，ユニクロも最後に物流問題に突き当たります。

2000年代後半以降の国内外での急速な事業成長により物流が重要な事業ファクターとなり，ユニクロは国際物流網の整備と国内物流高効率化に取り組んでいます。2014年，大和ハウス工業と提携して東京有明物流センターの建設と共同運営を行うことを決定しましたが，2016年，同倉庫を活用して都内での即日配送や首都圏での翌日配送を始めたところ，商品が滞留し，滞留商品の一時保管倉庫を緊急で確保するだけでなく，出荷遅れ，店頭での欠品，オンライン販売の納期の長期化などの惨状を招きます。

ユニクロは有明物流倉庫の改革のため，2016年末，物流会社ダイフクと提携して倉庫の自動化に着手，2018年にはダイフクとグローバル提携し国際物流拠点の倉庫の自動化を進めます。同時に，ロボット・メーカーのMUJIN等と企業提携し，物流のロボット導入による無人化・高効率化に着手。ダイフク，MUJIN等との協働による成果は海外展開され，2019年には，有明における自動倉庫の成果を中国にも導入するなど，物流改革を推進しています[16]。

第２項　ニトリの「製造物流小売業」モデル[17]

ニトリは1972年創業時の北海道札幌市の一家具店から，家具・インテリア用品を製造・物流・販売する家具・インテリアの大手小売企業に成長した会社であり，国内773店舗，中国67店舗，台湾53店舗，マレーシア７店舗，米国・シンガポール各１店舗のチェーンストアを展開するとともに（2023年３月末時点），インターネット通販によっても国内で圧倒的なシェアを築いています。

（１）家具店からのスタート

一家具店からスタートしたニトリの企業成長は長い歴史を持っており，各時期の業態に応じて事業革新に挑むとともに，その事業革新が次なる事業革新につながる展開を行ってきました。創業時，似鳥昭雄社長は米国視察を行い，米国では，家具メーカーが生産した製品はチェーンストア経由で消費者に届けられ，小売店が直接メーカー仕入れすることで低コスト販売していることに驚きます。日本では，家具メーカーが商品企画し見込み生産したものを，系列問屋を介して小売店に届け，メーカー指定価格で消費者に提供していましたが，その結果，商品選択の幅は狭く，値段も高くなっていました。そこで，ニトリは1973年からメーカーからの直接仕入れに転換し，ライバル店よりも安く商品を仕入れ販売することで業績を伸ばしていきます。

ただし，問屋仕入れと異なりメーカー仕入れでは返品が認められず在庫リスクを抱えることとなったため，ニトリは1980年に自動立体倉庫を札幌で稼働させ在庫・販売管理をいかに一体的に行うかを学習し始めます。1980年代央以降，円高

16　楊樂華（2022）「製造小売企業の垂直統合モデル（SPA）の形成過程と国際展開―ユニクロの事例研究―」周南公立大学総合研究所『紀要』第１号

17　本項は井村直恵（2011）「ホーム家具メーカーのグローバル戦略：ニトリ vs. IKEA」，京都産業大学編『京都マネジメント・レビュー』第19号に多くを負っている。

により国内家具生産がコスト的に見合わなくなると，ニトリは安価な商品を求めて海外直輸入をスタートしますが，海外メーカーとの取引では支払方法，商品選択，品質管理等の面で多くのトラブルに直面したため，1989年にシンガポールに初の海外拠点を設けて海外の工場・メーカーとの直接交渉を担当させています。

（2）製造販売の一体化

現在のビジネスの基本である海外調達をニトリは円高対策としてスタートしましたが，「製造物流小売業」に向けた第一歩は1997年の関連会社マルミツによるインドネシアでの家具工場稼働です。

マルミツは北海道のほぼ中央に位置する上川郡東川町に本社・工場を構える，1947年創業の家具メーカーですが，1986年以降ニトリと業務提携を結んできました。円高による国内材料コストの上昇に対して，マルミツは台湾，米国，マレーシア，韓国からの材料輸入に取り組みますが，持続的円高の前に国内生産の断念に追い込まれます。1992年にタイ及び中国の現地メーカーとの業務提携により生産した部品を旭川工場で組み立てて製品化することとしたものの，提携企業の生産・品質管理能力が不十分であったため取引を止め，1994年インドネシアに自前の工場を建設，部品生産に乗り出します。そして，部品製造と完成品組立を一貫化し，1995年よりインドネシア工場で完成品を生産して国内輸入することとしました。

この業務提携先のマルミツの海外生産シフトに対して，ニトリは国内メーカーだけでなく海外メーカーからも家具調達を止めて，自社取扱い製品を自ら海外生産して輸入販売することを決定。1997年，マルミツのインドネシア工場で自社ブランド家具を生産し，国内輸入販売する「製販統合」に着手しました（マルミツは1998年国内工場を閉鎖し2000年にニトリの完全子会社となります）。ニトリが海外自社工場による自社ブランド生産に踏み切った理由は，低賃金労働の活用による低コスト生産に加えて，第一に，海外メーカーへの生産委託では品質管理が難しいが，自社工場生産により品質管理が徹底できる，第二に，委託生産では木材の約50％しか使わないが自社生産では95％まで使用する等生産のムダを減らし低コスト生産が可能となることでした。

ニトリは自社海外工場を使い家具を製販統合することにより，高品質商品を低価格で生産できることを学びましたが，次に，製販統合の効果を協力工場で達成できるかが課題となります。というのは，ニトリでは，ヴェトナムの自社工場（インドネシア工場は2017年操業停止し，インドネシア工場に続き設立されたヴェトナム工場に家具生産は集約化されています）での家具生産を除き，ホームファニシングの商品の多くは自社工場ではなく国内外の協力工場に生産を依存しているからです。

次項で説明しますが，ニトリは顧客が自社の豊富なベーシック商品の品揃えから商品選択して，顧客の予算・嗜好に合わせて家の中をトータル・コーディネートできることを提供価値としており，協力工場の関係でも高品質製品の低価格生産を確実にする必要がありました。このため，ニトリは低価格・適正な品質を実現するのに最適な原材料を自ら現地調査を行って探し，供給元と直接交渉・契約した上で，協力工場に指定原材料を供給，協力工場の全製造プロセスを指導・管理することで，高品質で高効率な生産を担保しました（ニトリの厳しい条件を了解できる企業とのみ取引）。

（3）ニトリのマーケティング戦略

ニトリはインドネシア工場で自社製品を生産することで製販統合をいち早く手掛けたわけですが，製造小売業として重要なのは「ものづくり」もさることながら，「何を誰にどのように売るのか」というマーケティングの問題です。

ニトリは「ホームファニシング（Home Furnishing）」を商っています。ホームファニシングとは，家具，インテリア用品，生活用品（寝具・ベッドリネン類，食器・キッチン用品，ランドリー用品，白物家電等）をひっくるめた家庭用品全般を指す言葉であり，同時に，その家庭用品の色や柄，素材などをまとまりのあるスタイルにトータル・コーディネートしていくことを指します。

ニトリの取扱い商品を見ると，祖業の家具は別として，毛布，カーテン，布団カバーなどの衣料系商品のように購買頻度が高く生活必需品的性格を強く持つものが多く，品揃えには拘っている一方でトレンドには左右されないベーシック商品を優先した取扱いとなっています。ニトリは「お，ねだん以上。ニトリ」をTVコマーシャル等でもキャッチフレーズにしていますが，ベーシックな商品を品数豊富に取り揃え，低価格というよりは「手頃な値段」で提供することで，消費者が自己の予算・嗜好に合わせて家の中をトータル・コーディネートする機会を提供することをニトリは消費者に対する提供価値としました[18]。ユニクロとマーケティング戦略が似ています。

このため，ニトリは一見両立しそうにない高品質・高機能性の製品の低価格提供に挑み，祖業である家具では，家具メーカーからの調達ではなく，自社工場で取扱い商品の生産を行うことを選びました。インテリア用品，生活用品（寝具・

18　Zenken『キャククル』2022年1月18日付記事（https://www.shopowner-support.net/glossary/position/nitori-positioning/）

ベッドリネン類，食器・キッチン用品，ランドリー用品，白物家電等）については内外協力工場に依存していますので，製販統合の効果を追求するため，前項で指摘した協力工場の全製造プロセスの指導・管理を徹底しています。

また，ニトリは単に顧客に対して，豊富な品揃えから自己の予算・嗜好に合わせて商品選択し，家の中を好きなようにトータル・コーディネートしろと放任するわけではなく，多様な商品の中から最適な商品を選び出し，顧客の嗜好を踏まえた統一性ある住空間を創り出すトータル・コーディネート提案も顧客に行っています。ニトリでは，敢えてユニクロのように欧州の有名デザイナーと契約して製品開発せず，より多くの一般顧客に受け入れられやすい普及品を開発提供することを重視し，社内デザイナーが社内コンペによりデザインを決定する方式を採用してきました。なお，2009年以降，入社20年前後の優秀人材で企画チームを編成し，リビングやキッチン，寝室，バス，トイレに至る家全体をコーディネートするシリーズもスタートしましたが，こうした試みでも製販統合が支えとなりました。

（4）製造・販売と物流の一体化

以上のように，ニトリでは，製販統合を競争力の源の１つとしていますが，商品の90％は部品調達から最終組立を海外で実施しており，ヴェトナムの自社家具工場の他にも，国内外の多数の協力工場がサプライ・チェーンに関与していることから，輸入コスト，物流コストをいかに削減するかが課題となっています。

ニトリでは，2000年代後半以降，海外の協力工場が集積するエリアに物流センタを設置（中国：太倉DC，恵州DC，台湾：桃園DC，ヴェトナム：ホーチミンDC），商品を集積・保管して，海外物流の効率化と輸出手続の負担軽減を図っています。国内向け商品であれば，海外物流センタを経由して日本の港に海運し国内物流センタに納品された後，物流センタで内外協力企業等から入荷した商品を店舗・発送センタ・配送センタ別にまとめて出荷する体制を整備（場合により，海外拠点で予め行先別にまとめて出荷し，国内物流センタでの保管・積替えの手間を省いています）。また，通関手続についても自社通関を実施して時間・コストを削減しています。

国内物流については，ニトリは2010年に物流部門を分社化してホームロジスティクス社を設立。ホームロジスティクスが家具・インテリアに特有の「組立配送」などのシステムを確立するとともに，2016年12月に新在庫管理システムを立ち上げて店舗・発送センタ・配送センタ別にまとめて出荷する体制を整えています。例えば，都市型店舗にある店頭在庫とネット通販発送センタにある在庫情報を連動させ，利用客が店頭商品の自宅受取りを希望した場合，いったん店頭商品を使って代金の精算をしますが，利用客に配送する商品はネット通販専用発送センタの在庫を活用し，都市型店舗でなく専用発送センタが直接利用客に発送しています。従来，都心型店舗では，郊外型店舗と違い在庫スペースの確保が難しく「品切れ」を起こしがちでしたが，店頭在庫とネット通販用の在庫を連動させることで，店頭在庫の品切れを防ぎ販売機会の損失を回避できるようになりましたので，その成果を受けてニトリは都市型店舗の出店を加速します[19]。

（５）ニトリの製造物流小売モデルとサプライ・チェーン・マネジメント

「製販統合」というと製造・小売プロセスの統合に関心がフォーカスされますが，ニトリでは，製販統合に加えて物流も統合する「製造物流小売モデル」をビジネス・モデルとしました。

図表４－６　ニトリ・グループの事業機能と販売活動プロセス

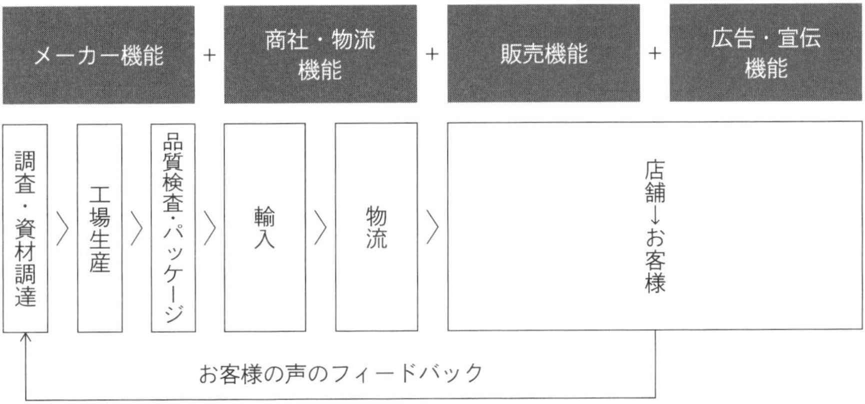

メーカー機能 ＋ 商社・物流機能 ＋ 販売機能 ＋ 広告・宣伝機能

調査・資材調達 〉 工場生産 〉 品質検査・パッケージ 〉 輸入 〉 物流 〉 店舗→お客様

お客様の声のフィードバック

（出所）ニトリ資料

ニトリはそのサプライ・チェーンにおいて，海外に生産工場及び協力工場群を国際分散立地させ，海外主要地域に物流センタを設置して協力企業の生産した商品を集積・保管，自社通関などにより輸入手続を迅速化し，国内に海外生産された商品が届くと国内物流センタが店舗・発送センタ・配送センタ別にまとめて出荷する体制を整えています。その目的は，常時，顧客がニトリの国内店舗で，豊

19　角井（2019）

富な取揃えの「ベーシックな商品」を手に取って見て，顧客の予算・嗜好に応じて住空間をトータル・コーディネートできるようにする点にあります。

企業はグローバル・サプライ・チェーンを自社のグローバル・ビジネス遂行に最適化するようマネジメントしますが，ニトリも国内顧客に対する提供価値を最大化できるようにサプライ・チェーンを形成し運営管理していることが分かります。第1節から第3節に挙げたグローバル・メガ企業とは規模・目的は異なりますが，グローバル化した経済では，ニトリのように国内ビジネスの遂行に関してもグローバル・サプライ・チェーンのマネジメントは不可分の関係にあります。

第Ⅲ部

21世紀の自由貿易の制度基盤とグローバル資本主義の修正

第5章

1990～2010年代の国際貿易システムの制度基盤

―グローバル・サプライ・チェーン・マネジメントの自由を目指して

本章のテーマは「自由で開かれた国際貿易体制」の制度的基盤です。第Ⅱ部で見たように，1990年以降の世界経済の目覚ましい成長は企業・個人が自由かつ旺盛にグローバル・サプライ・チェーンを展開してきた結果ですが，それを可能としたのは「自由で開かれた国際貿易体制」です。端的には，WTOルールが企業・個人のサプライ・チェーン・マネジメントの自由を保障してきました。

2010年代央以降，二国間交渉により国際貿易制度を自国に有利に作り変えようという米国トランプ政権が登場するなど，自由貿易を否定する動きもありますが，依然，WTOを根幹とする国際貿易ルールは，我が国製造企業のようにサプライ・チェーンをグローバルに展開する企業には死活的です。

本章では，WTOルールの概要を学び，企業がサプライ・チェーンのマネジメントにそれをいかに活用できるかを見ます。ここでWTOはGATT（General Agreement on Tariffs and Trade：関税及び貿易に関する一般協定）を柱とするWTO協定だけではなく，2000年代央以降目覚ましい展開を遂げた自由貿易協定（FTA）など地域経済統合ルールも含むものとして考えます。

また，自由貿易にとり頭が痛いのはトランプ政権のような反自由貿易派だけではなく，1990年以降の「自由で開かれた国際貿易体制」の下で大成功を収めたグローバル・メガ企業であり，近年，自由貿易の恩恵を受けた彼等が国際貿易体制の自由を掘り崩す動きを執っています。国際租税回避，市場独占，競争抑圧などグローバル・メガ企業が国際貿易体制に突き付けている問題と国際社会の対応を見ます。

第１節　WTO：自由で開かれた国際貿易の制度基盤

第１項　WTO設立の経緯

米国をリーダーとする資本主義陣営の勝利により東西冷戦が終結すると，1990年以降の世界では，自由競争と市場メカニズムの貫徹を目指すグローバル資本主義が規範となり，世界があたかも１つの国であるかのように，企業・個人が制約なく経済活動を展開できることが理想として追求されました。

西側資本主義陣営では，1947年以降，GATT（General Agreement on Tariffs and Trade：関税及び貿易に関する一般協定）の下で，段階的に関税・輸入数量制限など貿易障壁を低減・撤廃し「自由で開かれた国際貿易体制」の実現を目指してきたのですが，1990年以降はそれをグローバル規模に拡張し（WTO），ソ連等の旧共産圏ブロック及び中国等の潜在的な巨大市場国を開放的国際経済システムに組み込みます。

第二次世界大戦後の多角的貿易体制の推進を担ったGATTは，1930年代の世界恐慌期に世界経済がブロック化し，各国が保護主義的な貿易政策を採用したことが第二次大戦の一因となったことを踏まえ，1947年に協定が作成，1948年発効（日本は1955年加入）。貿易における無差別原則（最恵国待遇，内国民待遇）等を規定，多角的貿易体制の基礎を築き，貿易の自由化の促進を通じて世界経済の成長に貢献してきました。

長年，GATTは国際機関に発展する暫定的な組織として運営されてきましたが，1986～94年のウルグアイ・ラウンド交渉で貿易ルールが大幅拡充されると，国際機関の必要性が認識。1994年に国際機関設立が合意され，1995年１月１日にWTOが国際機関として発足します。GATTを基礎とするWTO協定（WTO設立協定及びその附属協定）が貿易に関連する様々な国際ルールを規定し，WTOは多角的貿易体制の中核として協定の実施・運用を行うとともに，新たな貿易課題に取り組んでいます[1]。

図表5－1　WTOの機構図

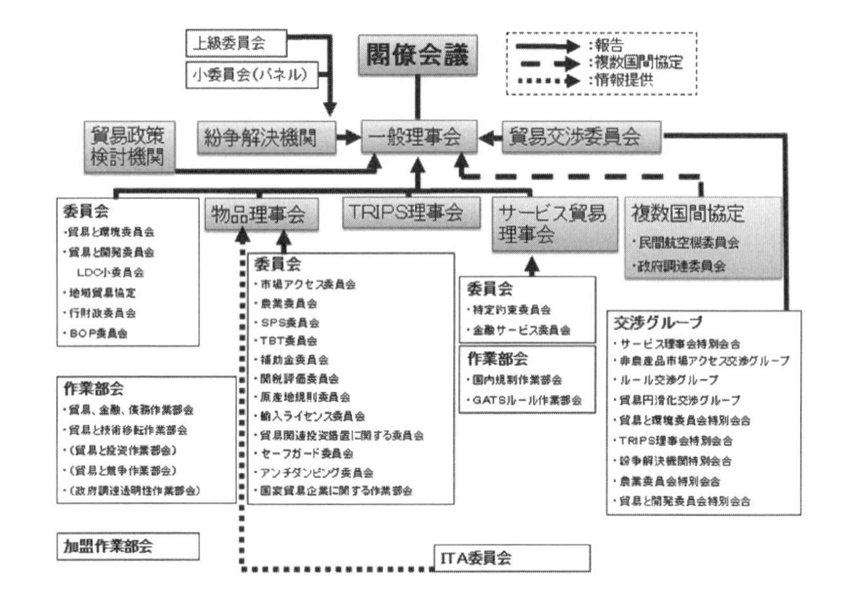

（出所）外務省資料

1　WTO協定では，多角的貿易体制はGATTより強化されているのが特徴。

①既存の貿易ルールの強化

・特定の物品（農業，繊維）の貿易に関する協定を作成

・国際貿易ルール（アンチダンピング，セーフガード等）に関する既存協定を改正

②新しい分野のルール策定

・物品貿易に加えサービス貿易に関する協定を作成

・貿易に関連する知的所有権や投資措置に関する協定を作成

③紛争解決手続の強化

・統一された紛争解決手続を採用

・貿易紛争に対してWTO紛争解決手続によらない一方的措置の発動を禁止

・紛争解決手続が迅速・円滑に進行するよう手続の実効性を強化

・パネル（小委員会）報告の法解釈につき再審査を行う常設の上級委員会を設置

④諸協定の統一的な運用の確保

・附属する物品の貿易に関する多角的協定，サービスの貿易に関する一般協定，知的所有権の貿易関連の側面に関する協定，紛争解決に係る規則及び手続に関する了解等の協定を一括受諾の対象とし，加盟国の権利義務関係を明確化

第２項　WTOの基本原理

（1）物品貿易の基本ルール

WTO協定の目的は「生活水準の向上，完全雇用の確保，高水準の実質所得及び有効需要の着実な増加，資源の完全利用，物品及びサービスの生産及び貿易の拡大」（前文）であり，市場メカニズムにより世界経済の発展を図ることにあります。このため，WTO協定は世界貿易において市場メカニズムを最大限発揮させるべく，「関税その他の貿易障害を実質的に軽減し，及び国際貿易関係における差別待遇を廃止する」とします。「貿易障壁の軽減」「無差別原則の適用」はGATTの基本原理でしたがWTO協定にも引き継がれ[2]，WTO協定は，「物品貿易の自由化原則」として以下をルール化しています。

①　最恵国待遇原則（Most-Favored-Nation Treatment＝MFN原則）

GATT第１条は，輸出入に係る関税等について，いずれかの国の産品に与えた最も有利な待遇を，他の全ての加盟国の同種の産品に対して，即時かつ無条件に与えなければならない旨規定します。

②　内国民待遇原則（National Treatment）

GATT第３条は，輸入品に適用される内国税や国内法令について，同種の国内産品に与える待遇より不利でない待遇を与えなければならないことを義務付けています。

③　数量制限の一般的廃止の原則

GATT第11条は「加盟国は関税その他の課徴金以外のいかなる禁止又は制限も新設し，又は維持してはならない」とし，数量制限の一般的廃止を規定。数量制限措置は，関税措置よりも国内産業保護の度合いが強く，直接的に自由貿易を歪曲する可能性を有しています。貿易を妨げる「壁」として最も忌避されます。

④　合法的な国内産業保護手段としての関税に係る原則

数量制限は自由貿易を阻害する強大な「壁」であることから，WTOは通商規制の手段として関税のみを容認しており，その上で，関税交渉を通じて品目毎に漸進的に関税引下げ，自由化を推進してきました[3]。

2　WTOはGATTの２目的に加えて「環境配慮」と「開発途上国への配慮」を付加。

（2）自由化原則に対する例外

WTO協定は原則と並んで例外も規定しています。多角的貿易体制はルールに基づいて運営されますが，他国の貿易行為に対して効果を相殺する措置を執る必要がある場合，所定の要件を満たすことを条件として，例外的に「アンチダンピング措置」「補助金・相殺措置」「セーフガード措置」等の貿易救済措置を容認しています。また，各国の経済の発展段階に応じた配慮として，WTO協定では，途上国の関税による国内産業保護を許容するとともに，ルールに関しても途上国例外を種々設定しています。

（3）紛争解決手続：GATTからの画期的な制度改革

WTOは加盟国の貿易紛争をWTOルールに則して解決する準司法的制度を規定しています。個別の紛争処理（訴訟）を通じてWTOルールを明確化し，WTOによる多角的貿易制度に安定性と予見可能性をもたらすことを意図していますが，貿易紛争が紛争当事者の二国間交渉による解決に委ねられることになると，二国間の政治・経済関係で強い立場にある国の主張が通ってしまいがちであり，そうした事態を放置しておくと，自由貿易体制そのものが損なわれかねません。GATTにも紛争解決手続は存在しましたが，WTOでは，以下の制度改革により実効性を改善し，加盟国が貿易紛争を準司法手続により解決する途を拓きました。

①　一方的措置の禁止

WTO協定の対象となる紛争は，加盟国がWTO協定の紛争解決手続に従わずに，一方的な措置を執ってはならないことを規定しています。

②　自動的な紛争解決手続の採用

GATT紛争解決手続は，パネル設置やパネル報告採択等をコンセンサス方式（加盟国の全会一致方式）に拠ったため，GATT違反国の反対で意思決定することができませんでした。WTO紛争解決手続では，ネガティブ・コンセンサス方式（全加盟国が異議を唱えない限り採択）を採用し，パネル設置やパネル報告採択などの意思決定ができるよう改革が図られています。

3　許譲について良い定義が見つかりにくいが，岩波書店『広辞苑』（第７版）は「関税譲許」の項目で「二国間または多国間の協定に基づいて，関税を軽減または撤廃」する約束と定義している。GATT第２条により加盟国は「譲許」を実施するが，譲許税率を超える関税賦課や譲許税率の一方的な引上げをWTOは禁止。そして，WTOは関税引下げを「相互的かつ互恵的な」多角的交渉によると規定する（第28条の２）。

③　期限の設定

紛争解決遅延防止のため，紛争当事国の協議，パネル設置からパネル報告採択，勧告実施等に期限を設定しており，手続の迅速化が図られています。

④　上訴制度の導入

上訴制度が導入され，上級委員会が新設されました。パネルの判断に不服がある加盟国は法的問題・解釈について上級委員会に申し立てることができ，上級委員会はパネルの法的認定及び結論を支持するか，修正又は取消するかを決定します。

図表５－２　紛争解決プロセス

（第１段階　協議）
貿易に関する国際紛争が発生した場合，GATT以来，二国間協議を重視。WTO協定下も紛争解決手続の第一段階は二国間協議であり，一定期間（通常60日以内）内に紛争が解決できない場合，申立国はパネル（小委員会）に紛争を付託できる。
（第２段階　パネル及び上級委員会）
申立国がパネル設置を紛争解決機関（Dispute Settlement Body：DSB）に要請する場合，DSBは，パネルの不設置のコンセンサスが存在しない限り，パネル設置を決定。紛争当事国はパネルの判断に不満がある場合，上級委員会に申立てできる。
（第３段階　勧告の履行）
パネル又は上級委員会の報告書は，DSBにより勧告又は裁定の形で採択される。ある措置がWTO協定に適合しない場合，DSBは措置を協定に適合させるよう勧告。パネル又は上級委員会は勧告実施方法も提案できるが，通常，勧告の履行方法は関係加盟国の裁量に委任されている。
（第４段階　勧告後のプロセス）
DSBによる報告書採択後，加盟国は15ヶ月以内に勧告履行が義務となるが，勧告履行されない場合，申立国は被申立国に代償の請求が可能。代償を合意できない場合，申立国は対抗措置の承認をDSBに要請でき，DSBは，不承認をコンセンサス決定する場合，被申立国が対抗措置の規模に異議を申し立て仲裁付託された場合を除き，30日以内に対抗措置を承認することとされている。

第3項　アンチダンピングとセーフガード

第2項（2）でも述べたように，WTO協定は市場メカニズムにより世界経済の発展を図るべく「関税その他の貿易障害を実質的に軽減し，及び国際貿易関係における差別待遇を廃止」しようとしており，基本的に「物品貿易の自由化原則」は聖域なきルールですが，他国の貿易行為に対して効果を相殺する措置を採る必要がある場合，貿易救済措置として例外を容認しています。

（1）アンチダンピング措置

①　制度概要

過去20年間，鉄鋼部門では中国の過剰生産能力が中国政府の努力にも関わらず調整できず，安価な鉄鋼製品が世界市場に大量輸出され，各国の鉄鋼メーカーに打撃を与えています。正常価格（輸出国内の販売価格等）より低い輸出価格（ダンピング価格）で販売された貨物の輸入により，輸入国内で同種の貨物を生産する産業（以下「国内産業」）に損害等が生じる場合，WTOは国内産業保護のため，輸入貨物に対して正常価格とダンピング価格の差額（ダンピング・マージン）の範囲内で割増関税を課すことを認めています。例えば，日本のPCメーカーが国内販売価格1,200円を下回る1,000円でPCを米国に輸出し，米国のPC産業が日本製PCとの価格競争に敗れて市場シェアを50％喪失し壊滅状況に陥った場合，米国政府は国内PC産業保護のため日本メーカーの国内販売価格と輸出価格の差額である200円を日本製PCに関税賦課できます。

②　発動要件

ただし，例外的救済措置であるので，発動要件は制限されており，（ⅰ）ダンピングされた貨物の輸入の事実があること，（ⅱ）ダンピングされた貨物と同種の貨物を生産している国内産業（国内生産高の相当な割合を占める者）に実質的な損害等の事実があること，（ⅲ）実質的な損害等がダンピングされた貨物の輸入により惹起されたという因果関係があること，（ⅳ）国内産業を保護する必要性があることが条件となります。

図表5－3　アンチダンピング手続

我が国では，関税定率法第8条に不当廉売関税制度としてアンチダンピングは規定され，課税要件・手続等はWTO協定及び関係国内法令に基づき制定されている。
（第1段階　課税の求め）
- 政府が調査を実施，不当廉売関税の課税要件が満たされていることを確認。
- 原則，調査は課税の求め（申請）を受けて実施。
- 申請では，下記を書面にて財務大臣に提出する必要あり。
  - イ．申請者としての要件（申請適格）
  - ロ．国内産業によって又は国内産業のために行われていること（支持の状況）
  - ハ．②（ⅰ）～（ⅲ）に係る十分な証拠
- 申請適格　調査対象貨物と同種の貨物の国内生産者であり，国内総生産の25％以上の生産高を有する者
- 支持の状況　申請を支持している国内生産者（申請者を含む）の生産高の合計が，申請に反対している国内生産者の生産高の合計を超えること

（第2段階　調査・課税）
- 上記申請が行われれば，関係大臣（財務大臣，産業所管大臣及び経済産業大臣）の間で協議，2か月程度を目途に調査を開始するか否かを決定。
- 調査開始の場合は，その後，原則1年以内に調査を終了，不当廉売関税を課税するか否かを決定。

（第3段階　不当廉売関税の還付請求手続）
- 納付された不当廉売関税の額が現実の不当廉売差額を超える事実がある場合
- 輸入者は，超過部分の額（要還付額）に相当する不当廉売関税の還付請求可能。

（2）セーフガード措置

一般セーフガードは，GATT第19条及びセーフガード協定に基づき，輸入急増による国内産業への重大な損害の防止のために認められている緊急措置です。貿易に直ちに上限値を設定するわけではない関税と異なり，輸入数量制限は貿易に上限値を設定するものであるため，貿易制限効果が大きく慎重な運用が必要となります。

そこで，モノ貿易に関して，（ⅰ）外国における価格の低落その他予想されなかった事情の変化による輸入の増加があり，（ⅱ）輸入の増加により国内産業に重大な損害又はそのおそれが生じ（客観的な証拠に基づくその因果関係の立証が必要），（ⅲ）国民経済上緊急に必要があることを発動要件として，関税引上げ

（関税割当を含む）又は輸入数量制限を措置することが認められています。

関税引上げの場合，その引上げ後の税額の上限は内外価格差（輸入価格と適正な国内卸売価格との差額）とされ，数量制限の場合，その数量は原則として直近の適当と認められる３年間の平均輸入数量以上であって，重大な損害を防止し又は救済し，構造調整を容易にするために必要な限度内で認められます。また，セーフガード措置は緊急避難的な措置であるため，発動期間は原則４年以内，延長しても最大８年以内（暫定期間を含む）と，重大な損害を防止し又は救済し，構造調整を容易にするために必要な期間に制限されています。

図表５-４　セーフガード措置

我が国においては，関税引上げは関税定率法第９条及び緊急関税等に関する政令，輸入数量制限は外為法及び輸入貿易管理令に基づく経済産業省告示により規定されている。

（第１段階　調査）

- 発動に当たっては，輸入増加の事実及びこれによる国内産業の重大な損害又はそのおそれがある事実についての十分な証拠があり，かつ，発動の必要があると認める時に，右事実の有無につき調査。
- 調査は原則１年以内に終了。

（第２段階　利害関係国との協議）

- 発動に先立ち，利害関係国との協議等を行い，補償措置をとるよう努力する義務あり。
- 措置対象となる輸出国は，措置国からの同一品目の輸出に関し，関税引上げ等による対抗措置が可能。
- ただし，措置が輸入の絶対量の増加に対応するもので，セーフガード協定に適合する場合は，最初の３年間について輸出国は対抗措置を執れない。

（第３段階　審議会への諮問）

- 第１段階の調査により発動の必要性があると認められた場合，関税は関税・外国為替等審議会，輸入数量制限は産業構造審議会への諮問を経て措置が決定。

（第４段階　WTO通報）

調査の開始，暫定措置の発動，損害又はそのおそれの認定，措置の実施又は延長に当たりWTOにその内容を通報する義務あり。

（第５段階　暫定措置）

調査開始時に，調査完了前でも十分な証拠により輸入増加の事実及び国内産業に与える重大な損害等を推定でき，国民経済上，特に緊急に必要があることを発動要件として，暫定措置を実施。
（第６段階　セーフガード措置発動）
調査結果により（２）（ｉ）～（iii）が認められセーフガード措置発動が国民経済上不可欠である場合，正式に措置を発動。

第４項　制度ユーザ：WTOルールの活用

以上のように，WTOルールは「緊急避難」的な例外を認めつつ加盟国による「関税その他の貿易障害」設置や「国際貿易関係における差別待遇」を禁止することにより，自由で開かれた国際貿易体制を実現し，企業・個人のグローバル・サプライ・チェーン・マネジメントの自由を保障しようとしています。

（１）グローバル・サプライ・チェーン・マネジメントの自由に対する間接保障

一点注意しますと，WTOルールは国際経済公法に整理されるように，個人・企業の経済活動ではなく，加盟国政府による「関税その他の貿易障害」設置や「国際貿易関係における差別待遇」を禁ずるものです。したがって，個人・企業がWTOルールに基づいて直接に各国政府を訴えることはできませんが，企業等がグローバル・サプライ・チェーン・マネジメントの自由を守る上で重要な制度基盤です。

第一に，予防的な意味として，各国政府がすべからくWTOに加盟して「物品貿易の自由化原則」等を遵守するならば，企業・個人は何らの妨げもなく世界市場でグローバル・サプライ・チェーンを自由に展開できます。第二に，事後的措置になりますが，特定国の政府が関税・数量制限等の貿易阻害措置や国際貿易上の差別待遇を行った結果，特定国との間の輸出・輸入が制限されたり，自動車メーカー等がグローバル展開したサプライ・チェーンが寸断されたりする事態が生じた場合，企業は自国政府（ないしサプライ・チェーンの分断が生じた国の政府）に対して特定国の貿易阻害措置等をWTOルール違反で廃止させるよう働きかけることができます。

一見，WTOルールによるグローバル・サプライ・チェーン・マネジメントの自由の保障は，利益を侵害された企業等の直接請求を認めるものでなく，自国政府等のアクションを介さなければならない点で「迂遠」に映るかもしれません。

しかし，企業活動では予見可能性が重要であり，工場等の固定資産が企業活動の前提となる製造企業では，いったん巨費を投入して工場を建設してから，事後的に第三国の貿易阻害措置等により当該工場から部品・材料又は完成品を輸出できないことが判っても，もはや手の打ちようがありません。企業にとり，グローバル・サプライ・チェーンの自由が担保されるか否かが予め判っていないと，グローバル・ビジネスにおいて致命的な損害も発生しかねません。

また，事後的な救済措置については，自国政府等のアクションが必要なだけでなく，特定国による貿易阻害措置又は差別待遇が自社のみならず自国産業全体にとり深刻な損害をもたらす（ないし可能性がある）必要があります。自国政府を説得して特定国政府との通商交渉をスタートできたとしても，この要件により，WTOルール違反で問題解決を図れない可能性もありますが，グローバル・サプライ・チェーン・マネジメントの自由を侵害された場合に救済措置が用意されている点に意義があります。そもそも特定国がダンピング輸出を仕掛けてきた場合，自国政府がWTOルールに基づいて対抗措置を講ずることができなければ，企業のサプライ・チェーンは根幹から破壊されることにもなりかねません。

（2）日本の経験

1994年，GATTウルグアイ・ラウンド交渉によりWTO体制が確立する前の話となりますが，日本は米国との二国間通商交渉で苦い目に遭っています。米国は日本メーカーにとり世界で最も重要な製品市場であるだけでなく，我が国は日米安全保障条約の下で自国の安全保障を米国に依存しています。こうした片務的な政治経済関係の下で，自国産業を日本製品との競争から守ろうとする米国政府によって，我が国の政府及び産業界は繰り返し繰り返し対米輸出自主規制を飲み込まされてきました。

現在，中国が米国と通商紛争を闘っているのと同じ状況が1970年代後半から1990年代央にかけて日米間に存在しました。日本メーカーは自動車，コンピュータ等の戦略産業部門を含めた広範な分野で米国メーカーを圧倒し，対米輸出は「豪雨的輸出」と言われたほど米国メーカーの企業経営を圧迫するものとなりました。こうした中，米国政府は自国産業を守るべく日本からの製品輸入を止めようとしますが，GATTルール上も恣意的な貿易規制は認められないことから，二国間交渉により政治的圧力をかけ，日本企業が「輸出自主規制」の名目の下に対米輸出を一定数量に抑える形を採りました。

図表5－5　対米輸出自主規制の歴史

年	協定名	協定内容
1957	日米綿製品協定	輸出自主規制（製品等数量枠）
1972	日米繊維協定	毛繊維，化学合成繊維の年間輸出伸び率を5％に制限
1977	カラーテレビ対米輸出自主規制	完成品・半完成品の対米輸出を年間175万台に制限
1981	自動車対米輸出自主規制	対米自動車輸出を年間165～230万台に制限
1985	日米鉄鋼協定	米国市場における日本製品シェアを5％に制限
1986	第1次日米半導体協定（1986～1991年）	日本の半導体市場の海外メーカーへの開放と日本企業によるダンピングの防止（別途，日本市場での外国製半導体シェアを5年間で20％に引き上げることを合意）
1986	工作機械対米輸出自主規制	マシニングセンタ（MC），NC旋盤等6品目を6年間対米輸出自主規制
1991	第2次日米半導体協定（1991～1996年）	輸入目標未達として米国通商法第301条の発動が検討される中，日本の半導体市場における外国製のシェアを20％以上にする，日本企業によるダンピングの防止が合意。
1995	日米自動車交渉	自動車産業の4原則（世界化・現地化・産業協力・透明化）を確認。日本メーカーはグローバル計画を自主公表し，北米製部品購入額・完成車生産台数を取りまとめ。

（出所）通商産業省「通商白書」等に基づき筆者作成

輸出自主規制とは，「輸入の急増が市場攪乱を起こした」として，輸入国が輸出国に対し「秩序ある輸出」を要求し，輸出国がこれを認めて輸出を自主的に規制する措置です。確かに，輸出国の自主的措置としてGATTに抵触しないものの，実質的に輸入国が輸出国に対して輸入数量制限を課す貿易阻害措置であり，輸入国が輸出国に政治経済的に依存する場合には，輸出国は輸入国の意向に逆らうことが難しい規制です。

輸出自主規制は，日米間で貿易摩擦が深刻化した1970年代以降，二国間の決定的対立を回避する手段として濫用され，繊維（1971年）に始まり鉄鋼（1972年），カラーテレビ（1977年），自動車（1981年）と実施されてきました。1990年代後半以降，日本が経済的に失速し，米国の主導するデジタル・エコノミーへの転換において敗退して経済的に衰退したため，米国はWTO体制発足もあり日本に輸出自主規制を要求しなくなりました。日本メーカーは高度成長期に「国内集約生産・輸出モデル」で成功したのですが，1980年代後半以降，このモデルを断念し，国内集約生産からグローバル生産に転換し国内生産は空洞化します。図表5－6は自動車対米供給に関し輸出と現地生産の動向を示したものですが，国内生産が大消費地・米国での現地生産に置き換わっている様子が看て取れます。

図表5－6　日本メーカーの対米自動車輸出と現地生産の推移

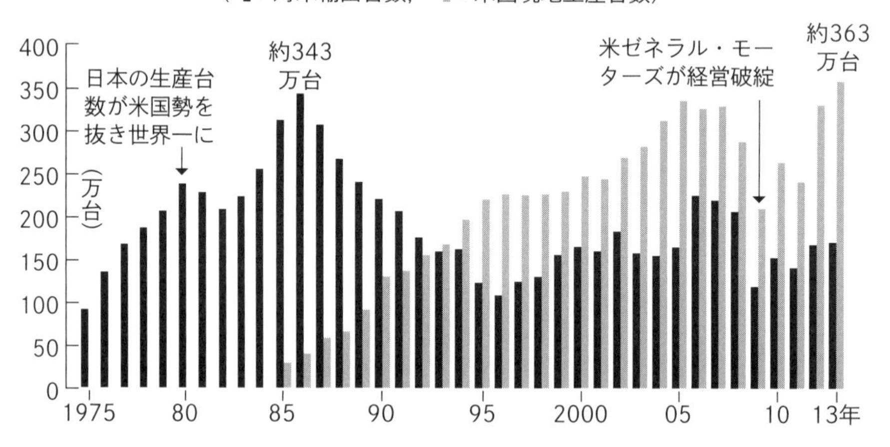

（出所）日本自動車工業会資料

日本がWTOの成立に全力を傾注し，WTO発足後はWTOルールを擁護し強化する立場を採ってきたのは，1990年代央までの米国との通商紛争での苦い経験が背景にあります。やはりWTOを根幹とする国際貿易投資ルールが「自由で開かれた国際貿易システム」を保障するものであり，予防的に企業・個人のグローバル・サプライ・チェーンを守っておくことが大切です。そして，特定国が貿易を阻害する関税・数量制限などを講じた場合，自国政府ないしグローバル・サプライ・チェーン上で影響を被る国の政府を通じて貿易阻害措置をWTOルールに則り貿易阻害措置を除去することが大切です。

2016年，米国において，国際通商紛争をWTOなど国際フレームワークの中でルールを通じて解決する途を選ばず，二国間交渉により報復関税措置などの力で解決しようとするトランプ政権が誕生したことが象徴するように，2010年代央以降，自由貿易そのものを否定する動きがあります。特に，グローバル・サプライ・チェーンが2019～2021年のコロナ感染症により分断されると，コロナ感染症の終息後も中国に対する安全保障上の懸念からサプライ・チェーンの分断はますます深刻化しており，WTOのグローバル・サプライ・チェーン・マネジメントへの重要性は高まっています。

第２節　地域経済統合：グローバル・サプライ・チェーンの自由を扶ける基盤制度

第１項　概説

現在の国際貿易システムでは，欧州連合（EU），米加墨協定（所謂“New NAFTA”），二国間ないし複数国間のFTA（自由貿易協定）が多数存在しています。GATT第24条は無差別原則を定めており，WTOは加盟国が貿易投資措置を加盟国に無差別に適用することを求めるため，一見，複数国が条約を締結して共通の関税制度を採用し，条約締結国を自由貿易圏とすることは，無差別原則に抵触するかに思われます。

この点，GATTは元々欧州で進行していた複数国間の結合を取り込むために第24条の例外として「地域統合（Regional Trade Agreement：RTA）を規定しており，経済統合の動きを容認しています。ただし，WTOでは無差別原則が基本であり，地域経済統合には何か正当化事由があるのでしょうか。また，地域経済統合はグローバル・サプライ・チェーン・マネジメントの自由に貢献するのでしょうか。

（１）地域経済統合の種類

地域経済統合は，複数国の経済を統合し共通の経済政策により運営しようとするものであり，関税同盟，自由貿易地域（自由貿易協定），共同市場，経済同盟，完全統合の５段階に区分されます。WTOでは，関税同盟と自由貿易地域をGATT第24条にて規定しており，以下，未だ達成されていない「完全統合」を除いて概要を説明します。

①　関税同盟

関税同盟は，複数の関税地域を「単一の関税地域」に作り替えるもので，関税同盟を結成した国は同盟構成国や地域間の大部分の貿易で関税等の貿易障壁を撤廃し，一方，域外に対しては共通の関税と通商規則を適用することとなります。Ａ国とＢ国が関税同盟を構成することとなると，両国は相互に関税を撤廃し，両国以外の国に対して同一関税率を設定します。製品がＡ国に輸入されると，その時点で10％の関税が賦課されますが，その後，Ａ国からＢ国に製品をさらに持ち込んでも，Ａ国に入る時点で関税が賦課されているので，改めて関税は賦課されません。

サプライ・チェーンへの影響としては，Ａ・Ｂ両国間の貿易取引には関税・数量規制等の「壁」がなくなりますので，Ａ，Ｂ各国の製造企業には，サプライ・チェーンの「流れ」を邪魔するものがなくなり，あたかも両国が１つの市場であるかのように経済活動を行うことが可能となります。両国以外の製造企業にとっては，Ａ国とＢ国が関税同盟締結後，いずれの国の関税率を採用するか，高い方の関税率を採用したり，あるいは両国の関税率の間を採ったりすると市場アクセスが悪くなり，サプライ・チェーンの流れが阻害される可能性があり得ます。

もっとも，第三国の製造企業も関税同盟のメリットを生かす道があり，AB間で通関手続は不要で，両国間を物品が自由に往来できますので，第三国メーカーがＢ国市場でＢ国メーカーとシェア争いしているのであれば，Ａ国に生産工場を建設してＡ国からＢ国に輸出すれば，Ｂ国メーカーと対等な競争を行うことができます。

②　自由貿易地域（自由貿易協定）

自由貿易地域は，関税等の制限的な通商規則が，自由貿易地域を原産地とする産品の同地域での貿易全てについて廃止されている複数の関税地域の集団を言います。自由貿易地域でも，関税等貿易障壁が廃止されますが，関税同盟と異なり，域外に対する関税・通商規則は共通化されず，各国の権限のままに止められることとなります。したがって，自由貿易協定を締結したAB二国間では関税はゼロですが，関税同盟と異なり，両国で共通関税を設定しないため，例えば，自動車輸入に賦課する関税率がＡ国５％，Ｂ国15％と相違する事態も発生します。

この場合，Ａ国に完成車が輸入されると５％の関税が賦課されます。関税同盟では，その後，この完成車をＢ国に持ち込んでも関税はゼロでしたが，FTAでは事情が異なります。FTAでも同様に無関税となりますと，Ｂ国に直接に輸出すれば関税が15％賦課されるのに，Ａ国経由とすると５％で済む事態が生じます。そこで，こうした事態の発生を防ぐために，FTAでは，Ａ国製品であることを証明する原産地証明を要求します。すなわち，Ｂ国では，Ａ国から輸入される産品の全てが無関税になるわけではなく，原産地規則を満たしたものだけが無関税になります。

サプライ・チェーン・マネジメントへの影響については，関税同盟と同じく，

Ａ・Ｂ両国間の貿易取引には関税・数量規制等の「壁」がなくなりますので，Ａ，Ｂ各国の製造企業は，あたかも両国が１つの市場であるかのように経済活動を行うことが可能です。一方，両国以外の製造企業にも，Ａ国市場に生産拠点を構築してＢ国市場に製品輸出を図る方策がありますが，原産地規制がいささか厄介な「壁」となります。原産地規則に係るコストは一般に認識するよりも大きく，事業者は，自己の製品が原産地規則を満たすか否かをチェックし，満たさない場合，原材料の調達先を他国から自国に変える等の対策が必要です。満たす場合でも，原産地証明の取得，帳簿の保存など業務は煩瑣であり，かつ，行政手続上も税関等で煩瑣な業務が必要となります。

自由貿易地域（自由貿易協定）はメンバー間では自由貿易を促進するのですが，非メンバーに対しては閉鎖的となる可能性があることには留意が必要です。

③　共同市場及び経済同盟

第二次世界大戦直後の欧州における地域統合の動きから，国際経済学者ベラ・バラッサは，地域統合が国際政治・経済の原動力の１つであると捉え，国々が展開する地域統合の動きをモデル化しています。第一段階が自由貿易地域，第二段階が関税同盟，第三段階を共同市場，第四段階を経済同盟，第五段階を完全な経済統合とする５段階発展説を提唱しました[4]。欧州は統合メリットを追求し経済同盟まで統合を深化させ，ASEANもEUの後を追っていますが，共同市場，経済同盟とは何でしょうか。

共同市場とは「商品，人，サービス及び資本の自由な移動が保障された域内障壁のない地域」をいい，あたかも加盟国全体が１つの国であるかのように，商品とサービスと人と資本の自由な移動が可能な単一市場を指しています。関税同盟では，加盟各国が，域外へは共通の関税率を設定し，域内においては財を自由に移動させるため関税や輸入制限その他の障壁を除去するのに止まりますが，共同市場では，それに加えて，域内における労働や資本などの生産要素の移動に対するあらゆる制限をも除去し，単一の経済圏を構築するものです。

「商品，人，サービス及び資本の自由な移動」を保障するには，各国間のモノやヒトの移動に対する国境での各種規制によって生じる物理的障壁の除去（不法移民・犯罪者の国内流入防止，付加価値税，動植物検疫等の制度ハーモナイゼーション，単一行政書類の導入等），基準・認証制度など技術的障壁の打破（基準・認証制度のハーモナイゼーションと相互認証主義の採用），主に付加価値税・個

4　Balassa（1961）

別消費税の相違による財政的障壁の解消（付加価値税の最低税率15%など）が必要となります[5]。

ヒトの移動の自由については，労働政策・社会保障政策のハーモナイゼーションも必要であり，資本の移動の自由には，金融政策を始めとする経済政策のハーモナイゼーションが欠かせません。さらに，モノ・ヒト・サービス・資本を問わず，共同市場が保護主義的な国庫補助とか民間企業の競争制限的慣行により分割されてしまわないよう競争政策の共通化も必要になります。バラッサが考えたように，地域経済統合の深化は究極的には加盟国の政治的統合を帰結するのですが，「経済同盟」では，加えて共通の通貨政策（域内共通通貨）や金融政策が求められます。

現時点で地域経済統合を経済同盟まで推し進めたのはEU（1993年発足，2002年単一通貨ユーロの域内流通開始）のみであり，メルコスール（南米南部共同市場），中米共同市場など発展途上国が欧州統合の跡を追っていますが，加盟国間の経済発展の格差や政策の相違が著しいため，実質的には統合を実現できていません。したがって，地域経済統合に関して，企業等のグローバル・サプライ・チェーン・マネジメントの関係で論ずべきはFTAがメインということとなります。

（2）地域経済統合の正当化事由

GATTのRTAには，欧州の地域統合の動きを取り込む意図がありましたが，GATT／WTO体制の「鬼子」というわけではなく，経済的な正当化事由も有するものです。地域経済統合が貿易・投資等に与える経済効果は静態的効果と動態的効果に大別されますが，地域経済統合がどのように国際貿易と世界経済の厚生の改善につながるのかを見ましょう。

まず，静態的効果としては，地域統合に伴う域内国間の貿易障壁撤廃は，域内で取引される財・サービス価格の変化を通じて，域内・域外との貿易量や経済厚生をそれぞれ変化させますが，第一に，域内の貿易障壁の削減に伴い，域内国での輸出入が拡大する効果（貿易創造効果）があり，第二に，輸入国の消費者は輸入財・サービスを従来よりも安く消費でき，一方，輸出国の生産者は輸出拡大により利益を得られるため，域内国の経済厚生は上昇します。

次に，動態的効果としては，地域経済統合は加盟国の経済成長に２経路で影響することが期待されます。第一の経路は生産性上昇に伴う経済成長です。域内で貿易障壁が削減される結果，市場規模が拡大し，規模の経済が実現することで生

5　括弧内はEUにおける障壁排除に向けた取組を例示。

産性の上昇が期待でき（市場拡大効果），安価な財・サービスの流入や外資系企業の参入に伴う国内市場の競争促進は生産性上昇をもたらすことが望めます（競争促進効果）。また，海外の経営者，技術者などが自国市場に参入してくる場合，優れた経営ノウハウや技術が自国に拡散することにより生産性が上昇し（技術の拡散効果），加盟国間でより効率的な政策・規制の在り方に関するノウハウが共有されることでも生産性上昇が期待できます（制度革新効果）。第二の経路は資本蓄積に伴う経済成長であり，地域統合により，加盟国の政策や規制に関する不確実性が減少し，加盟国での期待収益率が上昇すること等を通じて，海外から資本が流入・蓄積し，域内の生産拡大に寄与します。

ただし，RTAは以上のように貿易投資の促進効果が期待される一方で，貿易投資を歪曲することも懸念されます。１つには，地域統合では貿易障壁撤廃の対象国が域内に限定されるため，域外国から輸入していた財・サービスの一部は域内国からの輸入に転換されるケースがあります（貿易転換効果）。最も効率的な域外の供給国からの輸入に代わり，効率性の面で劣る域内の供給国からの輸入が増え，域内を優先することで競争が阻害されると，域内国の経済厚生は低下します。また，域外産品に対して差別的な貿易政策が地域統合で採られた場合，地域間の投資パターンに歪みをもたらす可能性もあり（投資転換効果），例えば，原産地規則に係る要求が厳しい場合，域外企業は原産地証明に要する時間・コストの過大さから，域外から域内への輸出を抑制・断念，域内生産・供給に切り替えるべく，域外から域内への直接投資が促進されます[6]。したがって，WTO体制では，地域経済統合のメリットを実現しつつ，デメリットを最小限化していくことがRTAの課題ということになります。

（３）2000年以降の地域経済統合の進展

地域経済統合は原則としてはGATT／WTO体制の例外措置であるものの，WTO創設以降のRTAの動向を見ると，2000年以降，WTOへの通報数が急増し，2000年央以降，世界各国はFTA等の数を競うかのように地域経済統合に取り組んできました。その結果，2016年までRTAのWTO通報数は高止まりを続けました。

6　実際，一部協定ではGATT／WTOの原則及び関連規定に反するものも存在する。例えば，特定産品につき，所定の条件を満たせば相互に関税をかけない旨規定する一方，域外からの域内への企業の新規参入を認めないケース（域外企業を排除して域内企業が地域統合に伴う経済的機会を独占），地域統合締結に伴って域外国に対する関税を実質的に引き上げるケース（完成車への関税率が15％のＡ国と20％のＢ国が経済統合するに当たり，共通関税率としてＢ国の20％を採用）などがある。

図表５－７　地域経済統合の推移

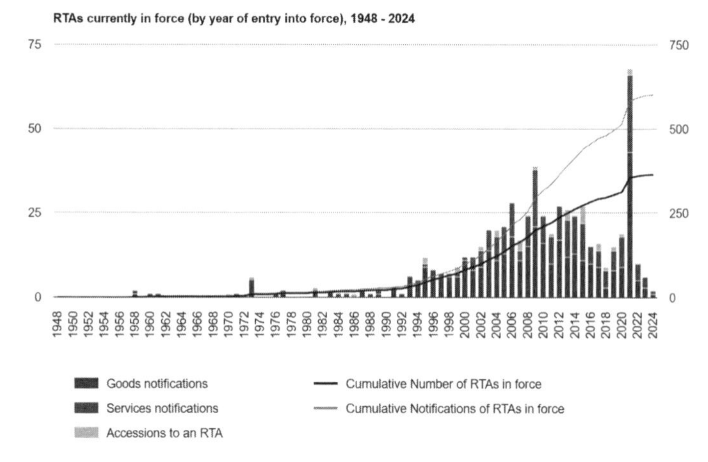

（出所）WTO, RTA database 2024年３月18日にアクセス（https://rtais.wto.org/UI/charts.aspx）

（注）RTAはFTAと関税同盟。左軸はGATT・WTOに対する各年通報数，右軸は累積数。

これはWTOに対する各国の期待と取組の変化を反映しています。1994年のWTO発足後，1995～2000年代央まで各加盟国はWTOルールの貫徹により国際貿易の自由・開放性を追求。ウルグアイ・ラウンドに続きスタートしたドーハ・ラウンド（2001～2011年）では，2005年交渉妥結を目途に，農産品の関税削減，国内農業保護のための補助金の削減，鉱工業品及び水林産業品の関税削減など市場アクセス改善に取り組みます。この間，地域経済統合のWTO通報件数を見ると，1948～94年にGATT通報されたRTAは124件であり，1994年WTO発足以降通報数は確かに急増しているものの，2000年代央以降と比べれば抑えられた状況となっています。

しかしながら，ドーハ・ラウンドでは，加盟国が市場アクセス改善の実現に高い期待を寄せていたにも関わらず，先進国と途上国の対立から交渉で合意を得ることができませんでした。2000年代央～2010年代央，全会一致原則による意思決定システムがWTOを機能不全に陥れ，ラウンドでは実質的に意思決定ができなくなってしまいます。その結果，世界市場において市場アクセス改善を追求する加盟国はWTO交渉を通じた国際貿易システムの自由化・開放に幻滅し，一部の志を共にする有志国とFTAを通じて国際貿易システムの自由化・開放を追求する方向に転じます。その結果，RTAのWTO通報件数は2000年央以降急増，2016

年まで高止まり続けることとなりました。

こうしたWTOに対する各国の期待と取組の変化は，WTOに対するRTA通報件数だけでなく，WTOルール違反に関する提訴数の推移にも如実に表れています（図表５－８参照）。1995年以降WTOルール違反に係る提訴数が急増し2002年まで高止まりを続けましたが，2003年以降，提訴数は一転して減少傾向となり2000年代を通じて低調となります。2011年にドーハ・ラウンドでの新たなルール作りの頓挫が明らかになると，地域経済統合は引き続きWTO通報件数が高止まり続けたのに対し，WTOルール違反に係る提訴数は減少を続けました。なお，2016年に誕生した米国トランプ政権が欧州及び日本等に対して鉄鋼関税を課すなどの暴挙に打って出たため，同年に限り提訴数は39件と突出した数を記録しましたが，パネルの結果を審理する上級委員会がメンバー選任でコンセンサスがまとまらず機能停止している等の特殊事情もあり，2020年以降の各年の提訴数は10件にも満たない状況となっています。

図表５－８　WTO提訴数の推移（単位：件）

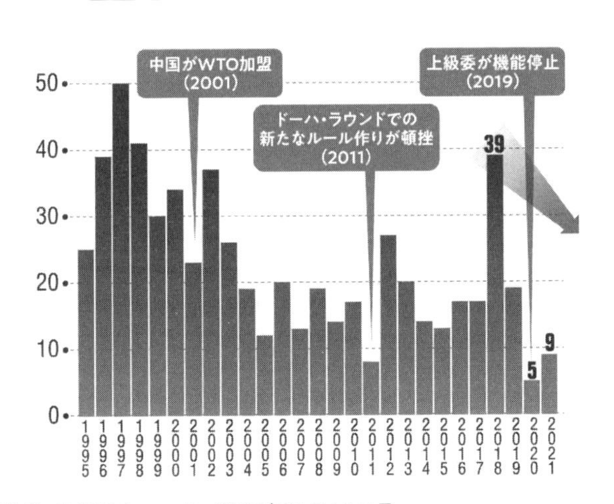

（出所）経済産業省「METI Journal」2022年８月18日号

2016年以降では，通商問題を二国間交渉の場で報復関税措置など力により解決しようとする米国トランプ政権の成立に象徴されるように，1990年以降，グローバル資本主義の成立に伴い一貫して追求されてきた自由貿易そのものを否定する動きがあります。2000年代央〜2010年代央，ドーハ・ラウンドにおけるWTOの機能不全に失望した加盟国がFTA等地域経済統合により国際貿易体制の自由・

開放度を深掘りしようとしていた動きも現在停滞しています。2010年代央以降，RTAのWTO通報もかつての精彩を欠き，WTOルール違反に係る提訴ともども停滞期に入っています。

ただし，国際貿易システムを地域経済統合により自由で開放的なものにする動きは死んだわけではなく，2010年代にRTAが盛んに追求されたアジア太平洋地域では，RCEP（Regional Comprehensive Economic Partnership Agreement）がASEAN加盟10カ国（ブルネイ，カンボジア，インドネシア，ラオス，マレーシア，ミャンマー，フィリピン，シンガポール，タイ，ヴェトナム）とFTAパートナー５カ国（豪州，中国，日本，ニュージーランド，韓国）の間で2020年11月に締結されています（署名15カ国は世界の人口とGDPの３割を占める）。

第２項　制度ユーザ：地域経済統合の活用

WTO体制は無差別原則を基本としていますので，地域経済統合はその一律な国際貿易システムの自由度と開放度を部分的に深掘りするものとなります。企業・個人は地域経済統合による国際貿易システムの自由度・開放度の深掘りにより，どのようなグローバル・サプライ・チェーン・マネジメントの恩恵を受けることができるのでしょうか。また，地域経済統合が産み出す自由度・開放度の違いを活かして，グローバル・サプライ・チェーンを再構築したりしているのでしょうか。

第１項（2）で説明した地域経済統合のメリットは地域統合を論ずる時に常に用いられる経済学的なロジックですが，現実の企業はより短期的・直截的な観点から地域統合を眺めています。一見，地域統合は案件として大き過ぎて「身近」に感じられないかもしれませんが，企業実務では「身近」なものです。

（1）関税メリット

まず，輸出企業にとっては，地域経済統合は関税削減等を通じた輸出競争力の維持又は強化の面で意義があります。例えば，日本からの対マレーシア輸出で関税が20％かかるとすると，日本での価値が100であったものが，物流費・保険に５かかった場合，マレーシアで通関時に関税を払った後の価値は126になりますが，日マレーシアFTAにより関税が撤廃されればマレーシア税関を通過後の価値は105のままで21もの違いが発生します。企業はこのFTAのメリットをマレーシア顧客・消費者に全額還元することも可能ですが，企業の将来を見据えて21の価値の全部又は一部を自社利益に参入することもできれば，新製品開発に投入することもできますし，また，マレーシア市場の深耕のために現地販売サービス網の整備強化に投入することもできます。

実際，JETRO（日本貿易振興機構）調べでは，タイの提携先経由で現地百貨店に繊維製品を販売する商社は日タイFTAによる関税削減分を販売価格引下げに活用しており，その結果，販売価格低下による販売量増加と市場シェア拡大などのメリットを享受しています。また，日本から商品を輸出し現地販売網で販売している量販店は日ASEAN経済連携協定の活用により関税を30％削減できるようになりましたが，そのうち20％を現地販売価格の引下げに用い10％を自社利益に算入しています。

（２）グローバル・サプライ・チェーンの法的安定と効率化への寄与

企業のグローバル・サプライ・チェーンとの関係では，地域経済統合はサプライ・チェーンをグローバル展開する企業にとり，サプライ・チェーンの法的安定と効率化への寄与が期待できます。

海外事業を行う企業にとり，①投資財産の保護，②海外事業で得た利益を国内送金する自由，③現地政府が現地労働者の雇用等を企業に要求することの制限・禁止，④民間企業同士が締結する技術移転契約の金額及び有効期間に関する現地政府介入の禁止などは，企業が自由かつ安定的に海外事業を展開する上で必要不可欠の前提です。FTA等地域経済統合は加盟国間の経済オープン化に関する取極めであり，経済面での「国境」をなくし，FTA締結国間で経済がシームレスになるための措置ですので，①～④に例示したような措置は排除されることとなり，サプライ・チェーンのグローバル展開において地域経済統合は企業の海外投資の法的安定性を飛躍的に改善します。

製造企業だけでなく，サービス企業が海外で事業展開するに当たり，外資の出資制限，拠点設置要求等に直面することが多いのですが，地域経済統合により外資の出資制限が外され，拠点設置が事業展開の条件から取り除かれれば，最も合理的かつ効率的な形で事業展開することが可能となります。地域経済統合はあたかも加盟国地域が１つの国ないし市場であるかのような環境を提供するものであり，外国に投資財産を有する企業やサービスを提供する企業にとり，グローバル・サプライ・チェーンを最も合理的で効率的な形でマネジメントすることを可能にしてくれます。

（３）地域経済統合を活かしたグローバル・サプライ・チェーン構築

さらに，企業は地域経済統合を活用して，グローバル・サプライ・チェーンを作り変えることも可能です。製造企業はサプライ・チェーンをグローバル展開し，サプライ・チェーンの各工程をそれぞれの特性・役割等に応じてグローバル最適立地させていますが，多国籍企業は，単一のFTAではなく，複数のFTA・地域経済統合を組み合わせることで，サプライ・チェーンのグローバル立地をより最適化できます。

①　FTAの多数締結国の生産拠点化

一例を挙げましょう。タイは国際通商政策として多数の国・地域とFTAを締結し，FTAの「ハブ」的存在になることを目標としています。日本との間では2007年にFTAを締結し既に発効していますが，タイは豪州とも2005年１月からFTAを発効させており，インドとは正式FTAではないもののアーリー・ハーベスト[7]の形で2006年９月以降82品目に関して関税を撤廃しています。

日本メーカーはかねてよりタイに大規模な直接投資を行い，自動車・家電・化学製品の生産拠点化しています。特に，自動車部門では完成品メーカーと部品メーカーが一大集積を形成していることから，タイは「東洋のデトロイト」と呼ばれています。元来，日本メーカーにとり，タイはグローバル・サプライ・チェーンの重要な工程を形成する国なのですが，日本メーカーはタイのFTA締結状況を踏まえて新たなグローバル・サプライ・チェーンの構築を進めてきました。

ワンクッションを置いた説明となりますが，日本は2007年以降豪州とFTA交渉を行い，2014年協定署名，2015年協定発効まで漕ぎつけることができましたが，2007年正式交渉開始前の非公式交渉を含めると長期間にわたり日豪経済連携協定の行方は不確かなものでした。また，日本は2007年にインドとFTA交渉をスタートし，2011年協定署名・発効まで漕ぎつけていますが，日豪のケースと同様に，長期間にわたり日印経済連携協定の行方は不確かなものでした。

豪州，インドとのFTA交渉の行方が定かでないものの，日本メーカーにとり，鉄鉱石・石炭・天然ガス等の資源大国であり，国民所得も高い豪州は有望市場であり，インドは中国に続き経済的テイクオフと巨大消費市場化が期待されて，インド進出において，韓国メーカーに出遅れた日本メーカーにとりインドでの早急な市場開拓が必要でした。そこで，日本メーカーは，豪州及びインドの早急な市場開拓に向けてタイの戦略的活用を考えます。すなわち日本メーカーは日本から直接輸出する代わりにタイに直接投資をして生産拠点を構え，タイの生産拠点か

7　アーリー・ハーベスト（EH: Early Harvest）とは，FTAやEPAにおいて，交渉項目全てが正式妥結に至る前の段階で，先行して一部の物品について関税低減などを行い，協定国間の経済的便宜を図る先行的な取組を「早期収穫」と呼んでいる。

らタイ・豪州FTAを利用して自動車を豪州に輸出したり，タイ・インドFTAを利用して，カラーテレビやエアコンをインドに輸出したりする形でグローバル・サプライ・チェーンの再構築を図りました。

②　FTAに対応したグローバル・サプライ・チェーン最適化

FTA等の交渉主体は各国政府ですが，各国政府が独自にFTA等の必要性を判断して関係国と交渉しているわけではなく，自国産業界からの要請・要望を踏まえてFTA等を発案し関係国政府と交渉を行っています[8]。一社単独で政府を動かすことは難しいかもしれませんが，企業等は自社のグローバル・サプライ・チェーンの最適化のために，政府に対してFTA等地域経済統合を構想し発案することは可能です。現に，日本政府は2000年代央以降，サプライ・チェーンをグローバル展開する日本メーカーの活動がより容易に，より効率的に展開できるよう，経済団体連合会・日本自動車工業会等産業界の要請を入れてFTA交渉に取り組んできました。

日本メーカーは東アジアにおいて中国に並んでタイで生産拠点を構築してきましたので，仮に，自動車等をインドネシア市場に供給しようとした場合，日本本国，マレーシア，フィリピン，中国等の部品生産拠点からタイの最終組立工場に部品供給を行い，タイで組み立てた自動車をインドネシアに輸出するグローバル・サプライ・チェーン・マネジメントが1つの選択肢です。この場合，日本，マレーシア，フィリピン，中国，インドネシアの間においてFTA等がまったく存在しておらず，地域経済統合に向けた動きも存在しないのであれば，部品の最適生産地であるか否か，タイに部品供給する上でコスト・納期を最適化できるか等を踏まえてサプライ・チェーンをどのように構築するかを考えればよいこととなります。

ただし，日本，マレーシア，フィリピン，中国，インドネシアがFTA等を妥結・交渉しているということなると事情は変わってきて，FTA等を締結した国・地域間では関税が免除されて輸出コストが大幅に抑えられるだけでなく，通関に要する手続・時間も大きく簡素化・短縮できることから，タイへの部品供給能力もコスト・納期・数量などの点で格差が生じてきます。従来のタイへの部品供給で主力でなかった国・地域であっても，FTA等によりコスト・納期・数量等の面で比較優位にあるのであれば，そうした国・地域に部品生産をシフトしてタイに供給することがグローバル・サプライ・チェーン・マネジメント案となります。

8　サプライ・チェーンがグローバル化した現在，トヨタ自動車が重要な生産拠点を構えるタイ等において，タイ政府に対してFTAに関する要望を提示する事態も生じている。

実際，ASEANを巡るFTAの動きは活発です。日本は2008年にASEANと経済連携協定を締結し，2016年までにタイ，シンガポール，ヴェトナム，ラオス，カンボジア，ミャンマー，ブルネイ，マレーシア，フィリピンとの間で協定が発効しています。一方，ASEANでも，1992年にASEAN自由貿易地域（AFTA）を2008年までに実現することを決定，1999年までに10カ国の加盟を得て自由貿易圏を結成しています。2010年，ASEAN物品貿易協定（ATIGA）が発効すると，先進ASEAN諸国（タイ，シンガポール，インドネシア，ブルネイ，マレーシア，フィリピン）は輸入関税を撤廃し，その後，後発ASEAN諸国（カンボジア，ラオス，ミャンマー，ヴェトナム）も2018年に輸入関税を撤廃しています。また，中国もASEANとのFTA締結に強い意欲を示し，2002年正式交渉スタート後，2010年に中国ASEAN自由貿易協定（ACFTA）を締結しています。

こうしたFTA等地域経済統合の動きを前提とすると，サプライ・チェーンをグローバル展開する製造企業には，以下の３通りの形でグローバル・サプライ・チェーンを構築する選択肢があります。もちろんFTAの合意内容により，全ての物品に自由貿易が適用されているかをチェックする必要がありますので，部品生産・供給可能性を確認した上で部品生産・最終組立・製品需要地を結ぶグローバル・サプライ・チェーンを構築する必要がありますし，その問題をクリアした上でトータルのコストがどうなるか，コストだけでなくジャスト・イン・タイムでの流通・供給ができるか否か，さらにはインドネシアだけが製品市場ではないので，他のASEAN諸国に製品供給する場合のメリット・デメリットはどのようになるのかも検討する必要があります。

図表５－９　ASEAN市場へのアプローチ

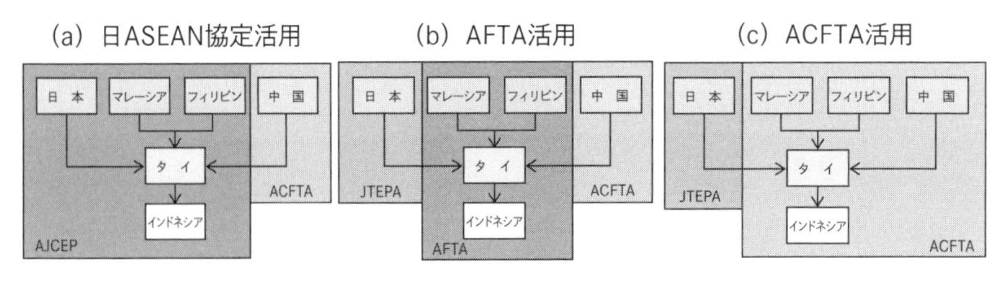

（出所）嶋（2014）を一部修正

以上のように，WTO体制が無差別原則を基本とする中で，地域経済統合はその一律な国際貿易システムの自由度と開放度を部分的に深掘りするものであり，企業・個人は関税削減・撤廃等によるメリット，海外事業の法的安定性・透明性の向上や行政手続等に要するコスト削減によりグローバル・サプライ・チェーン・マネジメントが容易かつ効率化されることを期待できる他，地域経済統合が産み出す自由度・開放度の違いを活かして，グローバル・サプライ・チェーンの最適化・再構築を行えます。

第３節　グローバル・メガ企業の国際ルール逸脱と市場支配の是正

1990年代以降「自由で開かれた国際貿易システム」は先進国企業，後発国企業を問わず大きな成長機会を提供しましたが，一方で，その恩恵を受けて成長したグローバル・メガ企業が，世界経済の在り方を左右する力を得るに至り，国際租税負担逃れや競争抑圧など，皮肉にも国際貿易を歪めかねない存在となっています。彼等は「自由で開かれた国際貿易体制」の成功を象徴するものであり，国際貿易の原動力としての力を殺がずに，こうした弊害を取り除くにはどうしたらよいかが問題となっています。

第１項　国際租税問題：GAFAは税金を正当に支払っているか

「国際租税と企業のグローバル・サプライ・チェーン？」と思われる向きもあるかもしれませんが，国際貿易システムはタダのプレイ・グラウンドではありません。サプライ・チェーンをグローバル展開する場合，サプライ・チェーンの各工程は立地国において各種インフラを活用して事業活動を行います。企業活動は，道路・港湾・空港，工場用地・電力・水道など産業・社会関連インフラのみならず，現地で優れた人材や研究機関を活用するのに教育インフラ，労働制度・労働市場インフラ，大学・高等研究機関等知的インフラなどにも依存していますが，かかるインフラ・制度を維持・発展させるには費用がかかり，それが税金により賄われています。

グローバル展開する企業は昔から各国租税制度の違いを利用して租税回避する誘惑に駆られてきました。所謂「国際移転価格税制」の問題ですが，多国籍企業に自由に租税地を選択させてしまうと，本来，彼等が各国でインフラ・制度を利用した対価を支払わないことが起こります。短期的には問題が生じなくても，長期的にはインフラ・制度の維持に必要な正当対価を得られない国ではインフラ・制度の衰退が起こり，結果的に企業のグローバル・サプライ・チェーンも存立基盤を喪いかねません。

本項の副題は「GAFAは税金を正当に支払っているか」となっていますが，

GAFAだけでなく1990年以降「自由で開かれた国際貿易システム」の恩恵で誕生したグローバル・メガ企業は高度に国際移転価格税制を活用して租税回避をしており，国際社会は自由で開放的な国際貿易システムを守るため問題に取り組むこととなりました。

（1）国際移転価格税制

まず，国際移転価格税制について説明すると，グローバルにサプライ・チェーンを展開する企業では，海外関連会社と取引がある場合，海外関連会社との取引価格を操作することで，所得を税率の低い国に移転し，グループ全体の税金を少なくできます。

例えば，X，Y国で法人税率が35％，25％であり，X国のA社が製品を100で仕入れてY国のB社に150で輸出した場合，A社の利益は仕入価格と販売価格の差に当たる50であり，これに35％の法人税が課されます。一方，B社がY国内で200の価格により販売すれば，B社の利益は仕入価格（輸入価格）と販売価格の差である50であり，これに25％の法人税率が課され，A，B社の法人税額は合算して30となります。

A，B社が独立企業であれば話はこれで終わりですが，B社がA社の海外子会社であった場合，A社は親子会社間で取引価格を調整できます。A社がB社に本来価格の150に代わり120で販売することとし，B社は引き続きY国内で200の価格により販売したならば，A社の利益は20に圧縮されて法人税は7に変わり，一方，B社の利益は80に拡大され法人税は20となります。A，B社の法人税額は合算で27となり，A社を親会社としB社を海外子会社とする国際企業グループは親子会社間での恣意的な価格設定により法人税のグローバル納税額を30から27に減らすことができます。

当然ですが，これは租税回避ですので，各国では，海外関連会社との取引を通じた所得の海外移転を防止するため，移転価格税制を制定しています。すなわち，海外関連企業との取引価格（移転価格）が通常取引価額（独立企業間価格）と異なるため所得減少する場合，取引が独立企業間価格で行われたと見なして所得を計算し課税しています。上記の事例の場合，X国の税務当局は120の販売価格を独立企業間価格である150と見なし，親会社に増加した所得30に対する税金の追加納税を要求します。

（2）グローバル・メガ企業による国際租税回避

本項では，グローバル・メガ企業による国際租税回避例にGoogleの事例を用います。これは米国議会の公聴会等のプロセスを通じて同社の国際租税回避の詳細が判明したからに過ぎません。1990年以降「自由で開かれた国際貿易システム」の下で世界経済が飛躍的に成長する過程で，多くの多国籍企業が事業規模を拡大しましたが，大なり小なり何らかの形で国際租税回避していない企業は極めて少ないものと思われます。

図表５-10　Googleの国際租税回避スキーム

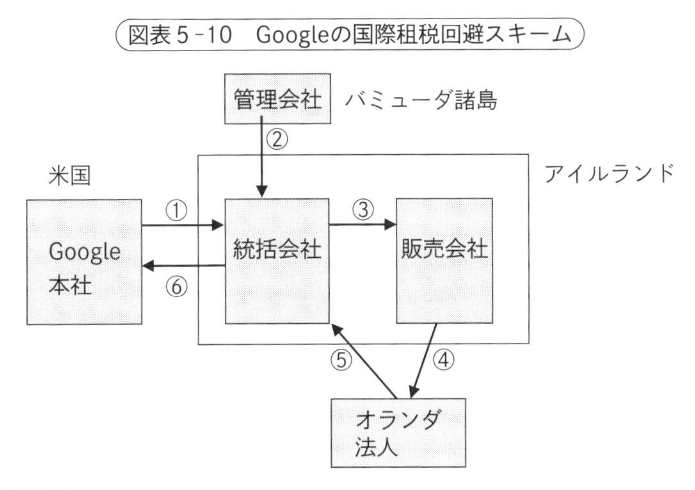

（出所）筆者作成

Googleの国際租税回避は（１）のような単純なものではなく，アイルランドの国際的に特殊な法人税制度と，アイルランド・オランダ両国間の源泉徴収税に関する二国間租税条約を活用しています。国際会計事務所とのコンサルテーションに基づく合法的措置ではあるのですが，サプライ・チェーンのグローバル展開に応じた適正な租税負担という観点からは疑問です。図表５-10に即してスキームを説明しますと次のとおりです。

- 米国のGoogle本社が，検索・広告システムのライセンスを，アイルランドの統括会社に付与します（①)。そして，アイルランドの統括会社の管理は，英国自治領バミューダ諸島の管理会社が実施することとしますと，アイルランドの統括会社は海外で管理されているため，アイルランド税法上「非居住者」として扱われ，その国外所得に対してアイルランド法人税は課されません（②)（「国外」に留意)。
- 次に，アイルランドの統括会社は，同じくアイルランドの販売会社に対して，検索・広告システムのライセンスをサブライセンスします（③)。アイルランドの販売会社はGoogleの海外事業（米国外事業）の拠点であり，Googleの米国外の売上の88％を獲得していますが，一方，売上高にも匹敵する多額のライセンス料を統括会社に支払うため，税引前利益が売上高の１％程度まで抑制されてしまいます。
- アイルランドの販売会社は，このようにして自身の法人税額を極限まで抑え込みつつ，統括会社に対するサブライセンス料の支払をオランダ法人経由で実施します（④)。実は，サブライセンス料をオランダ法人経由で支払うと，アイルランドではライセンス料の支払に係る源泉徴収は不要となります（アイルランドからオランダへのライセンス料支払には，両国の租税条約により源泉徴収税が課されず，オランダでは，ライセンス料には源泉徴収税が課されません)。なお，このGoogleスキームでは，オランダ法人はペーパーカンパニーで実態はありませんでした。
- アイルランドの統括会社は，販売会社のオランダ法人からサブライセンス料を受領します（⑤)。しかし，それに関して法人税を納める必要がありません。というのは，前述のとおり，アイルランドの統括会社はアイルランド税法上「非居住者」であり，海外事業から生じた所得について納税義務がないからです。そして，バミューダには法人税がないため，そもそも法人課税されません。
- このスキームでは，アイルランドの統括会社は，Google本社に対してごく少額のライセンス料しか支払いません。ライセンス料がごく少額であるのはGoogleのグローバルな成功を考えると不審ですが，Google本社は米国歳入庁と少額のライセンス料設定について了解を事前に取り付けていて，米国歳入庁から国際移転価格税制の対象として取り締まられることを予防しています。

以上のスキームにより，本来Google本社に帰属するはずの利益が，アイルランド統括会社に移転し（移転価格操作)，Googleは巨額の海外事業利益をアイルランドや米国で課税されることなく，アイルランドに蓄積することが可能となっていました。

（３）BEPSにおける国際ルール策定

①　OECDでの国際ルール検討

グローバル・メガ企業による国際租税回避は国際貿易システムの基盤を損なうものであり，OECDでは，国際課税ルールの策定をリードしてきた租税委員会が2013年に「税源浸食と利益移転」（BEPS）に関するプロジェクトを開始します。

このプロジェクトは国際租税回避以外にも，Amazon等のプラットフォーマーやオンライン広告事業者が各国市場で巨額の売上等があるにもかかわらず，各国に事業会社を設立していないことを理由として法人課税を逃れているデジタル課税問題も取り扱いましたが，2019年１月に世界127カ国が参加して開かれた「BEPS包摂的枠組み会合」で「ポリシーノート」を全会一致でまとめ，「タックスヘイブンを利用した租税回避の制限」に関しては，企業グループがタックスヘイブンの子会社に移転した利益に対して，市場国及び親会社のある国が一定の「ミニマム税」を課し，タックスヘイブン子会社へのライセンス料の支払を「損金」として認めない等の解決策をまとめます。

②　2021年10月最終合意

しかしながら，BEPSにおける議論は2019年以降コロナ感染症の世界的蔓延により国際会議が開催できなくなったため中断しますが，2020年秋以降，コロナ感染症の蔓延が落ち着くことで議論が再開され，2021年10月に最終合意に漕ぎつけます。最終合意では，加盟国が各国国内法に基づき法人税率を15％以上にし，15％からの法人税切下げによる企業誘致合戦を行わない「GloBE（Global Anti-Base Erosion）ルール」を採用。仮に15％の最低税率課税制度を守らない企業があれば，所得合算ルール（IIR）と軽課税所得ルール（UTPR）により対応することを決定しました。なお，対象は年間総収入額が7.5億ユーロ（約1,000億円）以上の多国籍企業とされ，制度導入は各国の任意に委ねられ，導入する場合は2022年に国内法改正し，IIRは2023年，UTPRは2024年から実施することが義務付けられました。

（ａ）所得合算ルール（IIR：Income Inclusion Rule）

所得合算ルールは，海外子会社の法人税等の実効税率が15％未満である場合，15％に達するまでの不足分の税額について，親会社が親会社の所在地国で納付することを義務付けるものです。GloBEルールを導入した国に本社を構える多国籍企業が（GloBE未導入の）軽課税国に利益を付け替えることで国際租税回避しようとしても，軽課税国で税金が軽減された分，親会社が所在する国で法人課税されてしまいます。軽課税国がIIRの導入を拒んでも，多国籍企業の本社が所在する国がGloBEとIIRを導入していると，結果的に軽課税国において租税回避しても本社所在国で課税され回収されてしまうので，多国籍企業にとり軽課税国に国際租税回避を目的として企業立地する誘因がなくなります。

ただし，これは，GloBE及びIIRを導入している国に本社が所在する多国籍企業が，GloBE及びIIR未導入の軽課税国に子会社を設立して国際租税回避するのを防ぐのにはよいのですが，多国籍企業の本社が存在する国がGloBE及びIIRを導入していない場合は，軽課税国での国際租税回避には対応できません。そこで，2021年10月最終合意では，多国籍企業の多くが世界本社・海外地域統括会社・各国子会社の３層構造を採ることに着目し，仮に，世界本社の所在する本国と各国子会社の展開する国がGloBE及びIIRを未導入であったとしても，地域統括会社の所在する国はGloBE及びIIRを導入している可能性が高いことから，最終親会社と中間親会社という概念を採用。所有階層の高い事業体から優先してIIRを適用するトップダウン・アプローチにより，最終親会社がIIR未導入国に所在していても，直下の中間親会社がIIR導入国に立地しているならば中間親会社が軽課税国で逃れた租税負担を支払うスキームにしています。

（b）軽課税所得ルール（UTPR：Undertaxed Profit Rule）

IIRルールは，子会社に不足税額がある場合に，親会社が負担するという仕組ですが，これに対し，親会社を軽課税国に設立するケースを試みる多国籍企業もあり得ます。そこで，2021年10月最終合意では，IIRの補完ルールとして，軽課税国にある親会社等の税負担が 15％に達していない場合，最低税率15％になるまで子会社等の所在する国で課税するルールを導入しました。

各国の租税制度の違いを利用した国際租税回避は，世界の法人税制と税率を統一してしまえば発生しませんし，多国籍企業がサプライ・チェーンの各工程の立地する国・地域で応分の負担をすることになります。本来は世界の法人税制と法人税率のハーモナイゼーションが国際租税回避を防止する理想の方策です。この点，最終合意はグローバル・メガ企業の国際租税回避を防ぐ手段として不完全ではあるものの，各国の意見の相違を乗り超えて現実的に妥協できる解としては，大きな成果です。今後の長期的課題は世界の法人税制と法人税率のハーモナイゼーションであると考えられますが，まずは2021年10月最終合意の着実な実施が課題です[9]。

第２項　グローバル・メガ企業への独占禁止法適用

グローバル・メガ企業の「自由で開かれた国際貿易システム」に対する脅威は国際租税回避もさることながら，圧倒的市場シェアを背景とした競争抑圧的行動がより深刻です。国際租税回避でGAFAを引合いに出しましたが，21世紀のデジタル・エコノミーではデータが新たな製品・サービスを創る基盤となるため，GAFAによるデータ支配は「自由で開かれた国際貿易システム」の持続に関して懸念されています。

（１）GAFAの圧倒的な市場シェア

大和総研（2018）によれば，Googleは2018年10月時点で検索エンジン市場の世界シェア95.9％，OS市場の世界シェア37.1％を誇り，Appleはウェアラブルデバイス市場の世界シェア25.4％（2017年通年），FacebookはSNS市場の世界シェア66.8％（2018年10月），AmazonはEC市場（BtoC）において米国33.0％，英国26.5％，フランス10.7％，ドイツ40.8％，日本20.2％（2016年通年）を占有し世界シェア首位に立つなど，GAFAは世界市場で圧倒的なシェアを占めています。

また，Googleにおける検索件数は平均約2.3億［件/時間］（2016年），Amazonの年間売上高は約1,778億ドル（2017年），Facebookのアクティブ・ユーザーは約22億人（2018年）とされ，こうした中，欧州を中心として，GAFAのデータ支配と競争抑制行為への懸念が高まりを見せ，データ域外流通規制と独占禁止法適用による自由競争の維持が日米欧では取り組まれようとしています。

（２）GAFAによるデータ支配への懸念

20世紀までの世界では「モノ貿易」が即「貿易」でしたので，GAFAによるデータ支配がここで取り上げられることに違和感を覚える向きもあるかもしれません。しかしながら，デジタル・エコノミーの21世紀では，後述しますが「デジタル貿易」が新たな貿易形態として成長しつつあり，新たな形のサプライ・チェーンを考えていく必要があります。この点，グローバル・メガ企業によるデータ独占はデジタル貿易等の健全な発展に深刻な影響を及ぼします。

GAFAは市場独占を目的としてインターネット・サービスを提供してきたわけ

9　2021年10月最終合意では，デジタル課税について，工場等の物理的拠点がなくともサービス利用者がいる国（市場国）では課税が可能となり，多国籍企業の利益率10％を超える利益について20～30％の法人税を課した上で，その税収を市場国間で配分することが合意された。

ではなく，彼等のサービスが消費者やユーザにとり魅力的であるからこそ圧倒的な市場シェアを得たのですが，GAFA等オンライン・プラットフォーマーが，これまでプラットフォーム上で事業を行う事業者のサービスに関する情報，個人ユーザの属性情報や購買情報等，あらゆる種類のデータを本社所在国のサーバに収集・蓄積してきており，データを独占的に利活用し得る優位な立場にあることも否定し難い事実です。

そして，GAFA経由でのインターネット・サービス利用が進むほど，種類も非常に多岐に渉る，圧倒的な量のデータが，世界中から米国に集まり，かつ，ユーザの継続利用により長期的な蓄積が進展していく結果となっています。世界中の事業者・個人ユーザとの接点とデータ量を持つGAFAは，既に現代の人々の社会生活に欠かせないインフラであり，インターネット・ビジネスを展開するサービス事業者にとっても，特に新規顧客の開拓等において必要不可欠な存在となっています。

今後もかかる状況が続けば，IoT，ビッグデータ，ロボット，人工知能（AI）による技術革新により経済発展や社会構造変革を誘発する「第４次産業革命」の覇権争いにおいて，バーチャル・データの蓄積を強みとするGAFAが主導権を握る可能性が高く，その結果，産学のイノベーションが長期的にGAFAにより掌握され，自国の基幹産業の国際競争力が損なわれることになるのではないかを各国が懸念しています[10]。

こうした中，欧州が先鞭を着けていた自国データの域外流通制限が本格化します。多くの国がGAFAに対する防衛策に着手し，国境を越えた自国データの流通（越境データ移転）を一定要件下に制限する「データ・ローカライゼーション」規制を導入。規制には「個人情報やビジネスに関する情報を国外に移転する際の制限」「国内にサーバの設置を求める国内データ保存要求」「データの加工を国内において実施することを求める国内データ加工要求」等があり，各国で対応は様々ですが，欧州のEU「GDPR（General Data Protection Regulation：一般データ保護規則）」が代表とされます。

10　GAFA等オンライン・プラットフォーマーの独占状態に関する危機意識は，2018年３月にFacebook社が8,700万人分の個人情報を英国コンサルタント企業に対して不正流出していたことが発覚したことにより，一気に世界的に広まる。Facebookが対価を受け取って流出させたSNSユーザの個人情報は，米国共和党により，2016年の米国大統領選挙で支持者の掘起しと民主党候補支持者に対するネガティブ・キャンペーンに活用されたが，これはFacebookのSNSサービスの約款で禁止される個人情報の活用であり，しかもFacebookが巨額の対価を得ていたことが一般に衝撃を与えた。また，2018年９月下旬，ハッカー攻撃によってFacebook社から約2,900万人分の個人情報が流出する失態も起こり，GAFAのセキュリティの脆弱さや不透明なデータ収集等の実態が相次いで露呈される結果となった。

2018年５月施行のGDPRでは，EUは域内外のデータの自由な移転を促進させる立場を採るものの，域外へのデータ移転には，個人情報保護に関する「法的安定性及び実務上の確実性」が相手国で確保されることを要求しています。EUとの自由なデータ移転を要望する国では，EUから十分性認定（欧州委員会が，データ移転先の国が十分なレベルで個人データ保護を保障していると認める決定）を受ける必要があり，十分性認定を受けていない国では，当該国企業は個別に「BCR（Binding Corporate Rule）」又は「SCC（Standard Contractual Clauses）」をデータの移転元と移転先で締結し，欧州委員会の承認を得る必要があるなど，厳しい条件が賦課されています。

GDPR違反には厳しい罰金が科され[11]，2018年３月に発覚した米国Facebookが英国企業を通じて8,700万人分の個人情報を不正流用した件で，英国データ保護当局はFacebookに対して50万ポンドの罰金を賦課しています。GDPRはGAFA等オンライン・プラットフォーマーを念頭に置いたものですが，子会社ないし支店が欧州域内にある場合だけでなく，仮に欧州域内に子会社ないし支店がない企業であっても，欧州域内の個人にサービス提供したり，欧州域内企業と取引関係があったり，さらには国内ウェブサイトが欧州域内からのアクセスを記録するだけでも規制対象となります。このため，日本国内において2018年５月の規則施行前に業種・企業規模を問わず「GDPR」対応で一騒動が起こったことは記憶に新しいところです。

データ独占は21世紀のデジタル・エコノミーではイノベーション抑制等につながりかねず，GAFA等オンライン・プラットフォーマーがインターネット・サービスにおける独占的地位を活用して，事業者及びユーザに対して「市場支配的地位の濫用」と考えられる行動を採っています。問題はオンライン・プラットフォーマーの反競争的行為であり，本来，独占禁止法で規律すべきものであって，GDPRなど個人情報保護の観点からの規制は問題を直視するものではありません。そこで，オンライン・プラットフォーマーへの独占禁止法適用が次なる課題として浮上します。

（３）オンライン・プラットフォーマーへの独占禁止法適用

①　欧州の個人情報保護に続く動き

GAFA等はデジタル・エコノミーを主導してきたテック企業であり，1990年代

11　GDPRでは，２段階の罰金が設定されており，第一段階は企業の全世界年間売上高の２％又は1,000万ユーロのいずれか高い方，第二段階は企業の全世界年間売上高の４％又は2,000万ユーロのいずれか高い方となっている。

以降の米国経済の復活と繁栄を支えてきた功労者であるため，GAFA等に対する規制はデジタル課税を始めとして米国政府が反対姿勢を採り，欧州・日本等はなかなか手が付けられませんでした。こうした中，GAFA規制に個人情報保護の観点から先鞭を着けていたEUはGAFAに対する独占禁止法適用の検討に着手します。

「データの集積・利活用それ自体が直ちに独占禁止法上も問題となるものではない」が，「不当な手段でデータ収集が行われたり，同じ価格アルゴリズムを事業者間で共有すること等によって価格決定に関する協調行為が行われたりする等，競争に悪影響を与える場合には，独占禁止法上問題となることがある」として，2018年４月，欧州委員会は「プラットフォーマーの公正性・透明性の促進法」案を公表し，「オンライン・プラットフォーム経済監視委員会」を設立します。

②　米国における反トラスト法適用の動き

一方，米国でも，2018年のFacebookによる個人情報流出問題を契機としてGAFA批判が強まり，米議会ではGAFA分割論を含む強硬論が噴出。下院が2019年６月反トラスト法違反の疑いでGAFAへの調査を開始し，同年７月，米国司法省も巨大IT企業の反トラスト法違反に関する調査を始めます。その結果，GAFAによる市場での優越的地位を利用した反競争行為が判明します。

図表５-11　GAFAによる優越的地位を利用した反競争行為例

Google	●検索エンジンにおいて自社コンテンツを優遇（Googleによる買収提案を拒否した企業は検索から排除） ●検索エンジンで自社の広告主を検索上位に登場するように優遇
Apple	●アップルストア（アプリ・マーケット）で販売・サービスされる商品について，Appleが支払額の30％をストア出店料金として課金（所謂「アップル税」） ●アップルストア（アプリ・マーケット）で販売・サービスされる商品に係る支払についてApple PAYの利用を要求

Facebook	●将来的にFacebookの競争相手となりそうな新興アプリ開発企業に対して買収を持ち掛け，買収に応じない場合にはFacebookが同種サービスをぶつけるなど強圧的な姿勢で交渉に臨み，インスタグラム等を自社の傘下に組み入れ ●SNSの個人情報を用いてユーザの嗜好・関心を探り，広告主に対してターゲティング広告をサービス提供
Amazon	●Amazonの物流サービスを使うマーケット出品者について，検索表示が有利となる措置を実施（Amazonの物流サービスを利用しない者は不利な立場に） ●Amazonは出店者の売れ筋情報を利用して，自社ブランドの商品・サービスの開発を行いAmazonマーケットで販売

（出所）筆者作成

米国下院は2020年10月に反トラスト法違反に関する調査を終えて，「プラットフォーム上で自社製品を優遇する操作の禁止」「競争を阻害する買収の禁止」「自社プラットフォーム上での独占販売の禁止」「プラットフォーム利用者が競合相手に乗り換える時のデータ移行の容易化」等を柱とする独占禁止法改正案を取りまとめます。結果的に法案は成立しませんでしたが，米国内では，GAFAによる優越的地位を利用した反競争行為に対し厳格に対応する流れが出来上がり，バイデン政権がITテック企業への反トラスト法適用に積極的な人材を司法省等に登用したこともあり，米国司法省等はGAFAに対して反トラスト法違反に係る調査や提訴を積極的に展開しています。

図表5-12　米国政府によるGAFA等に対する反トラスト法提訴

- 2020年10月，米連邦司法省はテキサスなど11州の司法長官と共同で連邦地裁にGoogleを反トラスト法違反で提訴。争点は，①Googleはネット検索市場と広告市場で，他社との競争を妨げる排他的な行為を行い，違法に独占状態を維持しようとしている，②Googleはスマートフォン・メーカーに，スマートフォンにGoogleのサービスを最初から搭載することを求め，さらに，そのGoogleのサービスを消去できないようにさせた，③Googleはスマートフォン・メーカーと，他社の検索サービスの初期搭載を禁じる独占契約を結んだ，④GoogleとAppleは，Apple製品に，Googleのネット閲覧ソフト（ブラウザ）を標準設置する長期契約を結び，その対価としてGoogleはAppleに毎年80億～120億ドルを支払っているの4点。
- 2020年12月，米連邦取引委員会（FTC）は，反トラスト法違反でFacebookを提訴。争点は，Facebookによる写真共有アプリ「インスタグラム」や対話アプリ「ワッツアップ」の買収が，独占的地位を脅かす相手を排除する目的だったとし，Facebookの一連の行動が消費者にSNSの選択肢をわずかしか残さず，競争から得られる利益を広告主から奪っているとした上で，インスタグラムやワッツアップの売却を含めた是正措置を要求。
- 2023年1月，米連邦司法省及び8州の法務長官はGoogleに対して，同社によるデジタル広告技術の独占が反トラスト法に違反すると提訴。争点は，①Googleが過去15年にわたり，デジタル広告市場で買収を通じて競合企業を排除し，その支配力を利用してウェブサイト運営者と広告主に自社製品を使うよう強要し，競合製品の使用を妨害してきた，②広告売買マーケットプレイスでの入札では，Googleのツールを利用する企業を有利にし，米政府や米国防総省を含む広告主，媒体社，そして消費者に対して不利益を与えているの2点。司法省はGoogleがこれら一連の広告テクノロジーを使って市場を寡占状態とし，通過する広告費の30％以上を手にしていると指摘。
- 2023年9月，米連邦司法省は米国35州・領土の法務長官と共同でGoogleに対して，90％以上の市場を独占するGoogleの検索ビジネスは反トラスト法に抵触すると提訴。争点は，①効果が上がらないにもかかわらず，Googleの検索広告の価格が上がっている（広告主に対する不利益），②市場寡占が進み，競争が発生しないため，検索サービスにおけるイノベーションが起こらない（消費者への不利益），③様々なデバイスやブラウザ（iPhone，Android OS，Firefoxなど）に対し，デフォルト検索エンジンとしてGoogle検索をする契約を結んでいる（Googleは2021年に263億ドル超をAppleに支払い）（Bing，DuckDuckGo等競合検索エンジンに対する不利益）の３点。

- 2023年９月，米連邦取引委員会（FTC）と米17州の規制当局がAmazon.comを反トラスト法違反で提訴。争点は，Amazonが，①Amazonの出店企業が競合ECプラットフォームやマーケットプレイスなどでAmazonより低い価格で商品を販売することを禁じている，②出品する商品にPrimeボタンをつけるためには出店企業がAmazonのフルフィルメントサービスを利用することが必要となっている等。出店企業が利用料・広告料等を合計すると総収入の50％近くを支払わねばならない高額手数料をAmazonが何十万社の出店者に課しており，Amazonでビジネスを行うために必要になる資格等にかかるコストから，出店者が他のネット通販サイトで商品を提供するコストも大幅に高くならざるを得ず，ネット通信販売全体の価格を高止まりさせている点を非難。

③　欧州における本格的規制の導入

(a) 米国の動きに後押しされた欧州

米国のオンライン・プラットフォーマー規制の動きに後押しされるように，EUは2020年12月以降検討してきたプラットフォーム事業者規制について合意に達し，2022年３～４月に「デジタル市場法（DMA：Digital Markets Act）」と「デジタル・サービス法（DSA：Digital Services Act）」を取りまとめます。

従前は問題発生後に制裁金を課す事後規制でしたが，GAFAの優越的地位を利用した反競争行為を排除するため事前規制を導入することとし，DMAによりプラットフォーム市場における市場支配力の濫用防止，公平で公正な競争の確保等を，DSAでプラットフォーム市場における違法で不適切なコンテンツの排除，適正なサービス提供の徹底等を担保しようとしています[12]。

(b) DMA

DMAはゲートキーパーの指定と同事業者に対する作為義務・不作為義務から成るオンライン・プラットフォーマー規制です。規制対象の「ゲートキーパー」として①欧州域内で一定の年間売上高を達成し，少なくとも３つのEU加盟国でコア・プラットフォーム・サービスを提供（域内市場への影響の大きさ），②EU域内で，月間4,500万人以上のエンド・ユーザ及び年間１万人以上のビジネス・ユーザに対してコア・プラットフォーム・サービスを提供（重要なゲートウェイ

12　DMAは2022年９月14日に採択後，2023年５月２日に施行され，DSAは2022年10月19日に採択後，2022年11月16日に「非常に大規模なオンライン・プラットフォームと非常に大規模なオンライン検索エンジンの事業者」の監督に関わる部分は先行適用され，全体は2024年２月17日に施行された。

の管理)，③過去３年間①②の基準を満たしている（持続的で確立された地位）プラットフォーム事業者を指定。

その上で，DMAはゲートキーパーに対し図表５-13に掲げる作為義務と不作為義務を課し，巨大テック企業やゲートキーパーによる市場独占や意図的な情報操作を禁止しています。違反者に対しては，企業の全世界売上高の最大10%の罰金を課し，連続で違反した場合には全世界売上高の最大20%の罰金が課されることもあり得る厳罰を用意しており，EUは規制の実効性を担保しようとしています。

図表５-13　ゲートキーパーの作為義務と不作為義務

作為義務	①特定の状況において，ゲートキーパーが提供するサービスとサードパーティの相互運用を許可する ②ビジネス・ユーザがゲートキーパーのプラットフォームを使用する際に生成したデータにアクセスできるようにする ③企業がプラットフォーム上で広告を掲載する場合，広告主やパブリッシャーが，ゲートキーパーがホストする広告を独自に検証するために必要なツールと情報を広告主等に提供する ④ビジネス・ユーザが自社のオファーを宣伝し，ゲートキーパーのプラットフォーム外で顧客と契約を締結できるようにする
禁止行為	①ゲートキーパー自身が提供するサービスや製品を，ゲートキーパーのプラットフォーム上でサードパーティが提供する同様のサービスや製品よりもランキングにおいて有利に扱う ②消費者がプラットフォーム外の企業にリンクするのを防ぐ ③ユーザがアンインストールを希望するにもかかわらず，プレ・インストールされたソフトウェア又はアプリをアンインストールできないようにする ④有効な同意を得ずに，ターゲットを絞った広告を目的として，ゲートキーパーのコア・プラットフォーム・サービスの外でエンド・ユーザを追跡する

（出所）筆者作成

（ｃ）DSA

DSAは，安全で信頼できるオンライン環境を確保することを目的とするもので，一定のデジタル・オンライン・プラットフォーマーに対してコンテンツ・モデレーション（投稿監視[13]）の実施や透明性の確保等の義務を課しています。

DSAは規制対象を仲介サービス，ホスティング・サービス，オンライン・プラットフォーム，超大規模オンライン・プラットフォーム（欧州消費者4.5億人の10％以上の利用者を抱える）に分け，規制対象カテゴリーに応じて軽重はあるものの，児童ポルノやヘイトスピーチ，テロを誘発する動画など違法コンテンツの排除や差止めを義務付けています。DSAは広告表示のルールも厳格化し，利用者のネット上の行動を追跡・分析して配信するターゲット広告に活用するための個人情報の利用を規制するほか，未成年者をこうした広告の対象としないことなどを内容としています。

図表5-14　DSAの規制対象

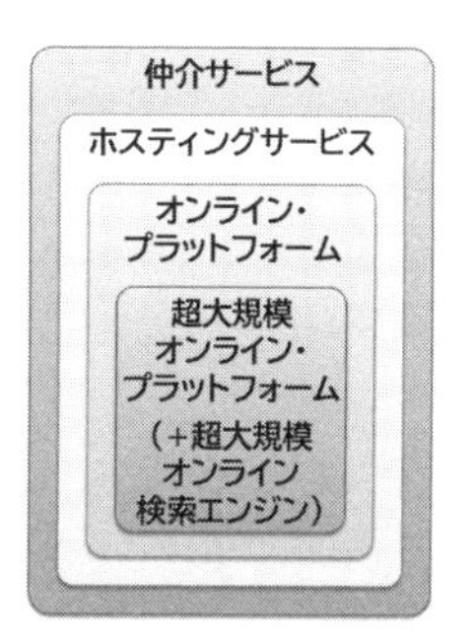

（出所）総務省資料

特に，超大規模オンライン・プラットフォームは違法コンテンツの流布や社会的危害のリスクが高いため，運営事業者には，透明性の確保や透明性報告の追加的義務，データへのアクセス・アルゴリズムの説明，システミック・リスクの評価・軽減措置実施，危機のプロトコル作成，欧州委員会による独占的監督権限（調査，暫定措置，モニタリング，前年度の総売上高の６％を上限とする罰金等），監督手数料負担（サービスの規模に比例し，全世界の年間純利益の0.05％を超えない）を規定しています。

13　コンテンツ・モデレーションとは，不特定多数のユーザにより投稿されたインターネット上のコンテンツ（書込み・画像・動画）を監視する「モニタリング業務（投稿監視）」を言い，チェック対象のコンテンツがSNSやWebサイトを閲覧するユーザにとり「不快」な内容になり得る場合，コンテンツを削除したり，投稿したユーザをアクセス禁止にしたりすることで，SNSやWebサイトを健全・良好な状態に保つことを目的とする。

第6章

修正グローバル資本主義とサプライ・チェーン再構築
―2020年代の地政学的要件と安全保障配慮の復活

1990年以降，世界は「自由で開かれた国際貿易体制」を追求し，世界があたかも１つの国であるかのように企業・個人が自由にビジネス活動できる環境を実現しようとしてきました。しかしながら，2010年代後半以降，米中の覇権対立等により，地政学的要件が国際政治経済における重要なファクターとして復活し，2019～2021年，コロナ感染症蔓延によりグローバル・サプライ・チェーンが寸断され，中国一国に依存した供給構造の危険性が認識された結果，米中間では同盟国も巻き込む形で経済的相互依存関係を断ち切ろうとする動きが生じています。今後とも「自由で開かれた国際貿易システム」が維持されるかは分からず，米中の覇権抗争はいずれの国・地域の企業にとってもグローバル・サプライ・チェーンの抜本的な見直しを迫るものです。

第１節　米中覇権競争による再グローバル化

第１項　グローバル資本主義の見直し

（１）グローバル資本主義への幻滅と挑戦

1990年以降の「自由で開かれた国際貿易体制」はグローバル資本主義に立脚しましたが，それは第二次世界大戦後の米国を盟主とする資本主義陣営とソ連に率いられた社会主義陣営の冷戦が社会主義陣営の敗北に終わった結果，唯一の覇権国となった米国の市場原理主義・新自由主義が全世界を風靡した結果です。グローバル資本主義では，企業・個人の経済活動の障碍となる規制や制度を取り払い，モノ・資本・ヒト・知識の移動を完全自由化し，市場メカニズムを最大限度発揮させれば，経済的厚生は最大化すると考えられ，東西冷戦のような政治的対立もグローバル資本主義の下において全ての国・地域が豊かな発展を遂げれば解消されると信じられてきました。

しかしながら，2000年代，WTOドーハ・ラウンドの国際会議が開催される都度，多数のNGOが世界中から参集し，グローバル企業による環境破壊・労働搾取等に対して激しいプロテストを行ったように，世界中で貧富の差は拡大し，環境破壊が新たに工業化した国・地域で激発しました。また，資本規制の撤廃により巨額の資金が世界中を自由に動き回るようになると，2008年，サブプライム住宅ローン危機に起因する米国の金融危機が連鎖的に波及し世界金融危機にまで発展したように，グローバル資本主義は世界経済に不安定性をもたらしています。

そして，資本主義に立脚した経済的繁栄が各国の政治経済体制の違いを解消し，究極的には米国流の自由民主主義に収斂するという考え[1]も，中国の経済的台頭に伴い，中国が米国流の市場原理主義と新自由主義に対抗して社会主義市場経済ないし国家資本主義を主張し，習近平政権が2012年に「中華民族の偉大なる復興」と「一帯一路」を「中国の夢」として掲げ[2]，米国のヘゲモニーに挑戦するに至った現在，冷戦勝利後の米国の「慢心」にしか映じなくなっています。「政治とは関係なく経済関係が構築でき，経済が政治の在り方を変えていく」グローバル資本主義の背後にあった，この考えは永続的でなければ，現実的でもないことが2010年代以降明らかになってきました。

（２）中国問題

①　中国の経済的台頭

中国は1990年以降の最大の経済的勝者です。1989年の天安門事件に反発し対中投資を控えてきた欧米諸国は，1999年に中国がWTOに加盟すると，中国の巨大市場化に期待し，また，低賃金労働を活用してグローバル生産拠点を構築するため，一転して対中投資を積極化します。その過程で中国は先進的な技術・ノウハウの移転を受け，サプライ・チェーンの最終組立工程に組み込まれることで工業化を達成します。

中国の経済成長は目覚ましく1999～2009年にGDPを３倍に拡大させると，2008年のリーマン・ショックを政府の財政出動等により切り抜け，2011年以降，GDP成長率７～８％を維持します。2010年，中国は日本をGDPで抜き世界第２位の経済大国に躍進，その後，成長率を漸次低下させつつも５～６％を維持して，2022年時点で米国25.4％に続き世界GDPの約17.9％を占めるに至っています（日

1　Fukuyama（1992）
2　習近平「承前啓後　継往開来　継続朝着中華民族偉大復興目標奮勇前進」2012年11月29日新華網（http://news.xinhuanet.com/politics/2012-11/29/c_113852724.htm）

本は4.2％）。

この間，グローバル・サプライ・チェーンにおいて「世界の工場」の役割を果たしつつ，中国はデジタル・エコノミー転換の波に乗り，中国電脳空間に限定された形ながらGAFAに匹敵するプラットフォーマーBATを産み出し，華為技術（Huawei），中興通訊（ZTE）が5G時代における世界通信設備の開発製造と通信システム構築を牽引，比亜迪汽車工業（BYD Auto）がTESLAに匹敵する電気自動車メーカーに成長するなど，21世紀産業の最先端部門でもキャッチアップしています。

②　中国異質論

こうした中，米国は中国の経済的台頭を警戒するようになり，1970～1990年代央に日本の経済的台頭に対して講じた措置と同様，中国産品の「集中豪雨」的な対米輸出と米中貿易不均衡に関して，アンチダンピング措置を発動したり，人民元の過少評価の是正を要求したりするようになり，米国企業の中国市場アクセス改善のため規制緩和や知的財産権保護などを求めるようになります。

2010年代，中国の過剰生産能力が顕在化し，鉄鋼製品の対米輸出の急増などに対し米国がアンチダンピング措置を発動すると，米中の貿易摩擦はヒートアップの一途を辿ります。2012年末に発足した習政権が米国の覇権に挑戦し（中華民族の偉大なる復興）独自の経済圏を築く構想（一帯一路）を打ち出すと，米国は中国を自由民主主義とは異質の国家資本主義国[3]として考えるようになり，中国企業の対米投資についても安全保障上の理由から抑制するようになります。

中国経済では国有企業が重要な役割を占めていますが，「国家資本主義」の下では，中国企業は中国共産党から経営幹部を受け入れ，中国政府の指導を受けて活動しており，彼等が追求しているのが商業的利益なのか，国家目標の実現なのかが曖昧なところがあります。また，中国企業は低利融資・補助金，租税特別措置，「寛大」な規制など中国政府の手厚い支援を受けており，不当に有利な立場にあることから，米国企業と平等に取り扱うことが適切であるのかも疑問です。さらに，中国企業に米国で先進技術を学び持ち帰ることを許すならば，安全保障上の理由もさることながら，経済的にも「ブーメラン効果」の遠因となり，米国企業の脅威となる可能性があります。

「自由で開かれた国際貿易システム」では，資本に国籍や思想信条，政治体制の違いなどはなく，企業・個人が自由にグローバル・サプライ・チェーンを構築

3　Bremmer（2010）等によれば，「国家資本主義」とは，政府が経済面でも主導的な役割を果たすのみならず，国益などの政治的便益を得るために市場を活用する体制を意味。

しビジネスを行うことが是とされたのですが，新自由主義とは異質な存在である中国企業を，新自由主義に立脚する「自由で開かれた国際貿易システム」の一員として自動的に認めてよいかが問われるようになります。

③　米国による国内市場からの中国企業の選別と締出し

このような中国異質論に基づく中国脅威論が米国議会・産業界で勢いを増す中，2016年，中国との貿易不均衡問題を二国間交渉で懲罰的な関税等により解決することを掲げるトランプ政権が誕生。トランプ政権は2018年以降，第１弾の産業機械・電子部品に始まり，第２弾にプラスチック製品・集積回路，第３弾は食料品・飲料・家具，第４弾として衣類・テレビと追加関税を課し（中国も対抗関税を賦課），中国に市場開放と不公正貿易慣行の是正を要求していきます。対中平均関税率も20％を超えて，1930年代のブロック経済時代並みの水準となりました。

図表６－１　米中の追加関税措置

米国

関税賦課開始日		内容	対象項目の具体例
第１弾	18年７月６日 19年10月15日	340億ドル相当 25％追加関税 30％追加関税	産業機械 電子部品
第２弾	18年８月23日 19年10月15日	160億ドル相当 25％追加関税 30％追加関税	プラスチック製品 集積回路
第３弾	18年９月24日 19年５月10日 19年10月15日	2,000億ドル相当 10％追加関税 25％追加関税 30％追加関税	食料品・飲料 家具
第４弾	19年９月１日 20年２月14日	1,200億ドル相当 15％追加関税 7.5％追加関税	衣類 テレビ
	19年12月15日 →見送り	1,600億ドル相当 15％追加関税	携帯電話 ノートパソコン

中国

関税賦課開始日		内容		対象項目の具体例
第１弾	18年７月６日	340億ドル相当 25％追加関税		大豆等の農産物 自動車（普通車等） 水産品
第２弾	18年８月23日	160億ドル相当 25％追加関税		化学工業製品 医療設備 エネルギー製品 自動車（小型車・バス等）
第３弾	18年９月24日 19年６月１日	600億ドル相当 ５～10％追加関税 ５～25％追加関税		液化天然ガス 食料品・飲料 電気製品 自動車部品
第４弾	19年９月１日 19年２月14日	５～10％ 2.5～５％	750億ドル相当	大豆 石油
	19年12月15日 →見送り	５～10％		小麦 自動車

（出所）内閣府（2019）

こうした中，米国は2018年８月，中国を念頭に置いた「外国投資リスク審査近代化法（FIRRMA）」を成立させ，外国企業の対米投資を審査する外国投資委員会（CFIUS）の権限を強化し，米国の重要技術の海外流出への対策を盛り込んだ「2018年輸出管理改革法」を施行します。FIRRMAに基づき，米国は米国企業を「支配する」外国企業の投資に加え，米軍施設・空港・港などに隣接する土地の購入・賃貸・譲渡，重要技術・重要インフラ・機密性の高いデータを持つ米国企業に対する非受動的投資[4]も審査できるようになりました。その結果，中国企業や投資ファンドによる米国企業，中でもハイテク企業の買収・出資が難しくなりました。

④　グローバル・サプライ・チェーンの見直し：再グローバル化

米国は対日通商紛争では市場アクセス改善と不公正貿易慣行の是正を要求するだけでしたが，中国に対しては，市場アクセス改善と不公正貿易慣行の是正という経済分野に止まらず，全面的な対決姿勢を鮮明にします。

ペンス米副大統領（当時）は2018年10月の演説で，中国の軍事拡張（日本の施政下にある尖閣諸島周辺の定期的巡回，南シナ海の諸島の軍事基地化）と借金漬け外交（スリランカにおける新しい港の99年間の運営権を獲得等）の覇権主義的傾向を非難し，中国国内で社会統制を強化するだけでなく（「社会的信用スコア」による社会管理方式の導入，宗教への弾圧），米国に内政干渉を試みるなど（米国中間選挙への介入，米国企業・映画会社・大学・シンクタンクなどへの浸透等）民主主義への挑戦を行っているとし，米国は経済以外の分野においても軍事力強化，インド太平洋の価値を共有する国・地域との連携強化など中国抑止策を本格実施すると宣言します。

一方，中国は米国の動きにもかかわらず，日本領の尖閣諸島周辺の定期的巡回，南シナ海の諸島の軍事基地化，台湾に対する軍事的威嚇をエスカレートさせ，一帯一路沿線国においてインフラ整備を中心とした経済協力を展開し，中国を中心とする経済圏の構築を推進していきます。軍事面では太平洋進出を狙い米国に匹敵する空母打撃群の竣工整備を加速化し，宇宙開発でも，月面着陸・探査，宇宙ステーションの建設・運航，自前のGPSシステムの開発・実用化など米国に対して急速にキャッチアップしつつあります。

こうした中，米国は中国との全面的対立の可能性も踏まえ，グローバル・サプライ・チェーンを中国・中国企業に依存しない形に作り替える，サプライ・チェーンの「再グローバル化」を模索し始めます。所謂「デカップリング

4　非受動的投資には，「外国企業が投資する米国企業において，その支配権が外国企業に渡る，または機密性の高い重要技術・重要インフラ・データなどへの外国企業のアクセスが可能になる権利変更」「CFIUS審査の迂回を目的とした取引・譲渡・契約」が該当。

(Decoupling)」は「切離し」「分断」を意味し，リーマン危機時に米国の金融危機が世界的に波及して世界金融危機となったことを反省し「先進国と新興国の経済状態の連動を切断する」意味で用いられたのですが，米中対立以降，中国など国際政治経済で覇権を目指す（米国を中心とした国際経済秩序の変更を目指す），民主主義・自由主義・市場経済等の価値観を共有しない国をサプライ・チェーンから排除することを意味するようになりました。

中国を「世界の工場」とするグローバル・サプライ・チェーンが世界経済の基本構造であるため，当然，デカップリングはなかなか進まず，欧州・日本の理解を得るのにも難航しました。しかし，2019年以降，コロナ感染症の世界的蔓延により，グローバル・サプライ・チェーンが長期間寸断されると，世界は生活必需品から半導体等の戦略物質に至るまで中国に依存していることが（人々の経験として）明らかになり，中国依存の危険性が米国だけでなく欧州，日本でもシェアされます。その結果，2021年以降，改めてサプライ・チェーンの「再グローバル化」が重要課題として浮上します。

第2項　サプライ・チェーンの再グローバル化

(1) デカップリングとデリスキング

米国政府は中国の軍事力拡大を防ぐため，その基礎となる経済発展を抑制する必要があると考え，中国をサプライ・チェーンから排除するデカップリングを目指していますが，一方，中国は既に「世界の工場」としてグローバル・サプライ・チェーンに組み込まれており，現実問題として中国切離しには難しいものがあります。

このため，EUは中国の危険性を共有しつつも，米国のイデオロギー対立を強調する姿勢をナイーブに過ぎるとし，中国を市場での競争者，グローバル課題解決の協力者，政治体制上のライバルの3つの観点から複眼的に見るべきと主張。2023年3月，ウルズラ・フォン・デア・ライエン（Ursula von der Leyen）欧州委員会委員長がデカップリングに代わり，中国への特定分野での過度な依存を抑制しつつ，経済的な交流関係を拡大するデリスキング（De-risking，リスク回避）という考え方を提唱します。

米国政府も同年4月のサリバン大統領補佐官スピーチで，中国に対しデカップリングではなくデリスキングの姿勢で取り組むことを表明。翌5月に広島で開催されたG7首脳会合後の共同声明で「中国に対するデリスキング・アプローチ」が打ち出され，先端技術分野で中国の能力を制限し，国際貿易・経済の混乱に備えてサプライ・チェーン（供給網）を複線化しつつ，経済活動に必要不可欠な原材料での中国支配を弱めることが国際的に協働して追求されることとなります。

（2）リショアリングとフレンド・ショアリング

①　戦略・新興技術分野の指定

米国バイデン大統領はトランプ政権の自国第一主義を批判して選挙で勝利しましたが，2020年政権発足後は安全保障や対中経済競争の観点から対中デカップリング路線を踏襲しています。バイデン政権のデカップリングの根幹となるのが“Protect and Promote”であり，各種規制を通じて米国の技術流出を防ぎ，中国の経済的台頭を阻止する「守り（protect）」と，産業政策を通じて米国産業を強化する「攻め（promote）」を対中戦略の２つの柱としています。米国の優位性を確保すべき重要分野として「19重要・新興技術分野」を定め，特に，コンピューティング関連技術，バイオ技術・製造，クリーン・エネルギー技術を最重要分野に指定しました。

「守り」では，バイデン政権は，2018年７月にトランプ前政権がスタートした1974年通商法301条に基づく追加関税措置を継続し，2019年成立の「輸出管理改革法」及び「外国投資リスク審査近代化法」に基づき輸出規制と米国向け投資審

図表６－２　米国のデカップリング注力分野

米国政府は，安全保障上重要な「重要・新興技術」を定め，同技術の確保に注力

国家科学技術会議「重要・新興技術リスト」（2022年２月発表）

1. 先端コンピューティング（スパコン，クラウドなど）
2. 先端エンジニアリング素材（新属性素材など）
3. 先端ガスタービンエンジン技術（航空宇宙，海洋用途など）
4. 先端製造（付加製造，スマート製造など）
5. 先端ネットワーク化センサ・管理（地表センシングなど）
6. 先端原子力技術（核融合エネルギーなど）
7. 人工知能（機械学習，次世代AIなど）
8. 自律システム・ロボティクス（空，海，宇宙，地表用途など）
9. バイオ技術（遺伝子組み換えなど）
10. 通信・ネットワーク技術（5G，6G，海底ケーブルなど）
11. 指向性エネルギー（レーザー，粒子ビームなど）
12. 金融技術（分散型台帳技術など）
13. ヒューマン・マシン・インターフェース（VR，ARなど）
14. 極超音速（空気力学・制御，防衛など）
15. ネットワーク化センサー・センシング（具体例明記無し）
16. 量子情報科学（量子コンピュータなど）
17. 再生可能エネルギー・貯蔵（バッテリー，電動エンジンなど）
18. 半導体およびマクロエレクトロニクス（半導体製造機器など）
19. 宇宙技術・システム（商業衛星など）

特に，コンピューティングなど３分野に焦点

ジェイク・サリバン大統領補佐官
「今後10年にかけて３分野の技術が国家戦略上で特に重要となる」

コンピューティング関連技術
マイクロエレクトロニクス，量子情報システム，人工知能など

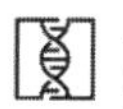
バイオ技術・製造
遺伝子操作を用いた医薬品開発，化学品・素材製造など

クリーンエネルギー技術
再生エネルギー，気候適応技術，脱炭素関連技術など

今後，上記３分野に関して貿易・投資など重点的に各種対中規制が強化される見込み

（出所）PwC（2023）

査を強化。特に，経済・軍事覇権に直結する半導体やAIなどの先端技術領域において中国向けの輸出規制を強化しています。米国の輸出管理規則は，軍事転用可能な品目の輸出・再輸出・国内移転等を厳格に規制していますが，米国外の国・地域にも域外適用され，違反企業は米商務省の制裁リストに掲載され，米国企業等との取引ができなくなります。

一方，米国政府は「攻め」として，2022年成立の「CHIPS及び科学法」（The CHIPS and Science Act）と「インフレ抑制法」に基づき，国内産業・技術の強化のため大型の産業補助金を交付しています。CHIPS及び科学法は，半導体を含む米国の技術力強化を目的として総額2,800億ドルの予算を盛り込み，このうち390億ドルを米国内での半導体工場新設又は拡張案件に助成。米国政府は最低でも２つ以上の大規模クラスターの形成を目指しており，TSMCやマイクロン，Intelなどの大手企業が相次いで投資計画を発表しています。「インフレ抑制法」はインフレ抑制と気候変動対策促進のための法律で，歳出総額4,990億ドルのうち3,910億ドルを気候変動対策に振り向け，EV購入者に対する税額控除（最大で7,500ドル）の原資としています。

②　リショアリングとフレンド・ショアリング

その上で，米国は中国をグローバル・サプライ・チェーンから切断するべく，「リショアリング」と「フレンド・ショアリング」に取り組みます。企業が生産拠点を海外に移転するなど国内業務を海外に移管・委託することを「オフショアリング」（offshoring）と言うのに対し，「リショアリング」（reshoring）とは，生産拠点の国内回帰など海外に移転・委託した業務を国内に回帰させることを言います。

米国は過去に多くの産業部門で海外生産移転を大規模実施しただけでなく，製造業が1980年代以降日本との競争に敗れて空洞化したため，自国完結型のサプライ・チェーンを再生させようにも国内回帰できません。そこで，米国政府は国内生産だけでなく同盟国や友好国との関係を活かしたグローバル・サプライ・チェーンの強化方針を打ち出します[5]。「フレンド・ショアリング」とは「友好国への移転」を意味し，自国完結型サプライ・チェーンを再構築できないのであれば，グローバル・サプライ・チェーンを同盟国・友好国にグローバル分散した形に作り替えることを目指すものです。

5　The White House Report（2021）では，“Tools including ally and friend-shoring, and stockpiling, along with investments in sustainable domestic production and processing will all be necessary to strengthen resilience.” とする。

米国はフレンド・ショアリングを推進するため，「インド太平洋経済枠組み」(IPEF：Indo-Pacific Economic Framework)[6]，「経済的繁栄のための米州パートナーシップ」(APEP：Americas Partnership for Economic Prosperity)[7]，「半導体同盟」(CHIP 4)[8]を組織し，その他，AUKUS（米英豪の軍事・安全保障の同盟枠組)，「日米豪印戦略対話」(Quad：Quadrilateral Security Dialogue）など安全保障の枠組を活用してフレンド・ショアリングを進めようとしています。具体的な米国主導の対中デカップリングないしデリスキングの取組は第2節において説明します。

6　IPEFは米国バイデン大統領が2021年10月に東アジア・サミットで提案した環太平洋パートナーシップ協定（TPP）に代わる経済的枠組であり，中国によるTPP加盟申請，地域的な包括的経済連携協定（RCEP）の発足などインド太平洋地域における中国の存在感向上に対し，米国が主導する経済的枠組として提唱されたもので，自由で開かれたインド太平洋戦略の実現に向けて，アジアにおける経済面での協力，ルールの策定を主目的としている。「デジタルを含む公平で強靭性のある貿易」「サプライ・チェーンの強靭化」「インフラ，クリーン・エネルギー，脱炭素」「税制と汚職対策」が現時点での主要アジェンダであり，2022年5月，IPEF立上げに関する首脳級会合が開催され，13カ国（米，日，印，豪，ニュージーランド，韓国，ブルネイ，インドネシア，マレーシア，フィリピン，シンガポール，タイ，ヴェトナム）がIPEF立上げに関する共同声明を発表（フィジーが同月に創設メンバーとして参加)。これまで，IPEFサプライ・チェーン協定，IPEFクリーン経済協定及びIPEF公正な経済協定等について協定草案を取りまとめてきている。

7　APEPは2022年6月に第9回米州サミットで米国バイデン大統領が構想を表明し，2023年1月にカナダ，メキシコなど12カ国で正式に発足。APEPは，米州12カ国が，税関手続や貿易円滑化などの地域的競争力，サプライ・チェーンの強靭性（持続可能性等)，労働力開発など繁栄の共有，民間投資誘致など，包摂的で持続可能な投資を行う経済枠組。

8　CHIP 4とは，米主導で，経済安全保障上で重要な半導体へのアクセスを強化するため，米国，日本，韓国，台湾により構築された枠組であり，政府と企業がサプライ・チェーンのセキュリティ，人材，研究開発，補助金に関する政策を協議・調整するもの。

第３項　製造企業のサプライ・チェーン見直し

（１）日本メーカーの慎重なサプライ・チェーン「再グローバル化」

日本メーカーは1980年代央以降の持続的円高により国内立地コストが持続的に上昇したため，国内集約生産を断念し，グローバル生産に移行しました。しかしながら，2010年代以降，日本銀行のマイナス金利政策と超金融緩和により１ドル120〜130円台の円安基調が定着したため，国内に生産拠点を回帰させる条件が揃いつつあります。

こうした中，2016年以降の米中デカップリングの動きは，日本メーカーにとり，中国をグローバル供給拠点とする体制の見直しを迫っています。近年，中国では人件費が高騰して事業環境が悪化しており，日本メーカーは「チャイナ・プラス・ワン」と呼ばれる，中国から第三国への生産移管の動きを加速させていましたが[9]，2019年以降，日本メーカーは米中デカップリングを踏まえ第三国への生産移管を模索しています。例えば，東芝機械が米国の中国製品に対する追加関税の適用対象となった射出成型機生産を2018年10月に中国から日本，タイに移管。米国が中国への制裁関税第４弾として関税引上げ対象をほぼ全ての中国輸入製品に広げると，2019年５月，リコーが米国向け主要複合機の生産をタイに移管することを決定，同年９月，京セラが複合機生産を中国からヴェトナムに移管し，SHARPが中国で生産予定だった米国向け車載用液晶ディスプレイをヴェトナム生産に計画変更するなどの動きがありました。

ただし，日・米・EUの対中直接投資額の推移を見ると（2014年＝100），米国は2015年以降一貫して100を下回り，EUは2017年を除き2018年まで100を上回っていたものの，2019年に急減して以降100を下回っているのに対し，日本は2016年を除き，コロナ感染症の蔓延拡大時期も含めて100を上回っています。すなわち日本企業は米中対立やパンデミックの時期においても安定して対中直接投資を行っており，新聞報道等で受ける印象とは異なり，中国生産拠点を第三国・地域に移転しているわけではなく，生産移転するとしても国内生産回帰する事例が多くなっています。

（２）対米サプライ・チェーンの構造変化

日本企業はサプライ・チェーンの再グローバル化に慎重ですが，世界の動きを見ると，米中対立は対米サプライ・チェーンの構造変化を確実にもたらしていま

9　中国から第三国・地域への生産移管の場合，日本企業では，ヴェトナム・タイ等の東南アジア諸国への生産移転，対米輸出上の近接性やメリットからメキシコへの工場移転を選択する社が多くなっている。

す。

①　米国の対中輸入額の減少

2018年の追加関税賦課を契機として顕在化した米中対立は，トランプ政権に続くバイデン政権の下で一層深まり，後述するように，追加関税の対象拡大，機微技術に関連する製品や技術の輸出管理強化，人権侵害を理由とした輸入規制，ファーウェイ製通信機器の輸入・調達制限などが矢継ぎ早に実施され，投資面でもAIや先端半導体など特定分野で米国企業による投資禁止など規制強化が図られました。貿易には慣性が働くため，米中の貿易総額は2022年に過去最高額を記録し，中国は16年連続で米国の輸入相手国トップの地位を維持しましたが，2023年以降その傾向に変化が生じ，2023年の米国の対中輸入額は前年同期比▲20.0％減の4,272億ドルとなり，メキシコに輸入相手国首位の座を譲り渡します。対中輸入が米国の輸入全体に占める割合も13.9％と，ピークだった2017年及び2018年の21％前後から激減しました。

図表6－3　米国の国別年間輸入額の推移

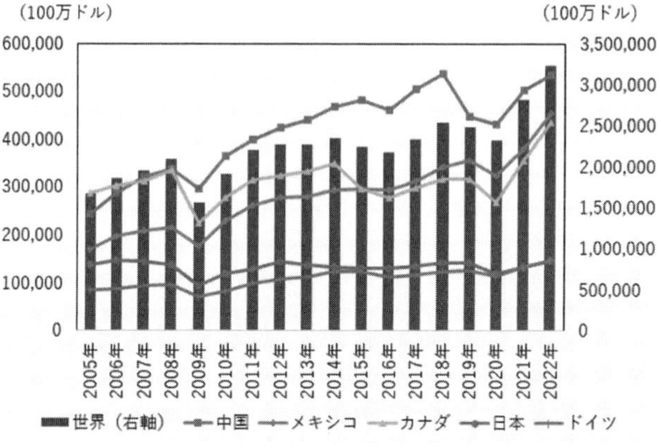

（出所）米国国際貿易委員会（USITC）

②　通信機器供給拠点のヴェトナム・インド移転

2023年，米国の対中輸入において輸入額が大幅に減少した品目はPC，スマートフォン，スイッチング・ルーター機器であり，PCは輸入額447.6億ドルで対前年比▲10.9％，スマートフォンは輸入額355億ドルで対前年比▲27.9％，スイッチング・ルーター機器は輸入額78.0億ドルで対前年比▲18.1%，PC用モニタは輸入額47.4億ドルで対前年比▲31.6%となりました。

（a）PCにおける対米グローバル・サプライ・チェーンの変化

ヴェトナムは，台湾受託製造企業が多数進出しており，米国向け生産拠点の１つとなっています。近年，ヴェトナムからのPC輸入が拡大，2023年輸入額は前年比約４倍になりましたが，背景には，Apple等から生産受託する台湾企業の生産地の見直しがあります。

2022年，Appleが生産委託する鴻海がヴェトナムに３億ドルを投資し生産拠点を拡大（MacBook生産），2023年５月には，AppleのMacBookを受託生産する台湾クアンタ・コンピューターが1.2億ドルを投資しヴェトナム北部にPC工場建設用地を確保（2024年末生産開始），2023年６月には，Appleのほか米国DellやSONY，台湾Asus，中国LenovoなどのPCを生産する台湾のコンパル・エレクトロニクスが2.6億ドルを投資してヴェトナムに生産拠点を建設しています（2024年生産開始予定）[10]。

（b）スマートフォンにおける対米グローバル・サプライ・チェーンの変化

スマートフォンでは，2023年にインドからの輸入額が急増し前年比４倍超となりましたが，Appleは2025年までにiPhone生産の25%をインドに移管する予定であり，台湾受託製造企業も中国からインドへの生産移転を加速しています。

2017年５月，台湾受託製造大手ウィストロンがインドでiPhone生産を開始していましたが，2022年９月に鴻海もiPhone14の生産を開始，研究開発拠点・工場を新設し，2023年８月よりiPhone15を生産開始しました。同じく2022年９月，台湾のペガトロンもiPhoneの生産を始め，同年11月よりiPhone14生産もスタートしていますが，2022年５月にはインドのタタ・グループもiPhoneの受託生産に参戦しています。

（c）スイッチング・ルーター機器

後述しますが，米国政府は，情報漏洩など安全保障上の懸念から，中国企業が生産する通信機器への規制を段階的に強化し，中国のファーウェイ，ZTE等の製造する通信機器を2019年に政府調達から締め出し，2022年11月にはルーター機器も含めて事実上輸入・販売を禁止しています。その結果，米国の中国からの

10　日本貿易振興機構（JETRO）（2024）

ルーター機器輸入は2018年235億ドルから2022年95億ドルと6割減となり，長らくルーター機器の輸入額トップだった中国は2022年にヴェトナム，2023年にはメキシコに抜かれます。

米中間のデカップリングに伴うグローバル・サプライ・チェーンの変化が統計等で確認できるまでには時間がかかりますが，欧米では「自由で開かれた国際貿易システム」の修正がもはや不可逆的に進んでいるのかもしれません[11]。2010年代央以降，グローバル資本主義の理念では「1つの国」であるべき世界に「ミシン目」が入りつつあり，日本メーカーは米国・中国双方とビジネスするためには，両国のそれぞれ向けにグローバル・サプライ・チェーンを複線化する必要があるのでしょうか。複線化しても，米中双方から「いずれの側に立つのか」態度を明らかにすることを求められるのは必定であり，複線化が「解」たり得るかは疑わしいものがあります。

第2節　半導体部門におけるサプライ・チェーンの再グローバル化

第1項　米国政府の半導体規制

米国政府の対中通商政策は“Protect and Promote”を基本としますが，各種規制を通じて米国の技術流出を防ぎ，中国の経済的台頭を阻止する「守り（protect）」はグローバル・サプライ・チェーンに重要な影響を及ぼしますので，まず半導体部門に関する「守り」を見てみましょう。米国の意図は先端技術分野における中国のキャッチアップと軍事脅威化を防ぐことにありますが，半導体規制は通信部門規制と不可分であるため，米国政府が通信部門で行っている中国企業排除を説明します。

（1）通信企業の排除

米国は，個人情報や機密情報の漏洩を防ぐことを理由に，中国の通信関連企業を排除しようとしています。中国の2017年「国家情報法」では，「いかなる組織

11　JETRO（2024）は，Appleを中心に情報通信機器の生産拠点が中国からインドやヴェトナムに移管しつつある結果，対米輸出の物流にも変化が生じており，米国東海岸の港湾でのコンテナ取扱量が増加しているとする。コロナ禍による物流の混乱により，アジアからの貨物の玄関口となるロサンゼルス港やロングビーチ港でコンテナが大量に滞留したことから，2021～2022年に一部の貨物が東海岸に西から流れる現象が見られていたが，2022年の米国内の主要港のコンテナ取扱いを見ると西海岸から東海岸への物流シフトは鮮明化しており，西海岸ではコンテナ取扱量が軒並み前年比で減少したのに対し，東海岸では全ての港で増加したと分析している。

及び国民も，法に基づき国家情報活動に対する支持，援助及び協力を行い，知り得た国家情報活動についての秘密を守らなければならない」（第７条）[12]とあるため，中国の通信機器企業と通信事業者は，中国国外でビジネスを行う場合でも，中国の公安機関と国家安全機関への協力が強制されると米国政府は主張します。

米国は「2019会計年度国防権限法」を制定，中国企業５社の通信機器などの政府調達を禁止。規制対象はファーウェイとZTE製の通信機器，海能達通信（ハイテラ），杭州海康威視数字技術（ハイクビジョン）及び浙江大華技術（ダーファ・テクノロジー）製のセキュリティ用のビデオ監視・通信機器であり，2019年８月以降，これら製品・サービスを主要な部品又は重要なテクノロジーとする通信機器・サービスの政府による調達，取得，使用，契約及び契約延長・更新を禁止し，次いで，2020年８月以降，これら製品・サービスを主要な部品又は重要なテクノロジーとする通信機器・サービスを利用する企業等と政府との契約及び契約延長・更新を禁止しました。

続いて米国議会は2020年３月に「安全で信頼できる通信ネットワーク法」（Secure and Trusted Communications Networks Act of 2019）を成立させ，米国の通信企業が国家安全保障上の脅威をもたらす企業からの機器の購入に連邦資金を使用することを禁じ，米連邦通信委員会（FCC）に当該機器・サービスのリスト公表を義務付けます。リストには，「2019会計年度国防権限法」で政府調達対象から外された５社の機器に加え，通信事業者である中国電信，中国移動，中国聯合網絡通信及び同社の米国子会社Pacific NetworksとPacific Network全額出資子会社ComNetのサービスも含まれ，さらにFCCは2019年５月にChina Mobile，2021年10月中国電信，2022年１月中国聯合網絡通信，2022年３月にPacific NetworkとComNetの事業免許を取り消します。

中国通信機器メーカー及び通信事業者の米国締出しに続き，「2021年安全機器法」（Secure Equipment Act of 2021）に基づき，FCCは2022年11月，国家安全保障上の脅威となり得る通信機器について，米国内への輸入や販売に関する認証を禁止する行政命令を発表。対象はファーウェイとZTEが製造提供する通信機器や監視カメラに加えて，ハイテラ，ハイクビジョン，ダーファ・テクノロジーが製造提供する監視カメラや通信機器のうち国家安全保障上の用途となるものも含まれ，米国は通信機器市場から中国企業を徹底的に締め出しました。

12　岡村（2017）

（2）対中半導体輸出規制の強化

米国の意図は中国の先端技術分野でのキャッチアップと軍事脅威化を防ぐことですので，米国市場から中国通信機器メーカー及び通信事業者を排除するだけでなく，彼等の技術開発に米国等の先端技術が利用されることも防ぐべく，米国は半導体分野で中国に先端製品・技術が流出しないよう同盟国・友好国を含めて規制をかけます。

現在の安全保障は，戦車や戦闘機などの物理的な兵器だけでなく，兵器を効率的に運用するための通信技術や，サイバー攻撃なども含めたハイブリッドな対応が求められ，半導体が基盤技術です。人工知能や量子コンピューティングなど21世紀のデジタル・エコノミーの革新技術でも，半導体産業の優位が優勝劣敗を左右します。安全保障貿易管理[13]を管轄する米商務省産業安全保障局（BIS：Bureau of Industry and Security）は，中国の半導体技術及び製造装置へのアクセスを制限するため，2020年12月，中国最大の半導体メーカーである中芯国際集成電路製造（SMIC）を輸出許可対象に追加，10ナノメートル（nm）以下の半導体が製造可能な装置について輸出を禁止し，2022年７月，規制対象を14nm以下の半導体が製造可能な装置にまで拡大します。

規制は同年中にさらに強化され，10月には，直接，兵器に応用できる半導体及び同技術だけでなく，それらに関連する半導体製造装置や半導体設計ツールも規制対象に追加されます[14]。中国はスーパー・コンピュータ開発や，集積回路の開発・生産のために必要な半導体及び半導体製造装置にアクセスできなくなっただけでなく，米国政府が指定する中国企業向け半導体受託製造サービス，中国国内で稼働済みの先端製造装置に係るアフターサービス等も原則提供が禁止されました[15]。

なお，半導体サプライ・チェーンは国際的に水平分業が進んでおり，一国による規制で半導体の輸出管理をすることは困難であるため，米国は先端半導体製造装置の開発供給能力を有する日本及びオランダに対して先端半導体製造装置の対中輸出規制を働きかけ，遂に2023年１月，日本とオランダは同盟国である米国の

13　安全保障貿易管理とは，国際社会における平和及び安全を維持するため，武器そのものを含め，軍事転用可能な民生用の製品・技術などが，大量破壊兵器の開発を行う国家やテロリスト（非国家主体）の手に渡らないよう，輸出規制・役務取引規制を行うことを指す。

14　米エヌビディア（NVIDIA）のGPU（画像処理半導体）や英AMDのCPUなど，スーパー・コンピュータやAIに用いられる高性能半導体の輸出を原則禁止するとともに，先端半導体向けの米国製半導体製造装置や材料の輸出，米国人の技術者などが開発・製造に関わることを原則禁止した（在中外資系メーカーも１年間の猶予期間の後に規制対象に）。

15　BISは引き続き2022年12月に中国半導体メーカー大手の長江存儲科技（YMTC）や主要な人工知能向け半導体メーカー21社を輸出許可対象リストに追加。

要請を容れて，先端半導体の製造装置の対中輸出規制に合意，同年３月に両国は中国を念頭に置いて，国家安全保障の観点から先端半導体の製造装置への輸出規制を強化します。

（3）半導体サプライ・チェーンのフレンド・ショアリング

日本及びオランダによる半導体製造装置の対中輸出規制は「フレンド・ショアリング」の一例です。米国には，もはやグローバル・サプライ・チェーンを自国完結型で再構築する力はなく，グローバル・サプライ・チェーンを同盟国ないし友好国にグローバル分散した形に作り替えなくてはなりません。

米国では，長期的に半導体製造の国内回帰を目指し，2022年８月にCHIPS及び科学法を成立させ，米国内で半導体製造工場を建設するメーカーに補助金を支給しています。現在，先端半導体の多くは台湾で生産されていますが，中国が台湾の武力併合の選択肢を否定せず軍事的威嚇をエスカレートさせる中，仮に台湾有事が起きれば，世界の先端半導体サプライ・チェーンに与える影響は甚大です。

そこで，米国は世界最大の半導体受託製造企業TSMC（Taiwan Semiconductor Manufacturing Company，台湾積体電路製造股份有限公司）に対して米国内での半導体工場建設を要請し，TSMCは米国政府の要請を容れてアリゾナ州に2025年以降の順次操業を目途として，回路線幅４nm，３nmの先端半導体工場建設に入っています。

また，韓国サムスン電子も米国政府の要請を受けて，2021年，テキサス州に半導体受託製造専用工場を170億ドル投じて建設することを決定しており，現在，回路線幅３nmの次世代半導体の生産拠点を米国内で建設中であり[16]，米国は同盟国・友好国に対して「フレンド・ショアリング」を働きかけ，中国を半導体サプライ・チェーンより分断し，中国の軍事的脅威から安全なグローバル・サプライ・チェーンの構築を進めようとしています。

第２項　受託製造企業TSMCの再グローバル化

（1）半導体の製造サプライ・チェーンの構造

半導体の製造サプライ・チェーンの構造を説明しますと，サプライ・チェーンは「設計」「前工程」「後工程」「流通」に分かれます。「設計」は「必要な機能を実現する回路を設計し，シミュレーションを重ねて効率的なパターンを検討す

16　サムスンにとり，半導体回路を形成する「前工程工場」の新設は2017年に稼働した韓国平沢工場以来で６カ所目であり，テキサス州の新工場が稼働すると韓国３カ所，米国２カ所，中国１カ所に前工程工場がグローバル立地することとなる。

る」とともに「回路を作るために必要なフォトマスクも製造する」工程です。「設計」に続く製造工程は「前工程」と「後工程」に分かれ，「前工程」では，シリコンから作られたウェハの上に，数百個の半導体を並べてLSI（大規模集積回路）を作り[17]，後工程では，ウェハを半導体に切り分けて半導体を完成させ，切り分けた半導体を固定して端子を付けたり樹脂で覆ったりします[18]。

17　前工程は半導体ウェハ処理工程とも呼ばれ，直径50～300mmほどの円柱状のシリコン・インゴットを薄く切ったウェハの表面に，同一回路をもつ半導体を数十個～数百個，格子状に並べて形成する。ウェハの一番下に形成されるのはトランジスタ層であり，半導体はトランジスタ層の上に配線回路層を何層も積み重ねて作られ，トランジスタ層や配線回路層では成膜，パターン転写，エッチングという３工程が繰り返し行われる。成膜はウェハの上に配線やトランジスタの材料になる薄膜を形成することで，パターン転写とは，成膜で形成した薄膜から，回路パターンとして残す部分と不要になる部分を選択する作業。パターン転写では，薄膜上にフォトレジスト（感光剤）を塗布，フォトマスク・パターン越しに紫外線を照射すると，感光剤の上にパターンが現像される。続くエッチングとは，薄膜を配線等の形状に加工する工程であり，現像されたフォトレジストは下の薄膜をエッチングから保護する。現像されなかったフォトレジストはエッチングにより取り除かれ，さらに，その下の薄膜も取り除かれると，薄膜にパターンが形成されることとなる。

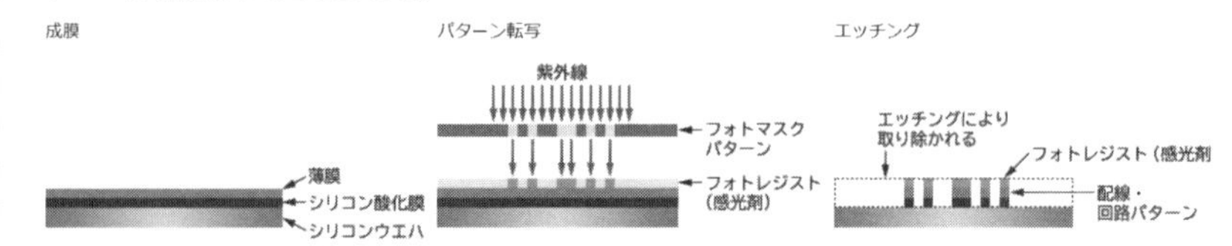

18　後工程は「ダイシング」「ワイヤボンディング」「モールディング」のプロセスから成り，「ダイシング」では，ウェハをダイヤモンド・ブレードで切断しチップ毎に分離。続く「ワイヤボンティング」で，リードフレーム（薄い金属で作られたチップの支持体であり，半導体を基板に実装する際の端子ともなる部品）にチップを固定。その上で，「モールディング（パッケージング）」にて，傷や衝撃，ホコリや磁気などにより影響を受けやすい，極めて繊細な製品であるチップをエポキシ樹脂で包み込み保護。ダイシング，ワイヤボンティング，モールディングを経たチップは，検査工程を経て出荷される。

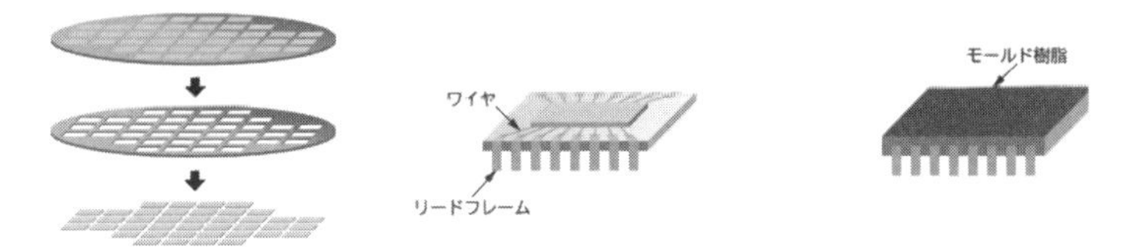

図表6-4　半導体サプライ・チェーン

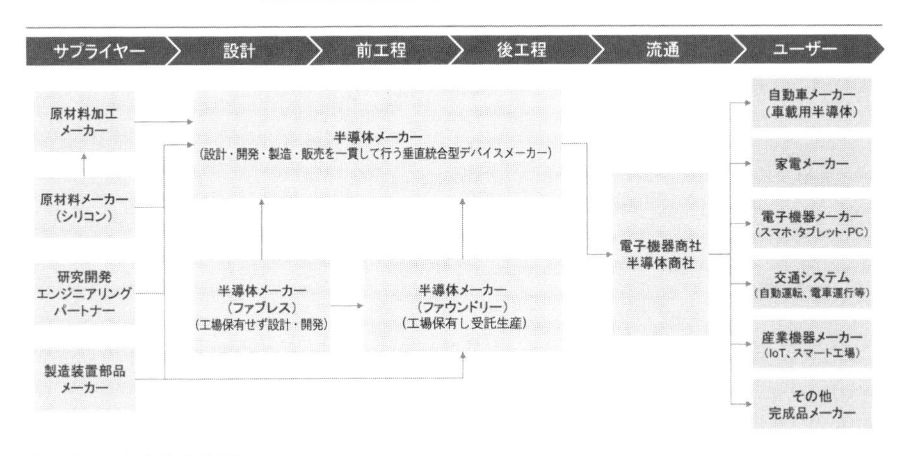

（出所）経済産業省資料

半導体メーカーには，Intel，サムスン電子のように，設計・前工程・後工程を一貫して実施する「垂直統合型デバイス・メーカー」（IDM：Integrated Device Manufacturer）があり，歴史的にはIDMが半導体メーカーとして一般的でした。これに対し，設計・前工程・後工程を一社で一貫実施せず，異なる企業が分担するのを水平分業モデルと呼び，設計では，米国のQualcomm，NVIDIA，AMD（Advanced Micro Devices），前工程では，台湾TSMC，シンガポールGlobalFoundries，中国SMIC，後工程では，台湾ASE Technology，米国Amkor Technology，中国JCET（江蘇長電科技）が代表的な企業です。

半導体製造における水平分業モデルの登場は，1980年代後半以降，次世代半導体の製造に要する設備投資が高騰した結果です。ロジック・チップは，チップの価値を作り込む企画・設計自体に大きなリスクがあり，売れないチップを作ってしまうと投資資金は回収できません。設備投資額の巨額化により，半導体ビジネスは競争に敗れた企業が一気に経営破綻に追い込まれるハイリスクなビジネスとなってしまいました。チップの企画・設計と製造を切り離しリスク分散したのが水平分業モデルであり，工場を保有せず設計・開発に特化した半導体メーカーをファブレス，TSMCのように工場を保有し受託生産に特化した半導体メーカーをファウンドリと呼びます。

半導体サプライ・チェーンは設計，前工程，後工程を基幹として構成され，これに原材料メーカー，製造装置メーカー等が関与していますが，経済産業省調べでは，半導体部素材で日本メーカーが世界シェア48％を占め（日本，韓国，台湾で世界シェアの77％を生産），半導体製造装置では，米国，日本，オランダで世界シェアの９割弱を占めることから（いずれも2021年実績。図表６－５参照），米国にとり，半導体サプライ・チェーンは同盟国と友好国の支持さえ得られれば米中デカップリングを達成できるものとなっています。

図表６－５　主要半導体部素材と製造装置のシェア（2021年実績）

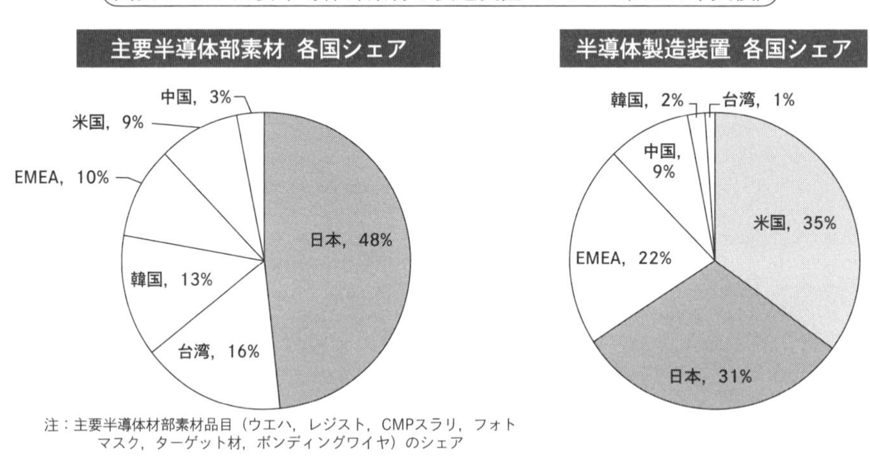

注：主要半導体材部素材品目（ウエハ，レジスト，CMPスラリ，フォトマスク，ターゲット材，ボンディングワイヤ）のシェア

（出所）経済産業省（2021）「半導体・デジタル産業戦略（改定案）」

（２）TSMC：台湾集約生産からグローバル分散生産への転換

TSMCは半導体サプライ・チェーンで前工程を担う受託製造企業であり，2023年のウェハ製造能力は年間1,600万枚（12インチ換算）であり（世界シェア60％），台湾国内に12インチギガファブ４拠点，８インチ工場４拠点，６インチ工場１拠点を有し，その他に完全子会社であるTSMC Nanjing Company Limitedの12インチ工場１拠点，米国のTSMC Washington及び中国のTSMC China Company Limitedの８インチ工場２拠点があり（インチはウェハの直径），生産は台湾に集中しています。

TSMCは「（かつて絶対視されていた）グローバル化は国家安全保障や技術覇権より優先順位が低くなっており，米中関係は（かつての）協力ではなく，競合が基調となってしまっている」と認識した上で，「グローバル化の考え方が再定義され，米国の国家安全保障や技術的優位性，経済覇権を損なわない条件下でのみ，企業が国境を越えて移動するのを認めるという意味になった」と述べており，TSMCは1990年以降の国際経済の基本とされた「自由で開かれた国際貿易システム」はもはや存在しないと捉えているとされます[19]。

米国での半導体生産は台湾よりも50%もコストが高いため，元来，TSMCは米国に半導体工場を建設する考えはなかったとされますが，米中が覇権を賭けて軍事・政治・経済面で対立を深め，習近平政権が台湾の武力統合を選択肢として否定しないと明言して軍事的威嚇を強める中，TSMCは台湾に生産が集中する地政学的リスクを無視することができなくなり，米国等のリショアリング，フレンド・ショアリングの要請を受けて米国及びその同盟国での生産拠点構築を決定しました。

TSMCは2020年５月，米アリゾナ州に120億ドルを投じて５nmの半導体工場を建設することを発表[20]。TSMCによれば同社の地域別出荷額の比率はApple，Qualcomm，Broadcom，NVIDIA，AMDなどのビッグ・カスタマーを含む米国比率が60～70%以上となっており，台湾有事における半導体供給途絶を危惧する米国政府及び顧客メーカーの要請を容れた決定と評価できます[21]。

また，TSMCは2021年10月，日本での新工場建設を発表，SONYとDENSOの参画を得て22～28nmプロセスの新工場を2022年に着工し，2024年の量産開始を目指していますが，その総事業費約8,000億円の半額を日本政府が補助することとなりました。米国アリゾナ工場では工場建設に手間取っていますが，日本では工場建設が順調に進み2024年２月に熊本第１工場が建設を了し，引き続き第２工場，第３工場の建設を進めています。日本は経済安全保障の観点から一旦消滅したに等しい半導体産業の再建を企図し，TSMCの熊本第１工場建設により，回路線幅40nmまでしか生産できない日本で28～12nmのロジック半導体の製造を可能としようとしています。

19　Reuters「TSMC創業者，グローバル化の意義低下に警鐘　国家安保優先で」2023年７月４日付記事（https://jp.reuters.com/article/idUSKBN2YK082/）

20　TSMCは，米国アリゾナ州での工場建設を発表した同じ日に，5G通信基地局で世界通信機器市場を制覇しようとしていた中国ファーウェイ（Huawei）に対して，同年９月以降半導体を出荷しないことを決定。

21　TSMCの米国工場建設は米国政府のCHIPS及び科学法に基づく補助金を前提としているが，CHIPS法は補助金を受ける企業はその後10年間，中国の最先端のチップ製造施設（28nm以降）に投資・拡張することが禁じられる（ガードレール条項）。TSMCは中国南京工場で40～16nmのロジック半導体を生産しているが，CHIPS及び科学法に基づく補助金を受け取ると，向こう10年間，中国南京工場に一切の投資ができない。半導体メモリは２年で一世代が交代するビジネスであり，これでは南京工場は遠からず時代遅れの生産拠点になってしまう（湯之上，2023）。TSMCは米国工場建設に当たり，中国撤退も含めて腹を括ったと考えることができる。

TSMCの熊本工場建設の背景には，最大顧客であるAppleの要請の存在が指摘されます[22]。SONYは熊本県菊陽町の工場でiPhoneのカメラ用向け画像センサを生産する予定ですが，センサは画像データを処理するロジック半導体と重ね合わせて使うことから，Appleがサプライ・チェーン強靭化のため，TSMCに対しSONYと同一エリアの熊本県でロジック半導体生産を求めたところ，TSMCはその要請を受けたというのです。これはTSMCの米国アリゾナ州における工場建設決定が，Appleが中国生産に偏っているサプライ・チェーンの再構築を目指し，米国政府の要請に応じて米国国内に生産シフトする動きに応える目的があった[23]のと同一です。

さらに，TSMCは2023年８月，100億ユーロ超を投じて独ドレスデンで欧州初の工場を建設する計画を発表，独Bosch，独インフィニオン・テクノロジーズ，蘭NXPセミコンダクターズと半導体生産企業を合弁設立するとしました。メガ自動車部品メーカーのBoschが工場建設に参画しているように，この決定には，自動車産業でのCASEの動きに対応した新しい半導体需要を掴む狙いがあり，それを機として欧州に工場を建設して，台湾に偏った生産体制をグローバル分散する意図が窺えます。

以上，TSMCは米中対立を受けて，従来の「規模の経済」を追求した国内集約生産体制を修正し，日米欧でのグローバル生産体制への転換を図ろうとしています。AppleがPC，スマートフォン等の生産拠点を中国からヴェトナム，インドに移管する中，TSMCもインドに生産拠点の構築を模索することを検討しており，生産のグローバル分散は一層加速するものと考えられます。

第３項　垂直統合型メーカーのグローバル展開

（１）Intelのグローバル生産体制の再構築

Intelの製造拠点は世界９カ所あり，５つはウェハ製造，４つはアセンブリ施設です。従来，「垂直統合型デバイス・メーカー」として，前工程を米国３拠点，アイルランド，イスラエル各１拠点，後工程をコスタリカ，マレーシア，中国成都，ヴェトナムの生産拠点で担当してきました。

22　東洋経済On-line『「TSMC熊本進出」のあまり語られない本当の理由　当然，背景にはアメリカIT大手の存在がある』2023年12月12日付記事

23　Bloomberg『アップルのグローバル供給網，米中の断層で分断も－分散化が加速か』2023年８月29日付記事（https://www.bloomberg.co.jp/news/articles/2023-08-29/S02P0EDWLU6801）

図表6-6　Intelのグローバル生産拠点

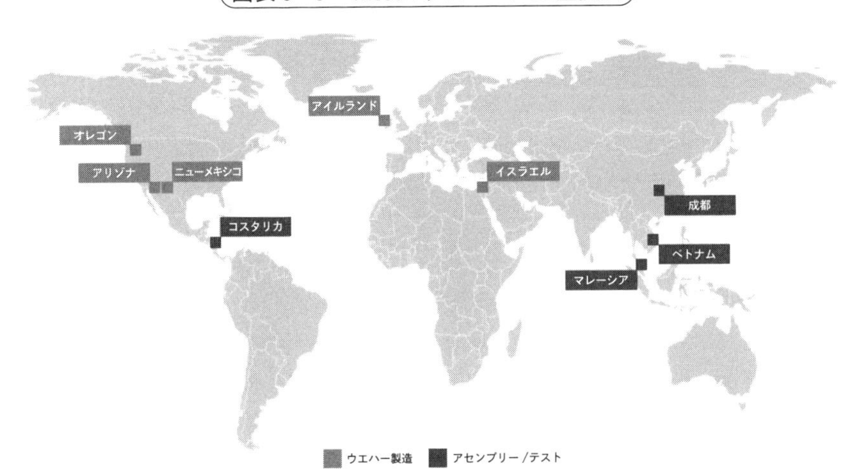

(出所) Intelホームページ

Intelは2021年3月「IDM 2.0」構想を打ち出し，垂直統合型デバイス・メーカーの枠を打ち破り，「規模の経済」を求めてファウンドリ事業に進出する方針を明確化します。垂直統合メーカーとして「内部の半導体製造能力の進化と拡充」を図りつつ，外部のファウンドリの積極活用により，自社で垂直統合型モデルにより一貫生産する製品の「選択と集中」を行い，その上で，世界レベルのファウンドリ・サービスの提供にも取り組むとし，半導体製造の米国回帰とグローバルなファウンドリ拠点の構築に取り組んでいます。

第一に，垂直統合メーカーとしての「内部の半導体製造能力の進化と拡充」については，半導体製造の米国回帰を基本として，200億ドルを投資して米国アリゾナ州オコチロにある自社工場を拡張，新たに2棟の生産施設を建設し，半導体の微細化に不可欠なEUV（極端紫外線）露光技術による回路線幅7nmプロセスを開発し，マイクロプロセッサ「Meteor Lake」のクライアント向けSoC製造に充てようとしています。Intelは米国生産拠点の拡張に当たり，米国政府のCHIPS及び科学法に基づく補助金を活用する考えであり，米国政府の国内半導体生産の強化に貢献する形となっています。

第二に，これまでも無線通信やグラフィックス，チップ・セットなどの自社ブランドICについては，台湾のTSMCやUMC（United Microelectronics Corporation，聯電），韓国サムスン電子，米国GlobalFoundriesのファウンドリ・サービスを活用してきましたが，今後もファウンドリの活用により製品製造における柔軟性や拡張性を確保するというものであり，既定路線の確認の意味に止まります。

第三のファウンドリ事業への本格進出はIntelにとり画期的でしたが，2010年以降，TSMC等のファウンドリが自社以外の顧客を多く集めて「規模の経済」を実現して，自社製品の製造でしか規模を追求できないIDMを成長力・収益力の面で追い抜き格差を付けて行ったことを踏まえ，Intelもファウンドリ事業に本格進出し，IDMの枠を打ち破り「規模の経済」を追求しようとしています。

Intelはファウンドリ事業について米国と欧州にある半導体工場で，ファブレス半導体メーカーのみならず，政府系も含む顧客に対して，Intel以外が設計した半導体を製造するサービスを提供する構想ですが，この点，後工程の製造能力の80％がアジアに集中しているため（マレーシア，中国成都，ヴェトナム），グローバルな製造能力のバランスを取るべく，Intelは米国オハイオ州及びアリゾナ州，イスラエル，ドイツでの新規工場建設を打ち出します。

結果的に，グローバルな製造能力のバランス調整は，後工程だけでなく前工程を含むものとなり，2022年の計画では，欧州に10年間で総額800億ユーロ投資し，2023年に独マグデブルクで２つの工場（前工程）の建設に着手（2027年以降量産開始），イタリアでは後工程工場を建設，2025～27年に操業開始を目指す予定です[24]。

（2）マイクロン

マイクロン（Micron Technology）は米国アイダホ州に本社を構える半導体メモリの製造会社で，サーバやPC，スマートフォン，産業機器などで使用されるDRAMやフラッシュメモリ（NAND型，NOR型）を開発・製造しており，拡張温度範囲，熱サイクル，衝撃などの厳しい環境下においても一貫した性能を発揮する堅牢性，長期ライフサイクルの組込みアプリケーションの要望に応える高い耐久性と信頼性から，特に組込み機器や産業機器で活用されるDRAMに強みを持っています。

組込み機器や産業機器で用いられるDRAMの開発製造はユーザ企業の用途への高度なカスタマイズが要求されるため，元々，マイクロンは顧客との密接なコンサルテーションと協働のために生産拠点をグローバル分散しており，米国，中

24　Intelは欧州では工場建設による製造能力の拡大に加えて，研究開発・設計能力の強化も構想しており，新たにフランスに研究開発拠点を建設し欧州における研究開発のハブとするとともに，ファウンドリ事業において欧州の中心となるデザイン・センタを設立。また，ポーランドのグダニスクにある研究所にも投資し，人工知能（AI）やオーディオ，グラフィックス，データ・センタ，クラウド・コンピューティング向けのソリューションの開発を担当させることとした。

国，日本，マレーシア，シンガポール，台湾など世界13カ所に生産拠点を構え，2013年に経営破綻した日本のエルピーダメモリを買収するなど東アジア・東南アジアを重視してきました。現在，米中対立に伴う，米国政府からの半導体サプライ・チェーンの対中デカップリング要請はマイクロンにとり難しい問題を突き付けています。

図表６－７　マイクロンのグローバル生産・研究開発体制

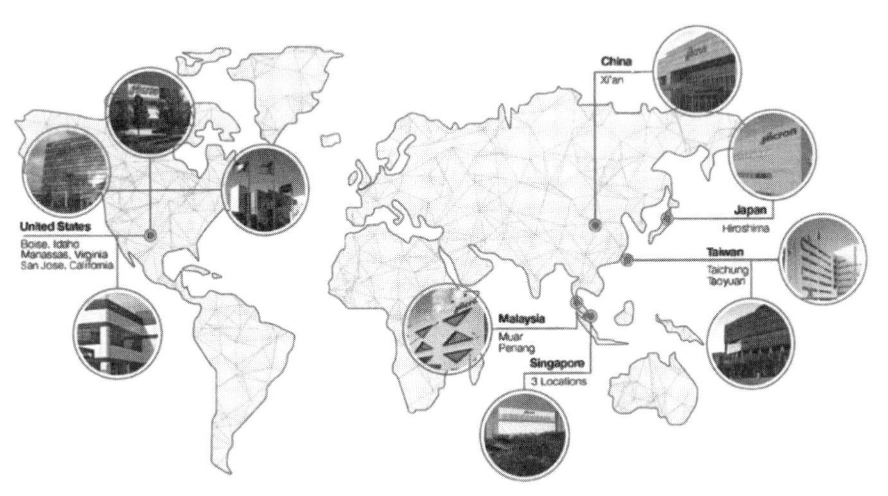

Location	Principal Operations
Taiwan	R&D, wafer fabrication, component assembly and test, module assembly and test
Singapore	R&D, wafer fabrication, component assembly and test, module assembly and test
Japan	R&D, wafer fabrication
United States	R&D, wafer fabrication, reticle manufacturing
Malaysia	Component assembly and test, module assembly and test
China	Component assembly and test, module assembly and test

（出所）マイクロン

第一に，中国による最先端半導体の軍事転用や台湾有事が懸念される中，米国政府は台湾に集中する最先端半導体生産の分散を急がせていますが，マイクロンは既に日本国内で５つの生産拠点を持ち2013年以降130億ドル超の投資を行ってきました。エルピーダメモリ買収で取得した広島工場は研究開発機能を備え，開発から量産まで迅速に実施できるだけでなく，日本政府から465億円の助成を得て，最先端の１β世代製品の量産体制を整えています。フレンド・ショアリングの観点では米国政府の意向に沿った展開ですが，東アジアに偏るグローバル生産体制の修正は困難となりました。

第二に，同じ垂直統合型デバイス・メーカーと言っても，世界標準品をグローバル供給するIntelとは異なり，マイクロンはDRAMをカスタマイズ供給しているため，中国顧客ないし中国市場に製品供給する非中国顧客とビジネス関係を直ちに絶つわけにはいかず（メーカーの供給責任），マイクロンの側としても，既存顧客に代わる新規顧客をすぐには見つけられない状況が続いています。

こうした中，マイクロンは2023年６月，最大27億5,000万米ドルの投資を行ってインド・グジャラート州にDRAM及びNAND型フラッシュメモリの組立・テスト工場を新設することを発表。新工場はDRAM及びNANDの後工程工場で，ウェハをパッケージ，メモリ・モジュール，SSD[25]に加工することを予定しています。マイクロンは中国を含む東アジアに既存顧客が多く立地しており，グローバル・サプライ・チェーンの中国デカップリングは容易ではないのですが，日本に生産拠点を集約化し，インドでいち早く生産拠点を構えて新規顧客を開拓しようとしています。

第３節　戦略物資の政治的利用

1970年代の２次に渉る石油危機は，原油の供給逼迫と原油価格の高騰により，世界経済を大混乱に陥れました。石油等の経済活動に不可欠な戦略物質を政治的に利用することは世界経済に深刻なダメージをもたらすことから，1990年以降の「自由で開かれた国際貿易システム」では「禁じ手」の最たるものでしたが，2010年代以降，米中対立など世界覇権を賭けた争いがスタートし，中東などで宗教・思想信条を理由とする紛争が多発するようになると，戦略物質の政治的利用の動きが再燃し，それに伴いグローバル・サプライ・チェーンも寸断される結果が発生しています。

第１項　ロシアのウクライナ侵攻

米国の覇権への挑戦は中国だけではなく，ソ連の後継国であるロシアも，旧ソ連領への米国の影響力拡大に対抗しています。ロシアは2014年ウクライナ領クリミア半島を武力併合しましたが，2020年２月にウクライナへの本格的な軍事侵攻

25　SSDは“Solid State Drive”の略で，HDDと同様にPC等でデータを記録するためのストレージの１つ。HDDのような磁気ディスクではなく，半導体素子を使ったNAND型フラッシュメモリにデータを記録するため，サイズについて自由度が高く，データの読込みや書込み時間の短さが特徴。衝撃への強さがメリットであり，ノート型PCなど持運びする外部記憶装置としては最適なストレージとされる。

を開始し，ロシアと黒海艦隊の基地のあるクリミア半島をつなぐ回廊部分の武力併合を試みています。

ロシアは2000年以降，ドイツとの協力により天然ガス・パイプラインを構築し，ドイツを始めとするEU諸国への天然ガス輸出により巨額の外貨を稼ぎ，ドイツ等はロシアより安価な天然ガスの安定供給を受けることで安定した経済成長を達成できました。この過程でドイツ等はロシアへの天然ガス依存度を高め，ロシアから供給途絶した場合に脆い経済構造に陥ります。2020年の天然ガスのロシア依存度を見ると，EU平均24％，ドイツ58％，イタリア40％，オランダ36％となりました（EUROSTAT調べ）。

2022年２月のロシアのウクライナ侵攻後，EUは化石燃料の輸出で潤うロシアの財政にダメージを与えて戦争の継続を難しくするとともに，自らの経済安全保障強化の観点からロシア産の化石燃料に対する依存度を低下させるべく，2022年３月の首脳会議で，ロシア産の化石燃料（石炭，石油，天然ガス）の利用を段階的に取り止める方針を決定します。

石炭は元々EU域内での生産比率が高く，原油は生産量調整が比較的容易でスポット市場も豊富に存在しているため代替を進められましたが，液化天然ガス（LNG）取引は生産者・消費者間の長期固定契約が前提であり，スポット市場が制約されているため，EUは天然ガス調達に関して困難に直面します。EUの制裁措置に対抗して，ロシアは欧州へのガス供給を絞り始め，2022年９月には技術的問題を理由に海底ガス輸送管の遮断に踏み切ります。EUの天然ガスにおける脱ロシア化はロシアの供給削減により強制的に進んだ側面が濃く（ロシア産シェアは2022年第１四半期31％から年末19％に縮減），その過程でEUは天然ガスの消費節約に追い込まれ社会経済が混乱します。

第２章第２節第２項で説明したように，三菱商事等は20年近くをかけてLNGサプライ・チェーンを構築しましたが，LNGサプライ・チェーンは，生産者とユーザの長期的で拘束性の高い契約関係を基盤としており，短期間のうちに構築できる類のものではありません。EUは依然として天然ガスの安定的な代替調達の目途が立っておらず，エネルギー調達は不安定なものとなっています。

第２項　中国のレアアース輸出規制

（１）日中の政治関係の緊張

日中国交回復以降，日中間の政治関係は緊張と緩和を繰り返していますが，2005年，小泉純一郎首相の靖国神社参拝に反発して中国では日本製品の不買運動が発生します。一方，日本でも反中デモが行われ，在日中国大使館等に火炎瓶が投げつけられる事件等が続発しました。こうした中，2010年９月７日，尖閣諸島で中国人船長が日本海上警察に逮捕される事件が発生すると，中国はレアアース輸出の中止を理由説明抜きで通告してきます。日本はこれを中国人船長逮捕への報復と理解し，WTO協定違反と抗議しますが，中国政府は環境保護による措置として違反ではないと応酬します。

（２）日本の対応と中国による規制撤回

中国は2010年以前からレアアース輸出制限を強化しており，2010年には年間輸出枠を対前年比４割削減する方針を打ち出していたため，日本はかねてより中国が対日圧力手段としてレアアース禁輸を使うことを想定してきました。レアアースは日本が強い競争力を持つハイブリッド自動車や液晶パネルの製造に不可欠な材料であるため，日本の政府・財界は中国の動きに反発。2010年夏，岡田克也外相と米倉弘昌日本経団連会長が訪中し，中国首脳に対してレアアース輸出制限の緩和を要求します。

同時に，日本側は短期的にレアアースの供給確保に全力を傾注し，例えば，総合商社・双日が2010年11月，石油天然ガス・金属鉱物資源機構と共同で２億5,000万ドルを豪州のレアアース生産企業のライナスに出資する（出資金の一部はレアアース総合対策予算に由来）など調達先の新規開拓に取り組みます。日本はレアアースの供給確保と並行して，中国のレアアース輸出規制に対抗する国際的なアライアンス形成に取り組み，2012年３月，米国，EUと共同で，中国のレアアース輸出規制をWTOに提訴します。

結果的に，日本は対中レアアースの依存度を2009年86％から2015年55％に引き下げつつ，2014年８月，中国の輸出規制をWTO協定違反とするWTO決定を獲得することに成功します。一方，中国のレアアース業界は，レアアース価格の急落により2014年に赤字化し，これとWTO敗訴を受けて，中国政府は2015年１月，レアアース輸出規制を全面撤廃することとなりました[26]。

（３）資源の政治的利用を続ける中国

中国はその後もレアアース等の戦略物資を政治利用する姿勢を変えておらず，米中対立を契機とした半導体輸出規制への対抗措置として半導体素材の輸出規制を2023年８月以降開始しました。同規制では，半導体の材料となるレアメタルで

26　経済産業省「METI Journal」2022年８月16日号，「政策特集 不公正貿易とニッポンが戦う vol.2　レアアース紛争，立役者２人が語る『日本勝利』の舞台裏」

あるガリウム（８種類）と樹脂や電化製品などに使われるゲルマニウム（６種類）の関連製品，さらに次世代半導体の基板などに使われる窒化ガリウムが対象となり[27]，「欧州重要原材料アライアンス」（ERMA）によれば，中国が世界のガリウム生産量の約80%，ゲルマニウム生産量の約60%を占める結果，世界の半導体メーカーの事業活動に暗雲を投げかけています。中国政府は措置の目的を国家安全保障と利益を守るためとしており，その真意は米国が主導する対中半導体関連輸出規制への報復措置にあると見られることから，今後，米中対立のヒートアップに伴い影響が大きくなることが懸念されています。

27　ガリウムは未来半導体開発や有機ELディスプレイ素材などとして使われ，ゲルマニウムは半導体工程用ガス生産などに使用される。

第Ⅳ部

デジタル技術と貿易

第7章
新技術・環境保護と国際貿易

21世紀はデジタル・エコノミーの時代であり，インターネット，IoT技術等はモノ貿易に並ぶデジタル貿易を産み出しただけでなく，貿易・決済手続のデジタル化など貿易の在り方を進化させようとしています。IT技術により，国際貿易の制度インフラはどのように革新され，グローバル・サプライ・チェーン・マネジメントはいかに高効率化されようとしているのでしょうか。

また，21世紀は人類史上で初めて「持続可能性」が問われるようになりましたが，国際貿易ないしグローバル・サプライ・チェーン・マネジメントは，デジタル技術だけでなく，環境保護など持続可能性により在り方が決定付けられます。本章では，環境保護がグローバル・サプライ・チェーン・マネジメントにいかに影響するかも考えます。

第1節　貿易・物流のデジタル化

第1項　伝統的な貿易取引手続の煩瑣性と非効率性

貿易・物流には多くの業務プロセスと書類が存在し，関係する企業・機関の数も多く，業務内容は煩雑です。図表7-1は輸出貿易取引における関係者と書類の流れを示していますが，これら全ての手続が書面にて実施された場合，当事者の数，授受されている書類の数が相当なものとなることが理解できるはずです。

商品取引では，売買契約の締結から，商品の輸送，商品代金の決済が基本的な流れとなり，これは国際取引でも大枠は同じですが，輸出地及び輸入地における通関など貿易取引に特有の手続が存在します。このため，貿易・物流業務は国内取引以上に多くの企業・機関が関係しますが，彼等の間の手続・申請は伝統的に紙の書類が使用され，過去20年間のIT化の努力に関わらず紙ベースの手続が多くで踏襲されています。輸出貿易に関連する企業及び書類についてまとめると以

図表７－１　輸出貿易における関係者及び書類の流れ

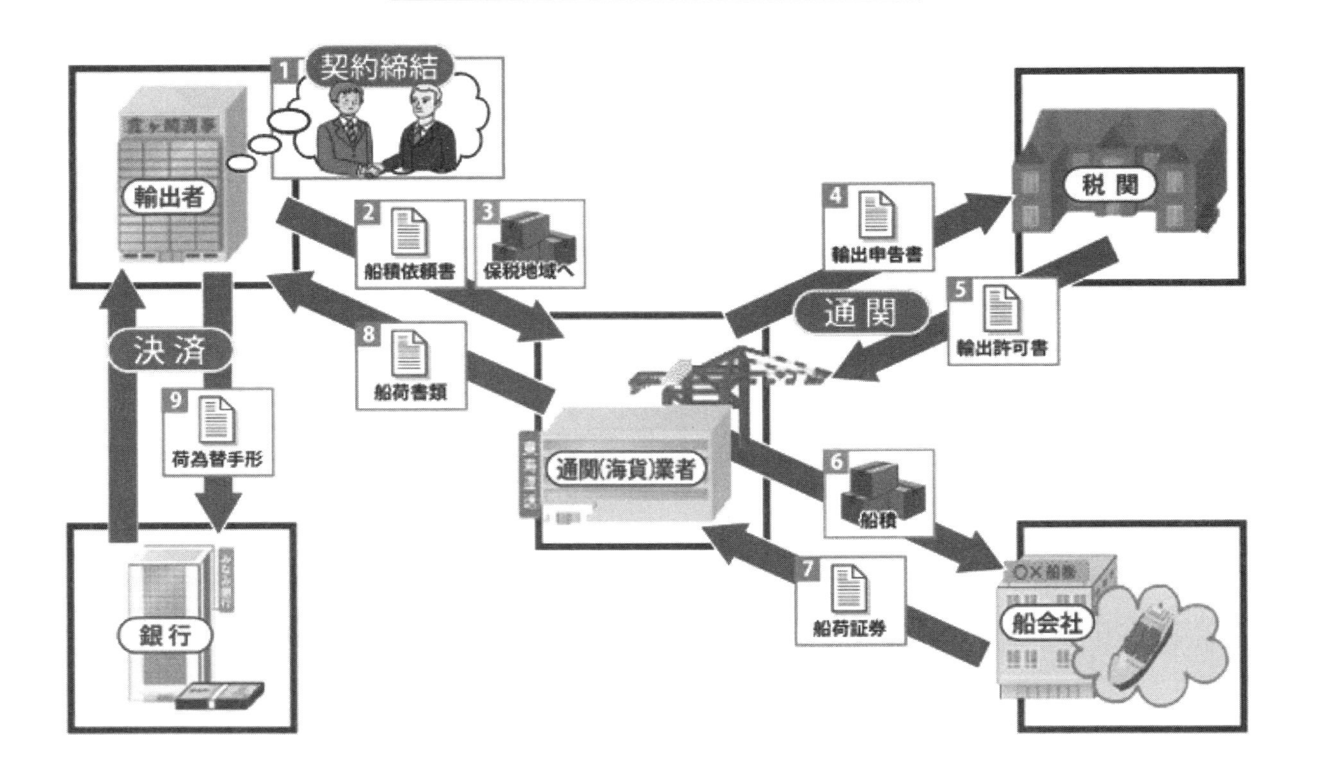

（出所）JETROホームページ
（https://www.jetro.go.jp/theme/export/basic/trading/procedure.html）

下のようになります。

図表7－2　輸出手続と関連書類

手続	内容	関連書類
契約締結	輸出入の当事者が契約を締結（取引条件を記載した書面を双方証明により交換）。	契約書
貨物の通関依頼	輸出者は，海運・通関業者に船腹予約など輸送手段の確保，貨物の通関及び船積みを依頼。同時に，インボイス（送り状：輸出者が輸入者宛てに作成する貨物の明細書）を作成，海運・通関事業者に渡す。	船積依頼書 インボイス
貨物の保税倉庫への運搬	輸出貨物を保税地域に運ぶ。	
輸出申告	海運・通関業者は，船積依頼書に基づいて税関に輸出申告を行う（インボイス等関連書類も提出）。	輸出申告書
書類審査 現物検査 輸出許可	税関は輸出申告を受けて，必要に応じて書類審査，現物検査を行い，外為法等関係法令に抵触しない輸出事案について，輸出許可を出す。	輸出許可書
貨物の船積み	船会社が，海運・通関業者により保税倉庫から搬出された輸出貨物を船積みする。	
船荷証券の発行・受渡し	船会社が輸出者の貨物を接受後，船荷証券を発行し，海運・通関業者に渡す（輸出者には代金受取り，輸入者には商品引取りのための権利証の意味あり）。	船荷証券 （Ｂ／Ｌ）
輸出許可書・船荷書類の受渡し	海運・通関事業者は輸出許可書，船荷証券を含む船積書類を輸出者に届ける。	輸出許可書 船荷書類
決裁	輸入者は取引銀行に信用状の発行を依頼（信用状は輸入者に代わり輸出者への代金支払を確約した保証状）	信用状（Ｌ／Ｃ）
	輸出者は，輸入者の送付してきた信用状・為替手形に船積書類を添えた荷為替手形を銀行に提示し，決済。	荷為替手形

（出所）筆者作成

貿易手続は，関係企業と業務の多さに加えて，業務が「紙の書類」で処理・管理されている結果，限られた時間の中で，荷主（輸出者），物流業者，海運・通関事業者，船舶・航空会社・保険会社など，多くの関係企業が緊密にコミュニケーションを取り合うことは難しく，何か問題が発生した時に機敏に対応しようにも，誰かが情報を一元管理する形になく，通信手段もメールやFAXに頼るため，ほぼ対応不能となっています。

現在，各企業が個別手続毎に取引相手から（海運・通関事業者であれば荷主である輸出者から，船会社であれば海運・通関事業者から）入手した「紙の書類」に基づき，データを手入力していますが，ヒトの作業はミスの発生を完全に避けることは困難です。また，貿易手続及び受注・出荷・船積情報を統一管理する者がいないため，貿易手続のいずれかの段階で，受領した「紙の書類」から新たに「紙の書類」を作成する過程で修正・変更があっても，変更履歴は残らず，仮に，修正・変更者が修正・変更をシェアしようにも，いずれの範囲に連絡すべきか，判断できません。

貿易手続は外国貿易法・関税法だけでなく植物防疫法・林業種苗法・家畜伝染病予防法等多数の法律の規律を受けており，申請手続や提出書類は膨大です。業務の煩雑さからミスが発生しやすく，貿易手続のいずれかの工程で修正が生じても，直ちには対応できません。グローバル競争では，顧客へのジャスト・イン・タイム供給がますます重要となっていますが，貿易手続が円滑に進まず，いずれかの工程でのミスや修正・変更等によりトラブルが発生すると，取引だけでなく企業信用も失いかねません。

第2項　貿易手続のデジタル化とプラットフォーム構築

上記の問題に如何に対応するか。貿易手続のデジタル化と，輸出者・輸入者等貿易契約の当事者だけでなく，海貨業者，通関業者，船会社等運輸事業者，倉庫，保険会社，銀行等が共同利用できるデジタル・プラットフォームが1つの解としてあります。

(1) 貿易手続の標準化と電子データ化

実は上述の問題は今に始まったものではなく，貿易手続の合理化に向けた取組は半世紀前にスタートしており，第一段階として，書式の標準化と電子データ化が進められました。

国連欧州経済委員会（UNECE）は，第二次世界大戦後，欧州統合に向けて貿易システム・手続の標準化と統一に取り組みましたが，同委員会が1963年に策定した貿易書式が世界的に受容され，貿易書式の国際統一と項目簡素化が進むと，

「電子データ」による貿易手続の基盤が徐々に出来上がります。

1980年代，企業等で経営・財務会計・受発注・購買・生産・販売など企業活動の電子データ化と管理が急速に進むと，貿易・物流取引にも電子データ化の波が押し寄せ，1987年，UN/EDIFACT（行政，商業，輸送のための電子交換に関する国連規則）が電子データ交換（EDI）の国際標準として承認され，貿易電子化の基盤が確立します。

（2）貿易取引の電子化

①　プラットフォーム立上げの難航

1960～80年代，貿易書式の国際標準化に続き電子データ交換の国際標準が開発され，企業間等で電子化された貿易書類をデータ交換することが可能となり，貿易手続の電子化の基礎が出来上がりました。電子化により，書類の受渡し時間の削減や事務手続の効率化・簡素化が可能となるはずでしたが，貿易取引の電子化は，国や業界を跨り，民間業者に加え税関等規制庁も関係する問題であり，一朝一夕には進みませんでした。

貿易取引のデジタル化には，ユニバーサルなデジタル・プラットフォームが必要です。プラットフォームは「国内外の多数の関係者をカバーする」「関係者間で取引情報を共有・利活用でき，取引状況をリアルタイムで把握できる」「契約や，貨物の権利を有する船荷証券，決済情報など重要情報に対応する改竄防止の仕組が導入されている」等の条件をクリアする必要があり，国や業界を跨り，民間業者だけでなく税関や規制庁等も関係するため，コンセンサスを形成することは至難の業でした。また，インターネットの普及は1990年代後半以降の話であり，1990年代央までは多数当事者が参加する電子データ交換のためのプラットフォーム構築は簡単ではありませんでした。

②　各国での貿易関連手続オンライン・システム構築

1990年代，各国では貿易手続等のオンライン化が試み始められ，我が国でも，旧運輸省のNACCS（Nippon Automated Cargo and Port Consolidated System）など各省庁がシステム構築を進めます。NACCSは「入出港する船舶・航空機及び輸出入される貨物について，税関その他の関係行政機関に対する手続及び関連する民間業務をオンラインで処理するシステム」であり，航空貨物の輸入手続システム，Air-NACCSは1978年より稼働し1985年には輸出手続も可能となり，海上貨物の輸出入通関システム，Sea-NACCSは1991年より稼働開始しました。

長らく両システムはバラバラに運営されていましたが，加えて，旧建設省の港湾EDIシステムのサイバーポート，法務省の乗員上陸許可支援システム，農林水産省の動物検疫検査手続電算処理システム（ANIPA）及び輸入植物検査手続電算処理システム（PQ-Network），厚生労働省の輸入食品監視支援システム（FAINS），経済産業省の貿易管理オープンネットワーク（Japan Electronics Open Network Trade Control System：JETRAS）等が乱立し「バベルの塔」状態に陥ります。

2010年ようやくAir-NACCSとSea-NACCSに加え乱立する諸システムが統合され，2010年以降の「統合版NACCS」では，貨物の在庫管理，輸出入申告などの受理，許可・承認の通知，輸出入通関のための税関手続，船積指図やインボイスの登録業務，関税等の口座振替による領収，輸出入関連手続の受理，許可，承認の通知などに関する書類が取り扱われています（ユーザと処理できる行政手続は図表7-3のとおり）。

図表7-3　NACCSのユーザと代表的業務

利用者	代表的業務
輸出入者	●外為法に基づく輸出許可申請，輸出承認申請，輸入割当申請，輸入承認申請等 ●輸出入許可通知情報の取得 ●医薬品医療機器等申請業務
通関業	●業として行う通関業務
海貨業	●ACL情報登録業務 ●空コンテナ・ピックアップ登録業務 ●危険物明細情報登録業務
船会社，船舶代理店	●外航船入出港業務 ●内航船入出港業務 ●出港前報告制度関連業務
航空会社	●航空貨物搭載上屋業務
損害保険会社	●包括保険関連業務

（出所）NACCS資料

統合NACCSのメリットは，①税関や関係行政機関にいちいち出向かずとも手続できる，②申告・申請等をペーパーレスに電子的に処理できる，③貨物情報をリアルタイムに把握できる，④登録情報を随時に取り出せ，入力の負担が軽くなる，⑤輸入申告では，為替レートの自動計算，税額の計算機能があり，関税等を

図表7－4 NACCS輸出入等関連手続

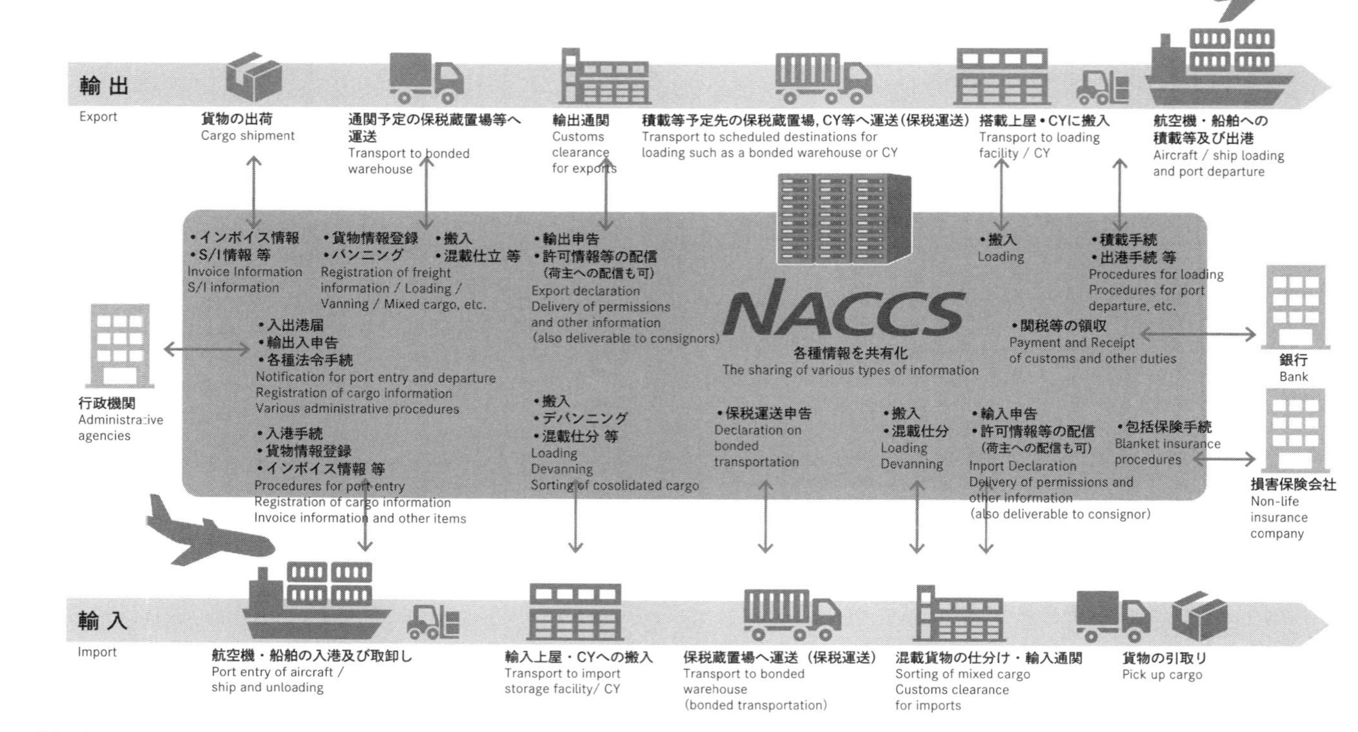

（出所）NACCSホームページ（https://www.naccs.jp/e/aboutnaccs/aboutnaccs.html）

銀行口座から納付できる，⑥複数の利用者間で情報を共有できる等であり，ユーザ及び関係機関は図表7－4のようにデータを連携・共有しています。

③　貿易金融EDIの登場

以上は国内で紆余曲折を経て構築された貿易関連オンライン・システムですが，インターネット普及前にシステム検討・設計・構築が進められたため，通信システム構築等に多額の資金を要しました。1990年代後半，世界的にインターネット利用が急速に普及すると，電子化した書類をインターネットで遣り取りする「貿易金融EDI」が考案され実用化されます。1998年，SWIFT[1]が「Bolero」（Bill of Loading Electronic Repository Organization）を設立し，1999年よりeB/LやL/Cの電子的管理サービス提供を始め，2013年には「essDOCS」（現IDT：ICE Digital Trade）が設立され，eB/Lの発行，原産地証明書の電子化を開始しました。

（a）Bolero

Boleroは欧州委員会の提案を受けて1994～1995年に行われた実証実験に起源があり，1999年以降商業化された貿易金融EDIです。銀行間決済の国際通信網を提供するSWIFT（本部ベルギー）と，コンテナ輸送関連の保険会社であるTT CLUB（本部バミューダ）との合弁会社であるBolero（本部イギリス）が運営管理しています。これは国際取引に使用する書類を電子化して物流・決済を統合し効率化を図るもので，インターネットの通信手順TCP/IP（Transmission Control Protocol/Internet Protocol）に基づくメール・システムをネットワーク基盤とし，データ・フォーマットとしてXML[2]（Bolero XML）を採用することで，荷主，船会社，フォワーダー（forwarder）[3]，銀行，保険会社など異業種間での

1　SWIFT（Society for Worldwide Interbank Financial Telecommunication）は，銀行間の国際金融取引に係る事務処理の機械化，合理化及び自動処理化を推進するため，参加銀行間の国際金融取引に関するメッセージをコンピュータと通信回線を利用して伝送するネットワークシステムである。

2　XML（Extensible Markup Language）は，インターネットに関する技術標準化を行う国際標準化推進団体のW3C（World Wide Web Consortium）が1998年2月に勧告した言語の仕様（W3Cが勧告した同様なマークアップ言語にはHTML（Hyper Text Markup Language）あり）。XMLを使用することにより，ユーザはデータを共有可能な方法で定義及び保存でき，XMLはウェブサイト，データベース，サード・パーティー・アプリケーションなど異なるコンピュータ・システム間での情報交換をサポート。事前に定義されたルールを使用すれば，データの受信者は送信されたデータを正確かつ効率的に読み取れ，任意のネットワーク上でデータをXMLファイルとして送信できることから，BoleroはXMLをデータ・フォーマットとして採用した。

3　貨物利用運送事業者であり，荷主から貨物を預かり，他の貨物運送業者の運送手段（船舶，航空，鉄道，貨物自動車など）を利用し運送を引き受ける事業者を言う。

図表７－５　Boleroの電子データ交換スキーム

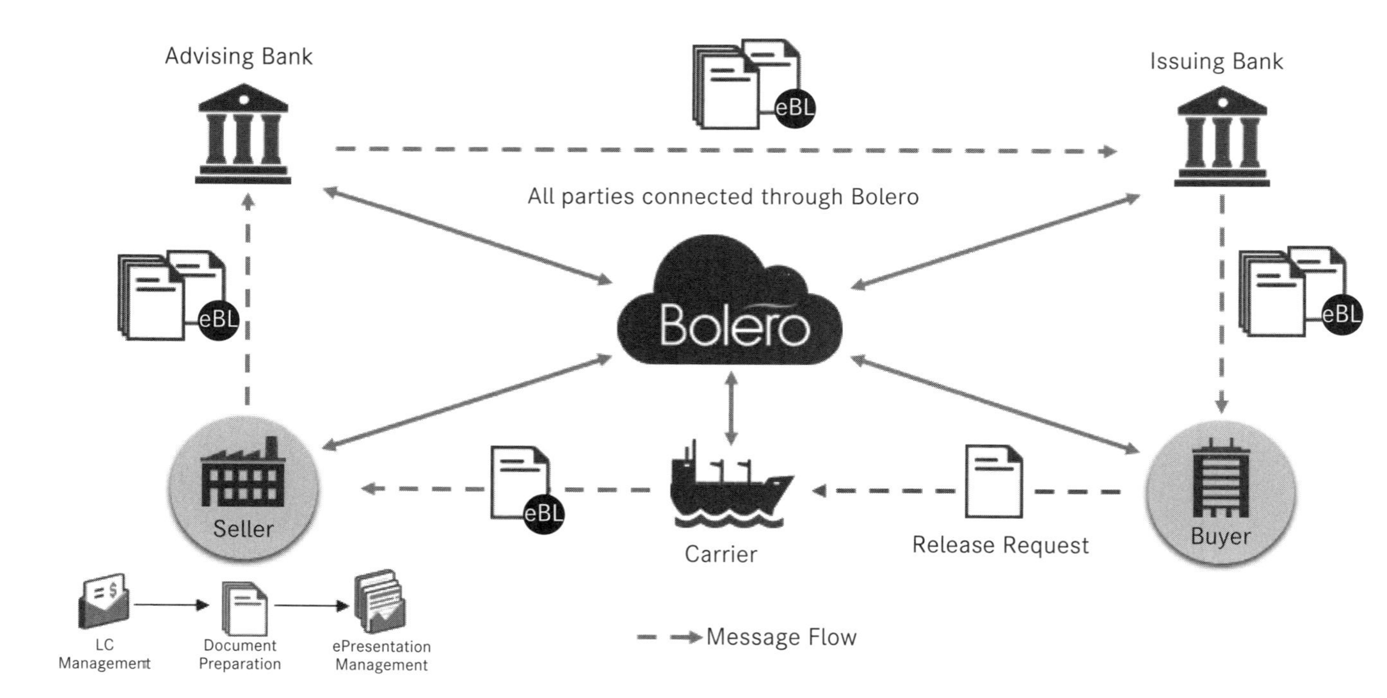

（出所）TBKシステムズ株式会社ホームページ（http://www.tbk-sys.co.jp/bolero/）

データ交換を可能としています。

Boleroでは，船荷証券（Ｆ／Ｌ）を始め，貿易取引に関連する異業種企業間で遣り取りされる膨大な貿易書類を言語フォーマットXMLで共通化し，文書データは電子認証を与えてセキュリティを確保した上でインターネットを介して交換しますが，従来，10日～１カ月かかっていた書類の確認などの事務作業が１～２日で済むようになり，また，貨物の内容や到着日などの情報をリアルタイムに把握できることから，輸出入者間の契約締結から支払に至るまでの業務の大幅効率化とコスト削減が期待できます。

（ｂ）貿易金融EDIの問題点

1999年にBoleroが本格的にサービスを開始しましたが，貿易金融EDIはBoleroだけでなく乱立状態にあります。例えば，日本では旧通商産業省の主導でTEDI（Trade Electronic Data Interchange）システムが開発され1997年に運用が開始されており，輸出入企業，海運会社，保険会社，銀行等が貿易取引に係る情報をインターネットで電子的に交換できるようになりました。経済のグローバル化に伴いプラットフォームはグローバルにオープンなものでなければなりませんが，TEDIは貿易書類の国内企業間の交換にフォーカスしているだけでなく，Boleroに極めて類似したシステムであるにも関わらず互換性がなく接続できません。Boleroは国際的に貿易金融EDIのデファクト・スタンダードとなりつつあるため，日本では，BoleroとTEDIという複数方式が併存，結果的に貿易金融EDIの普及を阻害しています。

貿易取引関連企業は貿易金融EDIに即して社内業務システムを構築する必要がありますが，BoleroとTEDIの２方式に対応するシステムを構築するのはIT投資としてムダですし，社内業務フローも複雑煩瑣となり迅速な事務処理が難しく，ミスも誘発しかねません。いずれの貿易金融EDIを選ぶとしても，取引企業間でベースとなる貿易EDIが異なると，企業間で業務システムが異なり，貿易取引に関係する企業間の一元的なデータ交換と共有は困難となります。現状では，残念ながら複数の貿易金融EDIの併存により，貿易金融EDIの標準化と統合は困難になっています。

なお，BoleroもTEDIもブロック・チェーン技術が登場する前に開発されたため，貿易取引関連企業が１つの大きなサーバにアクセスして情報を格納し交換する「中央集権型システム」を採用しており，サーバがサイバー攻撃等により停止ないし改竄された場合に全貿易取引が停止ないし不可能となってしまう危険性があります。そもそも貿易取引関係者がリアルタイムで情報共有し交換できるシステムの構築には巨大なサーバ群が不可欠であり，利用企業は貿易金融EDIシステム対応のための自社企業システム整備のコスト負担だけでなく，サーバ群の建設・管理運用等に係る費用も「利用料」として負担しなければなりません。このため，ユーザの拡大には「天井」が存在し，貿易取引のデジタル化は1990年代末以降必ずしも進んだとは言えません[4]。

④　ブロック・チェーン技術に基づくプラットフォーム構築

（a）2010年代以降のDX技術によるプラットフォーム構築の取組

過去30年間，貿易手続のデジタル化と，輸出者・輸入者等貿易契約当事者だけでなく，海貨業者，通関業者，運輸事業者，倉庫，保険会社，銀行等が共同利用できるプラットフォームが求められてきましたが，現実的には，世界的に標準化されたプラットフォーム等は未確立であり，各国・各地域で互換性のないプラットフォームが乱立し，一国内でも複数のプラットフォームが乱立する「バベルの塔」状態にあります。

引き続き，世界的に標準化され，貿易取引全体をカバーする一元的なプラットフォームが模索されていますが，2010年代以降，AI，IoTなどのデジタル技術を活用し，貿易業務の完全電子化を図るプラットフォーム開発が進んでいます。貿易取引の完全電子化は一国完結できず，世界中の貿易取引関係者との協業やデータ互換性が不可欠ですが，現在のプラットフォームはシステム間の相互互換性と連結性を念頭に置いて開発・実用化が進められており，「バベルの塔」状態の解消が期待されます。

（b）ブロック・チェーン技術に基づく技術的優位性

Bolero等は中央集権型システムを採りサイバー攻撃に脆弱ですが，新たなプラットフォームは分散台帳技術であるブロック・チェーン技術を活用し，サイバー攻撃をシステムの一部で受けても，システム全体では，データ改竄やデータ消失が起こらない仕掛けを用意しています。

ブロック・チェーン技術は，第一に，取引に関わる複数のサーバが通信を行ってデータを共有する仕組であり，負荷を分散しつつ膨大な情報量や多数の参加者を取り扱えるため，中央集権型システムのコスト問題が解消できます。第二に，情報の改竄が極めて難しい構造であり（データをシステム参加者が各自のシステ

4　Boleroは2022年７月，貿易関連ITソリューション大手の豪ワイズテック・グローバルに買収され，同年４月にはessDOCSも，米国ニューヨーク証券取引所を傘下に置くインターコンチネンタル取引所（ICE）に買収されるなどの再編が行われている。

ムで保存するため，データ改竄ないしデータ消失を起こすには全参加者のシステムに侵入してサイバー攻撃を成功させる必要があります），貿易取引により適しています[5]。

図表７－６は現在まで各国で開発提供されてきたプラットフォームですが，メンバー拡大が進まずプラットフォーム規模が採算点に至らずして経営破綻したものもあるように，苦戦が続いています。

図表７－６　ブロック・チェーン技術に拠る貿易プラットフォーム

名称	概要
Contour	●Contourは，米国ブロック・チェーン技術の研究開発会社であるR3社が開発したブロック・チェーン技術（Corda）を採用し，L/C（信用状）等書類の交換をデジタル化し，企業間・制度間・取引間で「切れ目」のない，情報セキュリティの保障された取引を実現するためのプラットフォーム。 ●2015年に欧米アの大手銀行15行の参加を得て実証実験に着手。2020年後半より正式にサービス提供が開始され，現在50カ国以上で取引を展開。L/C発行に要する時間を90％短縮するなど業務効率化を実現。 ●Boleroや後述するTRADELENDS等と連携してプラットフォームとして規模，eB/L（電子船荷証券）の仕組も提供。
Marco Polo	●Marco Poloは，TradeIXがR3社のContourプロジェクトから独立，2017年以降，世界の主要銀行及びそのエンド・ユーザの参画を得て開発・実用化してきた貿易金融システム。 ●輸出側・輸入側両サイドの貿易データ及び船積データをマッチングさせ，L/Cに拠らず，現在及び既往の輸出者・輸入者の預貯金・融資等の銀行関係に基づき銀行支払保証（BPO：Bank Payment Obligation）を成立させるプラットフォーム。輸出入者，銀行等の貿易関係者は業務効率化と決裁期間短縮が可能に。

5　ブロック・チェーン技術は仮想通貨取引に用いられることで一躍有名となったように金融取引にも親和性があるところ，本項で参照した蔵納（2022）によれば，現在，開発・実用化が進められているプラットフォームでは「予め定められた条件を満たす場合に，契約を自動的に履行するプログラムを組み込むスマートコントラクトという仕組も導入が試みられています。たとえば，銀行では，L/Cに記載されている条件と，その条件に基づく関連書類（Invoice，原産地証明書，船荷証券，保険証券等）の内容をマニュアルで突合し，合致すれば決済を実行するが，スマートコントラクトの活用により，その条件の一致を即座に確認，決済まで自動的に実行することが論理的に現実のものとなる」とする。

	●独自動車メーカー・ダイムラー（Daimler）と独工作機械メーカー・デュール（Dürr）間の支払保証に関する実証取引などを積み重ね，2019年12月，25カ国70社を超える自動車会社，海運会社，銀行等のエンド・ユーザによる大規模トライアルを成功させ，本格事業化に踏み切り。 ●その他，売掛債権の流動化やサプライヤー・ファイナンス機能など貿易金融サービスを追加し，採算規模までプラットフォームの成長を図ったが果たせず，2023年２月に経営破綻。
NTP	●NTP（Networked Trade Platform）は，シンガポール政府が2018年９月運用開始した貿易手続のEDI（電子データ交換）システム。 ●輸出入事業者，船会社・航空会社，物流企業，保険会社，金融機関等が，輸出入や貨物の積替えに関わる申告から，許可通知，関税・手数料等の支払に至る手続をシステム上で一元的に処理可能。システムは24時間365日稼動しており，申告内容に問題がなければ数分以内で手続が完了。 ●NTPは海外の企業や規制当局とシステム接続可能に設計されており，豪，マレーシア，タイ，台湾など近隣諸国の税関との接続や，後述する日本のTradeWaltz，タイのNDTP（National Digital Trade Platform）等との連携も計画している。
TRADELENS	●TRADELENDSは，IBMとデンマークに拠点を置く大手海運企業Maerskが共同開発した物流情報管理プラットフォーム。2018年12月から本格的にサービス提供を開始，物流関連企業のみならずオランダ，シンガポール等の税関当局の参加も得つつ，一時期，約175社が１日に200万件の物流取引をプラットフォーム上で処理。 ●TRADELENDSでは，ブロック・チェーン技術によりセキュリティの保障された環境で，eB/L（電子船荷証券）など貿易手続書類を電子的に交換できたが，PDFや画像イメージのみに止まり，金融関連サービスは未提供。結果的に利便性が改善されず，ユーザと利用が増えず，事業規模が採算規模まで到達せず2022年11月サービス停止。
TradeWaltz	●TradeWaltzは2020年11月にNTTデータが開発するブロック・チェーンを基盤として，同社と三菱商事，豊田通商，東京海上日動火災，三菱UFJ銀行，損害保険ジャパン，兼松の７社が共同で出資した貿易プラットフォーム。

	●TradeWaltzは，荷主と輸入者，金融機関，保険会社，物流会社，船会社等の間で扱う書類を電子データ化して一括管理し，これらの利害関係者が利活用できるプラットフォームを目指すものであり，2022年４月以降サービス提供を開始。契約，信用状（Ｌ／Ｃ），輸出通関，輸送，保険，決済，輸入通関など順次機能拡張中（電子船荷証券eB／Ｌ，電子原産地証明eC／Ｏ等にも順次機能拡張予定）。 ●TradeWaltzは内外の輸出入企業，物流企業，船・航空会社，銀行，保険等貿易関連企業をつなぐプラットフォームを目指しており，貿易取引関連情報をPDFファイル（非構造化データ）ではなく，個別にデータ（構造化データ）として保存・蓄積し，同業他社による貿易金融プラットフォームだけでなく，他業界・官庁等のシステムとデータ連携しデータを利活用することを可能な形でシステム構築している。 ●TradeWaltzは，国内では2020年11月にNACCSと提携合意。NACCSとサイバーポートが連携合意しており，NACCSを介してサイバーポートとも提携関係が成立。国際的にも，シンガポール（NTP），タイ（NDTP）等と連携して「ASEAN-JAPAN Digital Trade Platform」の構築に取り組んでいる。

（出所）各種資料に基づき筆者作成

（ｃ）TradeWaltz

貿易プラットフォーム構築の動きを理解するために，一例としてTradeWaltzを詳しく見ます。従来の貿易業務は，ステークホルダ間で「紙の書類」による「伝言ゲーム」が行われていましたが，TradeWaltzでは，荷主と輸入者，金融機関，保険会社，物流会社，船会社等の間で扱う書類を一括管理し，API連携[6]とブロック・チェーン技術によりステークホルダー間で情報共有とデータ利活用が

6　APIはApplication Programing Interfaceの略であり，「境界線」「接点」を用いてアプリケーションをつなぐ機能を提供するものであり，APIの活用により，異なるソフトウェアやプログラムの連携が可能となる。過去のAPIは，個々のアプリケーションに用意されたインターフェイスを用いて連携するものであり，データ連携を超えて，各アプリケーションの機能を利用するには，その都度，アプリケーションを切り替えて利用する必要があった。インターネットが登場してWebブラウザーを用いたWebサービスが一般的になった現在，アプリケーションを全てゼロから開発するのではなく，既存のWebサービスを組み合わせて，新たに包括的なサービスを開発提供することが重要となっており，Web APIを活用して，アプリケーションをいちいち切り替えずとも機能活用ができるようにすることが一般化している。APIを利用してアプリケーションやシステム間でデータや機能を連携し，利用できる機能を拡張することをAPI連携と言う。

可能です。

図表７－７　TradeWaltz導入による貿易業務の一元的データ管理

●導入前（壮大な伝言ゲーム）

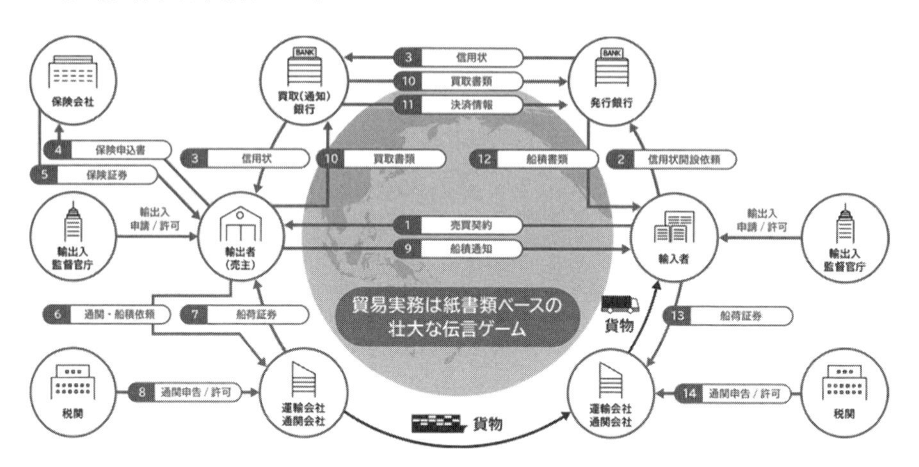

●導入後（業界横断で貿易業務を一元的に管理）

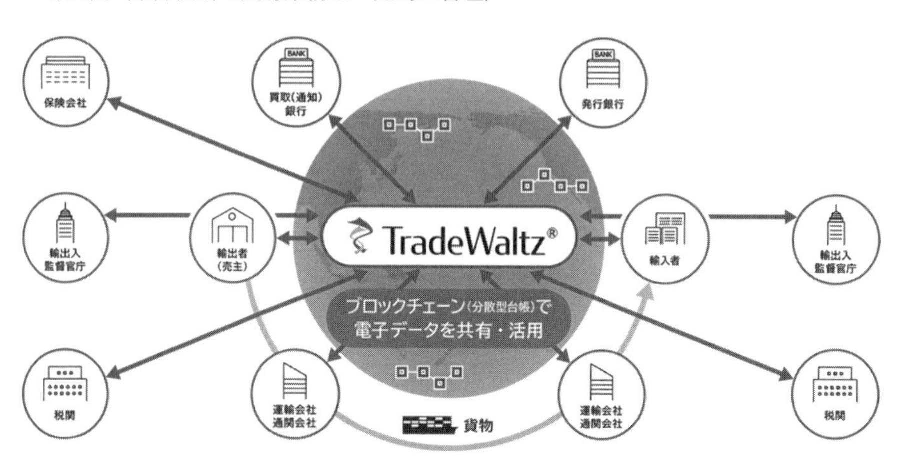

（出所）NTTデータ（2020）

TradeWaltzが取り扱う，荷主と輸入者，金融機関，保険会社，物流会社，船会社等の貿易書類は図表７－８のとおりであり，TradeWaltzは貿易取引関連情報をPDFファイル（非構造化データ）ではなく，個別にデータ（構造化データ）

として保存・蓄積して一括管理し，荷主と輸入者，金融機関，保険会社，物流会社，船会社等がアクセスしてデータ加工等利活用できるプラットフォームを目指しています。また，2022年４月以降，図表７－９のとおり契約，信用状（Ｌ／Ｃ），輸出通関，輸送，保険，決済，輸入通関など順次機能開発に取り組みサービス提供してきています（電子船荷証券eB／Ｌ，電子原産地証明eC／Ｏ等にも順次機能拡張予定）。

図表７－８　TradeWaltzの取り扱う貿易書類

輸出	輸入
信用状（L/C）ドラフト	信用状（L/C）ドラフト
見積書	信用状（L/C）開設依頼
見積回答	見積回答契約書
契約	インボイス情報（I/V）
信用状（L/C）	船積通知（S/A）
通関依頼	信用状（L/C）
船積指示書（S/I）	信用状（L/C）開設依頼
インボイス情報（I/V）	保険証券（I/P）発行依頼
パッキングリスト（P/L）	保険証券（I/P）
原産地証明書（C/O）申請	借方票（D/N）
原産地証明書（C/O）	原産地証明書（C/O）申請
船積通知（S/A）	原産地証明書（C/O）
船荷証券（B/L）ドラフト	インボイス情報（I/V）
船荷証券（B/L）	パッキングリスト（P/L）
輸出許可情報	船積指示書（S/I）
為替手当（B/E）	船荷証券（B/L）ドラフト
買取依頼	船荷証券（B/L）
	B/E
	買取依頼書
	買取結果

（出所）株式会社トレードワルツホームページ

図表７－９　TradeWaltzの機能開発・提供状況

カテゴリ	プロセス・機能	リリース月（暫定）
共通	通知・メール/電子承認/アーカイブ	22年４月
契約	P/O送付	22年10月
	契約締結/P.IV発行	23年４月
LC	LC接受	22年７月
輸出通関	輸出船積依頼（書類作成依頼・輸出通関依頼・荷役依頼・船積予約依頼・付保依頼）/輸出許可書保管	22年４月
輸送	Booking依頼/BL発行依頼/BL保管	22年10月
保険	IP/DN発行依頼	23年４月
	IP/DN保管	22年７月
決済書類	CO申請/CO保管	23年４月
	決済書類作成/決済書類送付	22年４月
輸入通関	輸入荷捌依頼（書類作成依頼・輸入通関依頼・荷捌依頼・船積予約依頼・付保依頼）/輸入許可書保管	22年４月

(出所) 株式会社トレードワルツ（2022）
(注) Ｌ／Ｃに関して発行申請・買取の機能は2024年度，輸送に関してeB/L発行の機能は2025年度に，それぞれ機能追加の予定。

TradeWaltzへの参加により荷主と輸入者，金融機関，保険会社，物流会社，船会社等が得られるメリットは図表７-10のとおりであり，企業数はスタート時の18社が2021年５月40社，2022年12月160社，2024年１月250社と拡大しています。

図表７-10　TradeWaltzの導入メリット

関係者	メリット
輸出者・輸入者	書類作成・クロスチェックの稼働低減 B/L（船荷証券）クライシスの回避 デマレージ（貨物の保管超過料金）負担の軽減 リードタイム短縮化と郵送コストの削減 貨物受取時期の予測，トレーサビリティの実現
運輸・物流企業	船荷証券，海上貨物運送状などの書類準備の簡略化，正確性向上 リードタイム短縮化と郵送コストの削減 書類紛失・盗難・改竄リスクの低減

	物流の可視化など新たな付加価値の創出 変化の激しいトレードコンプライアンスへの確実な対応
銀行	簡易かつ正確な信用状発行，及びそのチェック稼働低減 リードタイム短縮化と郵送コストの削減 書類紛失・盗難・改竄リスクの低減 貿易プラットフォームを利用した新たな金融サービスの実現
保険会社	書類作成の簡素化と稼働の低減，正確性向上 書類紛失・盗難・改竄リスクの低減 リードタイム短縮化と郵送コストの削減 二重支払いリスクの低減
行政機関	各種貿易書類を電子化し，原本性・真正性を担保することによる取引透明性の向上 各種申請の関連情報（インボイス情報等）を活用した審査業務の高度化の向上

（出所）株式会社トレードワルツホームページ（https://www.tradewaltz.com/service/）に基づき筆者作成

前述のとおり，2010年代以降，世界的に標準化され，貿易取引の全体をカバーする一元的なプラットフォームが目指されていますが，TradeWaltzも公共システムや内外プラットフォームとの連携に取り組んでいます。公共システムでは，2020年11月にNACCSとシステム連携等を視野にした相互連携・協力に係る覚書を締結。また，TradeWaltzはNACCSを通じサイバーポートとも間接連携を果たしますが，2024年１月には物流手配情報に関するシステム連携を完了し，直接連携を開始しました。

従来，国土交通省の認識では，貿易手続は図表７-11のように物流段階の通関手続を中心として電子化とシステムが先行整備されているものの十分とは言えず，国土交通省所管のNACCSとサイバーポートの連携も上手く行っていないため，同省は「商流」及び「金流」段階はプラットフォームが乱立し未整備であると評価していました。TradeWaltz，NACCS，サイバーポートの三者連携は，プラットフォームの乱立状態の解消を狙ったものであり，貿易取引を川上から「商流」「物流」「金流」とした場合，「商流」と「物流」をカバーするものとなっています（図表７-12参照）。

ただし，三者の関係は図表７-13のとおり協調領域と競合領域が存在し，今後の提携深化には関係調整が必要です。なお，TradeWaltzは2021年３月に国際物

図表７-11　貿易手続のシステム・マップ

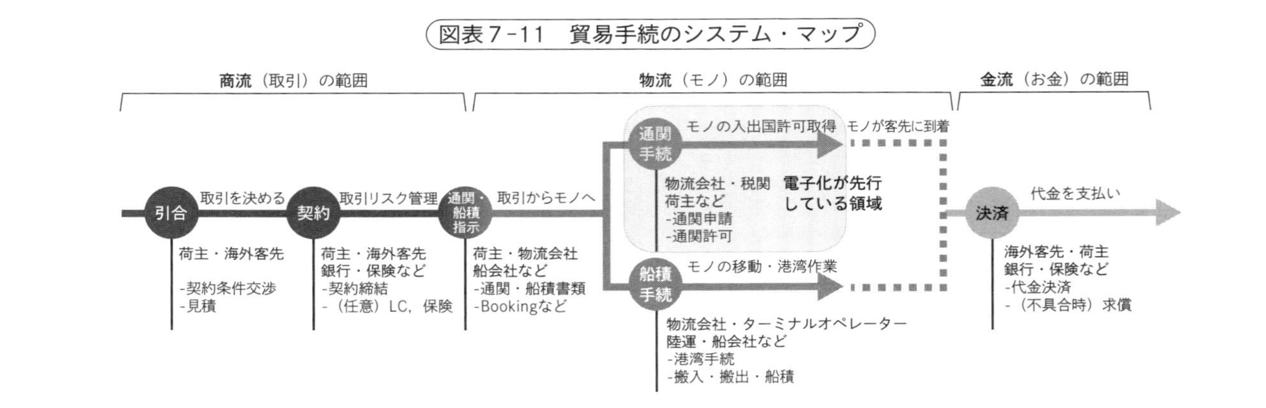

（出所）国土交通省（2024）

図表７-12　TradeWaltz，NACCS，サイバーポート連携後の貿易手続

（出所）国土交通省（2024）

流システムで国内トップ・シェアを有するTOSSシリーズ（バイナル社）とシステム連携（API連携）を開始し，国内ユーザの更なる巻込みを図っています。

図表７-13　貿易取引のDX推進における競合関係

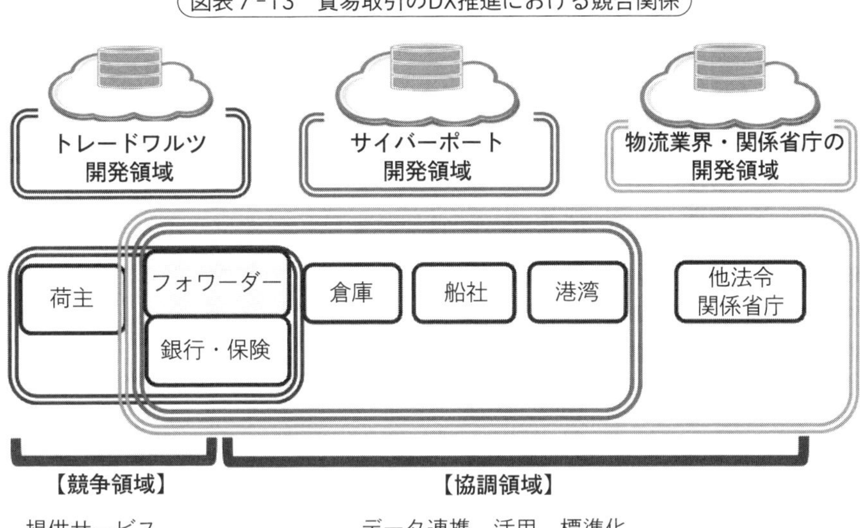

（出所）株式会社Shippio資料

海外に関しては，TradeWaltzはASEAN各国の公共システムとの連携を進めており，シンガポール（NTP），タイ（NDTP），ヴェトナムとともに「ASEAN-JAPAN Digital Trade Platform」の構築に向けて取り組んでいます。

（３）貿易決済のデジタル化

貿易手続プラットフォームでは，貿易決済のデジタル化も目標ですが，これまで貿易書類の電子データ化と荷主・輸入者・金融機関・保険会社・物流会社・船会社等のデータ共有・交換システムの構築が追求されてきたため，未着手の状況にあります。

伝統的な貿易取引における決済システムでは，貨物を代替するB/L（船荷証券）と代金の交換が行われてきており，海外取引の場合，輸出者と輸入者は離れていてB/Lと代金を同時交換できませんので（貨物が輸入者に引き渡された後，輸入者がB/Lを），債務不履行に備えて銀行・保険等が関与したリスクヘッジが行われています。

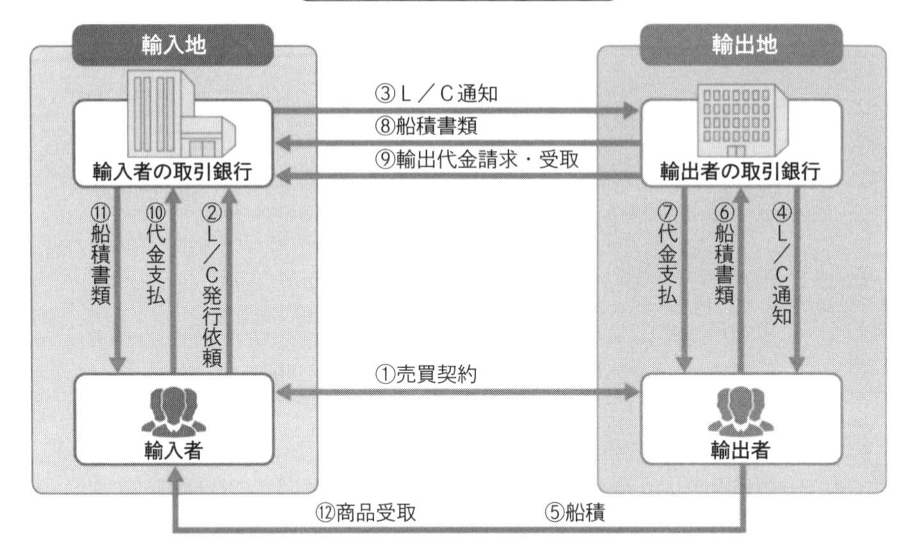

（出所）八十二銀行資料

現在，ブロック・チェーン技術及びデジタル通貨を用いた貿易決済システムが検討されており，電子化されたB/Lとデジタル通貨の交換により，銀行・保険等のリスクヘッジを付けずに貿易決済するスキームが検討されています。TradeWaltzでは，電子船荷証券eB/Lの開発に取り組もうとしていますが，海外でも電子船荷証券を認める法整備の動きがあるだけでなく，中国等ではデジタル通貨の実用化に向けた取組があります。仮に，電子船荷証券eB/Lとデジタル通貨が国際的に普及すれば，両者の交換による貿易決済のデジタル化が実現します。国内では，東京海上日動，NTTデータ，TradeWaltz等が2021年に実証実験を行って，電子船荷証券とデジタル通貨の交換による決済に成功しており，今後，電子船荷証券eB/Lとデジタル通貨の国際的普及に合わせて貿易決済のデジタル化も遠からぬ日に実現することが期待されています。

図表７-15　貿易決済のデジタル化

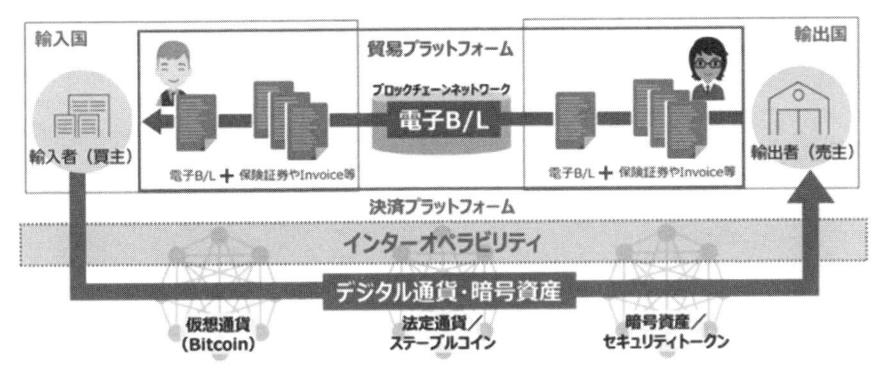

（出所）NTTデータ（2021）

第２節　物流IoT化とグローバル・サプライ・チェーン

現在，物流はIoT革命により変革が起こっています。サプライ・チェーンがグローバルに展開する以上，物流スマート化は早晩グローバル・ベースとなるのは必至ですが，現在，実用化に向けて急展開する国内物流スマート化を概観しましょう。

第１項　国内物流業界の直面する課題

（1）国内物流の増大

日本経済は1990年代初のバブル崩壊以降長期停滞に陥り，IMF統計によれば名目GDPは1991年492.7兆円，2001年531.7兆円，2023年588.6兆円と微々たる成長しかできず，それに伴い国内貨物輸送量も輸送重量は2010～2020年度に45億トンを横這いし続け（コロナ感染症による経済活動の停止により2020年度は42億トンに落ち込み），メインとなる自動車貨物運送も41～43億トン（2020年度38億トン）を推移してきました。

国内貨物輸送量が横這い状態にある中，物流の小口多頻度化が急速に進行。国土交通省「全国貨物純流動調査（物流センサス）」によれば，貨物１件当たりの貨物量は1995～2015年で半減した一方，物流件数はほぼ倍増する事態が発生しました。近年，物販EC市場は2013年6.0兆円，2022年12.5兆円と10年で２倍に拡大しましたが，物流の小口多頻度化は近年の物販EC市場の急速な拡大により加速したものです。

図表７-16　貨物量と物流件数の推移

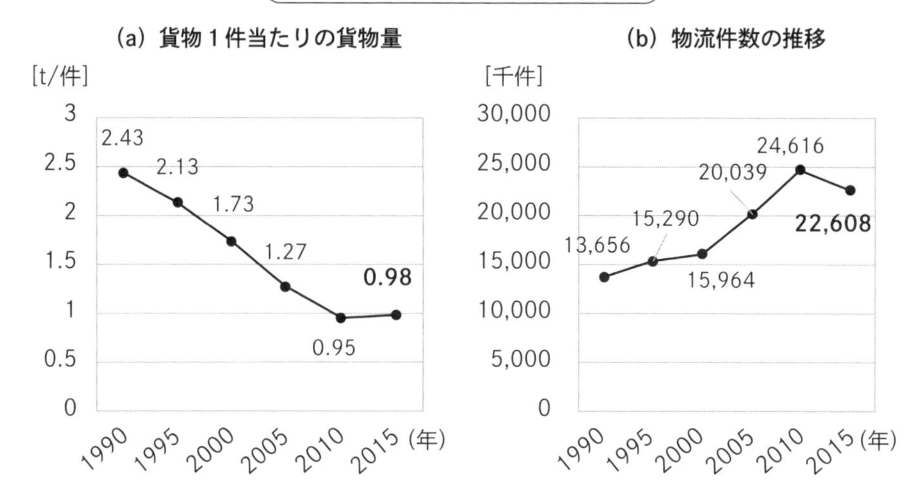

（出所）国土交通省「全国貨物純流動調査（物流センサス）」

（2）国内物流を担う人手不足

国内物流量自体は横這いなのですが，国内EC市場の急速な拡大により物流の小口多頻度化が進行した結果，物流業界が長年苦しんできた人手不足の深刻さが増しています。

少子高齢化は物流だけでなく製造業，流通業，サービス業全てに共通の課題ですが，厚生労働省「令和２年賃金構造基本統計調査」によれば，労働者の平均年齢が全産業平均43.2歳であるのに対し大型トラック運転手は49.4歳，中小型トラック運転手は46.4歳と高齢であり，総務省「2020年労働力調査」では，運転手の約50％が40歳台後半〜50歳台で，29歳以下の若年層が全体の約10％であるなど，物流はただでさえ少ない若年労働者が集まりません。トラックドライバーの有効求人倍率は2022年に２倍前後の高い水準で推移し，求職者よりも求人数が多い状態が続いています[7]。

（3）燃費の高騰

貨物運送事業において死活問題であるガソリンは高騰し続けてきましたが，今後も状況は変わらず，物流の小口多頻度化がガソリン高騰と相俟って物流事業者にコスト増をもたらすと予測されています。

中国経済は1999〜2009年にGDP規模が３倍となる高度成長を遂げましたが，

その過程で資源多消費型成長を続け，鉄鉱石・石炭等の世界需要の50％超を消費するに至ります。原油価格（1バレル当たり）は1990年代10～20ドルを推移しましたが，2000年以降，中国の旺盛な需要を背景として上昇を続け，WTI原油価格は2008年7月147.27ドルの史上最高値を記録。その後，原油価格はリーマン危機による世界景気後退により暴落しますが，「アラブの春」と言われる中東・北アフリカの民主化運動やイランの核兵器開発疑惑等地政学的リスクにより100ドル前後まで相場が押し上げられます。

その後，米国のシェール・オイル増産や，中国の成長減速による需給緩和を背景に急落しますが，OPECの減産合意等により上昇に転じ，2018年後半には70ドル台後半に到達。2020年，新型コロナウイルスの感染拡大と世界景気後退により30ドルに落ち込みますが，世界各国で経済活動が再開し上昇傾向に転ずると，ロシアのウクライナ侵攻が発生し，地政学的リスクも相俟って90ドル前後まで再高騰しています。

こうした中，物流コストは日本銀行「企業向けサービス価格指数」によれば2015年比で2022年には宅配便が125，道路貨物運送が110になるなど高騰しており，貨物運送事業者の収益を圧迫するだけでなく荷主企業の物流コスト負担も重くなっています。

第2項　物流IoT化ないし物流スマート化

人手不足と燃費高騰の中で，物流の小口多頻度化にどのように対応するか。この難問の1つの「解」が物流IoT化ないし物流スマート化です。

（1）“Smart Factory”：物流スマート化のモデル

製造業では，1970年代以降，工場の生産ラインでは，ヒトの作業のロボットによる代替，無人化された生産ラインをコンピュータ制御により自動化する「FA（ファクトリー・オートメーション）」が推進されてきました。当初，生産ライン

7　物流業界は人手不足だけでなく深夜・長時間労働が深刻な問題であり，厚生労働省調べでは，トラック運転手の労働時間の年間平均は大型トラック運転手で2,544時間，中小型トラック運転手で2,484時間と，全産業の労働時間の年間平均2,112時間を大きく上回る長時間労働が常態化している。家族との時間を取りワーク・ライフ・バランスを重視する若年層，年齢とともに体力が衰える中高年層ともに長時間労働は厳しく，就職者の減少と離職率の高さの原因になっている。長時間労働が常態化している物流業界の現状を変えるため，2024年4月以降，「自動車運転業務における時間外労働時間の上限規制」が導入され，トラック運転手1人当たりの時間外労働時間が年間960時間に制限されることとなった。運転手1人の労働時間が減れば走行距離が短くなり，長距離輸送に多大な影響が出ることが予想されるとともに，会社の売上や利益減少，トラック運転手の収入減少・離職などの問題が生ずると想定されており，これらの問題をまとめて「物流2024年問題」と称する。

を構成する，個々の工作機械・ロボット等を単位としてコンピュータ制御化し自動化するだけでしたが，工作機械・ロボット・搬送装置・周辺装置に装着したオペレーティング・システムをコンピュータに接続することで，生産ライン単位の制御が可能となりました。

2010年代以降，製造業ではFAが更なる進化を遂げます。生産ラインを構成する工作機械・ロボット・搬送装置・周辺装置等にセンサ・情報端末を装備して(IoT化)，製造関連ビッグデータをリアルタイムで収集しクラウド等に保存し，それをAI解析することが可能となり，生産ライン単位ではなく（複数の生産ラインを統合した）工場単位で，企業ITシステムによる自動制御が可能となりました。

そこでは，生産ライン単位ではなく工場単位でのオペレーションを制御する「無人化工場」ないし“Smart Factory”が目指されています。2010年代以前のFAでは，本社が市場の需要動向に応じて生産計画を変更する場合，本社から工場に生産変更指示が出され，工場の生産計画担当が改めて生産ライン毎に稼働計画を練り直し，個別生産ラインをコントロールするコンピュータに修正計画をインプットし直す作業が必要でした。現在，独Siemens等が目指している“Smart Factory”では，本社が企業ITシステムにおいて生産計画を修正すると，自動的に工場の生産ラインの稼働計画も修正され，その修正計画に基づいて生産ラインが自動的に稼働する，「ムダ」のない，市場動向に即応した，ジャスト・イン・タイムの生産を実現しようとしています。

“Smart Factory”では，生産ライン上を加工対象物が自動的に川上から川下に流れて来ますが，製造中の仕掛品にRFID（Radio Frequency Identification）[8]を取り付け，仕掛品が各工程を通過する時にRFIDを読み込む設備を設置すると，製品の１つ１つを製造開始から製品検品，製品検品後の製品倉庫の入庫まで追跡し，個体管理できます。生産計画に従って生産ができているか，計画の進捗状況を確認でき，ムダにモノを作ったり，完成品が足りないなどの事態を避けられます。また，本社等が市場の受発注動向に応じて，急遽，生産計画変更を指示してきても，現在の生産状況をリアルタイムで把握できているので，的確な工場オペレーションが可能となります。

そもそも，製造は100％完全ということはなく必ず不良品・欠陥品が発生しま

8　RFIDは，RFIDタグ等に記憶された人やモノの個別情報を，無線通信を用いて非接触に読み書きするシステムであり，RFIDタグは個別情報の記録媒体を指す。JR東日本のSuicaなど交通系ICカードは，改札機のデータ読取り部にかざすと無線通信で検札情報が遣り取りされ，ユニクロ等のアパレル・ショップでは，全商品にRFIDタグが装着されており在庫管理など店舗業務の効率化に利用されている。

す。仮に，そうした瑕疵のある部品が組み込まれた完成品が事故を起こした場合に事故の原因究明をしたり，あるいは，製造企業が事故を未然に防ぐためにリコールする場合にリコールの対象範囲を特定したりするには，製品の個体管理が重要となります。個体管理を行っていれば，特定の工場の，特定の生産ラインで，特定の時間に不良品が発生したことを突き止められさえすれば，いずれの製品に不良品の可能性があるかを特定でき，その製品を組み込んだ完成品がどれかを確定できるからです。

さらに，生産ラインの各工程では，いろいろな工具や固定具（治具），材料を使いますが，"Smart Factory" では，生産ラインの完全自動化だけでなく，工具・治具・材料の管理も自動化します。無人搬送ロボットに，工具・材料の置き場から必要な種類と数量の工具・治具・材料を「必要なタイミング」で運ばせたり，工具・治具・材料のバッファーが保管場所で不足してきたならば，無人搬送ロボットが倉庫に行き不足分を補充したりする仕掛けも構築します。工具や治具にRFIDを付けておけば，工具・治具等がどこにあるのか，きちんと保管場所から目的工程に搬送され使用されているか，工具・治具の数量がどう変わったかも自動追跡できます。

かかる "Smart Factory" は物流IoT化のモデルとなるものです。2010年代央に顧客工場の "Smart Factory" 化ソリューションが出現するや，間を置かずして2010年代後半以降，顧客の物流システムをスマートするソリューションが登場しましたが，両者を同じITソリューション・プロバイダが提供する場合が多いように，"Smart Factory" と物流IoT化では，共通する技術・システムがベースとなっています。

"Smart Factory" では，生産ラインの全工程をつないで（connect）[9]コンピュータ制御して自動化・無人化を図りますが，物流IoT化でも，川上の生産・供給者から川下のユーザ・消費者に至る「モノの流れ」全体をつないで（connect）コンピュータ制御して自動化・無人化を図ります。「ものづくり」と同様に，市場動向（需要サイド）や生産・供給状況（供給サイド）の変化に応じて物流計画が見直された場合，物流管理を行うコンピュータ・システムがモノのフローや，モノのフローに対応した倉庫・トラック・人員配置・稼働計画を機動的に修正・

9　経済産業省は2017年，主に製造業を対象として「データを介して，機械，技術，人など様々なものがつながることで，新たな付加価値創出と社会課題の解決を目指す産業のあり方」として「コネクテッドインダストリーズ（Connected Industries）」を提唱。IoTにより「モノとモノ」をつなぐ（connect）だけでなく，「人と機械やシステム」「人と技術」「（国境を越えた）企業と企業」等がつながったり協働したりすることで，新たな付加価値を創出することを目指している。

変更し，新たに最適化された物流計画を実行に移します。また，モノにRFIDを装着しておくことで，モノの所在などを常時把握して物流計画の進捗状況を把握し，物流途中で貨物のコンテナ積替えなどが必要となった場合に最適な貨物の組合せをコンピュータで割り出すなど，過去の書面ベースの管理では不可能であった効率的物流が可能となります。

次項では，現在の物流IoT化に関する取組を御紹介します。

（2）サプライ・チェーンをつなぐ物流IoT化

（1）では，国内物流が直面する問題を貨物運送事業者の観点から見ました。物流は生産者からユーザ・消費者にモノを届けるプロセスですので，貨物運送事業者だけではなく，生産者，卸・小売など流通企業，倉庫業，ユーザ・消費者も含めて，サプライ・チェーン全体を俯瞰して見て，物流のプロセス・作業の「ムダ」を省き「合理化」「効率化」することを考えなければなりません。IoT技術は物流のサプライ・チェーン単位での合理化・効率化に寄与します。

①　物流の機械化と自動化

“Smart Factory”では，企業ITシステムによる生産ライン制御の前提として工作機械やロボットによる「ヒト」の代替が出発点です。IoTが「モノのインターネット」を意味するように，IoT技術により生産ラインや工場全体をつなぐには，ヒトの介在をゼロとして，システムが機械・設備により構成されることが理想だからです。

これまで，物流は労働集約的産業とされ，「受注」「流通加工」「梱包」「仕分け」「ピッキング」「入出庫・商品管理」「輸送・配送」など物流作業は人手により担われてきましたが，生産年齢人口の減少に対応し，労働時間もワーク・ライフ・バランスの取れたものに移行するには，物流作業は機械化と自動化を進める必要があります。

図表７-17　物流作業（フロー順）

受注	●顧客等からの受注情報を確認・管理。 ●出荷の日時，個数，在庫を確認し，納品書等の必要書類を作成。
流通加工	●顧客等の意向に応じ，商品をすぐに陳列・販売できるよう，保管中の在庫にラベル・値札貼り等を実施。 ●家具など予め組立が必要なものは組み立てておくなど，顧客の要望と出荷スケジュールに合わせた作業を実施。
倉庫業務 梱包 仕分け ピッキング	●倉庫業務では，受注データに基づき，商品の在庫確認，ピッキング・仕分け・梱包業務を実施。 ●物流業務において，もっとも作業ウェイトが高い工程（プロセス）であり，作業員の肉体的・精神的な負担軽減や物流コストの軽減のため，機械化・自動化を進める必要が高い工程。 ●検品により不良品の有無を確認し，輸送中の破損防止のため緩衝材を準備するなど，商品特性に応じた作業が必要。
入出庫・商品管理	●商品を搬送までの一時保管場所へ適切に搬入し，商品の汚損・破損の防止など保管管理。 ●商品出荷による自社倉庫の在庫減少に対応し，自社倉庫の在庫バッファーを維持するため，商品を発注手配。 ●配送先のデータを確認，個数や配送日に間違いが無いよう，出庫管理を実施。
輸送・配送	●受注した商品を指定された場所・期日に届け。 ●物流センタや配送拠点に届けることを「輸送」，クライアントや商品を使用するユーザの許に個別に届けることを「配送」。

（出所）筆者作成

図表７-18は倉庫業務の自動化を示したものですが，物流IoT化された倉庫では，倉庫業務が全てコンピュータ・システムにより統合管理されることとなります。

図表7-18　倉庫の自動化

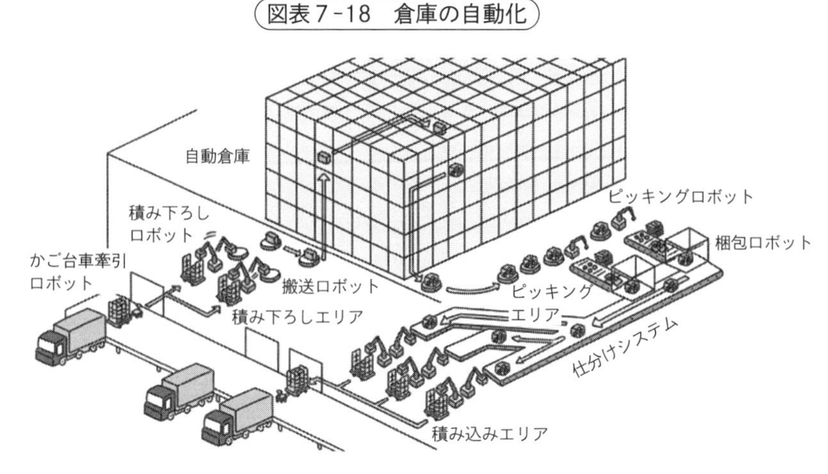

（出所）三菱総合研究所ホームページ（https://www.mri.co.jp/50th/columns/robotics/no07/）

モノの出入庫・在庫は全て倉庫管理システムにより管理され，モノに装着されたRFIDタグの無線通信による読取りにより，モノの情報はリアルタイムで更新・把握されます。従前はモノの出入庫の都度，書類に品名・数量・出入庫日時・出入庫目的・担当者情報等を書き込み責任部署に提出する（又はコンピュータ入力しデータ保存する）必要がありましたが，モノに付けられたRFIDタグが出入庫等の際に自動的に無線通信で情報読取りされ，紙の書類に記入する手間暇をかける必要がなくなります。

まず，倉庫に届けられる商品はトラックから自動フォークリフトにより積み下ろされ，保管倉庫に保管されます。従来は人手でトラックから荷下ろしされ，人の運転するフォークリフトに載せられて，保管倉庫に運ばれた後，再び人手で荷物は下ろされて保管棚に収納されました。自動倉庫では，事前にコンピュータ・システムに送信された商品の搬入情報に基づいて，届け出されたトラックから，届け出された商品が自動フォークリフトにより積み下ろされ，商品に付けられたRFIDタグが自動読取りされて指定商品が指定数量到着したことが確認されます。その上で，再び商品は自動フォークリフトにより，コンピュータ・システムが事前に保管場所として割り当てた保管棚等に運搬されます。スマート化倉庫が正常に運行しているかを確認し管理する運転員はいますが，倉庫作業は機械化され無人で遂行されます。

次に，商品入庫後，顧客から受注が入ると，受注データに基づき，保管倉庫から商品のピッキングが行われますが，従来，作業員が書面の指示書を見ながら保管倉庫の保管棚まで行き，ピッキング・リストの指定商品を指定数量棚卸し，カート等に積んで仕分け場所まで運搬していました。当然，ピッキングに関して書面で報告書を作成し責任部署に提出報告し，保管棚の在庫が減りますので補充手続を書面で行う必要があります。自動倉庫では，ピッキング業務はピッキング・リストによる作業指示や記録，倉庫管理システムと連携した在庫管理まで，ピッキング・システムによって自動化されていますので，顧客の発注した商品はロボットにより保管棚から注文数棚卸しされ，それをAGV（Automated Guided Vehicle：自動搬送車）が受け取り，仕分け用のベルト・コンベアまで運んできます。

AGVは自動で走行する車輪のついたロボットであり，荷物を上に載せるか又は牽引して運ぶことができ，運搬するモノの大きさにより，機械製品のような小型部品を運ぶコンパクトなものから，コンテナを運べる巨大なものまで各種あります。従来の倉庫では，人が棚卸しや仕分け場所までの搬送作業を行っており，人が目的の棚まで歩き，モノを運び処理していましたが，スマート化された倉庫では，モノがロボットにより棚卸しされ仕分け場所まで運んできてくれるため，人の負担は大幅に軽減されます。加えて，商品に装着されたRFIDタグの自動読取りにより（無線通信による非接触での），商品の棚卸しについて１つ１つ書面に記入して提出報告する必要はなく，保管棚等の在庫量が減れば自動的に補充がなされるシステムとなっています。

続いて，棚卸しされた商品は仕分け用のベルト・コンベアに乗せられ，コンピュータ・プログラム上，予め設定しておいた処理ルールに従って，ピッキングした商品や出荷準備が整った荷物を，届け先・サイズ・配送方面などに応じて仕分けします。倉庫業務では，フロアに置かれた荷物を作業員があちらこちらに飛び回りながら，届け先・サイズ・配送方面などに応じて箱詰めしていくのではなく，自動倉庫では製造業の生産ラインと同じくベルト・コンベアによる流れ作業システムが採用され，商品はベルト・コンベア上で仕分けされて流れて行きます。商品の箱詰めに使用する箱の製造も自動化され（製函機），箱詰め後の箱の封緘も同様であり（封函機），従来の人手に依存していた作業が機械化・自動化されています。最終的に，商品が詰められた箱に印刷されたバーコードを読み取り，同一の届け先に，同一の目的で，同一の日時に届けられる商品群がまとめられます[10]。なお，仕分け作業は完全自動化できると効率的で人件費削減効果も大ですが，不良品の確認など目視での最終チェックが必要なケースも多くあり，依然「手仕分け」に頼る流通分野もあるものの，手作業と自動仕分けシステム（機械）

を混用するケースが増え常態化しつつあります。

仕分けされた商品はベルト・コンベアと連結されたシャトル・ローダに載せられ，指定場所に待機するトラックに自動的に積み込まれ，出荷されます。配送センタには，出入庫・棚卸・仕分け等は機械化・自動化していても，最終工程のドラック積込み作業は人手に依存しているものも少なくありませんが，自動倉庫は，この工程も仕分け工程と連結させて，時間的にムダなく，機械が自動的に処理します。

②　物流の機械化・自動化と全工程連結

物流フローのうち重要な地位を占める倉庫を例として，物流IoT化の取組を説明しましたが，その基本は，（ⅰ）物流システムを機械化（無人化）・自動化し物流作業をコンピュータ・システムにより一元管理できるようにする，（ⅱ）モノにRFIDタグを装着し，モノの現在所在場所・既往の移動状況・出入庫予定等の情報を記録し，無線通信による自動読取りによりコンピュータ・システムで管理する，（ⅲ）物流の「受注」「流通加工」「梱包」「仕分け」「ピッキング」「入出庫・商品管理」「輸送・配送」等の工程をバラバラに処理するのではなく，コンピュータ・システムにより川上から川下に向けてシームレスに連動させて処理することにあります。以上３点は物流をサプライ・チェーン単位で考えて改善していく上で重要です。

現在の物流業界は人手不足に苦しんでいるため，物流IoT化では，作業の機械化・自動化による省人と効率化に注目しがちです。確かに，人の作業は稼働時間に限界がありますが，ロボット・機械は24時間365日稼働も可能であり，ヒトは長時間労働で疲弊し作業効率や品質が低下しますが，ロボット・機械は（故障しない限り）作業効率や品質は一定ですので，等比級数的に物流の品質向上とコスト削減が可能です。

しかしながら，物流IoT化のメリットは，物流工程の省人化・無人化が進むほど（純粋に機械・設備により構成されるようになるほど），物流工程全体を「つ

10　商品の箱詰め後の最終的な仕分けには，３種類のシステムがあり，まず，GAS（Gate Assort System）では，箱に印刷されたバーコードを読み込むと，商品の仕分け先であるゲートが自動で開き，配送先を間違えずに仕分けられる。また，SAS（Shatter Assort System）では，シャッター付き表示器の付いた仕分けボックスを利用し，各シャッターに設置されたデジタル表示器に投入数量を表示させ，該当する商品を投入。GASは投入ゲートが１つしか開かず間違いもないが，SASでは複数のシャッターが一時に開くため，作業を同時に進められる。なお，DAS（Digital Assort System）は，商品がシステムに認識されると，仕分け先単位に設置したデジタル表示器が投入すべき商品数を指示する仕組であり，掲示板に指示された数量をその場で確認すればよいので，書面の仕分けリストが不要。

なぐ（connect）」ことが可能となる点です。“Smart Factory”では，生産ラインを構成する工作機械・ロボット・搬送装置・周辺装置にセンサ・情報端末を装備することで，生産ラインのコンピュータ・システムによる一元制御が可能となったように，物流でも，「受注」「流通加工」「梱包」「仕分け」「ピッキング」「入出庫・商品管理」「輸送・配送」を担う機械・設備をセンサ・情報端末を介して「つなぐ」ことにより，それらをコンピュータ・システムにより一元管理をする道が開けます。

そして，“Smart Factory”が生産ラインに止まらず工場全体を企業ITシステムにより自動制御しようとしているように，物流においても，貨物運送，倉庫，流通等の個々のプロセスだけでなく，物流フローの川上（生産者・供給者）から川下（ユーザ・消費者）までの全工程を統合管理し，サプライ・チェーン全体で物流を効率化・合理化することが目指されています。次項③で示すように，物流フロー全体をカバーするプラットフォームにより，物流フローの川上の生産者・供給者から川下のユーザ・消費者までの全工程を統合管理する研究が進められており，物流をサプライ・チェーン全体で効率化・合理化することも夢ではなくなりつつあります。

なお，Amazonは物流作業員に対する過酷な取扱いで労働基準法違反などの批判を受けている反面，自社倉庫の機械化・自動化において最先端を走っており[11]，倉庫内の物流システムについてコンピュータ・システムによる一元管理を達成しています（Amazon倉庫）。そして，Amazonの物流改革の先進性は倉庫スマート化で終わらず，全米規模の物流システムをIoT化し，クラウド・ベースで一元管理している点にあります。AmazonはECプラットフォーマーですが，EC取引を支える物流も自社でプラットフォームを構築して一元管理をしています。

③　物流プラットフォーム

第１項で説明したように，国内物流では，ネットショッピングによる小口配送増加と再配達対応が物流の非効率化を招いており，物流リソースの効率的な活用が課題です。この点，川上（生産者・供給者）から川下（ユーザ・消費者）に至る物流関係者が商品の流れに関する情報をデータ共有することで，物流作業のムダを削減し（トヨタ生産システムが最大の価値を置く）リーンな物流を実現できます。

11　Zimmerman, Sarah “Amazon cited for safety violations at 3 more warehouses,” SUPPLYCHAINDIVE 2023年２月２日付記事（https://www.supplychaindive.com/news/amazon-osha-workplace-violation-labor-warehouse/641872/）

従来の物流は，配送先・荷量・品目・荷姿などが都度異なり，広範多岐に渉る事業者が関わっているため，物流フローの川上と川下で情報共有できず，荷物がいずれの工程に，どれだけの数量存在し，次のプロセスへの移行を待っているかなど一切不明です。川下の物流事業者は川上の事業者から突如として貨物配送，倉庫保管管理などを依頼されて，その都度，手許にある物流リソースを使って要請に対応しますので，１ｔの貨物輸送の依頼に対して10ｔ積みトラックで対応せざるを得ないとか，配送ルートも，当初の合理的・効率的な計画を緊急案件に対処するためにムダの多いルートに変更せざるを得ないなど，物流リソースの効率的活用は困難でした。

これに対して，物流フローの川上と川下で物流情報がリアルタイムで共有できれば，荷物が現在，どこに，どれだけの量あるのかを「見える化」でき，物流を計画的に実行し，工程を効率化につなげられます。荷物がどこで積まれ，どこのセンタを経由し，どのトラックに積まれて，最終目的にいつ届くのかなどを，物流フローの全関連事業者がリアルタイムでデータ共有できれば，人員やトラック等輸送手段の物流リソースを計画的に配置することが可能となり，限られた物流資源で，より多くの荷物を運び，配送時間も短縮できます。荷主と配送トラックの間だけでなく，川下の小売店舗，川中の物流倉庫，川上の製造元が製品の販売・在庫情報を共有すれば，川下のモノの動きに対応して川中・川上でも物流リソースを必要十分なだけ稼働でき，サプライ・チェーン全体でリーンな物流が実現できます。

図表７-19　物流・商流プラットフォーム

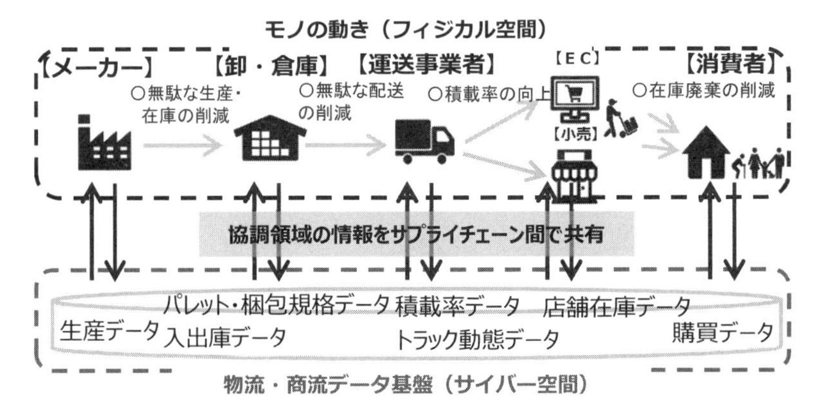

（出所）国土交通省「総合物流施策大綱（2021年度～2025年度）概要」

現在，物流の可視化については，内閣府の「戦略的イノベーション創造プログラム（スマート物流サービス）」プロジェクト[12]で，企業や業界の垣根を越えて，広範な物流関連データを蓄積・解析・共有できるプラットフォームの構築が進められています。モノの移動については，メーカーの生産データ，卸・倉庫でのパレット利活用や梱包能力に関するデータ，運送事業者のトラックの稼働数と積載率，ECや小売業者の店舗在庫データなどをプラットフォーム上リアルタイムで共有することで，事業者がそれぞれ生産，在庫，配送におけるムダを削減し，トラック積載率の向上，卸・運送企業における在庫の削減などを達成できます。

④　共同物流

共同物流とは，複数の荷主が同じトラックに荷物を載せ，納品先まで輸送したり，共同の倉庫を運営して物流コストを按分したりするソリューションです。複数企業が倉庫運営と輸送業務を共同化し国内各地に拠点を配置することで，労働力不足を補い，物流コストを削減できます。

共同物流は主体になる企業の組合せにより類型化でき，第一に，同業種による共同化では，同業種企業が物流の共同化を図ることで荷量の集約による量的拡大ができ，規模の経済による効率化を追求できます。第二に，サプライ・チェーン全体の連携による共同化は，製造企業・卸業者・小売業者がモノの生産から店頭販売に至る物流プロセスを共同で運営することで効率化を追求するものですが，ユニクロは一社単独で製販統合モデル上追求しています。第三は，物流ネットワーク資産の活用による共同化であり，共同集荷，共配センタ運営，納品代行など業種業態に特化した能力を持つ物流事業者が合同して，各種物流サービスを創出し安価な物流を提供するものです。

共同物流には，(a) 複数の物流企業の荷物をまとめて積載・輸送するため，1輸送当たりの積載率が向上し配送効率が高くなる，(b) 積載率の向上により，より少ないトラック・人員で配送できるため，燃料・人手がかからなくなり配送コストをカットできる，(c) 一度により多くの荷物を輸送できるためドライバーの長時間労働の緩和や業務負担の軽減につながる等のメリットがありますが，一

12　SIPは，内閣府総合科学技術・イノベーション会議が司令塔機能を発揮して，府省の枠や旧来の分野を超えたマネジメントにより，科学技術イノベーションを実現するために2013年に創設された国家プロジェクト。国民にとって真に重要な社会的課題や，日本経済再生に寄与できるような世界を先導する10の課題に取り組むとしており，プログラム・ディレクターを中心に産学官連携を図り，基礎研究から実用化・事業化までを見据えて一気通貫で研究開発を推進。経済成長の原動力であり，社会を飛躍的に変える科学技術イノベーションを強力に推し進めていくことが目標であり，「スマート物流サービス」は2018年度に採択され2022年度までプロジェクトが実施。

方では，（i）複数の企業が共同で荷物を輸送するので，急な変更や荷物の追加などに対応できず，一度により多くの荷物を輸送する関係で配達時間が予想しにくく，個別対応や時間指定対応が難しい，（ii）複数の企業の荷物を混載輸送するため，自社の荷物の現在位置や目的地到着時間を正確に把握することが難しいなどの難点があります。これらの難点に対しては，共同倉庫などリアルの物流システムの共同構築に加えて，荷主の輸送ニーズと物流事業者のリソースをマッチングさせるプラットフォームを構築し，各社の輸送ニーズを最大限満たし得る配送計画をITシステムにより解析・策定し，各社が自社荷物の混載・輸送状況をリアルタイムで把握できる仕掛けを構築することが考えられます。

図表7-20　共同物流プラットフォーム

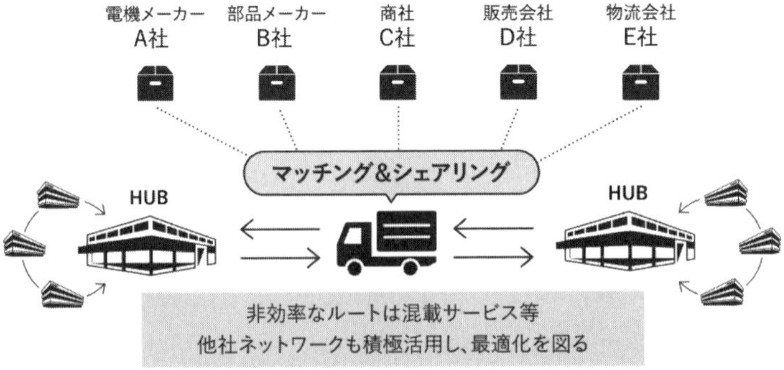

（出所）三井倉庫ホームページ（https://mitsui-soko.com/company/group/mscs/service_joint）

なお，共同配送センタ等は構築せず，複数の同業種企業がアライアンスを形成して各社の物流資源を融通し合う形での共同物流も検討されており，そこでは，各社の輸送ニーズと提携企業の物流リソースをプラットフォームでマッチングし，各社の物流リソースを提携企業がシェアします。例えば，ドラッグストア大手のウエルシアとツルハが2022年以降青森県下北地域で始めた共同配送システムでは，両社の荷物を積んだ配送車両が互いの物流センタを経由することで配送効率を高め，両社が荷量や納品予定，配送トレースなどの様々な物流情報をデジタル化し，クラウド上で連携させることで，企業の垣根を越えた物流リソースの共有を実現しようとしています。

図表７-21　ウエルシアとツルハの共同輸送システム

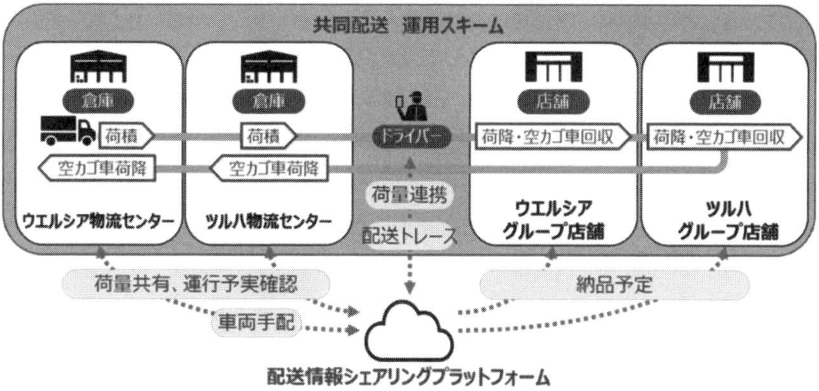

（出所）ウエルシアホールディングス株式会社，2022年10月25日付プレス発表

第３項　物流IoT化のグローバル展開

以上，物流IoT化について国内取組を概観しました。いずれの取組を見てもお分かりのように，物流フローの各工程の立地は一国内に収まっている論理的な必要性はなく，工程と工程の間のいずれの箇所にでも国境線を引くことができますので，直ちにグローバル物流を前提とした物流IoT化の取組の説明に転換できます。

物流IoT化は物流フローの機械化・自動化を第一ステップとして，次に，第二ステップとして「受注」「流通加工」「梱包」「仕分け」「ピッキング」「入出庫・商品管理」「輸送・配送」を担う機械・設備をセンサ・情報端末を介してつなぎ（connect），コンピュータ・システムにより一元管理をする仕掛けを整え，第三ステップとして，全物流関連企業がリアルタイムで物流情報を蓄積・解析・共有できるプラットフォームを構築し，限られた物流リソースの有効利用に共同して取り組み，物流全体の生産性向上を図るものです。これまで物流IoT化プロジェクトは国内企業に参加者が限られていましたが，今後は海外企業の参加を得たグローバルなものとなると予想されます。現時点でも，グローバル・サプライ・チェーンを前提として，デジタル技術を適用して物流効率化を図る試みが進められており，以下，紹介します。

(1) デジタル・フォワーディング

フォワーディング（forwarding）とは，荷主から貨物を預かり，輸出入の輸送に関わる船舶や航空機，鉄道，トラックの手配から荷受人への納品までの業務全体を指し，輸出入する貨物に対する物流全般の仲介やコーディネートをする業者をフォワーダー（forwarder）と呼びます。フォワーダーの主要業務は「船舶や航空機など国際輸送の手配」「船積み書類など輸送に必要な書類の作成」「通関業務（海外貿易に必要な手続）」「現地での貨物の保管や梱包・配送業務」であり，貿易を伴う輸出入取引において，輸出者・物流会社・各国税関・取引銀行・保険会社間で取引を円滑に進めるために，インボイス及びパッキングリスト（梱包明細）の作成・送付，L/C（信用状）の開設，海外送金，トラック・船・飛行機の予約，輸出入通関業務，保険契約締結（付保），船荷証券（B/L）の発行などを行っています。

これまでフォワーダーと輸出者・物流会社・各国税関・取引銀行・保険会社との遣取りは書面の受渡しによっていましたが，デジタル技術の進歩によりペーパーレス化が進み，海外輸送費用の見積りから貨物のトラッキングなど貿易業務全般を独自システムで一元管理する「デジタル・フォワーディング」が一般化しようとしています。デジタル・フォワーディングを世界で初めて顧客向けクラウド・サービスとして提供したのは2013年の米国Flexport社とされ，我が国でも，Shippio社が2018年に貿易業務を効率化するクラウド・サービスの提供を開始しています。

デジタル・フォワーディングは，主に荷主とフォワーダー間の業務を対象とするもので，国際運送費の見積り，本船日程，船腹予約，船積みに関する進捗管理等をオンライン上で自動化しようとするものです。図表７-22はフォワーダーが提供しているデジタル・フォワーディング・プラットフォームの一例ですが，ユーザ（荷主）はオンライン上，海上運賃入札システムにおいて貨物情報を入力すると，複数キャリアの料金を比較でき，海上貨物輸送・航空貨物輸送・トラック輸送を組み合わせた見積りも得られます。そして，ユーザ（荷主）は同システムを利用して輸送方法を選択した上で，「ブッキング・トレース情報システム」上で貨物輸送手段の予約を行うことができます。

また，プラットフォームでは，輸出入書類は荷主が輸送手段予約時に入力した情報に基づいて自動的に作成されるので，フォワーダーは自動作成された輸出入書類を用いて通関手続等を行い，陸揚げされたコンテナをそのまま陸上輸送する際に用いるドレー（drayge）を予約します。荷主はフォワーダーに物流会社・各国税関・取引銀行・保険会社との遣取りを任せた後も，プラットフォーム上で，輸出入書類の作成と通関手続・ドレー予約，リアルタイムの貨物輸送状況等を確認できます。

図表７-22　デジタル・フォワーディング・プラットフォーム

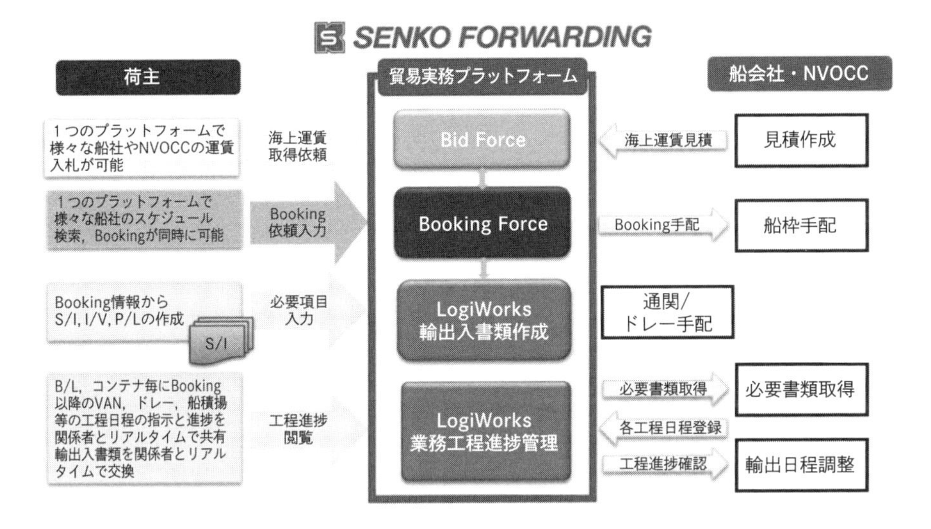

（出所）センコー（2022）
（注）Bid Forceは入札レーン登録，運賃確認，入札評価，運賃承認，契約番号受信等を提供する「海上運賃入札システム」。Booking Forceは予約依頼，回答確認，トレース情報確認等を提供する「ブッキング・トレース情報システム」。TOSS-LOGIWORKSは輸出入書類作成・共有，進捗管理等を提供する「進捗管理システム」

なお，デジタル・フォワーディングでは，eB/L（電子船荷証券）とデジタル通貨を同時に交換する貿易決済も取り込もうとしており，プラットフォーム上で，国際物流だけでなく貿易決済も可能としようとしています。

（2）データ解析によるグローバル・サプライ・チェーン最適化

デジタル・フォワーダーでは，フォワーダーがこれまで書面・電話等で行ってきた物流会社・各国税関・取引銀行・保険会社との遣取りをオンライン・プラットフォームに移すことにより，出発地での通関・保税倉庫保管・船積み，海上輸送，到着地での通関・陸上輸送など貨物の流れを，フォワーダーを結節点として一元的に把握するスキームを構築しています。企業がグローバルにサプライ・チェーンを展開する現在，海上輸送・陸上輸送を問わずモノの流れをタイムリーに把握することが適切な在庫管理や経営効率化で重要であり，そこで，フォワーダーを結節点としないプラットフォームを構築し，グローバルなモノの流れを把握しようとする試みもあります。

例えば，ITソリューション・プロバイダでもある日本電気は，輸送事業者，倉庫事業者，海貨事業者，船会社等の物流情報を一元管理するプラットフォームを構築しようとしています。グローバル物流では，モノに割り当てられる管理番号が「荷主オーダー」「インボイス」「パッキング・リスト」「船荷証券」で次々と変わってしまうため，フォワーダーのように全プロセスに関与している者でないとモノの所在等を追跡するのが難しいことから，プラットフォーム上で，各社のモノの流れの情報をつなぎ，変化する管理番号を一元的に把握できる工夫を施しています。

図表７-23　モノのグローバル物流における統合管理

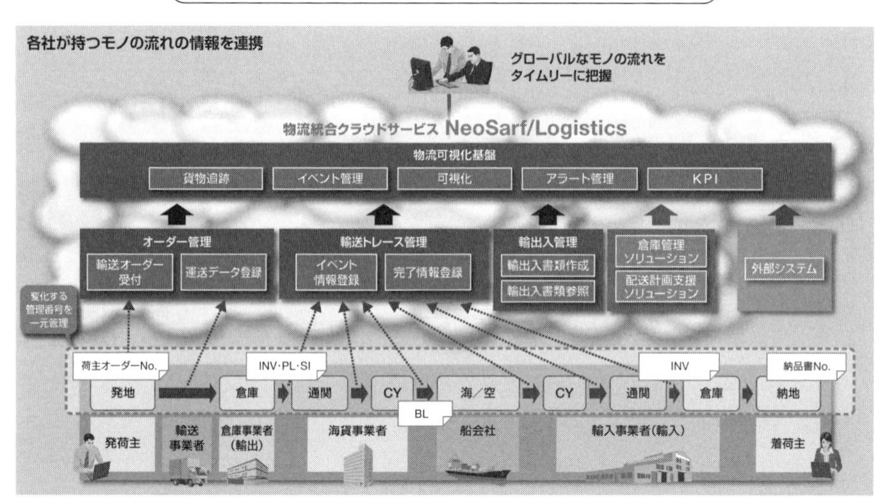

（出所）日本電気株式会社ホームページ
（https://jpn.nec.com/neosarf/logistics/visualization.html）

グローバル物流においてモノの所在等が追跡可能になると，どのような付加価値があるでしょうか。プラットフォームでは，「何が，どこに，どれだけあるのか」「予定通りに輸送されているか」等を瞬時に把握できるため，グローバル物流関係企業や川下の顧客・ユーザからの照会に対して，タイムリーな輸送状況の情報提供ができます（モノの所在不明ですと不必要な範囲の物流関係企業にも問い合わせをしたりしなければならず，かかる照会対応の工数も減らせます）。

グローバル・サプライ・チェーン・マネジメントとの関係では，プラットフォーム上，輸送に複数の物流企業が関与するモノが輸送中であっても，荷主依頼別，商品別，区間別，かつ，商品単位，ロット単位で在庫把握できるので，生産者・供給者は適正在庫を維持でき，在庫切れを懼れて緊急輸送を行ったり在庫量を増やしたりするムダを省けます。また，プラットフォームでは，輸送予定と輸送実績情報にズレが発生したり，納期変更等の発生が登録されたりした場合，ユーザに対してメール自動送信機能等により連絡・警告するシステムが採られており，ユーザは輸送の遅延や納期変更等を迅速に把握し対処できます。

また，プラットフォームで輸送状況を把握できるようになるため，物流企業の納期遵守率・完全輸送達成率・輸送事故率等を分析することが可能となり，それを踏まえて，グローバル物流で輸送経路（輸送方法を含む）や物流提携先を見直したり，物流提携企業に対して改善ポイントを明確に指示したりすることで，ユーザはグローバル物流の効率化とコスト削減を図ることができます[13]。また，日本通運のようなグローバル物流企業もグローバル物流プラットフォームを構築し，顧客のグローバル物流関連データに基づき物流拠点の最適配置をデータ分析し，グローバル・サプライ・チェーンの最適化をコンサルテーションするビジネスを開始しています。

日本通運は2010年代以降フォワーディング業務に本格的に進出し，デジタル・フォワーディングに取り組んでいますが，顧客からグローバル物流の効率化に関する相談を受け，既存物流拠点での入出庫データや販売先への受発注データなどを活用して，物流の観点からAIによるビッグデータ解析を行い，物流拠点の適合性の診断や物流拠点の削除・追加などグローバル物流の再編に関するプランニングを行っています。

一例を挙げると[14]，電子部品メーカーが，自動車用部品を中国工場で生産し，東シナ海からインド洋を経て地中海に至る海路により欧州自動車メーカーに供給していましたが，長らくリードタイム短縮とコスト削減が課題でした。日本通運は電子部品メーカーからの相談を受けて最適なグローバル・サプライ・チェーンの再設計に取り組むこととなり，電子部品メーカーの提供した既存物流拠点での

13　プラットフォームでは，グローバル物流に関係する企業が輸出入関連書類をデータ登録することとなるため，荷主だけでなく物流関係企業が輸出入関連データを共有でき，また，インボイス，パッキング・リスト，船荷証券等の輸出帳票の作成機能も付加されていることからプラットフォーム上で輸出入関連手続の書面作成等が可能。

14　日本通運，2023年11月28日ヒアリング。

入出庫データや販売先への受発注データに基づき，モノのグローバルな流れを分析・検討します。

まず，欧州取引先に製品供給するに当たり，欧州のいずれの地域に物流ハブ拠点を設置すべきかを分析。顧客提供データだけでは分析に不足したため，日通が多数顧客のグローバル物流をサポートする過程で蓄積したデータとノウハウを活用し，欧州の全顧客に最も効率的に製品供給できる場所を欧州内陸部に特定。欧州の物流ハブ拠点の位置を割り出したならば，次に中国から物流ハブ拠点への製品輸送が課題となりますが，従来の海上輸送では，中国から届いた製品を港から内陸部まで運ぶため物流費・時間のロスが大きく，日本通運は，中国が一帯一路構想で整備した，中国と欧州をダイレクトに結ぶ鉄道ルート（中欧班列）を活用することを考え，国際鉄道輸送を利用した物流スキームを構築。国際鉄道輸送を採用しグローバル・サプライ・チェーンを再構築した結果，電子部品メーカーは長年問題としてきたリードタイム短縮とコスト削減を実現できたと日本通運は評価しています。

なお，日本通運は，物流プラットフォームに蓄積されたデータと顧客企業のグローバル物流再編で得られた知見・ノウハウに基づき，物流拠点の最適候補地の選定や既存サプライ・チェーンの最適化に関するプログラムを開発。数十社の実例で概念実証を行った結果，多くのケースで２割程度の物流コストが削減できることが判明したとして，同社はAIによる物流ビッグデータ解析によるグローバル・サプライ・チェーン最適化ソリューションをビジネス化しています。

物流IoT化により，グローバル・サプライ・チェーンをカバーするプラットフォームを構築し，国際貿易・物流に関する手続を一元化し，内外関係者がデータ共有するスキームは本格的な構築が始まったばかりです。また，物流プラットフォームで蓄積された貿易・物流関連データをAI等により解析することで，グローバル物流やグローバル・サプライ・チェーンを最適化する取組も緒に就いたばかりですが，デジタル・エコノミーは生き馬の目を抜くような勢いで進んでおり，こうした取組も遠からぬ時期に実用化し，当然のものとなってしまうことが期待されます。

第3節　Trade shall go green

持続可能性（Sustainability）は「環境や経済等に配慮した活動を行うことで，社会全体を長期的に持続させていく」というアイデアですが，1987年に国連「環境と開発に関する世界委員会」（WCED：World Commission on Environment and Development）の報告書「我ら共有の未来（Our Common Future）」で「持続可能な開発（Sustainable Development）」として提言され，その後，1992年「地球サミット」で世界的に広まり，2015年に国連で採択された「SDGs（持続可能な開発目標Sustainable Development Goals）」へとつながりました。元来，持続可能性は環境保護の概念でしたが，近年は企業の社会的責任と結び付けて語られるようになっており，サプライ・チェーン・マネジメントにおいても重要な課題です。本節では，環境に絞り，原料調達・製造・物流・販売・廃棄というサプライ・チェーン上の一連の流れにおいて，企業がどのように持続可能性に配慮しなければならないかを取り扱います。

第１項　伝統的な貿易関連環境規制（有害廃棄物，オゾン層破壊物質等）

持続可能性の議論では，サプライ・チェーンを単位とする環境・人権配慮等が求められますが，伝統的な貿易関連環境規制は多くが有害廃棄物や環境破壊物質の国境を越える移動を規制するものでした。例えば，1989年に締結された「有害廃棄物の国境を越える移動及びその処分の規制に関するバーゼル条約」は有害廃棄物の輸出入を規制する国際条約ですが，先進国から廃棄物処理規制の緩やかな発展途上国に有害廃棄物が輸出されて環境破壊や健康被害を発生させている状況を改善するため，有害廃棄物等の国内処理を原則とした上で，有害廃棄物を輸出する場合に，輸出国に輸入国・通過国への事前通告及び輸入・通過に係る同意取得の義務を課し，不法取引が行われた場合等の輸出者による再輸入等の義務を課すものでした。

日本では，バーゼル条約の国内担保法として，「特定有害廃棄物等の輸出入等の規制に関する法律」（通称「バーゼル法」）と「廃棄物の処理及び清掃に関する法律」（廃棄物処理法）及び「外国為替及び外国貿易法」（外為法）でバーゼル条約に対応しています。バーゼル法では，外為法に基づく経済産業大臣の輸出入の承認取得が義務付けられ，上記承認に際しては環境大臣に環境配慮の観点から確認を求める手続が追加され，輸出者は移動書類の携帯が義務付けられました。仮に，不適正処理が行われた場合，環境大臣が輸出者に対して有害廃棄物の回収・適正処分を命ずることができ，他方，有害廃棄物の輸入時には環境大臣の許可の取得が義務付けられています。

このように伝統的な貿易関連環境規制はサプライ・チェーン全体に渉って規制を課すものではなく，有害廃棄物等の輸出入にフォーカスして，環境や人体に悪影響を及ぼすおそれのあるモノが国境を越えて移動することを規制してきました。

第２項　グローバル・サプライ・チェーンを単位とする環境規制

これに対し，現在の環境規制はサプライ・チェーン全体で「持続可能性」を追求しており，貿易規制はあくまでも規制の一部を構成する部分にしか過ぎず，サプライ・チェーン全体で環境規制の目的が達成されるか否かが課題です。

（１）REACH（欧州化学品規制）

サプライ・チェーン全体を対象として環境汚染・健康被害の発生を防止する規制は何が最初であったかは定かではありませんが，2007年発効のEU「欧州化学品規制」（REACH：Registration, Evaluation, Authorization and Restriction of Chemicals）はサプライ・チェーン全体に着眼した規制の先駆けの１つです。

①　化学物質の登録及び評価

REACHは「人の健康と環境の保護」「化学物質のEU域内の自由な流通」を目的とします。既存の化学品規制は規制官庁が有害物質を指定し，使用を禁止したり，環境・ヒトに有害とならない形での管理・流通・使用を命じたりするものでした。これに対して，REACHは，「リスク評価や安全性の保障責任を産業界に移行」し，「既存化学物質と新規化学物質の区別を問わず規制対象」とするとして，製造者又は輸入者が全ての製造又は輸入する化学物質（年間１t以上の場合に限る）について（欧州域内に上市するに当たり）規制庁に登録を行い，その際，年間１t以上の製造又は輸入の場合には技術一式文書を，年間10ｔ以上の製造又は輸入の場合には化学物質の安全性に関する評価報告書（化学物質安全性報告書）を提出することを義務付けています。

②　化学物質の安全性審査と認可

規制庁は製造業者又は輸入者による安全性評価等に基づき審査を行い，有害性・用途に関する情報をデータベースに登録し，有害性に関して人・生物に対して非常に高い懸念がある「高懸念物質」[15]に関しては上市を認可するか否かを審査決定します。通常，高懸念物質は既存の安全規制等で検証されたことのない新規物質ないし新規用途であり，規制庁は製造業者又は輸入者からの登録の試験提案を受けて当該高懸念物質について安全性試験を行い，技術的・社会経済的な検討を加えた上で，REACH規則附属書XⅣに認可対象物質として用途・認可要件とともに収載します。

製造企業又は輸入者は認可対象物質を使用又は上市する場合，規則付属書XⅣに従って，特定された用途毎に規制庁の認可を得る必要があり（認可申請は取扱量が１t未満でも必要），認可対象物質及び認可対象物質を含む混合物は，認可がなければ欧州域内で使用・上市できません（成形品は規制対象ではないため，欧州域外で製造された認可対象物質を含む成形品[16]はEUに輸出可能）。

③　化学物質の安全関連情報のサプライ・チェーン上の伝達

ここからがサプライ・チェーン・マネジメントと関連しますが，化学物質を安全に使用する目標を達成するにはサプライ・チェーン上での情報の伝達が不可欠です。

そこで，REACHでは，川上企業から川下企業へ，危険有害性を有する物質・混合物に関する情報の提供が義務付けられ，情報提供は「安全性データシート」により行われるとされ，加えて年間10ｔ以上の製造又は輸入される高懸念物質には，曝露シナリオを「安全性データシート」の附属書として提供する義務が課されました。このサプライ・チェーン上の義務は川上企業から川下企業への一方向のものではなく，川下企業は化学物質の新しい危険有害性情報や安全性データシートの特定された用途の管理対策に疑念がある場合に，川上企業に情報提供する義務を課されています。

また，成形品といえども，高懸念物質が成形品中に0.1wt％を超えて含有される場合には，成形品の供給者は川下企業に対して，また，消費者から要求がある場合は45日以内に無料で，その成形品を安全に使用できる情報（少なくとも物質名）を提供する義務をREACHは課しています。

④　化学物質の製造・使用・上市の制限

なお，REACHは「人の健康と環境の保護」と並び「化学物質のEU域内の自

15　高懸念物質とは，CMR（発がん性，変異原生，生殖毒性があるとされる物質），PBT（難分解性，生物蓄積性，毒性のある物質）やvPvB（極めて残留性・蓄積性の高い物質）などの高懸念物質や年間100t以上の広範囲かつ拡散的な曝露をもたらす用途の危険性に分類される物質。

16　REACHは第３条３項で成形品を「製造中に，化学的組成よりも大きくその機能を決定する特別な形状，表面，またはデザインが与えられた対象物」と定義している。

由な流通」を目的に掲げていますので，物質の製造，使用又は上市から生じる，人の健康や環境によって受け入れられないリスクがあり，かつ，欧州全域で対処することが必要である場合に制限が課せられ，REACH規則附属書XVIIが制限対象物質毎に用途や濃度等の条件を明定しています。

（2）GX（企業の経済活動におけるサプライ・チェーン全体での脱炭素化）

REACHでは，化学物質の安全な使用のために，サプライ・チェーン上で川上企業から川下企業への，危険有害性を有する物質・混合物に関する情報提供を義務付け，「安全性データシート」がサプライ・チェーンを川上から川下に転々流通することで，化学物質の危険有害性に関する情報がサプライ・チェーン全体で共有されることを企図しています。サプライ・チェーン上の義務は川上企業から川下企業への一方向のものではなく，川下企業にも新しい安全性関連情報がある場合等には川上企業に対する情報提供を義務付けています。サプライ・チェーン全体にそれぞれ義務を課し，各工程の主体が協働することで，規制目標の達成を図る規制スキームは2010年代以降の「持続可能性」に係る環境規制の特徴となっています。その典型例として，GX（Green Transformation，グリーン・トランスフォーメーション）を取り扱います。

①　カーボン・ニュートラル

地球規模で局地的な気温上昇などの異常気象が発生し，人の生活基盤に影響を及ぼす大規模な自然災害が増加するなど，気候変動問題は深刻化しており，産業革命以来の化石エネルギー中心の産業・社会構造をクリーン・エネルギー中心に転換するGXが喫緊の課題です。「温室効果ガスの排出を全体としてゼロにする」カーボン・ニュートラルはGXの根幹を成す取組であり，資源エネルギー庁調べでは，2021年11月時点で154カ国・地域が年限を区切ったカーボン・ニュートラルにコミットしています。

各国ともにカーボン・ニュートラルの実現に向けて「行動計画」を策定し，電力・非電力部門毎に温室効果ガスの排出削減目標を示し，電力部門では再エネ導入などにより排出量の削減を進め，非電力部門では，民生・産業・運輸部門別に目標を立てて，排出削減と吸収に取り組んでいます。個別企業の事業活動での排出削減が重要ですが，企業活動はサプライ・チェーンの中に組み込まれたものであり，サプライ・チェーン単位でのカーボン・ニュートラルがGXの成否の鍵を握っています。

②　サプライ・チェーン単位での取組

カーボン・ニュートラルでは，脱炭素はサプライ・チェーンを含めた事業活動全体に求められます。ものづくりに係るCO_2排出は製造工程だけでなく，原材料調達・製造・物流・販売・廃棄などの一連の活動から発生する温室効果ガスの合計です。サプライ・チェーン全体での排出量を考えませんと，社会全体での排出量削減につながりませんし，サプライ・チェーン上で排出削減の可能性が大きい部分と限られた部分が明確となると，環境対策の方向性を定め，効果的に排出量削減に取り組めます。

そこで，環境省は企業のサプライ・チェーン全体での排出削減の取組を推進するため，事業者自らの排出だけでなく，事業活動に関係する全排出を合計した「サプライ・チェーン排出量」の考えを推奨しており，サプライ・チェーン排出量は「Scope１排出量（燃料の燃焼，工業プロセス等事業者自らによる温室効果ガスの直接排出）」「Scope２排出量（他者から供給された電気・熱・蒸気等の使用に伴う間接排出）」「Scope３排出量（算定事業者の活動に関連する他社の排出，15カテゴリあり）」を合算したものとしています。

図表7-24　サプライ・チェーン排出量

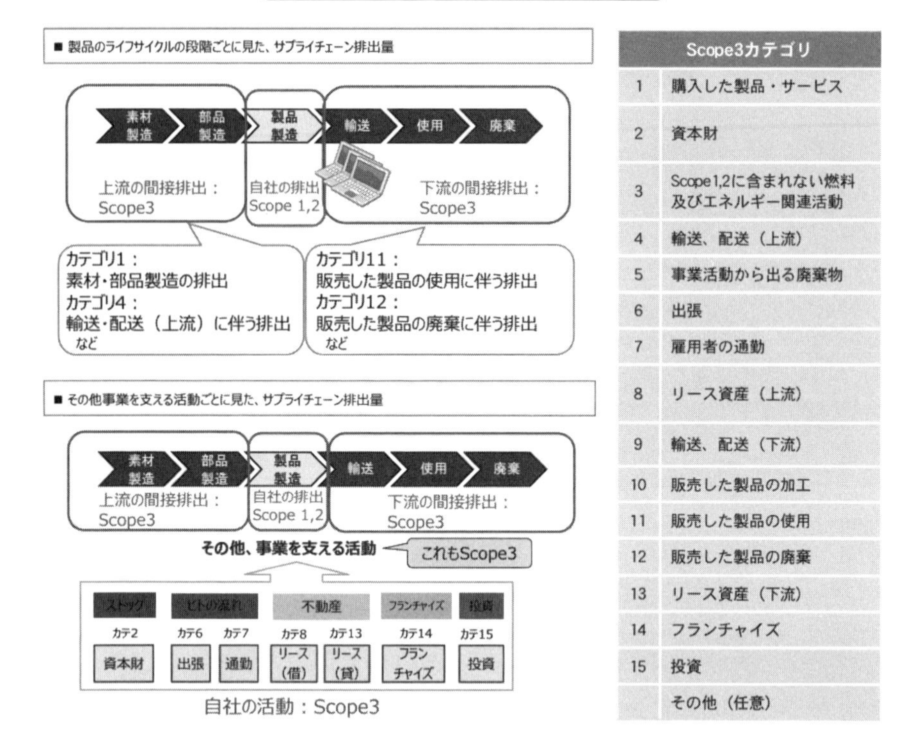

Scope3カテゴリ	
1	購入した製品・サービス
2	資本財
3	Scope1,2に含まれない燃料及びエネルギー関連活動
4	輸送、配送（上流）
5	事業活動から出る廃棄物
6	出張
7	雇用者の通勤
8	リース資産（上流）
9	輸送、配送（下流）
10	販売した製品の加工
11	販売した製品の使用
12	販売した製品の廃棄
13	リース資産（下流）
14	フランチャイズ
15	投資
	その他（任意）

（出所）環境省資料

③　Appleのサプライ・チェーン単位の脱炭素

企業のサプライ・チェーン単位でのカーボン・ニュートラル取組について事例紹介します。自社だけでもCO_2排出削減のためオペレーションを変更したり事業計画を修正したりするのは容易ではありませんが，グローバルに展開するサプライ・チェーンの関係企業にカーボン・ニュートラルにコミットさせるのは一層の難事です。Appleはこれまで協力企業を競わせることで，協力企業に不可能とも思われるようなコスト削減や品質・納期改善をコミットさせてきましたが，Appleといえども，2015年パリ協定で合意された2050年までのカーボン・ニュートラルを20年先倒しする件では，取組は段階的に，かつ，自社開発の脱炭素技術や所要資金を提供しつつ進めざるを得ませんでした。

（a）自社工程の脱炭素化から川上工程への取組拡大

Appleは早くから脱炭素に取り組み，2020年にはグローバルな企業運営（Scope 3の自社「事業の企業活動を支える活動」を含む）でカーボン・ニュートラルを達成していますが，2020年７月，2030年までに自らのCO_2排出量を▲75％削減するとともに，製造サプライ・チェーンと製品ライフ・サイクル双方でのカーボン・ニュートラルも達成すると公約。2020～2030年に，以下のとおり，自社工程と川上工程に注力して脱炭素に取り組むとしました[17]。

図表７-25　2020年段階でのAppleの脱炭素化に向けた取組

低炭素の製品デザイン	製品に低炭素の再生材料を使用し，製品のリサイクルに取り組むとともに，エネルギー効率が高くなる製品デザインに挑戦。 ●回収されたiPhoneの分解・リサイクル作業をロボット化，希土類の磁石やタングステンなど主要素材を効率よく回収，鉄も再使用。 ●Material Recovery Lab（素材再生研究所）は電子部品リサイクル技術を研究するとともに，カーネギー・メロン大学と協力して，リサイクルの最適工程の開発に取り組み。 ●2019年発売のiPhone，iPad，Mac，Apple Watchは100％リサイクルされた希土類元素を含め，再生材料で製造。 ●2019年，自社製品のデザイン革新とリサイクル素材の活用を通じて430万mt分のカーボンフットプリント[18]を削減。
エネルギー効率の向上	自社施設向きに開発導入したエネルギー使用削減方法を，サプライ・チェーン関連企業でも採用するよう働きかけ。 ●US-China Green Fundを通じて総額１億ドルを提供，サプライヤーの省エネルギー・プロジェクトを支援。 →Apple主導のSupplier Energy Efficiency Program 参加施設数が2019年92に増加（CO_2排出量を年間78mt以上削減）

17　Apple2020年７月21日付プレス発表『Apple，2030年までにサプライチェーンの 100％カーボンニュートラル達成を約束』

18　商品・サービスは，生産されてから廃棄されるまでのライフ・サイクルを通して多くのエネルギーを必要とし，そのエネルギーは主に石油，石炭，天然ガスなど化石燃料から得られ，地球温暖化の原因となる温室効果ガスを大気中に排出する。「カーボンフットプリント」（Carbon footprint）とは，商品・サービスのライフ・サイクルの各過程で排出された「温室効果ガスの量」を追跡した結果，得られた全体の量をCO_2量に換算して表示することを言う。

	● 2019年，エネルギー効率向上のため，新築，既存を問わずビルに省エネ投資（延床面積640万 f ^{3}以上)。 →電力ニーズを▲20％削減，経費2,700万ドルを節約
再生可能エネルギー利用	今後も100％再生可能エネルギーで企業運営。新規電力プロジェクトを立ち上げサプライ・チェーン全体をクリーン・エネルギーに移行。 ● 100％再生可能エネルギー（電力約8GWに相当）によりApple製品の生産を行うサプライヤーは70社超え。 →年間1,430万mt超のCO_2排出削減を達成 ● アリゾナ，オレゴン，イリノイ各州で新規及び既発の電力プロジェクトにより再生可能エネルギー枠を1GW（15万世帯分以上の１年分の電力に相当）を創出。 →Appleが自社施設のために調達する再生可能エネルギーの80％以上は，Appleが手掛けた電力プロジェクトから産出。
工程と材料における革新	Appleは製造工程及び部材料に関する技術的向上を通じてCO_2削減に取り組み。 ● アルミニウム製品サプライヤー２社に投資と協力，炭素を含まない精錬プロセス開発を支援（16インチMacBook Pro生産に活用) ● サプライヤーとの協力を通じ，2019年，一部のコンシューマー・エレクトロニクス部品の製造に使われるフッ素化ガスの排出量を24.2万mt超削減。

（出所）Apple社公表資料に基づき筆者作成

（b）川上工程の協力企業への脱炭素化要求と川下ユーザへの手当て

上記取組を踏まえ，Appleはサプライヤーと協力して製造工程の脱炭素化を加速するべく，2022年10月，グローバル展開した（分散立地している）サプライ・チェーン関連企業に対しても，2030年までのカーボン・ニュートラルを要請し，川上工程の更なる脱炭素化を進めること（Scope３）を発表します[19]。

完全に再生可能エネルギーのみによりApple製品の生産を行うサプライヤーは70社超に過ぎませんでしたが，今回は200超のサプライヤーに対して，Apple関連部材生産においては風力発電，太陽光発電等のクリーン・エネルギー使用を求め，Apple関連以外の生産活動等においても脱炭素化に取り組むことを要請。ま

19　Apple2022年10月25日付プレス発表『Apple，グローバルサプライチェーンに対して2030年までに脱炭素化することを要請』

た，Appleはグローバル・サプライ・チェーン及び全製品のライフ・サイクルでのカーボン・ニュートラルを確実に達成するべく，脱炭素化を製造パートナー任せとせず，彼等の脱炭素化取組を毎年アセスメントし，進捗状況を追跡することとし（フォローアップ），サプライヤーの選別や取引関係の見直しに当たり，脱炭素化の取組状況の良し悪しを考慮に容れることを明言。これを受けて，米ガラス・メーカーのコーニング（Corning Incorporated），日東電工[20]，韓国DRAMメーカーのSKハイニックス（SK Hynix），STマイクロエレクトロニクス（STMicroelectronics）[21]，TSMC，釉陶[22]を始めとする主要製造パートナー200社は，全てのApple製品の製造に100パーセント再生可能エネルギーを使うことを確約します[23]。

川下工程の脱炭素化では，ユーザ等に製品使用時の再生可能エネルギー利用を要請することは現実的に不可能であるため，Appleは製品ライフ・サイクルの観点から低炭素の製品デザインに取り組むことで脱炭素化に取り組んできました。2022年10月の発表では，欧州においてApple製品の使用で年間消費される電気3,000GW相当規模の再生可能発電プロジェクトを立ち上げることを公約。手付かずだった川下工程の間接排出（Scope３）の抜本的なカーボン・ニュートラル化を図ることとしました。

（c）サプライ・チェーン上の利害関係者との協働の重要性

サプライ・チェーン単位の脱炭素化の成否は，自社だけでなく，川上・川下の協力企業，顧客・ユーザの脱炭素化の成否にかかっています。サプライ・チェーン全体をコントロールするコア企業であっても，自社単独でサプライ・チェーンの脱炭素化を果たすことはできません。

Appleはサプライヤーに脱炭素化を要求するだけでなく支援もしており，クリーン・エネルギー・プログラムでは，無料でｅラーニング・リソースと実地トレーニングの機会を提供し（2022年には150社超のサプライヤーが実地トレーニングに参加），また，サプライヤー及び地域パートナーと協働して，それぞれに最適化された再生可能エネルギー利用と炭素除去ソリューションの特定・開発を

20　粘着テープなどの包装材料，半導体関連材料，光学フィルム等を主力製品とするメーカー（本社，大阪市）。

21　特定用途にカスタマイズした集積回路，メモリ（フラッシュメモリ，EEPROM），マイクロ・コントローラ，ICカード等を生産するスイスの半導体メーカー（本社，ジュネーブ）。

22　陶磁器用釉薬（ゆうやく）の製造販売を主業務とする日本メーカー（本社，滋賀県甲賀市信楽町）。

23　Appleによれば，今回，全てのApple製品の製造に風力や太陽光などクリーン電力を使うことを確約した200社は，同社の直接製造費の支出先の70パーセント超に該当。

行っています[24]。

Appleはクリーン・エネルギーに関して，2018年以降，世界44カ国にあるオフィス，直営店，データ・センタの電力を全て再生可能エネルギーで賄っていますが，サプライヤーも世界中で10GW超のクリーン電力を調達。今後，Appleは，欧州では30～300MWの範囲の規模で太陽光発電及び風力発電プロジェクトの建設を進める計画であり，引き続きAppleのオフィス，直営店，データ・センタの電力需要をクリーン・エネルギーで賄いつつ，川下の顧客・ユーザのApple製品使用で消費される分の電力量に相当するクリーン・エネルギーを新たに供給する予定（前述のとおり年間3,000GWの新規再生エネルギー供給を想定）。

④　Appleケースの含意

現時点では，企業のカーボン・ニュートラルの取組は自発的なものです。国際条約，国内法上の義務があるわけではありませんが，近年，持続可能性は企業の社会的責任と結び付けられて考えられるようになっており，消極的対応が企業活動に大きな障害となり巨額の損失をもたらす事態が生じています。

国際的な環境・人権NGOは，企業が持続可能な調達を行うことを長年働きかけてきましたが，環境配慮や社会配慮を行わない企業による児童労働・強制労働や熱帯雨林違法伐採などをストップさせる実効的手段として，かかるサプライヤーから調達を行うバイヤー企業に対して公的批判を加えたり不買運動を展開したりしています。例えば，1997年，ナイキのインドネシア及びヴェトナムにおけるサプライヤーが児童労働や劣悪な環境における長時間労働を長年行っていたことが発覚し，NGOが告発と問題提議を行うや，一部の主要市場で同社製品の不買運動が発生し，ナイキはDeloitte調べによれば1998年～2002年の５年間で122億ドルの損失を被りました[25]。

また，株主がその立場・権利を行使して，経営陣に対して企業の社会的責任（CSR）に配慮した持続可能な経営を求めていく「社会的責任投資」（SRI：Socially Responsible Investment）が世界投資市場で無視できない規模に成長してきており，持続可能性などに取り組まない企業は事業遂行に必要な資金を資本市場から調達できないおそれが生じています。2006年，国連は主に機関投資家を

24　Appleはクリーン・エネルギー・プログラムの成果を公開し，様々な業界の企業が自由に利用できる「公開トレーニング・プラットフォーム」の創設も計画。これにより，Appleのサプライ・チェーンに含まれる企業だけでなく，あらゆる規模の企業がクリーン・エネルギーへの完全移行とカーボン・ニュートラルを加速させるのに必要なリソースと支援ネットワークにアクセスできるようになると期待。

25　Deloitte『人権を軽んじる企業には，1000億円以上失うリスクあり』（https://www2.deloitte.com/jp/ja/pages/strategy/articles/cbs/human-rights-2.html）

対象として「責任投資原則ガイドライン」を取りまとめ，投融資ではESG視点，すなわち環境（Environment），社会（Social），企業統治（Governance）という非財務情報を組み込むべきだとしました。

図表7-26　近年のESG市場の成長

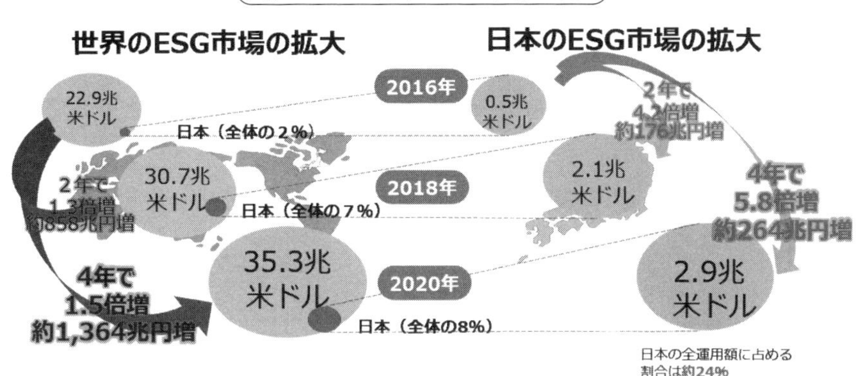

（出所）環境省（2021）「環境白書2021年版」

企業のカーボン・ニュートラルは，国際条約・国内法上の義務ではなく，加盟国がパリ条約に基づき達成を宣言しているだけですが，事実上の「強制力」が働いています。今後，2050年の期限にカーボン・ニュートラルを間に合わせる必要などから，カーボン・ニュートラルが企業等の個別主体の責務となる可能性は排除できません。Appleの事例からも分かるように，サプライ・チェーン単位での取組が不可欠であることから，カーボン・ニュートラルは欧州化学品規制と同様に「サプライ・チェーン」を単位とする規制となり，1990年以降のサプライ・チェーンのグローバル化に対応して，必然的に「グローバル・サプライ・チェーン」を単位とする規制となります。

⑤　サプライ・チェーン参加者全ての問題としての脱炭素化

サプライ・チェーン単位の環境規制においては，サプライ・チェーンのマネジメント主体だけでなく，川上・川下の全関係者が対象となります。

図表7-27　サプライ・チェーン単位の脱炭素化

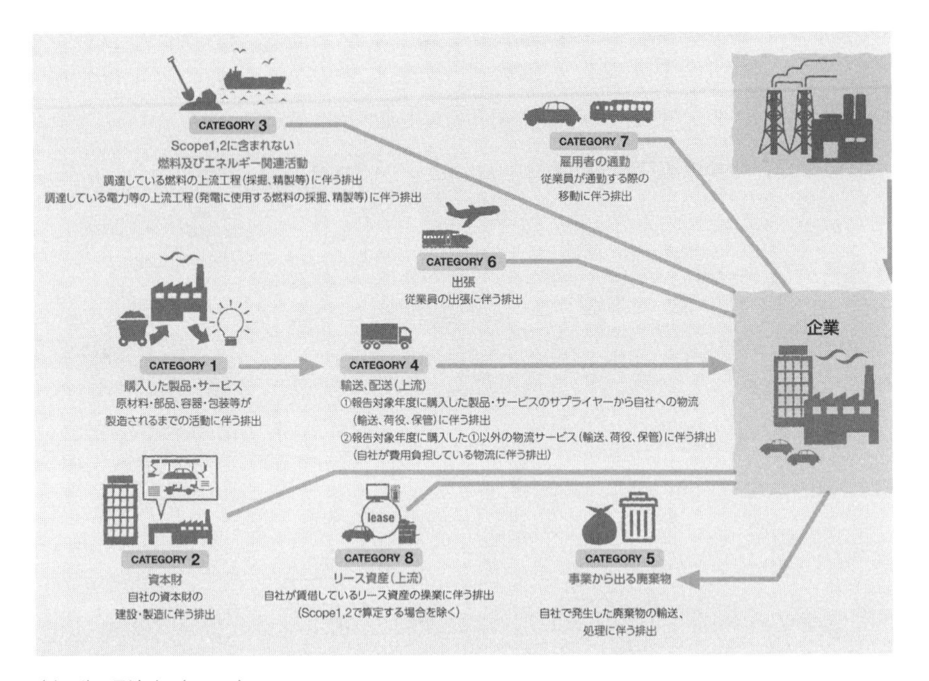

（出所）環境省（2016）

マネジメント主体はグローバルに最適化されたサプライ・チェーンを構築し運営管理するかに責任を負いますので，脱炭素化のような規制が導入された場合に，従来ビジネスをいかに持続するか，むしろ規制に対応して発展させるかを考えなければなりません。Appleのケースでは，「低炭素の製品デザイン」「工程と材料における革新」などビジネス・モデルの改革により，サプライ・チェーン全体のCO_2排出を低減させるとともに，自社のカーボン・ニュートラルやCO_2排出削減のために開発した技術・ノウハウをサプライ・チェーン関係者に移転する努力がなされていました。

脱炭素化の取組はマネジメント主体だけではなく，川上のサプライヤーも自らエネルギー効率化や再生可能エネルギー転換に取り組み，生産過程等におけるCO_2排出の抑制・削減を技術革新により実現して行かなければなりません。Appleが主要サプライヤー200社のカーボン・ニュートラルの取組をフォローアップし，取組の芳しくないサプライヤーは取引対象から外すことも考えるとしてい

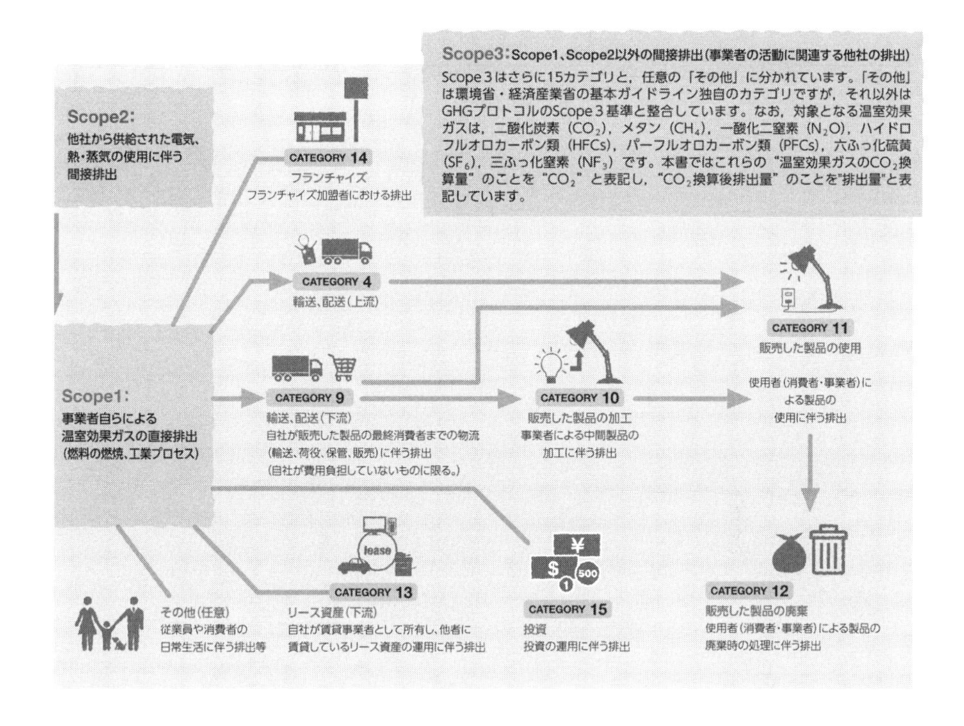

るように，サプライヤーにとり脱炭素化は死活問題になりかねません。脱炭素化は自工程だけ考えていても限界がありますので，サプライヤーはAppleのようなサプライ・チェーン全体のマネジメント主体ではありませんが，結局はサプライ・チェーン全体ないし複数工程を念頭に置いた脱炭素化の取組も考える必要があるかもしれません。

この場合，自工程だけでなく，サプライ・チェーン全体ないし複数工程にまたがるカーボン・ニュートラル策ないしCO_2排出削減プランを考えることになりますが（かかるサプライヤーはAppleのようなマネジメント主体にすれば，善き協働者であり，貴重な存在です），サプライ・チェーン排出量の抑制では，サプライヤーも自工程だけに専念できずサプライ・チェーン全体を見渡し，サプライ・チェーン・マネジメントを考える必要が出てきます。

第2節「物流IoT化とグローバル・サプライ・チェーン」でスマート物流を紹介しましたが，スマート物流では，サプライ・チェーンのマネジメント主体が第一義的な物流効率化のインセンティブを持っていますが，物流スマート化の技術革新なりビジネス・モデル革新はサプライ・チェーンに関与する，いずれの主体から起こってもおかしくないものです。サプライ・チェーン・マネジメントの主体でなくとも，イノベーションに挑む価値があります。その際，サプライ・チェーン全体を見渡し，全体マネジメントを考える視点が必要となるのではないでしょうか。

第 8 章

デジタル貿易

20世紀まで貿易は「モノ」貿易と同義でしたが，21世紀には「デジタル」貿易が登場し，21世紀の世界経済と国際貿易を牽引することが期待されています。第Ⅰ部から第Ⅲ部までは基本的にモノ貿易を念頭に置いた話でしたが，「21世紀の貿易」を取り扱うからにはデジタル貿易を避けて通るわけにはいきません

モノ貿易は川上の生産者から川下のユーザ・消費者に製品・商品が届くまでに原材料，部品・部材，ユニット，最終製品など諸工程を経る必要があり，サプライ・チェーン・マネジメントが重要な要素でした。しかしながら，デジタル貿易の代表例とされる国際電子商取引，越境サービス取引，越境データ取引等は，モノ貿易と異なりサプライ・チェーンを一工程一工程つないでいくようなビジネスではなさそうです。

また，モノ貿易では，卸・小売の流通市場が各種整備されていますが，デジタル貿易では，そもそも「市場」がありませんでしたから，インターネット空間で改めてマーケットを創造する必要があり，プラットフォーマーが登場します。プラットフォーマーはどのようなビジネスを展開する主体であるのか，デジタル貿易の成長と発展にどのような役割を果たし，一方では，成長と発展を妨げるような行動を採るのか。

デジタル貿易は誕生したばかりであり，今後の発展については予測がつかないものの，21世紀に重要な役割を占めるデジタル貿易について以下取り扱います。

第１節　デジタル貿易とは何か

第１項　デジタル貿易の定義と４類型

デジタル貿易と言うと，一般的には電子商取引をイメージしますが，近年，企業情報・個人情報の取引，音楽・動画等の配信サービスなどデータ取引が急成長しています。デジタル貿易はモノ貿易と並ぶ国際取引として期待され，21世紀の

デジタル・エコノミーのフロンティアですが，その定義・商形態についてはコンセンサスが確立しているわけではありません。というのは，デジタル貿易は1992年にインターネットが民間利用に開放された後，試行錯誤を経て成長発展してきたものであり，電子商取引も2000年以降Amazon等が開拓してきた歴史の浅い分野であることから，今後，デジタル貿易はますます多様化と複雑化を遂げることが予想されるからです。

現時点でデジタル貿易を整理し定義するのは難しいのですが，OECDは「デジタル貿易とは，基本的には国境をまたぐデータの移転を前提としたものであり，消費者，企業，政府が関わる，電子的または物理的に配送される物品やサービスの貿易にかかる電子的取引を包含するもの」[1]と定義し，次をデジタル貿易の形態としています。

- 国際電子商取引（インターネット契約・決済＋モノ貿易）
- 越境サービス取引（インターネット契約・決済＋リアルのサービス提供）
- 越境データ取引（画像・動画・プログラム等データ配信）
- オンライン・サービス（SNS，クラウド，オンライン会議，オンライン・ゲーム等電脳空間で役務完結するサービス）

また，米国国際貿易委員会（USITC）は，デジタル貿易の取扱対象・商形態が発展途上にあることを踏まえて，端的に“commerce in products and services delivered via the Internet”[2]と定義し，「製品やサービスの注文，生産，配送に

1　OECDはGonzález and Jouanjean（2017）を踏まえて，以下のようにデジタル貿易を定義している（https://www.oecd.org/trade/topics/digital-trade/）。

While there is no single recognised and accepted definition of digital trade, there is a growing consensus that it encompasses digitally-enabled transactions of trade in goods and services that can either be digitally or physically delivered, and that involve consumers, firms, and governments. That is, while all forms of digital trade are enabled by digital technologies, not all digital trade is digitally delivered. For instance, digital trade also involves digitally enabled but physically delivered trade in goods and services such as the purchase of a book through an on-line marketplace, or booking a stay in an apartment through a matching application.

Underpinning digital trade is the movement of data. Data is not only a means of production, it is also an asset that can itself be traded, and a means through which GVCs are organised and services delivered. It also underpins physical trade less directly by enabling implementation of trade facilitation. Data is also at the core of new and rapidly growing service supply models such as cloud computing, the Internet of Things (IoT), and additive manufacturing.

2　USITC（2013）

おいて，インターネットやインターネットをベースとした技術が特に重要な役割を担う貿易」をデジタル貿易としています。OECDとUSITCの定義の共通点を探ると，デジタル貿易とは，商形態において「インターネット空間における国境を越えるデータの移動」を前提とするものであり，その結果，物品・サービスが物理的又は電子的に国境を越えて配送されるか，インターネット空間でサービスが提供される（オンライン・ゲームでは国・地域を異にするユーザが彼等とは別の国・地域に所在するゲーム会社のサーバにアクセスしてゲームが成立・実施されます）の２点です。

そこで，OECDとUSITCの定義を踏まえてデジタル貿易を定義するならば，「①インターネットにおいて国境を越えるデータの移動が契約・決済・サービス提供のため行われ，②(a)商品・サービスが取引の目的物であり，商品・サービスがリアル空間において国･地域の異なる取引相手に対し供給される取引[3]，(b)データが取引の目的物であり，データ提供者がインターネットを通じて国・地域を異にするデータ利用者に対してデータを送信・提供する取引，ないし，(c)所在する国・地域を異にするサービス提供者とサービス需要者の間で，インターネット空間において，インターネット空間で完結する形でサービスを提供する取引」と定義することが考えられます。

OECDの例示に従えば，②(a)は「国際電子商取引（インターネット契約・決済＋モノ貿易）」及び「越境サービス取引（インターネット契約・決済＋リアルのサービス提供）」に該当し，②(b)は「越境データ取引（画像・動画・プログラム等データ配信）」，②(c)はオンライン・サービス（SNS，クラウド，オンライン会議，オンライン・ゲーム等電脳空間で役務完結するサービス）が該当し，現時点において，上記の定義によりデジタル貿易と考えられているものはカバーできます。今後，デジタル貿易では，ますます多様な取扱対象・商形態のものが登場してくると想定され，将来的には定義を見直す必要が生ずるかもしれませんが，当座の間はデジタル貿易の定義として使えそうです。

3　商品であればインターネットでの契約・決済とは別途，モノ貿易が行われ，サービスであれば，例えば米国の興行者がインターネットを通じて日本のピアニストとピアノ演奏会に関する契約を締結し，米国国内で日本人ピアニストがリサイタルを行うことなどが該当する。

図表８－１　デジタル貿易の定義・要件

①　インターネットにおける国境を越えるデータの移動を前提とし
（インターネット利用は契約・決済の手段又はサービス提供そのもの）
②　以下のいずれかに該当する取引
（ａ）商品・サービスがインターネット空間ではなくリアル空間において供給
（ｂ）データがインターネットを通じて送信・提供
（ｃ）インターネット上でのインターネット完結のサービス提供

第２項　デジタル貿易の担い手：プラットフォーマー

（１）プラットフォーマー

インターネットは元々米軍が開発した通信システムであり，大学・研究機関のデータ共有・交換のために利用が認められた後，1992年に商業利用を含む民間開放が認められました。当初，インターネットでは，ユーザの回線をインターネットに接続するインターネット・プロバイダや，ユーザのインターネット利用の入口として検索サービス，ニュース等情報提供サービス及び電子掲示板機能を提供するポータルサイトなど，ユーザのインターネット利用をサポートするサービスしかありませんでした。

すなわち電子商取引やデータ交換などデジタル交易を行う市場（マーケット）はなく，当然，オンライン・サービスはおろか電子商取引，データ取引もありませんでした。現在のように電子商取引，データ取引，オンライン・サービスが世界規模で巨額取引されるに至ったのは，Amazon（電子商取引），Google（検索サービス），Facebook（SNS），Apple（アプリ・音楽等データ取引），Netflix（動画配信）など「市場プラットフォーマー」によるマーケット創造のお蔭です。市場プラットフォーマーは製品・サービスの売手，買手及び補完的な関与者を結びつけ，彼等のニーズを仲介することで，グループ間の相互作用を喚起し，その市場経済圏を作る産業基盤を提供しました。

図表8－2　Amazonのビジネス・モデル

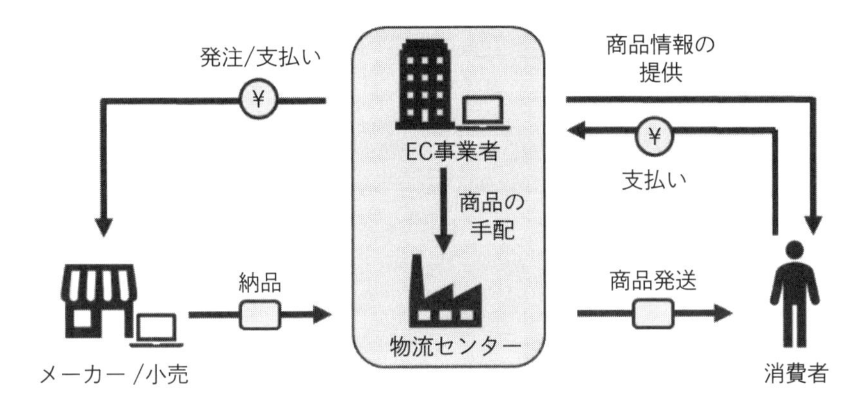

（出所）Funda資料（https://navi.funda.jp/article/ec_platform_amazon_vs_alibaba_vs_ebay）

また，Amazonのようなプラットフォーマーは製品・サービスの生産者とユーザ・消費者を結びつけることを目的としており，インターネット空間において，より多くの生産者と消費者が参加できるマーケットを築こうとしていますが，市場プラットフォーマーには，自社の製品・サービスに特化してインターネット空間において「市場」を開設する者もあり，Amazonは「交換型」，後者は「メーカー型」と区別できます。

図表8－3　プラットフォーマーの種類

交換型	メーカー型
●生産者と消費者の直接取引を最適化 ●一対一の取引を前提 ●モノ・サービス交易，決済・投資，SNS等	●生産者が自社製品の大規模提供を意図 ●不特定多数のアクセス者に公開・頒布 ●動画共有サービス，顧客管理用クラウド・サービス等の提供

（出所）筆者作成

ここでプラットフォーマーの役割・機能を理解するために，プラットフォーマーと製造企業を比較します。製造企業はサプライ・チェーンの川上に位置して，川下のユーザ・消費者に価値を届ける企業ですが，サプライヤーから原材料の供給を受け，部品・材料，ユニット，完成品と付加価値を付けて行き，最終的に産み出した価値を卸・小売など販売業者を通じてユーザ・消費者に届けます。これに対してプラットフォーマーは２つ以上のグループを誘致し，仲介し，結びつけ，互いに取引できるようにすることで価値を産み出す者であり，「何を結びつけるか」に企業価値があり，自社内ではなく自社外にネットワークを構築・調整します。

また，プラットフォーマーは製造企業のように社内に付加価値を産み出すための資産は持たず，「製品・サービスの生産者とユーザ・消費者を集め」「両者をマッチングし取引と交流を円滑化し」「絶えず取引費用を逓減し，生産者とユーザ・消費者のために取引ツールを提供する」ことにより価値提供します。2000年代央以降，インターネット取引は消費者保護規制等が導入されましたが，それまでは米国開拓時代の“Wild West”のように自由放任であったため，プラットフォーマーがインターネット取引に関してルールを設定し遵守させる役割，立法・司法・警察機能も担うこととなりました。

図表８－４　製造企業の価値連鎖とプラットフォーマーの仲介機能

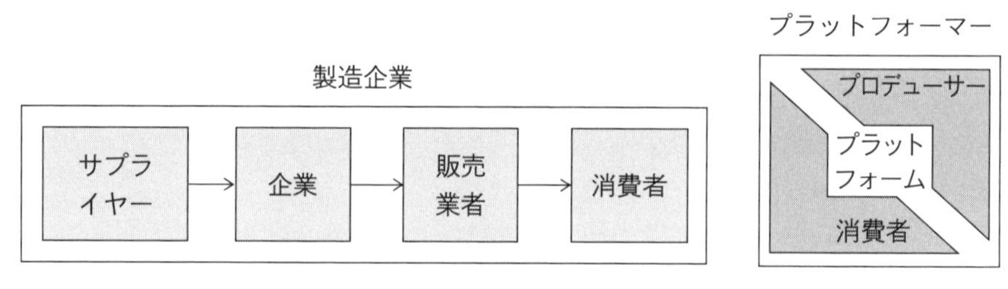

（出所）筆者作成

（２）プラットフォーマーの巨大化傾向と特性

①　巨大化・独占化するプラットフォーマー

GAFAに代表されるプラットフォーマーは第６章第３節で見たように世界市場でも圧倒的シェアを占めるに至っています。検索部門では，Googleの世界シェアは９割を超え，後発事業者がGoogleに対抗して検索ビジネスを立ち上げることは考えにくく，SNS部門においても，世界SNS市場で７割のシェアを握り，世界人口70億人のうち30億人のアクティブ・ユーザを抱えるFacebookに対して，新たなSNSサービスを創造して取って代わろうとする新興ベンチャーはなかなか現れません。プラットフォーマーには，一旦，市場で先行的に成功を収めると「勝者総取り（“A winner takes all”）」とでも呼ぶべき世界的な成功につながる傾向があるようですが，これは何かプラットフォーマー・ビジネスの特性と関係しているのでしょうか。

②　プラットフォーム・ビジネスの特性

インターネット空間でマーケットを提供するプラットフォームでは，二面性とネットワーク外部性がそのビジネス・モデルの特徴です。この両者が組み合わさることで，プラットフォーマーは，一旦，市場で先行的に成功を収めると「勝者総取り」とでも呼ぶべき世界的な成功につながる可能性が生まれます。

（a）二面性

通常のビジネスは商品・サービスの供給者と需要者が市場で直接に対面し取引を行っています。一面市場（One-side Market）と言われるものです（図表８-５（a））。プラットフォームは商品・サービスの製造・販売を行う場ではなく，商品・サービスの生産者・供給者とそのユーザ・消費者をマッチングし，両者の取引の円滑化を図る場であり，図表８-５（b）のクレジット・カード（インターネット時代到来前の先駆的プラットフォーム）が好例ですが，ここではプラットフォーマーは供給者と需要者の間に入り，両者をつなぐ立場にあることが分かると思います。

図表８-５　一面市場と二面市場における主体間の関係

一面市場（One-side Market）

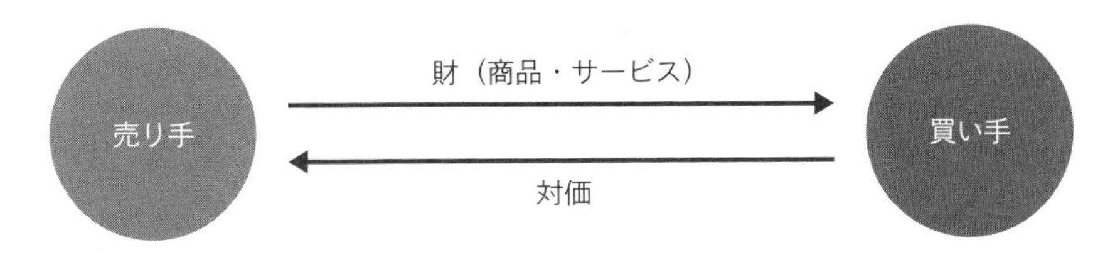

二面市場（Two-side Market）

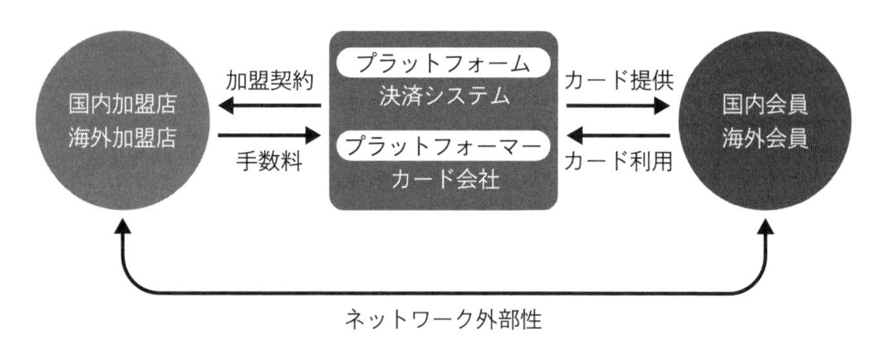

（出所）筆者作成

カード会社は，消費者にカードを発行，利用店でカード決済するシステムを運営していますが，一方では，消費者にはカードを提供し，キャッシュレスの決済システムを販売し，また，一方では，利用店に対して，顧客を紹介し，決済システムを提供した上で集金代行サービスも提供しています。ここでは，カード会社が消費者と利用店の共通の決済システム（プラットフォーム）を提供し，カード会社と消費者，カード会社と利用店の二面が結びつく市場が形成されています。

（b）ネットワーク外部性

二面市場（Two-side Market）で重要なのは，カード会社のプラットフォームを通じ，消費者と利用店の相互依存関係（ネットワーク外部性）が存在する点です。ネットワーク外部性とは「一方の市場における参加者数が多くなれば，他方の市場での参加者数も増える相互関係」です。図表8-5のクレジット・カードの場合では，特定のクレジット・カード会社のカードを保有する消費者が増えると，個々の小売店にとり，そのカードの加盟店になる便益が増えますので，より多くの小売店が加盟店になろうとします。一方，特定カード会社のカードを使える小売店が増えれば，個々の消費者にとり，そのカードを保有する便益が増えますので，より多くの消費者がカード保有することになります。

Amazonのケースですと，より多くのユーザ・消費者がAmazonの電子商取引プラットフォームを使えば使うほど，商品を売りたい出店者にとりAmazonのプラットフォームは商品販売の可能性が高まりますので，多くの出店者がAmazonに出店します。また，より多くの出店者がAmazonのプラットフォームに出店すれば出店するほど，消費者にとりAmazonのプラットフォームはより多種多様な商品と出会え，自らの求めに最も合った商品を購入できる場となるため，より多くの消費者がAmazonの電子商取引プラットフォームを利用するようになります。

なお，Amazonのネットワーク外部効果は，クレジット・カードのケースと同じく，二面市場の双方の主体の関係が直接的に供給者・需要者，売手・買手と結びついているので，両者の関係は見えやすいのですが，同じインターネット・プラットフォームでも，Google，Facebookの場合は二面市場の双方の主体の関係が見えにくくなっています。そこで，Googleなどのプラットフォームにおけるネットワーク外部性を説明します。

Googleは検索エンジンを長期継続的に改善してきており，いまやロボット型検索を使う限りにおいてGoogle検索の利便性を超える検索エンジンが登場することは考えられません。Googleの検索エンジンが改良されれば改良されるほど，ますます多くの検索ユーザがGoogle検索を利用するようになり，Googleは世界検索市場シェア9割超を記録するに至っていますが，Google検索して料金を請求された者はいないはずです。検索エンジンの改善には研究開発と巨大サーバ群の設置等で巨額の資金が必要なはずですが，Googleはどこから巨額の資金を得ているのでしょうか。それは広告収入です。

Googleは検索ユーザから検索料金を徴収していませんが，代わりに，検索ユーザが検索過程でGoogleに提供したデータを活用させてもらい，商品・サービスを売りたいと考える広告主に対して魅力的な広告機会を提供しています。検索ユーザは一見料金を支払っていないように見えますが，実は，Googleが広告事業を行うのに必要不可欠なデータの形でGoogleに料金を「支払っている」わけです。

ここでも，クレジット・カード，Amazonのケースと同じく，ネットワーク外部効果が発生します。すなわち，Googleの検索ユーザが増えれば増えるほど，Googleで広告を打つことで，商品・サービスの買手を見つけられるチャンスが高まりますから，Googleで広告を打つ企業が増え，その結果，Googleが検索エンジンの改善改良に使える資金は増えます。そして，Googleが広告収入を用いて検索エンジンの使い勝手を改善すればするほど，Googleの検索エンジンの質は改善され，より多くの検索ユーザがGoogleの検索エンジンを改めて利用します。広告主にとり，Googleの広告媒体としての魅力はますます高まり，より多くの広告主がGoogleで広告を打つこととなります。

図表８-６　Google，Facebookのネットワーク外部効果

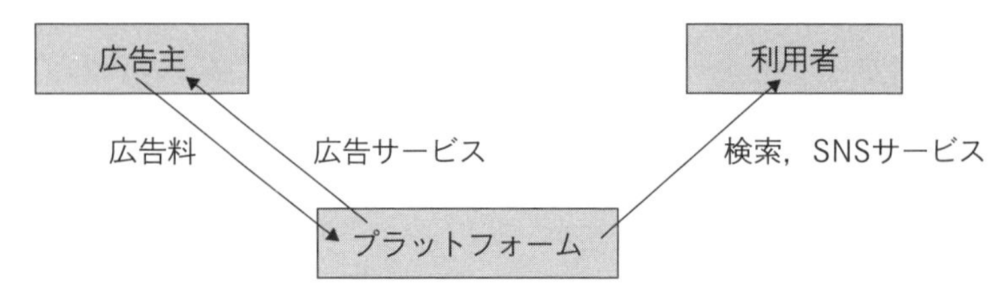

（出所）筆者作成

このプラットフォーム，サービス・ユーザ，広告主の関係はFacebookでも同様であり，Facebookもユーザから SNS利用料金を徴収していませんが，ユーザがFacebookに提供する個人データや日々の発信などで蓄積したデータを活用して広告ビジネスを営んでいます。より多くのユーザがFacebookのサービスを活用するほど，Facebookはより多人数の，より詳細な個人データを収集・蓄積でき，そのデータを利用して，商品・サービスの販売を考える広告主に対して，より最適化された広告ツールを提供できます。その結果，より多くの広告主がFacebookで広告を打つようになると，Facebookはその広告収入を使って自社サービスの改善・改良をすることが可能となり，その結果，より多くのユーザがFacebookのサービスを利用することとなります。ここでも，二面市場におけるネットワーク外部効果が働いているわけです[4]。

4　一面市場，二面市場と説明したが，三面市場というものもある。PCのOS市場は多面的であり，代表的なOS，Windowsを供給するMicrosoftには，OSビジネスにおいて３つの顧客が存在する。MicrosoftはOSを卸・小売あるいはネットを通じて消費者に販売しているが（一面市場），消費者だけが顧客というわけではなく，OSとPCのハードは「補完関係」にあることから，PCメーカーもMicrosoftにとり大切な顧客であり，また，OSの魅力はOS上で「走らせる」ことのできるアプリケーションがどれだけ存在するかに左右されるため，ソフト開発者もMicrosoftにとり重要な顧客である。Microsoftを中心として３つの顧客が存在しているが，三者は全く無関係に存在しているわけではない。まず，WindowsOSを選好するPCユーザにとり，WindowsOSに対応するPCを製造供給するメーカーが増えれば増えるほど，自らの嗜好に最適化したPCを入手できる可能性が高まるので，ますますWindowsOSを利用することとなる。一方，PCメーカーもWindowsOSを選好するユーザが増えれば増えるほどWindowsOS搭載のPCを製造。次に，ソフト開発者もWindowsOSを選好するユーザが増えれば増えるほどWindowsOS対応アプリケーションの開発供給に取り組むようになり，一方，WindowsOS対応アプリケーションが増えれば増えるほどWindowsOSの魅力が高まるので，より多くのユーザがWindowsOSを活用するようになる。そして，三者の関係はこれで終わりではなく，PCはアプリケーションがなければ動かず，PCのハードとアプリケーションは強い補完関係にあることから，WindowsOSを搭載したPCが売れれば売れるほど，WindowsOS対応のアプリケーションも売れることとなり，一方，WindowsOS対応アプリケーションの種類・数が増えれば増えるほどWindowsOS対応PCも売れることになる。ここでは２つのネットワーク外部性が存在し，PCのハードとアプリが補完関係で関連することで，統一的な市場が構成される。

（c）プラットフォーマーの費用構造

プラットフォームの二面性とネットワーク外部効果を説明しました。特定のプラットフォーマーが競合相手に先駆けてマーケットの開設に成功し，商品・サービスの供給者と消費者の間で「一方が増えれば，一方も増える」サイクルがスタートしてしまうと，後発プラットフォーマーがキャッチアップするのは難しく，先発プラットフォーマーによる「勝者総取り」が実現する可能性があることを理解できたかと思います。

先発プラットフォーマーによる「巨大化」と「勝者総取り」の傾向は，プラットフォーマーの費用構造によっても強化されています。例えば，宿泊旅館業において，ホテルが宿泊客を増やすには（空き室率が高く，回転率が低いならば，この問題を先に改善しなければなりませんが，仮に満室に近く回転率も高いとして）部屋を増やす必要があり，そのためには新たに建物を建築し，従業員を増やす必要があります。一方，旅行客に対してホテル等を斡旋紹介するプラットフォーム企業が仲介件数を増やすには，ウェブ上に宿泊先リストを追加するだけで仲介実績を増やすことが可能です。

つまり，リアル空間で物理的な資産を用いて商品・サービスの生産・供給を行う企業は収穫逓減に直面しますので，利潤を最大化する最適生産量で打止めにしなければなりません。製造企業は商品を製造し消費者に届けるために，工場や流通センタ等の物理的な資産を築いており，ビジネス拡大には，在庫とそれを管理する人材を増やす必要があります。工場・流通センタ等に係る投資では，投資額に比例して生産性は無限には向上せず，限界生産性は逓減し，最適生産量を超えるとマイナスに転じます。

これに対し，インターネット・プラットフォーマーは，ネットワークを通じて商品・サービスの生産者とユーザを結びつけるのがビジネスであり，ビジネス拡大のため巨額投資をしてサーバ群を建設する場合もあるでしょうが，通常，アプリケーションを手直しすれば，ネットワークを通じて企業と個人を結びつける規模を拡大できるので，在庫や在庫管理コストなどについて悩む必要がありません。製造企業の費用が事業規模拡大に伴い増加するのに対し，プラットフォーマーの費用は対数的に同水準を維持するため，「最適生産量をどの水準に設定すべきか」などに頭を悩ませる必要がありません。

以上，説明したように，インターネット空間でマーケットを提供するプラットフォームでは，二面性とネットワーク外部性がビジネス・モデルの特徴であり，この両者が組み合わさることで，プラットフォーマーは一旦，市場で先行的に成功を収めると「勝者総取り」とでも呼ぶべき世界的な成功につながる可能性が生まれ，それをプラットフォーマー独特の費用構造が後押しする形となっています。

第2節　国際電子商取引

第２節及び第３節では「デジタル貿易」の商形態を概観します。第１節のデジタル貿易の定義に従えば，「国際電子商取引」（インターネット契約・決済＋モノ貿易），「越境サービス取引」（インターネット契約・決済＋リアルのサービス提供），「越境データ取引」（画像・動画・プログラム等データ配信），「オンライン・サービス」（SNS，クラウド，オンライン会議，オンライン・ゲーム等電脳空間で役務完結するサービスの順でデジタル貿易を見て行きます。

第１項　国際電子商取引の意義

改めて国際電子商取引を定義すると，受発注の契約・決済プロセスがインターネットを介して供給者と需要者の間で行われ（国境を越えるデータ移転），モノが供給者から需要者に越境移転される取引となります。

従来，BtoC取引は各国市場で完結し，特に中小製造企業・流通企業は海外市場にアクセスすることは容易ではなく，決裁手段も銀行送金等に限られたため（少額案件はコスト的に見合わない），優れた商品・サービスを持っていても国内市場で満足せざるを得ませんでした。しかしながら，2000年以降，Amazonなど電子商取引プラットフォーマーが国境のないインターネット空間において供給者とユーザをつなぐマーケットを創出すると，企業は製品・サービスを世界中の顧客に対して提供する機会を得ただけでなく，決裁手段もクレジット・カードやプラットフォーマーが提供するオンライン決済サービスを使えば，手続が煩瑣で高い手数料のかかる銀行送金等に頼らずに済むようになり，その結果，国際取引の規模・範囲・速度は飛躍的に拡大・加速されました。

また，伝統的なモノ貿易では，海外市場で売上を拡大したいならば，海外に販売会社や倉庫を設立する必要がありましたが，電子商取引プラットフォームのお陰で海外販社は不可欠の要素ではなくなりました。中小企業であっても国内市場に限らずグローバルに市場展開し，国内ではあまり売れなかった製品や，国内では競合が激しい商品を売り込み，海外で巨利を挙げる可能性が生まれています。

図表８－７　国際電子商取引の市場規模の推移（2018-2030）

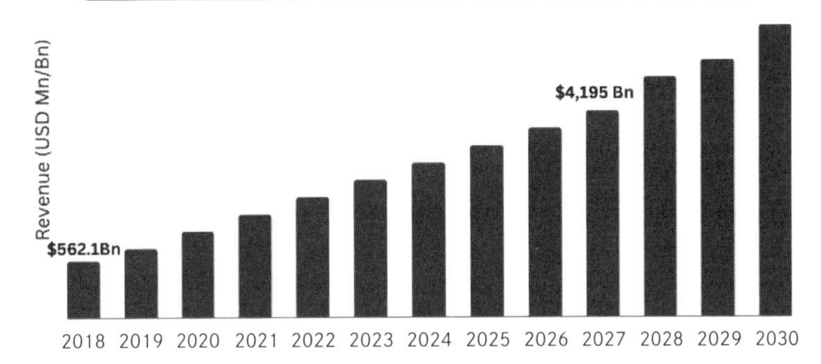

（出所）ZION Market Research

第２項　Amazon：電子商取引の開拓者

インターネット空間には国境はありません。Amazonは電子商取引のパイオニアですが，Amazonには国内電子商取引と国際電子商取引という別個のビジネス・モデルがあるわけではありません。ただし，電子商取引プラットフォームは国境を打破したといっても，やはり商流は基本的に各国単位で形成されており，国内で入手可能なものをわざわざ海外市場から（時間と輸送コストをかけて）取り寄せる者はいませんので，国内の電子商取引を基本としつつ，国際電子商取引が加わる形でビジネス展開がなされています。以下，Amazonの電子商取引事業のビジネス・モデルについて説明します。

（1）ビジネス・モデル

Amazonは1995年オンライン書店として創業し，1998年に音楽配信事業に参入後，2001年に「音楽」「DVD」「ビデオ」「ソフトウェア」「TVゲーム」のストアをオープンし，2003年「エレクトロニクス」「ホーム&キッチン」，2004年「おもちゃ&ホビー」，2005年「スポーツ」，2006年「ヘルス&ビューティー」，2007年「時計」「ベビー&マタニティ」，2008年「コスメ」「食料&飲料」，2009年「ジュエリー」「文房具・オフィス用品」「カー&バイク用品」とストアをオープンして，フルラインの電子商取引プラットフォームに成長してきました。

Amazonの祖業であるオンライン書店ビジネスでは，Amazonが自社で商品を仕入れて，それを消費者に対して販売する「自社仕入れ型」方式が採用され，2001年ストア開設の「音楽」「DVD」「ビデオ」「ソフトウェア」「TVゲーム」までは，Amazonが電子商取引プラットフォームでカスタマー（消費者）から発注を受けた商品を出店者（製造業・卸売企業）から仕入れて，Amazonが自社物流システムを使ってカスタマーに発送するビジネスを展開していました。

直販ビジネスは，商品を自社で仕入れるため原価率が高いメリットはありましたが，取扱商品を2003年「エレクトロニクス」「ホーム&キッチン」，2004年「おもちゃ&ホビー」，2005年「スポーツ」，2006年「ヘルス&ビューティー」，2007年「時計」「ベビー&マタニティ」，2008年「コスメ」「食料&飲料」と拡大する過程で，全発注商品を仕入れてカスタマーに発送する直販制では成長に限界があり（第２節（2）（c）のコスト構造を想起），Amazonは2002年11月「Amazonマーケットプレイス」オープンします。

Amazonマーケットプレイスとは，Amazonのプラットフォーム上に，第三者が出品し，Amazonは出店手数料や取引に応じた手数料を取るビジネスであり，カスタマーの発注をAmazonが取り次ぎ，それを受けて出店者がカスタマーに注文された商品を発送します。なお，Amazonは2008年に在庫管理・商品配送代行サービス“Fulfillment By Amazon”[5]の提供を開始。出店者は商品を直接カスタマーに送る代わりに，在庫保管手数料と配送代行手数料を払ってAmazonに配送代行してもらうことも可能です。マーケットプレイス型は，Amazonが自社で商品を仕入れて販売するわけではないため，在庫を抱える必要がないため在庫コストがかからず，自社仕入れ型に比べて収益性が高くなります。

5　Amazonは商品の保管，注文処理，梱包，配送，返品処理，クレーム対応等を代行。

図表８－８　Amazonのビジネス・モデル

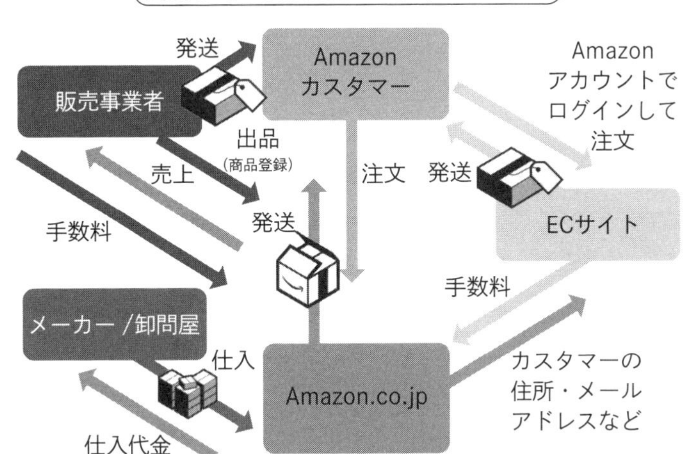

（出所）Amazon資料

Amazonは２つの電子商取引ビジネスを展開しており，売上高の半分を自社仕入れ型のオンラインストア事業が占め，マーケットプレイス型オンラインストア事業売上高の20％超となっており[6]，自社仕入れ型のオンラインストア事業の大きさを反映して，Amazonの損益計算書では売上原価や物流費用のウェイトが大きくなっています。

6　自社仕入れ型では商品販売全体の金額が計上されているが，マーケットプレイス型では手数料だけが売上高として計上されているため，売上高だけで比較するとマーケットプレイス型の商いの規模は過少評価されてしまうことに注意。

図表8－9　Amazonの連結売上高内訳（2022年12月期）

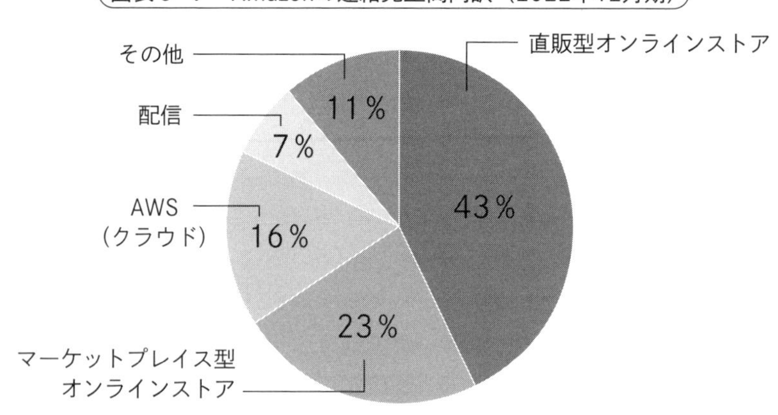

（出所）Amazon "Annual Report 2022" に基づき筆者作成

（2）インターネット空間とリアル空間を統合したビジネス・システム構築

Google，Facebookのようにインターネット空間完結のサービスを提供するプラットフォーマーと異なり，Amazonの電子商取引は「契約・決済」こそインターネット空間完結ですが，供給者から消費者への商品提供はリアル空間で行われます。したがって，創業時のオンライン書店時代から一貫して，Amazonにとりオンライン・プラットフォームの構築と並行して，物流システムの構築が大きな課題でした。

①　宅配事業者の協業数拡大と配送分散

Amazonは特定配送業者に過度に依存して注文商品を配送できなくなる事態を避けるため，米国貨物運送業者トップのUPS（United Parcel Service）からスタートして，売上高の拡大に伴い，重量荷物・文書の輸送に強みをもつFedEx，2000年代に郵便事業の経営難を宅配事業展開で打破しようとしたUSPS（米合衆国郵便公社）に配送委託先を拡大。加えて，特定州を中心として輸送ネットワークを持つ地域宅配会社も活用し，電子商取引の取扱高の急速な伸びに対応できる体制を整えてきました。

②　物流センターの「規模の経済」追求型から消費立地型への転換

自社仕入れ型のオンラインストア事業では，製造企業・卸売企業から商品を納入させた上でカスタマーに発送することになります。Amazonが米国全土で電子商取引事業を展開する上で，どこに物流センタを設置し，カスタマーに商品を発送するかは，カスタマーへの迅速かつ期日を守った配送の実現と配送費の抑制にとり死活問題です。

2000年代までのAmazonは大規模倉庫を建設し，倉庫管理・物流管理において「規模の経済」を追求。物流センターを消費者が多く集積する大都市から数百キロメートル以上離れた地域に置いていました。しかしながら，物流センターが，カスタマーから離れた土地に在るとカスタマーに届くまで時間がかかり，また，USPSとの協業上問題が生じました。USPSは住宅地への配達では，郵便物と併送することで，密度が高く低コストの配送ができる強みはありましたが，元来，貨物輸送業者ではなく郵便事業者であるUSPSには，遠隔地に在るAmazonの大規模倉庫に高頻度で集荷に行き，全国の郵便局に仕分けし再配送することは期待できません。このため，USPS専用の仕分けセンタを用意し，USPSは最寄りの郵便局からカスタマーに届けるだけで済む体制を組み立てる必要が生じました。

そこで，Amazonは物流センターからカスタマーに配送する時間を短縮し，USPSの地域密着型の宅配能力を活用するため（さらには地域宅配会社を活用するため），2010年代以降，物流センタをできるだけ消費者の多い場所の近く（100㎞以内）に立地させる「消費立地型」に戦略転換します。Amazonのユーザが多く住むエリアにAmazon独自の配送センタであるフルフィルメント･センタ（FC）を積極的に設け，物流センタでは，2012年に買収したキバ・システムズ（物流センタ向け運搬ロボット・システム企業）の技術・ノウハウを活かし，商品の入庫からピッキング，梱包，発送まで一連の業務をAIとロボティクスを駆使して高度に自動化し，カスタマーの注文後24時間以内の出荷を実現しています[7]。

2002年，Amazonは自社仕入れ型のオンラインストア事業に加えてマーケットプレイス型のオンラインストア事業をスタートさせ，第三者がAmazonのプラットフォームに出店してAmazonカスタマーから発注を受け商品発送することを認めていましたが，全ての出店者が自力で配送業者を調達できるわけではないので，Amazonは全米各地に建設したフルフィルメント・センタを活用して，2008年，前述の在庫管理・商品配送代行サービス（Fulfillment By Amazon）の提供を開始しています。

③　自前の物流配送網の整備

2021年までにフルフィルメント・センタの数は全世界で175に達しますが，

7　角井（2018）

Amazonは物流センタの消費立地型転換と同時に，自前の物流配送網の構築に着手しています。2011年以降，Amazonは「アマゾン・ロッカー」をスタート。これは24時間営業のコンビニエンスストアなどに専用ロッカーを設置し，カスタマーがそこで商品を受け取れるサービスであり，現在，全米で数百カ所に設置されています。また，2013年以降スタートした生鮮食料品を即時配達する「アマゾン・フレッシュ」では，UPS等の外部宅配企業を使わず，宅配ドライバーの契約から車両の保有まで，Amazon自ら消費者に商品を届けています[8]。

④　小型物流センター（DS）の設置

電子商取引市場での競争激化に伴い，送料無料・当日配送など物流サービスによる差別化に取り組む事業者が増えたことから，物流では，最終拠点からエンド・ユーザへの物流サービス，すなわちカスタマーに商品を届ける物流の最後の区間である「ラスト・ワン・マイル（last one mile）」への対応が重要な課題となっています。

Amazonが掲げる，全国対応，当日配送，翌日配送サービスを実現するには，物流拠点を集約し，配送部分を宅配業者に委託するだけでは足りず，よりエンド・ユーザに近い場所に配送拠点を設け，少しでもラスト・ワン・マイルを縮めてサービスを強化しなければなりません。このため，Amazonは物流センタを消費立地型に転換し，カスタマーの近くで商品を在庫，受注に応じてピッキング，梱包，出荷する体制を各地域に整えたのに続き，各地域に小型物流拠点のデリバリー・ステーション（DS）を設置。カスタマーから受注した商品をフルフィルメント・センタ等から集め，周辺地域のカスタマーの玄関先まで届けるラスト・ワン・マイル物流体制を構築しています。

そして，Amazonでは，アマゾンではフルフィルメント・センタから直接カスタマーに配送する場合はUPS，FedExなど大手宅配業者に配送委託していますが，カスタマーがより密集するエリアでは，DSに荷物を集めて，Amazonが自社配送サービスでカスタマーに配送しています（地域配送業者を「デリバリー・サービス・プロバイダ（DS）」，個人事業主を「AmazonFlexドライバー」として配送委託）。AmazonはDSを設けることで，DSの管轄地域では，大手宅配業者に代わり，自社配送サービスとして自らコントロールできる配送員による配送を実現し，より効率的な配送計画を立案し，置き配など配送員の負担軽減と配送効率化に資する配送に取り組んでいます。

8　角井（2016）

（３）米国市場からグローバル市場への展開

Amazonは1995年オンライン書店として創業後，1998年に音楽配信事業に参入，2001年「音楽」「DVD」「ビデオ」「ソフトウェア」「TVゲーム」，2003年「エレクトロニクス」「ホーム&キッチン」，2004年「おもちゃ&ホビー」，2005年「スポーツ」，2006年「ヘルス&ビューティー」，2007年「時計」「ベビー&マタニティ」，2008年「コスメ」等と矢継ぎ早にストアをオープンし，フルラインの電子商取引プラットフォームと成長してきましたが，同時にECプラットフォーム事業のグローバル展開にも取り組み，1998年英・独，2000年仏・日，2002年加と主要先進国にサイトを開設。

2004年には，経済成長が著しく巨大消費市場に生まれ変わりつつあった中国に進出しますが，この時期はストアを矢継ぎ早に開設しフルラインの電子商取引プラットフォーム化を目指していたことから，グローバル展開は地域的な拡大というよりは既進出地域での電子商取引プラットフォームの質的拡充に注力しています。2010年代に商圏のグローバル拡大が再開し，2010年代前半，残された西欧主要国である蘭・伊・西，中南米の主要国であるメキシコ（2013年）とブラジル（2012年），インド（2013年），そして，2010年代後半，豪（2017年），シンガポール（2017年），トルコ（2018年）に進出しサイトを開設しています。

現在，Amazonの収益は４分の１以上を海外収益が占めており，2021年，Amazonは全世界で4,698.2億ドルを売り上げ，そのうち７割弱を米国で稼ぎ，ドイツで7.9%，英国で6.8%，日本で4.9%の売上を稼いでいますが，それ以外の地域の売上は全世界売上の１割強に止まっています。

Amazonはインターネット・プラットフォーマーですが，Facebook，Googleと異なりインターネット空間でサービスが完結しておらず，リアルのモノの販売供給をビジネスとしています。インターネット・プラットフォームの特徴として，限界生産性が逓減的でなく，規模成長に天井がないと前述しましたが，Amazonの場合，第三者がAmazonプレイスに出品してユーザに直接に配送するビジネスを除き，Amazonが自ら商品を仕入れて配送したり，第三者の依頼により商品を配送したりしているため，リアルの世界でも商流・物流システムを構築しなければなりません。当然ですが，電子商取引以前から各国には小売業者が存在し商流・物流網を築いていたわけですから，Amazonは後発者として一から商流・物流システムを築かねばならず，米国市場以外でのビジネスの海外展開には一定程度制約が存在しています。

もちろんAmazonは世界最大の越境マーケットプレイスであり，全世界で180以上の国から発注が入りますし，Amazonがサイトを開設していない国の者でもフルフィルメント販売を利用すれば，Amazonが商品の販売・発送を代行してくれるので出品可能です。ただし，ECビジネスはインターネット時代の到来前からリアルな世界で営まれてきた小売ビジネスとインターネット・プラットフォームを結合したものであり，その競争力はインターネット・プラットフォームとしての競争力だけでなく，リアル空間での小売ビジネスの競争力を掛け合わせたものとなります。このため，米国の小売事業のビジネス・モデル等が通用する欧州・日本では，Amazonは大成功を収めてきましたが，米国とは異質の消費者ニーズと商慣行を持つ中国市場では事実上Alibabaに敗北[9]，インドでも巨額投資を行っていますが成功をなかなか収められずにいます[10]。

なお，Amazonは2015年にBtoB電子商取引プラットフォーム，「Amazon Business」を開設していますが，BtoB電子商取引は米国で急成長しているだけでなく，Amazonがマーケットプレイスを開設している16カ国でも潜在的成長可能性を秘めています。Amazonは米国，英国，日本，ドイツ，カナダで，「Amazon Prime」をベースとしてBtoB向けに「Amazon Business Prime」を立ち上げ，送料無料だけでなく，買手向けに消費分析ツール，売手向けにコンサルティング・サービスを提供し，BtoB電子商取引の拡大を図っています。BtoBビジネスでは，グローバル・ニッチ・トップ企業が少なくないように[11]中堅・中小メーカーが多数活躍していますが，資源制約からグローバル・マーケティング能力が十分でない中堅・中小企業にとりBtoB電子商取引プラットフォームは有力な販売促進ツールです。このため，Amazonのように，インターネットを介して多数の消費者層を開拓し，電子商取引コストを削減する知見・ノウハウを有する電子商取引プラットフォーマーにとり，BtoB電子商取引は未開拓の有望市場であり，今後のAmazonの成長ドライバーの１つであると考えられます。

9　AmazonはAlibabaとの競争に敗れ，2019年に中国のマーケットプレイスを閉鎖しており，「Amazon.cn」は中国消費者に輸入品を販売するサイトとなっている。

10　Amazonは世界のGDP上位20カ国中の14カ国，アラブ首長国連邦及びシンガポールでもマーケットプレイスを運営しているが，海外電子商取引ビジネスで成長できるかは新興国市場等での成否にかかっている。中国では既に敗退しており，ロシアはウクライナ侵攻後経済断交状態になっており，韓国はAmazonのビジネス・モデルを学習した地場「Coupang」が大規模なフルフィルメント・ネットワークを構築，注文を受けて当日又は翌日に配送するなどAmazonの参入を許さない状況となっている。インドネシアがAmazonにとり有望市場だが，Alibaba傘下の「Lazada」が既に同国と東南アジアのほとんどの国で電子商取引市場を支配しており，Alibabaとの対決に勝利できるかが鍵である。

11　グローバル・ニッチ・トップとは，ニッチ分野において高い世界シェアを有し，優れた経営を行っている企業を指し，企業規模は必ずしも大企業とは限らず中堅・中小製造企業が優れた商品アイデアと技術力でグローバル競争に勝ち抜き寡占的なシェアを獲得するに至っている場合が少なくない。

第３項　国際電子商取引等の発展に向けた課題

インターネットには国境がないが故に，国内でささやかなスタートを切ったばかりのベンチャー企業がグローバル展開により「大化け」してしまうことも珍しくない産業部門ですが，インターネットには国境なきが故にインターネット空間で発生する諸問題に責任を以て統一的に対応する者が存在せず，インターネット取引の健全な成長の障碍になる事態も起こっています。

第一に，インターネット取引は国境を越える取引ですので，契約・取引でトラブルが発生した場合に法的処理が難しく，消費者保護・取引適正化を図ることが容易でありません。第二に，日米欧先進国では，銀行制度が発達しており，銀行決済だけでなくクレジット・カード決済も可能ですが，これは世界では常態であるとは限らず，信用できる決済手段がない環境で如何にして決済・取引の安定を図ればよいのか。第三に，インターネット・プラットフォーマーはグローバルにデジタル貿易で巨額の収益を得ていますが，第５章第３節で取り扱った国際租税回避とは別に，顧客が存在しビジネスを行って収益を上げている国で恒久的施設を持っていないとして課税を拒む問題（課税される地場プラットフォーマーにすれば不公正な競争環境）を惹起しています。デジタル貿易では，今後も予期しない問題が発生してくるでしょうが，本項では，国際電子商取引の成長と発展にとり問題となってきた３点の問題を取り扱います。

（１）国境を越えた消費者保護・取引適正化の取組

国際電子商取引は異なる国・地域に属する売手と買手の間の契約・取引であるため，契約・取引上の問題が発生すると，いずれの国のルールに従って問題を処理すればよいのかが問題です。仮に問題処理のルールが確定できても，売手と買手のいずれかが問題に対処しようとせず，不当に利得を得たり不法行為を働いたりした場合，公的強制力を以て紛争を解決してくれる裁判所等が存在せず，ルールを強制できません。

電子商取引は1990年代後半以降急速に成長したものであるため，各国が新たにルールを独立して整備しなければならず，そのことが国際電子商取引の抱える問題を一層難しいものとしました。以下では，各国が電子商取引の特殊性に応じていかなる立法手当を行ったか，国際社会は国際電子商取引の成長拡大に対応して国際ルールをどのようにまとめようとしたかを説明し，結果的に国際電子商取引の秩序確立・維持は国・国際機関等ではなくインターネット・プラットフォーマーの管理運営に委ねられてきたことを示します。

①　電子商取引の特殊性と各国立法対応

電子商取引が普及した現在では立法的にも問題解決が図られていますが，1990年代後半以降，リアルの商取引と異なる電子商取引の特殊性に起因する問題がありました。

(a) 契約の成立時期

第一に，契約の成立時期です。民法上，契約は，申込みの意思表示と承諾の意思表示の合致によって成立します。通常，契約締結に際し契約書が作成されますが，契約書自体は，契約の成立とその内容の「証拠」となるだけで，契約成立に必ず必要というわけではありません。民法は契約成立方式について制限も設けていないため，インターネットを利用した電子データの送受信によって契約を成立させることも可能なのですが，どのような行為がなされた時点で契約が成立するかが問題となります。

電子商取引では，販売者がインターネット上の画面に商品情報を掲載することは，販売者による「申込みの誘引」に過ぎず，利用者がこれに応じて注文する行為が「申込み」であり，販売者がこの申込みを「承諾」することで契約が成立すると考えられています。そして，民法は意思表示の成立を原則「到達時」としますが（民法第97条１項），2017年改正前の旧民法では，契約の承諾に限り「発信時」と規定していました（旧法第526条１項）。これによれば，インターネット上では，販売者が承諾の意思表示を発信した時点（承諾する旨の電子メールを送信した時点）で売買契約が成立することとなりました。

しかしながら，民法は対等な立場での契約を前提としているため，知識が豊富な事業者と一般消費者との契約にそのまま民法を適用すると，消費者が無知に付け込まれて不利益な契約を締結させられるなど不都合が生じかねませんし，対面や書面での契約とは異なり，インターネットでは誤ってクリックしたことのみで確定的に契約が成立してしまうおそれがありました。このような不都合に対応するため，各国では一定の場合に民法の規定を一部変更して適用する「電子契約法」が定められ，我が国でも，2001年12月以降，「電子承諾通知」制度により，契約は到達時に成立すると法定されました（電子消費者契約及び電子承諾通知に関する民法の特例に関する法律第４条）。

(b) 錯誤の取扱い

インターネット上の取引では，コンピュータの操作ミスにより誤った意思表示をしてしまったり，インターネット上の表示から考えていた商品と実際の商品が違っていたりすることが多々あります。コンピュータの操作ミスによる誤った意思表示は法律的には「表示行為の錯誤」と呼ばれ，思っていた商品と実際の商品が違っている場合は「内容の錯誤」とされるものです。契約は申込みの意思表示と承諾の意思表示の合致により成立するのですが，意思の錯誤があった場合に契約は有効に成立するのでしょうか。

民法は契約の有効性については「詐欺」「強迫」等を規定しており，例えば，契約において「法律行為の要素」（契約内容の核心部分）に間違いがあれば，その意思表示は無効としています（民法第95条）。ただし，同条但書は，契約申込み等の意思表示をした者に「重大ナル過失」がある場合，錯誤無効の主張を認めないとします。コンピュータの誤操作はインターネット・プラットフォーマーがこれを防ぐ措置を施すことが可能です。購入者が申込みを行う際，内容確認画面が再度表示されるようプログラム設定すれば，かなりの程度，錯誤は防げます。かかる措置を執っても，誤った意思表示がなされるならば，申込み者に「重大な過失」がある可能性が大きくなります。

問題は「内容の錯誤」です。民法上の詐欺や強迫の立証は難しく，消費者に一方的に不利と思われる条項が契約中に存在しても，民法の信義誠実原則や公序良俗に反して無効である（民法第１条，第90条）と立証するのは至難の業です。信義誠実，公序良俗は抽象概念であり，「インターネット上の商品表示が信義誠実に悖り，公序良俗に反した」と消費者が主張・立証しなければならないのですが，信義誠実にも悖り，公序良俗に反する「商品表示」とは何なのでしょうか。

2000年代，我が国では，消費者保護法制の整備が進められ，一般法に当たる消費者契約法が2001年施行されましたが，消費者契約法は，詐欺，強迫の立証を容易にするべく，その抽象的な要件を類型化・客観化し，無効とすべき不当な条項についても類型化しました。同法はインターネット取引だけでなく消費者と事業者が締結する契約（消費者契約）全てに適用され[12]，商品売買であれ，施設・システムの利用契約であれ，サービスを提供する契約であれ，BtoC取引であれば適用されます。

同法は抽象要件を類型化・客観化し，詐欺が立証できない場合でも，「事業者が重要事項に事実と異なることを告げた」「事業者が将来の利益などについて断定的な判断を提供した」「事業者が消費者にとって利益とは異なる事実を告げるが，不利益な事実は告げなかった」結果，重要事実を誤認して契約を締結した時は契約を取り消せると定めています。また，消費者契約法は，当事者にとり一方

12　「消費者」とは事業者を除く個人のことであり，「事業者」とは，法人形態を採るか否かにかかわらず事業を行う者で，その契約がその者にとって事業としての契約である者（消費者契約法第２条）を言う。

的に不利であり無効とすべき契約条項も類型化。「債務不履行責任，不法行為責任に基づく損害賠償義務の全部又は一部を免除する条項」「瑕疵担保責任を免除する条項」「消費者の損害賠償額が予定され，その額が著しく消費者に不利な条項」「民法・商法よりも消費者の権利を制限し，義務を加重する条項のうち，制限・加重が信義則に反するもの」は無効とします。

（c）表示に関する規制

消費者保護法は消費者契約全般に関する規制ですが，2000年に訪問販売法が改正され成立した特定商取引に関する法律（以下，「特定商取引法」という）により，インターネット上の売買は同法上の「通信販売」として，通信販売の表示事項に関する規制が適用されています[13]。特定商取引法では，前払い式の通信販売について，通販業者に書面通知義務を課すとともに，トラブル防止の見地から販売条件の表示を義務付けています（特定商取引法第11条）。

図表８-10　特定商取引法に基づく表示例

販売業者	株式会社　○○
運営統括責任者	○山　▲男
所在地	〒000-0000 東京都港区■■1-1-1
電話番号	03-0000-0000
商品代金以外の料金	送料：全国一律500円 代引き手数料：315円
引渡し時期	注文から７日以内に発送
支払い方法	クレジットカード
返品・交換・キャンセル等	返品期限：商品到着より７日以内 返品送料負担： 　不良品の場合は当社負担， 　お客様都合の場合はお客様負担

また，特定商取引法は誇大広告等を禁止しており（特定商取引法第12条），通信販売を行う場合，以下の事項について，著しく事実に相違する表示をし，又は

13　通信販売広告とは，販売業者が，広告を通じて通信手段で申込みを受けることを明らかにし，消費者がその表示により購入の申込みができる形態のものを言うが，この形態を採れば広告で使用するメディアの種類は問わないので，ホームページ等を使用して商品等の広告を行うことは，通信販売広告に該当する。

実際のものよりも著しく優良であり，若しくは有利であると人を誤認させる表示をしてはならないと規定しています。

【特定商取引法第12条の概要】
- 商品の性能若しくは効能，役務の内容若しくは効果又は権利の内容若しくはその権利に係る役務の効果
- 商品の引渡し又は権利の移転後におけるその引取り又はその返還についての特約
- 商品，権利又は役務についての国又は地方公共団体の関与
- 商品の原産地若しくは製造地又は製造者名

インターネット取引を巡る問題はもちろん以上に尽きるわけではありませんが，1990年代後半の電子商取引の急速な成長により生じてきた問題については，取り敢えず立法的な手当てができ，国内では電子商取引は楽天，Amazonなどにより成長発展を遂げていくこととなります。

②　国際電子商取引と国際司法管轄

国内での電子商取引に係る法制整備を紹介しました。法制整備は1990年代後半以降世界的に実施され，2000年代以降の電子商取引の成長につながります。インターネット取引は短期間で国を異にする販売事業者と消費者の間でも行われるようになり，国内と同様に，コンピュータ操作ミスによる誤った意思表示，インターネット表示と実際の商品の相違などの問題が発生します。問題処理に国際ルールがあればよいのですが，国際電子商取引に関する国際ルールは未形成であり，国・地域が異なる販売事業者と消費者の間で争いが発生した場合，法的解決は各国法制に委ねられることとなります。

販売事業者，消費者ともに，自国の法律の方が馴染んでおり，自国の裁判所の方がアクセスしやすいので，双方ともに自国法令と自国裁判所による紛争解決を主張します。このため，紛争当事者が異なる国に所在し，紛争が国境を越えて発生した場合に，第一に，いずれの国の法律で権利保護がなされるか（国際司法管轄），第二に，いずれの国の裁判所が裁判するのか（国際裁判管轄）が問題となります。この点につき販売事業者・消費者の間で合意がないと，延々と司法管轄・裁判管轄を争うことになりかねないので，通常，電子商取引事業者は自社サイトの利用規約に紛争時の準拠法と管轄裁判所に関する規定を盛り込んでいます。ただし，電子商取引事業者が自社サイトの利用規約に「本規約及び本商品に関す

る一切の紛争は，東京地方裁判所を専属的管轄裁判所とする」と記載しても，越境紛争の解決方法として十分とは言えません。

例えば，国内事業者と海外消費者の越境取引において，海外消費者が利用規約に従わず，自らの居住する国の裁判所に契約無効等を提訴すると，消費者の居住地の法令に基づき裁判管轄権が認められるか否かが判断されることとなるため，国内電子商取引事業者は裁判管轄に関する合意の効力を主張できなくなる可能性もあります。また，国内電子商取引事業者が利用規約に基づいて国内裁判所に提訴した場合であっても，民事訴訟法第３条の７第５項により，海外消費者がこれに応訴し，かつ，管轄に関する合意を援用しないと，国内裁判所が管轄を認めない可能性もあります。

さらには，利用規約で合意された管轄裁判所において，国内電子商取引事業者の勝訴判決が確定しても，敗訴した海外消費者が判決に従わない場合には強制執行を検討することになります。消費者の財産が日本国内にあれば強制執行可能ですが，財産が国内に存在しない場合，消費者の居住する国の裁判所に強制執行をしてもらう必要があります。この場合，「相互保証」の要件（民事訴訟法第118条４号）を満たさない場合には，その勝訴判決に基づいて外国で強制執行をすることはできません。

一方，消費者の側において，利用規約に記載された国際司法管轄・裁判管轄は紛争発生時に何か効果を期待できるのでしょうか。国内消費者が海外電子商取引事業者と紛争を起こした場合，利用規約上，電子商取引事業者の居住国の裁判所が専属的管轄裁判所とされ，紛争解決の準拠法も電子商取引事業者の居住国の法令となります。国内消費者が購入した商品・サービスの価額によりますが，通常の商品・サービスの購入であれば，国内訴訟でも紛争解決により得られる賠償額等と訴訟費用は見合いませんが，海外で訴訟を提起し遂行するのはそれ以上に見合いません。国際電子商取引では，司法管轄・裁判管轄が合意されていても，合意されていなくても，紛争は電子商取引事業者，消費者双方にとり納得の行く形での解決は困難です。

③　国際ルール成立に向けた取組

（a）OECD「電子商取引消費者保護ガイドライン」

紛争はルールがあれば納得できる解決が可能です。1990年代後半，OECDが中心となって国際電子商取引ルールの形成が試みられ，1999年12月「電子商取引消費者保護ガイドライン」として結実します。当時，各国は電子商取引に関して国内法整備に取り組んでいましたが，我が国を含むOECD加盟国は同ガイドラインに基づき法整備を進めましたので，電子商取引法制は大枠では国際的にハーモナイズされました。

当初，OECD消費者政策委員会（CCP）は野心的な目標を掲げ，越境消費者取引における準拠法や裁判管轄の国際ルール策定も目指しましたが，国際司法管轄・裁判管轄に関して英米法と大陸法では哲学・基本フレームワークを異にし，米国と欧州が烈しく対立して合意がまとまりません。OECDガイドラインに基づき各国法制をハーモナイズするに止まり，実効的な紛争解決手続のルール化には至りませんでした。

最終的に，裁判よりも現実的な紛争解決手段としてADR（Alternative Dispute Resolution）[14]に期待を寄せる内容が提言され，その後，国際消費者機構，米国法曹界，民間国際組織等が消費者向けADRの在り方を議論し提言することとなりました。

（b）ADR制度の整備

OECDの提言を受けて，国際電子商取引に係るADR制度の整備に向けた取組がなされます。まず,「消費者保護及び執行のための国際ネットワーク」(ICPEN)が米連邦取引委員会（FTC）主導で，2001年に「econsumer.gov」という苦情情報集約サイトを立ち上げ，全世界の消費者が入力した苦情をデータベース化し，各国法執行機関が法の執行に活用できる仕組を構築します。ここでは，元々，個別事案への対応（助言や斡旋等）は行わない前提だったのですが，2003～2004年に「ADRパイロット・プロジェクト」が実験的に行われ，事務局を務めるFTCがデータベースからADRに馴染む事案をピックアップして，申立者の希望に応じて該当国の提携ADR機関に回付して紛争解決させる実験がなされました。

そしてICPENの実験は欧州においてECC-Netとして発展します。2005年，欧州委員会消費者保護総局の主導の下，30カ国（EU加盟28カ国及びノルウェー，アイスランド）が参加する「欧州消費者センター・ネットワーク（ECC-Net)」が発足し，参加国の欧州消費者センター（ECC）が相互に協力し，域内で発生した越境消費者トラブルに関して消費者に助言や支援を行う仕組を整え，2015年までの10年間に累計で65万件以上の情報提供依頼を受け，約30万人の消費者を支援しました。ECC-Netの主な役割は,①消費者に対する情報提供（法情報を含む),②消費者所在国のECC及び事業者所在国のECCを介して事業者に苦情を伝達し，

14　ADRは裁判外紛争解決手続と訳され，紛争当事者間の合意に基づき，裁判に拠らず，公正中立な第三者である行政機関・民間機関の仲裁に紛争解決を委ねるものであり，仲裁機関による決定は裁判と同様に確定効を有し，事後的に訴訟手続で争えないものとなる。

適切な対応を促すことでした[15]。

ECC-Netの成功により，欧州ではADRが本格的制度として整備されます。欧州委員会は2013年にADR指令と同規則を策定。ADR指令はEU加盟国で国内法化され，オンライン，オフラインを問わず，消費者のADRへのアクセス権を保証し，各国政府は品質要件を満たすADR機関のリストを作成。その上で，欧州委員会は2016年２月，EU域内の越境取引を念頭に置いたADRプラットフォームを開設。これは，消費者がオンラインで苦情を申し立てると，適切なADR機関に内容が送信されるというもので，プラットフォームには翻訳機能があり（23の公式言語に対応），開設時点で17加盟国の117のADR機関がプラットフォームにリンクしました。

しかしながら，欧州では電子商取引に関してADR制度が本格整備されたのですが，欧州域外すなわちグローバルにはADRの本格的制度化は進まず，OECD等が勧告を発出し，ADR制度化のモメンタムを維持しようとしています。

図表８-11　国際電子商取引におけるADR活用に関する提言

「消費者の紛争解決及び救済に関するOECD理事会勧告」 （2007年）	OECDは，2003年に「国境を越えた詐欺的・欺瞞的商行為に対するOECD消費者保護ガイドライン」を公表，2005年，ワシントンにおいて「国際市場における消費者救済と紛争解決」と題するワークショップを開催し，ADRに加え，オンブズマン制度やクレジット・カードのチャージバック・ルール[16]，少額訴訟制度等，多様な紛争解決システムを紹介，越境紛争の特性に応じた解決手段を議論。 これを基に，OECDは2007年に「消費者の紛争解決及び救済に関するOECD理事会勧告」を採択，越境紛争について，①裁判やADRなど利用可能な仕組についての消費等への情報提供，②国際的・地域的な消費者苦情，助言及び情報提供のネットワークへの参加，③外国消費者の要求についての司法制度参加者の意識向上，④ITの活用，⑤外国消費者に対する法的障壁の最小化，⑥判決の執行における協力の６点を加盟国政府に提言。 同時に，OECDは「外国消費者からの苦情情報の収集・交換の仕組」についても検討すべきとし，国際的連携による紛争解決基盤の構築にも範囲を拡張[17]。

15　我が国でも，ECC-Netをモデルに，アジアを中心とする多国間苦情処理の仕組として「国際消費者相談ネットワーク（ICA-Net）構想」を提案し，東アジア・ASEAN経済研究センター（ERIA）で実証プロジェクトを実施している。

16　チャージバックとは，クレジット・カードの不正利用や商品の未発送，届いた商品の破損といった理由でカードを保有する消費者が決済に対して同意しない場合，クレジット・カード会社が売上を取り消して消費者に返金する仕組。

国際連合貿易開発会議(UNCTAD)「消費者保護ガイドライン改訂版」 (2015年)	2015年12月，国際連合貿易開発会議（UNCTAD）で検討されてきた消費者保護ガイドライン改訂版が公表。そこでは新たに電子商取引に関する章が設けられ，「紛争解決と救済」に関して，司法や行政による救済と並び，特に越境取引に関してADRを通じた消費者苦情対応・紛争解決スキームの開発が推奨されるとともに，専門家グループを作り紛争解決のベスト・プラクティスを学ぶことや，各国消費者保護部局による協調的な取組を強めるべきことが提言。
「OECD電子商取引消費者保護ガイドライン改訂版」 (2016年)	OECDは2009年以降検討してきた「OECD電子商取引消費者保護ガイドライン改訂版」を2016年３月に公表。デジタル・コンテンツが対象に含まれ，金銭を伴わない取引，能動的消費者，モバイル機器，プライバシーとセキュリティのリスク，決済の保護，製品安全などに着目した改訂が実施。併せて「紛争解決と救済」が新設され，消費者に対し，有効な裁判外紛争解決メカニズムへのアクセスが提供されるべきことを明記。越境取引やグローバルに展開される電子商取引を念頭に置き，政府を始めとする 関係者の国際協力の重要性を強調。

④　Amazon等プラットフォーマーによる自主的解決

以上のように，電子商取引は各国で国内法的に取引安全・消費者保護が図られ，規制はOECDの取りまとめた「規制モデル」に準ずる形で国際的にハーモナイゼーションされていますが，国際電子商取引については，司法管轄・裁判管轄，強制執行の実行性などの問題があり，紛争が生じた場合の解決方法は未確立のままです。欧州ではADRが制度整備されましたが，欧州域内に止まり国際普及していません。

電子商取引はAmazonなどインターネット・プラットフォーマーが2000年以降試行錯誤しつつ成長させてきましたが，Amazon等はその過程で電子商取引サイトに参加する販売事業者と消費者が遵守すべきルールを形成し，トラブルが発生した時の手続やプラットフォーマーの関与・介入などを制度化しました。Amazonが電子商取引に占める圧倒的シェアを考えれば分かるように，Amazon等の電子商取引プラットフォームから排除されることは，販売事業者，消費者の双方にとり，事実上電子商取引からの追放を意味するため「強制力」が働き，電子商取引，特に国際ルールの未確立な国際電子商取引では，取引安全と消費者保

17　日本では，経済産業省の委託事業であったECOMネットショッピング紛争相談室が米国広告自主規制機関であるBBBと協定を結び，日米間の越境消費者トラブルの解決支援を実施。委託事業終了後，この協定は有限責任中間法人ECネットワークに引き継がれ，後にCCJ（国民生活センター越境消費者センター）へと発展している。また，国際連携の動向や越境消費者トラブルの実例などの情報は，当時の内閣府国民生活局を事務局とする「国際消費者トラブル対策ネットワーク」（2005～2007年）において関係省庁等と共有される形が採られた。

護がプラットフォーマーにより担保されています。

Amazonは自社仕入れ型とマーケットプレイス型の２種類のビジネスを展開していますが，自社仕入れ型では，図表８－８のとおり製品をメーカー・卸問屋から仕入れて消費者に販売・発送していますので，Amazonに起因しない，メーカー・卸又は消費者が原因となったトラブルについては，仕入代金の支払を一時的に停止する又はAmazon Pay等の決済手段において代金を徴収するなどの措置を講ずることができます。

トラブルが発生した場合に厄介なのは，販売事業者と消費者がAmazonを介さないで直接的に取引を行うマーケットプレイス型です。Amazonはマーケットプレイス型に関してトラブルは基本的に出品者と購入者の間で話合いにより解決することを原則としており，電子商取引サイト上，購入者と出品者がメールで遣取りできるシステムを用意しています。しかしながら，「何週間も前に出品者への支払いを済ませたにもかかわらず商品を受け取れない場合」，購入者は出品者に対して速やかな商品の配送又は返金を要求でき，出品者が配送商品の紛失・破損など事故発生時に購入者と連絡を取る義務があるにもかかわらず，出品者が配送も返金もしなかった場合，Amazonはケースに応じて購入者に対して「Amazonマーケットプレイス保証」を提供しています。

Amazonマーケットプレイス保証とは，購入商品のコンディションや配送の保証を目的としており（まずは契約の有効な成立を追求），出品者に連絡後48時間経過しても問題解決がなされなかった場合に購入者は返金申請できるというものです。具体的には，①商品が届かないまま，配送予定の最終日から３日経過した，②購入者が配送状況を確認できる方法で返品したが，出品者が返金を行わない，③届いた商品に不具合・損傷があるか，商品説明と著しく異なるにもかかわらず，返金が行われない又は返金額が誤っている，④購入者が購入を取り止め商品をAmazonの「返品ポリシー」に従い返品したにもかかわらず，返金が行われない又は返金額が誤っている場合，購入者はAmazonに返金申請でき，Amazonは購入者・出品者の双方からオンライン上で事情を調査した上で返金の可否を審査し，返金手続を行うというものです。

また，Amazonは詐欺行為があった場合，購入者等が警察等に相談し刑事手続等を執ることを排除していませんが，購入者がマーケットプレイスで「安全で保護された取引が行える」ことを第一義と考えて，詐欺の場合にも「Amazonマーケットプレイス保証」を提供しています。仮に，保証が適用されない場合でも，Amazonは問題解決まで取引相手との交渉をサイトで可能とするとともに，出品者の評価をサイトで公表する機会を提供することで詐欺行為を抑止しようとしています。Amazonは購入者に対して取引に先立ち出品者の評価の確認を勧めており，商品の発送能力，トラブル解決への姿勢，商品の品質のサイト表示との合致性などの確認を特に慫慂しています。

なお，AmazonはAmazonマーケットプレイスの出品者に対して，取引ではAmazon.co.jpが運用している決済システムである「Amazonペイメント」を使用することを義務付け，購入者にもAmazonのサイト上で選択できる方法で支払うことを求めており，「Amazonマーケットプレイス保証」対象を「Amazonサイトで出品者から購入した商品」「Amazonサイト以外のサイトでAmazon Payを使用して購入した商品」に限定しています。図表８-８のとおり，Amazonは出品者・購入者に対して「Amazonペイメント」を通じて，売上支払いの停止又は代金の徴収により強制力を働かせており，その力によって電子商取引サイトの取引安全・消費者保護を達成しています（悪質な出品者・購入者のサイトからの追放は最終的な手段です)。

Amazon等は上記の仕掛けを国際電子商取引にも適用することで取引安全・消費者保護を達成しようとしており，その目的はこれまでのところ達成されているようです。ただし，これはAmazon等のメガ・プラットフォームにのみに当て嵌まる話であり，多くの国際電子商取引サイトは単に商取引を仲介するのみで，販売事業者・消費者間でトラブルが発生しても，取引安全・消費者保護を図ることが難しい状況にあります。

（2）インターネット取引・決済の整備

インターネット空間には国境がありませんが，契約・取引等における紛争の解決は国境が存在するリアル空間で行われますので，厄介な問題が生じ得ますが，決済も同様です。（１）③では，Amazon等電子商取引プラットフォーマーが販売事業者・消費者との間に決済システムを挟むことにより，両者間でトラブルが生じた場合に仲裁役として介入できる工夫を施していることを示しましたが，電子商取引では，決済システムがその成長発展において重要な役割を果たしています。また，銀行制度やクレジット支払制度などの決済インフラは日米欧先進国を除けば必ずしも整備されているわけではなく，多くの国・地域では，独自の決済システムの構築が電子商取引プラットフォーマーの創意工夫とイノベーションに委ねられることとなりました。

①　先進国における電子商取引の決済

（a）伝統的な決済インフラの存在

先進国では，インターネット普及と電子商取引の登場以前から，銀行決済やクレジット・カード決済などの社会インフラが整備されており，1990年代後半以降，電子商取引でも銀行決済，クレジット決済が採用されたのは自然な成行きでした。

銀行振込は，電子商取引サイトで商品を購入後，電子商取引事業者が指定する金融機関の口座に商品代金を振り込み，振込みが電子商取引事業者により確認されると商品が発送されます。銀行振込は購入者の口座から電子商取引事業者の口座へ直接的に金が移動するので単純明快です。ただし，購入者がオンライン口座を持っていないと銀行に行かなければならず，振込確認後に商品が発送されるため商品の到着が遅くなり，金融機関によっては振込手数料がかかる場合もあります。電子商取引事業者には，銀行振込は即時決済なので，代金不払いの恐れがないのですが，入金の消込作業が煩瑣であり，銀行振込の手間を嫌がる消費者を顧客から失う可能性があります。

これに対して，クレジット・カード決済は，購入者の信用により後払いで商品を購入する決済であり，決済段階では支払は完了しておらず，後日，購入者の口座からクレジット・カード会社等を通じて引落しを行い，電子商取引事業者の口座に代金が支払われます。購入者にとっては，代金引換のように現金を手許に用意せず決済ができ，銀行振込のように銀行等に出向いて手続をしなくて済みますし，第三者の不正利用等があればクレジット・カード会社がチャージバック制度により返金保証してくれます。電子商取引事業者においても，電子商取引サイトに導入することで販売機会損失のリスクを低減でき，銀行振込のような手間暇がかからないため多くの購入者を誘引でき，そもそも即時決済であるため支払に関するトラブルも起きにくい決済です。

以上により，先進国の電子商取引ではクレジット・カード決済が主流となっており，我が国でも，総務省「令和２年通信利用動向調査」によれば2018年は調査対象者の70.8％，2019年75.7％，2020年75.0％がクレジット・カード決済を利用していると回答。電子商取引業者がクレジット・カード決済を利用する場合，Amazonのような大手電子商取引事業者であればVisa，Mastercard等のクレジット・カード会社と直接契約を結び決済システムを自主開発していますが，多数のクレジット・カード会社との契約・管理は煩雑であり決済システムの開発も容易ではないため，決済代行会社を介してクレジット・カード決済を利用する電子商取引事業者もいます。

(b) 電子商取引事業者のクレジット・カード決済システム

クレジット・カード決済を利用する場合，購入者と決済機関（クレジット・カード会社）をマッチングする方法には図表8-12の4種類があります。

図表8-12　電子商取引におけるクレジット・カード決済方式

リンク（画面遷移）型	●クレジット・カード会社の保有する決済ページに移動し，購入者が支払を行う方式。購入者のクレジット・カード番号を入力する決済ページがクレジット・カード会社のWebサイト上にあるため，電子商取引事業者は情報を自社管理する必要がない。 ●リンク型は，決済システムを短期間で立ち上げたい事業者，決済システムを自社開発する技術又は資本力を持たない事業者，個人情報の取得を避けて個人情報漏洩等のリスクを回避したい事業者に適合的。
トークン型	●トークン決済とは，電子商取引サイト内のクレジット・カード情報入力画面に，決済代行会社が提供するJavaScript[18]プログラムを組み込み，クレジット・カード番号とは別の文字列（トークン）を生成して決済を行う方式。 ●顧客は直接にクレジット・カード番号等を決済代行会社のサーバに送信。決済代行会社はそれに基づきトークンを作成して電子商取引事業者に送信し，電子商取引事業者から決済に必要な購買情報等を報告させ，その上でクレジット・カード会社にカード情報及び決済情報を送信して決済手続を依頼。 ●クレジット・カード会社での決済手続が完了したならば，決済代行会社はその旨を電子商取引事業者に通知。電子商取引事業者はそれを受けて商品を顧客に送付（あるいは決済不成立を通知）。 ●電子商取引においてもクレジット・カード番号等の個人情報の漏洩のリスクをなくせるとともに，自社電子商取引サイトで決済フローが完結し，画面遷移数が少なくなるため，顧客にとり簡便な決済方式となる。

18　JavaScriptは，動的なWebページを作るためのプログラミング言語の1つであり，1990年代央，Internet Explorer 3.0に搭載されたことを契機として急速に普及。代表的な機能としては，ボタンを押すと画面に別ウィンドウが開く「ポップアップ･ウィンドウ」や，画像が自動送りされる「スライドショー」などの多様なアニメーションがあり，その他，システムやアプリ開発などのバックエンドでも用いられる。

データ伝送型	●電子商取引事業者がSSL対応サーバ[19]を構築し，顧客から得たクレジット・カード番号等個人情報をクレジット・カード会社に送信して決済処理を行う方式。 ●データ伝送型は，注文件数が多く，自社電子商取引サイト内で決済フローを完結しつつ画面遷移数を減らしたい電子商取引事業者に適合的。
メールリンク型	●顧客が電子商取引サイトで商品・サービスの購入を申し込んだ後，電子商取引事業者が顧客登録アドレスに対してメールにより決済URLを案内，顧客が決済フォーム内で決済する方式。 ●Web注文に限らず電話注文など多様な注文方法を採用する事業者，自前で決済システムを構築できない事業者等に適合的。

（出所）筆者作成

Amazonはデータ送信型の決済システム（Amazon Pay）を構築しており，購入者が自社のSSL対応サーバ上でアカウントを開設する際に氏名・住所，クレジット・カード関連情報を入力させ，電子商取引の都度，購入者が登録したクレジット・カード番号などの個人情報をクレジット・カード会社に送信して決済処理を行っています。Amazonの電子商取引サイトにアカウント登録された決済関連情報に基づき決済処理が行われるため，購入者にとって決済手続に煩わしさはありません。Amazonでマーケットプレイス型への出品者はAmazonが保障するクレジット・カード決済システムを活用できるので，安心して取引に臨むことができます。

19　SSL（Secure Sockets Layer）とは，インターネット上の遣取りを暗号化して送受信する仕組を言い，SSL化することで顧客等が入力した個人情報等を暗号化して送信し，送信過程で悪意ある第三者が情報を窃取・改竄を試みても，情報は暗号化されているため窃取も改竄もできず，結果として，顧客の個人情報を安全に送信できる。

図表８-13　Amazon Payの決済スキーム

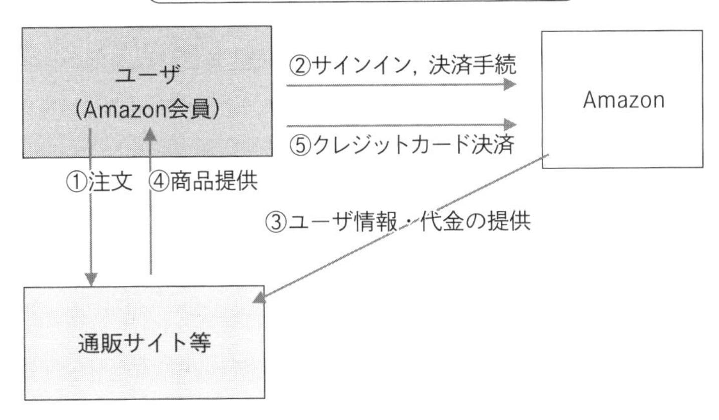

（出所）筆者作成

また，Amazon Payは元々Amazonが自社の電子商取引ビジネスのために構築した仕掛けなのですが，AmazonはAmazon Payのシステムを活用して決済代行業にも進出しています。すなわち，Amazonアカウントを持っているユーザは，アカウントに登録した氏名，配送先住所，電話番号，クレジット・カード等の情報を使用して，Amazon以外の提携電子商取引サイトでログインしてショッピングの支払ができます。Amazon Payの利用可能な電子商取引サイトでは，購入フォーム上にAmazon Payのアイコンが設置されており，購入者はアイコンをクリックすれば，改めて個人情報等を入力せずにAmazonを通して決済ができます。なお，Amazon PayはID決済と呼ばれるオンライン決済ですが，ID決済には，Amazonと競合する電子商取引事業者も進出しており，Apple Pay，Google ウォレット，楽天ペイなどがあります。

（c）オンライン決済サービス

Amazonのような大手電子商取引事業者は自前のデータ送信型の決済システムを構築して決済処理を行っていますが，自前で決済システムを構築する余力のない，多くの電子商取引事業者は決済代行会社を活用してクレジット・カード決済を行っています。

決済代行会社は電子商取引事業者と購入者の取引関係には関与せず決済にのみ関与するのですが，クレジット・カード会社をベースとしつつ，販売事業者と購入者の間に介入して電子商取引の取引安全を図るオンライン決済サービスもあり，世界的に利用されています。PayPalは1998年に米国で設立されたPayPal社が提供する決済サービスですが，図表8-14のように，買手（消費者）と売手（事業者）の間に介在する形を採っており，売買契約の締結後，買手がPayPalにクレジット・カード，銀行支払等により代金を支払い，それを受けて売手が商品を買手に発送。売手が売買契約通り商品を受け取ったならば，PayPalが売手に対して代金を支払うこととなっています。

図表8-14　PayPalのビジネス・モデル

（出所）PayPal社資料

購入者はPayPalにクレジット・カード，デビット・カード，銀行口座等の情報を登録することで，これらの個人情報を売手に知らせずに，商品・サービスを購入できます。消費者は全商品をAmazon等で購入するわけではなく，必要や興味に応じて無名の業者から商品を購入することもありますが，この場合，信用度が不明である相手にクレジット・カード番号等の情報を登録するのは不安です。一方，商品・サービスを提供する事業者サイドでは，自社の市場ポジションやブランドが未確立であろうと，取引にPayPalを仲介させることで消費者に安心してもらえます。特に，購入者と事業者が異なる国・地域に所在する国際電子商取引で海外顧客の安心を買えます。

クレジット・カードやAmazon Payと同様，買手はPayPalを利用すれば，改めて電子商取引事業者毎にアカウントを作成する必要はなく，個別取引の都度，クレジット・カード番号等を入力する必要もありません。また，PayPalには，「Amazonマーケットプレイス保証」と類似した「買手保護制度」があり，Pay

Pal経由で購入した商品・サービスに関して何か問題があった場合（代金を支払ったのに商品・サービスが届かない，届いた商品・サービスが販売事業者から説明・紹介された内容と著しく異なる等），一定の条件の下に補償を受けることができます[20]。

②　新興国・発展途上国における電子商取引の決済

（a）金融取引インフラの未整備の途上国

先進国では，インターネット時代の到来前から銀行制度，クレジット・カード制度が確立しており，電子商取引プラットフォーマーはクレジット・カード決済，銀行振込決済等をベースとして電子商取引に関する決済制度を構築できました。一方，発展途上国は先進国とは状況が全く異なり，銀行制度が未整備であり，かつてのアフリカ諸国のように銀行が一部都市にのみしか存在しない地域では，現金は各家庭で金庫等に保管され，売買取引も対面で行える範囲に限られていました。

こうした状況は2000年代央以降のモバイル端末の登場で一変します。ケニアでは，通信会社Safaricomが2007年に携帯電話を活用したモバイル送金サービス（M-PESA）を導入。銀行口座を保有せずとも，携帯電話からショート・メッセージを送信することで，送金，預金，引出，支払などの金融取引ができ，全国一律に同一サービスを受けられるため，国民の大半が利用する決済サービスに成長します。

M-PESAで金融機関でない通信会社がなぜ決済に必要な資金を保有できたのか。発展途上国では，スマートフォン利用に当たり，通信会社の代理店で利用代金を前払いするのが一般的であり，前払金を送金や決済にも利用することで金融取引が可能となりました。また，銀行規制の対象外であるため，通信会社の代理店は銀行支店よりも多数展開でき，全国規模の決済システムに成長できました。信頼できる銀行制度が存在せず，全国民に急速に普及するスマートフォンを活用して，全国規模のモバイル金融取引システムを創出せざるを得ない事情は発展途上国，新興国に共通のものでした。

20　PayPalで商品を購入する場合，買手は「買手保護制度」で守られるので安心であるものの，売手がPayPal決済を利用した場合，買手保護制度が悪用されるリスクがあるとの指摘がある。海外の電子商取引サイトに出品して，PayPal経由で商品を販売した場合，買手が不当に商品の不具合を主張した場合，PayPalには買手を重視する傾向があるため，商品代金の一部や全額が返金となるケースも発生するとされる。

図表８-15　M-Pesaの送受金の仕組

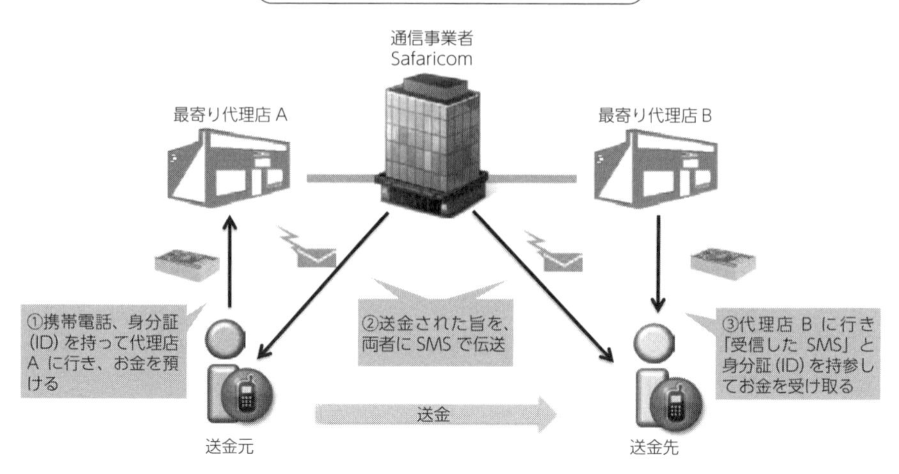

（出所）総務省「平成26年版情報通信白書」

先進国と異なり，銀行制度，クレジット・カード制度に依拠して決済システムを構築できない地域では，電子商取引プラットフォーマーは自ら決済システムを構築する必要があります。以下，中国を例に取り電子商取引プラットフォーマーによる決済システムの構築を説明しますが，中国でも，「銀聯」[21]というクレジット・カードは存在しますが，「銀聯」ブランドで普及しているのはクレジット・カードではなくデビット・カードです。2021年初時点で銀行カードは90億枚が発行されたとされますが[22]，９割超はデビット・カードであり，中国消費者は年会費のかかるクレジット・カードではなくキャッシュレスの現金決済を好んでいます[23]。

21　中国銀聯は2002年に中国人民銀行の主導により80以上の中国国内金融機関が共同設立した金融会社。それまで中国の金融機関の決済は地域・金融機関でシステムやルールが異なり，異なる金融機関間の金融取引や，同一金融機関でも異なる地域間の金融取引は一部又は全部ができないことがあったが，銀聯の設立により，国内金融機関間の決済システムやルールを統一して標準化し，銀聯に加盟した金融機関をオンラインで結ぶことで中国全土での単一の金融決済システムを10年以上かけて構築した。

22　「产业信息网」調べによれば，2020年末までの全国の銀行カード発行枚数は89億5,400万枚であり（前年比で５億3,500万枚，6.36％の増加），主要カード会社は招商銀行，中信銀行，光大銀行が挙げられる。

23　銀聯傘下のクレジット・カード会社UnionPayの2021年調べによれば，20～60歳代の市民のクレジット・カード保有率が日本90％に対して中国は60％であったのに対し，決済に占めるモバイル利用は86％となった。中国人民銀行によれば，2022年に銀行決済は3,110兆元，銀行以外が提供する第三者決済は337.87兆元と金額では銀行決済が上回ったが，決済件数では第三者決済が10,242億件と銀行決済2,790億件を大きく上回り，中国ではモバイル決済が支払の太宗を占めていることが分かる。

2002年，中国の金融機関は中央銀行の指示の下に「銀聯」を設立，10年間以上をかけて決済システムやルールを統一し，中国のいずれの金融機関を介しても相互に送金・支払等ができるようになりました。現在であれば，中国の電子商取引プラットフォーマーも銀行決済システムをベースとした電子商取引システムを構築できますが，中国で電子商取引がスタートした2000年時点では，電子商取引プラットフォーマーが決済で頼れる銀行システム，クレジット・カード・システムはありませんでした。

（b）プラットフォーマーによる決済システム構築

現在，中国では，電子商取引最大手のAlibabaが提供する「支付宝（Alipay）」と，SNS最大手のTencentが提供する「微信支付（WeChat Pay）」がモバイル決済手段として存在し，中国調査会社analysys.cnによれば，第三者決済でAlipayが55.0%，WeChat Payが38.9%を占めています（2020年第1四半期）[24]。Alipay等は電子商取引の決済手段だけではなく，金融取引にも用いられ公共料金支払，投資信託，保険等にも対応しています。2014年，Alibabaはオンライン決済及び各種金融サービスを提供するプラットフォームとしてAnt Financialを開設し，本格的に金融事業に参入しました。

では，Alibabaはどのような決済システムを構築したのでしょうか。電子商取引システムでは，電子商取引契約及び決済は1つのシステムを構成しています。2000年以降，各国の電子商取引法制整備と並行して，Amazon等のプラットフォーマーは販売事業者と消費者が遵守すべきルールを策定し，トラブル発生時の手続やプラットフォーマーの関与・介入などを制度化しましたが，前述のとおり電子商取引契約と決済システムの一体整備がポイントでした。AlibabaもAmazonと同様に，電子商取引プラットフォーム参加者にルールを遵守させつつ，取引安全と消費者保護を実現するべく，電子商取引契約システムと決裁システムを一体化で整備します。

Alibabaの電子商取引サイト「淘宝」（Taobao）で，消費者が商品を購入する場合，いったん購入代金をAlipayに預け（正確にはAlipayの自己口座で購入代金相当額が凍結され使用できなくなる），Alipayは消費者からの代金預託を販売事業者に連絡。販売事業者は販売代金回収が確実となったことを確認し，消費者に注文商品を発送。消費者は送られてきた商品を確認して，問題がなければAlipayの「商品到着」ボタンをクリックし，電子商取引の成立を承認。Alipayは消費者

24　analysys.cn 2020年6月30日付記事（https://www.analysys.cn/article/detail/20019826）（2024年3月31日閲覧）

の承認を受けて，預託されていた商品代金を販売者事業者に支払います（商品が表示通りでない，数量が不足する等の問題があれば，消費者はAlipayに預託していた代金を取り戻せます）。

2000年代の電子商取引の草創期，取引相手はインターネット上で姿が見えず，信用状況も確認できないため，消費者側では，代金を支払ったにも関わらず商品が手に入らない，販売事業者側では，電子商取引契約に基づき商品を期日までに送付したにも関わらず代金支払がない等の懸念がありました。Taobaoでも，Alibabaが販売事業者と消費者の間に介在して，取引安全と消費者保護を図るスキームとなっており，一体化した電子商取引契約システムと決裁システムが，消費者には，契約通り商品が受け取れない場合の契約解除，販売事業者には，確実な代金支払を保証しています。

図表８-16　Alibabaの電子商取引スキーム

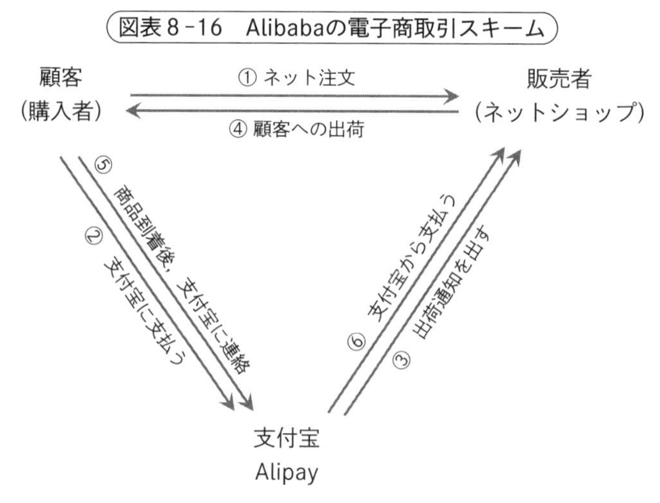

（出所）総務省「海外におけるICTを活用した労働参加・質の向上及び新サービスの展開に関する調査研究（2018年）」

前述のとおり，中国には全国・全地域・全機関をカバーする銀行決済システムは2010年代まで未確立でしたので，AlibabaはAlipayという第三者決済機関を創設し，次第に中国全土をカバーする決済システムを作り上げます。Alibabaは顧客（消費者）にAlipay上に銀行口座（A銀行と仮称）と紐づいた仮想口座を開設してもらい，Taobaoでの商品・サービスの購入の都度，Alipayに対し仮想口座内で代金を支払ってもらいます。一方，Alibabaは，販売事業者（出品者）にもAlipay上に（銀行口座と紐づいた）仮想口座を開設してもらうのですが（こちらはＢ銀行とします），消費者から購入代金の支払があれば，その都度，Alipayは Ａ銀行からＢ銀行に代金を送金するのではなく，消費者の仮想口座から販売事業者の仮想口座に代金振込みを行うだけに留めます。

仮に，Alipayがアカウント廃止等により消費者と清算の必要が生じたならば，Ａ銀行に開設した口座間で債権債務を処理し，販売事業者が直ちに売掛代金を清算する必要があれば，Ｂ銀行においてAlipay口座から販売事業者の口座に資金移動されます。仮想口座とリアルの銀行口座の資金残高等には乖離があり，Alibaba等の電子商取引プラットフォーマーは顧客情報・商品販売状況等を独占的に管理し（銀行は知り得ません）[25]，新たなインターネット・サービスを開発提供してきたとされます。

Alibabaのシステムが機能したのは，中国におけるスマートフォンの急速な普及の賜です。日本のモバイル決済は専用端末が必要であり店舗等は相当額の設備投資をしなければなりませんが，中国では，専用端末を使用せず，紙に印刷されたQRコードをモバイルで読み取るだけで，指定の金額を相手先に送金できる，非常に簡略化されたシステムを採用しています。2011年以降のスマートフォンの爆発的な普及は中国独自のモバイル決済システムの急速な規模拡大に寄与し，また，利便性の高いモバイル決済システムがスマートフォンの普及を後押しすることとなりました。

今や消費者はAlipay等のアプリをスマートフォン等にダウンロードすれば，QRコードにより買物，飲食，娯楽，タクシー，公共料金支払などをモバイル決済できますが[26]，これはAlipayでは，クレジット・カードや銀行振込等と異なり支払等に手数料がかからず，中国消費者にとり魅力的な決済ツールであるためです。中国のデジタル・エコノミー形成期において，インターネットへの基本アクセス・ツールとなったスマートフォンをベースとして，一般ユーザにとり簡便な決済システムを創ったことがAlipayの成功につながり，Alibabaは電子商取引契約と一体となったオンライン決済システムを構築し，世界的な電子商取引ビジネ

25　Alipay等オンライン決済大手は販売事業者・消費者が銀行口座を有する金融機関と個別に契約を結び，全体の資金の動きを把握できるのはオンライン決済大手だけとなり，資金移動や金融取引の実態が「銀聯」で把握できなくなってしまったため，2016年，中国人民銀行の主導により清算機関「網聯」が設立され，2018年以降，本格稼働を開始する。網聯は，第三者決済事業者と金融機関の間に入り，個別取引を仲介する目的で設立されたもので，第三者決済事業者と金融機関は個別に提携する必要はなくなり「網聯」に接続すれば決済等ができるようになったが，Alibaba等電子商取引プラットフォーマーが顧客・取引情報を独占することはできなくなった。

26　オンライン決済以外にも，Alipayのユーザ同士であれば無料で送金できるため，Alipayは個人間の送金サービスとして頻繁に使われている。身近な所では，友人同士で外食した際，一人が店でまとめて払い，他の者は支払者にAlipayで自己負担額を送金したりしている。

スを築くことに成功しました。

（3）恒久的施設の存在を前提とする租税制度と国境なきインターネット取引の矛盾

第５章第３節では，グローバル・メガ企業の国際移転価格税制を利用した国際租税回避の話を取り上げましたが，2021年にBEPSで最終合意された国際課税ルールは国際移転価格税制だけではなく，むしろデジタル課税の問題を取り扱うものでした。

これまで国家は自国内に恒久的施設の存在する企業に対して収益等に課税してきましたが，国境のないインターネット空間においては，インターネット・プラットフォーマーは第三国に恒久的施設を保有していなくても，第三国の顧客に対してサービス提供して収益を上げることができます。この場合，第三国の政府は，インターネット・プラットフォーマーが自国でビジネスを行って収益を上げていても，恒久的な施設がないため課税できませんが，はたしてこれは正しいのか。これがデジタル課税の問題です。

①　従来のインターネット取引に係る課税上の問題点

国際電子商取引では，日本の消費者が米国Amazonの電子商取引プラットフォームにアクセスして商品を購入した場合，日本の消費者は米国Amazonに対してクレジット・カード等で支払いを行い，それを受けてAmazonは商品を米国から日本に向けてシッピングします。日本に商品が到着し，消費者が商品を受け取った場合，消費税の取扱いはどうなるのでしょうか。また，日本の消費者はクレジット・カードで対価を米国Amazonに支払っていますが，Amazonは日本消費者が日本国内から発注した電子商取引で得た収益に対して法人税等は課せられないのでしょうか。

自国で利益が発生した場合，外国企業であれ国内企業であれ，当該国には課税権が認められます。伝統的に，自国で利益が発生したか否かは「恒久的施設」（PE：Permanent Establishment）が存在するかにより決定されます。恒久的施設[27]とは「非居住者等の国内にある事業の管理を行う場所，支店，事務所，工場，

27　所得税法・法人税法等は恒久的施設について「非居住者等の国内にある事業の管理を行う場所，支店，事務所，工場，作業場もしくは鉱山その他の天然資源を採取する場所またはその他事業を行う一定の場所」「非居住者等の国内にある建設，据付けの工事またはこれらの指揮監督の役務の提供で１年を超えて行う場所」「非居住者等が国内に置く代理人等で，その事業に関し，反復して契約を締結する権限を有し，または契約締結のために反復して主要な役割を果たす者等の一定の者」と定めている。

作業場」など経済活動に必要な物理的な拠点を指し，恒久的施設があれば外国企業の利益に課税でき，恒久的施設がなければ課税できないとされてきました。そして，国内に恒久的施設を有するか否かを判定する場合，形式的・機械的に行うのではなく，施設の機能的な側面を重視して判定するとされ，例えば，事業活動の拠点となっているホテルの一室は恒久的施設に該当するが，単なる製品の貯蔵庫は恒久的施設に該当しないとされました。

ここで，インターネット・プラットフォーマーに独特な問題が生じてきます。インターネット・プラットフォーマーであると，外国に恒久的施設を置かずにサービス提供できるため，GAFAなどグローバル・プラットフォーマーが世界中で活動して得た利益に対して課税できるのは米国本国だけとなり，米国以外の恒久的施設が存在しない国は全く課税できません。Amazonは日本で完全子会社のAmazonジャパンが日本人を顧客として電子商取引ビジネスを展開してきましたが，日本法人は「倉庫」機能を有さず恒久的施設には該当しないとして，法人税等の負担を拒絶してきました[28]。

この問題はグローバル市場で稼ぐグローバル・メガ企業に対して適切な租税負担をさせる点もさることながら，インターネット・プラットフォーマーの租税負担に対する非協力的な態度に不満を抱いた各国政府がバラバラにデジタル・サービス税を導入する動きが見られたため，無秩序な課税措置の導入が国際電子商取引を始めインターネット・プラットフォーム・ビジネスの健全な発展を阻害しないかが懸念されるに至ります。

②　デジタル課税に関する国際合意

2013年にOECDが立ち上げたBEPSはこのデジタル課税の問題も取り扱い，多国籍企業が事業活動で利益を生み出す場所で一定の課税権を確保するとともに，インターネット・プラットフォーマーがグローバル市場において健全な事業展開と企業成長していける環境をいかに確保するかが議論されました。

2021年10月の最終合意では，伝統的な恒久的施設の有無と国際移転価格税制の

28　確かに，「非居住者等に属する物品もしくは商品又はそれらの在庫の保管，展示又は引渡しのためのみに使用または保有する施設等」については，それが非居住者等の事業の遂行上準備的又は補助的な性格のものである場合は恒久的施設には該当しないが，2009年に東京国税局はAmazonの物流会社を調査。東京国税庁は単なる倉庫以上の業務が行われていると認定し，恒久的施設として法人課税処分を行う。しかしながら，Amazonは東京国税庁の処分に納得せず，米国政府に対して日米租税協定に基づく交渉を要請。それを受けて，日米政府間で協議を行った結果，Amazonが「仮に恒久的施設であるとしてもAmazonジャパンは米国Amazon本社に多額のライセンス料を支払っているため利益はほとんどない」と主張したことが通り，Amazonは日本でほとんど法人税を納税しない形で決着している。

原則とは独立した形で，「世界全体の売上が200億ユーロ超，かつ，利益率が10%超の多国籍企業」を課税対象として[29]，売上の10%を超える超過利益の25%を，ネクサス（課税根拠）[30]を有する市場国に売上等に応じて配分するとされ，グローバル・メガ企業に対する課税権の一部を，企業の本社が存在する国から，恒久的施設の有無に関係なく事業活動により利益を得ている国・地域に移転することとしました[31]。このルールにより，毎年1,250億ドルを超える利益への課税権が市場国に再配分されることが見込まれています[32]。

第３節　多様なデジタル貿易の成長

デジタル貿易のうち，21世紀以降目覚ましい成長を遂げた国際電子商取引を第２節で取り扱いました。国際電子商取引は契約・決済をインターネット空間で処理する一方でリアルの世界におけるモノの越境移動を伴うもので，インターネット空間とリアル空間のハイブリッド形態のデジタル貿易となります。モノ貿易の側から見れば，契約・決済をインターネット空間で処理したに過ぎず，モノ貿易の一形態であるという見方もできなくないかもしれません。第３節では，国際電子商取引以外のデジタル貿易について，順次，紹介します。越境サービス取引は，国際電子商取引と同様に，リアル空間とインターネット空間のハイブリッド形態のデジタル貿易ですが，越境データ取引及びオンライン・サービスはインターネットに完結したデジタル貿易となります。

29　売上閾値は条約発効７年後にレビューを行い，円滑な制度の実施を条件として，100億ユーロに引き下げることが合意された。

30　ネクサス（課税根拠）として，「市場国での100万ユーロ以上の売上」が原則合意され，ただし，GDPが400億ユーロ未満の国については25万ユーロ以上が課税根拠とされた。

31　例えば，世界売上高1,000億ユーロ，費用700億ユーロ，利益300億ユーロのグローバル企業の場合（利益率は30%），売上の10%を超える超過利益は200億ユーロ（利益300億ユーロ－売上高1,000億ユーロ×10%）。この超過利益200億ユーロのうち50億ユーロ（200億ユーロ×25%）が，この多国籍企業が収益を獲得した市場国に再分配され，各国の内国法で課税されることとなる。

32　2021年10月の合意では，2022年内に多国間条約を取りまとめて各国が署名し2023年発効を目指していたが，その予定が後倒しされて2024年央に多国間条約を取りまとめて各国が署名，2025年発効が目指されている。これが多国間条約の発効の遅延で済まず，デジタル課税に関する合意が成立しない事態となった場合，デジタル課税合意では，各国のデジタル・サービス税の廃止が約束されていたところ，デジタル・サービス税は廃止されるどころか，ますます多くの国で導入されることが予想される。米国はかねてより欧州のデジタル・サービス税導入の動きに強く反発しており，報復関税の発動の可能性にも言及してきたが，2024年の米国大統領選挙の結果によっては報復関税による対抗措置に積極的な政権が誕生する可能性もあることから，デジタル貿易の健全な発展に危険信号が灯りかねない。

第1項　越境サービス取引

越境サービス取引は契約・決済がインターネットを介して行われますが，サービスの提供はリアル空間で行われるデジタル貿易です。従前より電話・FAX等により鉄道・航空機・タクシー等の予約やホテルの手配を海外より行ってきましたが，インターネット時代に入り，まず，予約・決済が電話・FAXに代わりインターネットを介して行われるようになり，次いで，Uberのライド・シェアリングやAirbnbの民泊サービスのように，海外旅行・出張等を企画した者が事前にUber，Airbnbのプラットフォームにアクセスし，海外滞在中の移動手段を確保したり，宿泊先を予約したりするプラットフォーム型越境サービス取引が登場しました。

図表8-17　越境サービス取引の例

手段			何を	誰が	概要
電子的に注文	プラットフォーム化	電子的に配達			
○	×	×	サービス	B2B	A国にある企業がサプライヤから直接オンラインでサービスを購入するが，サービスが物理的に提供される（例えば，移動手段のサービスなど）。
○	×	×	サービス	B2C	A国にいる消費者がB国にあるサプライヤから直接サービスを購入し，サービスが物理的に提供される（例えば，ホテルに直接予約を取る場合）。
○	○	×	サービス	B2B	A国にある企業がオンラインのプラットフォームを経由してB国にあるサプライヤからサービスを購入する。サービスはその後物理的に提供される（例えば，標準的なメンテナンスや修理サービスなど）。
○	○	×	サービス	B2C	A国にいる消費者がオンラインのプラットフォームを経由してB国にあるサプライヤからサービスを購入する。サービスはその後物理的に提供される（例えば，Uberのようなライドシェアリングサービスなど）。
○	○	×	サービス	C2C	A国にいる消費者がA国やB国又はその他の国にあるオンラインのプラットフォームを経由してB国にいる別の消費者からサービスを購入する。サービスは物理的に提供される（例えば，民泊（AirBnB）など）。

（出所）経済産業省「通商白書2018年版」を筆者修正

（1）Uberの配車サービス

Uberは2010年創業のタクシー，ハイヤーの配車アプリであり，GPS機能により，ユーザの現在地等に近い位置に居るタクシー等を地図上で探しマッチングしてくれるので，ユーザは自分の好みの車を予約したら，正確な時間と場所に車が迎えに来るサービスです。通常のタクシーは，営業許可を受けたタクシー会社（個人タクシーを含む）が許認可を受けた台数のタクシーを一定地域で巡回させるものであり，タクシーの運賃は高く，エリア・天候等によりタクシーが余ったり不足したりする需給のミスマッチが絶えず発生します。これに対して，Uberはプラットフォームを通じユーザと運転手をマッチングし需給のミスマッチを解消するだけでなく，移動ルートの共通・重複する複数乗客のライドシェア，一般ドライバーの運転手化により，更なる需給のミスマッチ解消と運賃引下げを達成しようとしています。

システム上，ユーザと運転手は事前にUberに登録手続を行い，個人情報・決済関連情報等の登録を行った上でサービスに参加しますが，運賃の支払は事前に登録したユーザのクレジット・カードで行うため，降車時の現金支払に手間取ることがなく，また，Uberが運転手とユーザの支払を仲介することで，Amazon等の電子商取引スキームと同様，トラブル発生時の両者に対するプラットフォーマーのコントロールを確保しています（Uberは運賃の20％を仲介料として差し引いた額を運転手に支払い）。ただし，正規のタクシー会社と異なり行政当局の許認可権に基づく監督が期待できず，（ユーザが最も危惧する）運転手のサービスの品質の保証がないため，Uberはユーザが乗車後にドライバーの運転・サービスを評価するシステムを採用。一方，運転手もタクシー会社等による保護を期待できないため，Uberに登録する運転手が格付けした顧客情報を事前に見た上で，乗客をピックアップするかを決められるシステムとしています。

デジタル貿易の観点では，Uberには「事前配車リクエスト」という機能が搭載されており，海外への出発予定日の30日前から出発予定時刻の30分前まで予約可能となっています。予約方法はシンプルであり，Uberのアプリを開いて「行き先」ボックスにあるカレンダー・アイコンをタップ，配車予定日・時刻を設定して乗車位置と降車場所を指定した上で，サービス（uberX，UberBLACK等）を選んで「スケジュール」をタップすれば，迎車の24時間前及び30分前に２回通知が届くサービスです。

（２）Airbnbの民泊仲介サービス

Airbnbは2008年創業のバケーション・レンタル（個人や企業の所有する別荘やリゾート・マンションなどに，所有者が使わない期間を利用して，一般客が滞在できる宿泊スタイル）のオンライン・マーケットプレイス企業であり，世界中に空き部屋などを持つ宿泊場所の提供者（ホスト）と宿泊場所を探している旅行者（ゲスト）をつなぐプラットフォーマーです。

現在，世界各地では，都市部での地価上昇や不動産不足が生じており，それに伴いホテル料金が高騰していますが，海外旅行者の間では旅行会社のパック旅行ではなく個人手配を好む動きがあるため，低廉な宿泊場所や個人の嗜好に応じた多様な宿へのニーズが高まっています。一方，ホストも，個別化し細分化していく宿泊ニーズに対応して，自らの宿泊リソースとのマッチングと売込みのできる「場」が必要となっています（特に，遊休化している「空き家」「空き室」の有効活用の機会を求めています）。

Airbnbのバケーション・レンタル・プラットフォームはゲストとホストのニーズのマッチングを図るものであり，ホストは，空き部屋や空き家をAirbnbに登録し，ゲストに貸し出すことができ，ゲストは一般的なホテルよりも割安で宿泊することができるとともに，画一的なサービスではなく，朝食付き，ホストのもてなし付きなど，現地の暮しをより体感できるなどのメリットがあります。Airbnbはホストとゲスト間でサービスの提供と決済が行われた時点で手数料を受け取るシステムとなっています（手数料はホストから３%，ゲストから部屋の料金に応じて６～12%を徴収）。

ただし，個人間のサービスの提供・利用が中心であるため，サービスの品質にバラつきがあり，宿泊施設の中には衛生・安全面の問題が指摘されたり，ゲストの側でも，宿泊施設の備品の破壊や騒音などの問題を惹き起こす厄介者も存在したりすることから，Airbnbはホストとゲストとの相互レビュー，写真入り身分証明書などから本人確認を行うID認証，利用者に起因する損害を補償するホスト保証制度を導入していますが，サービスの急拡大により対策が問題に追い着いていません。

デジタル貿易の観点からは，Airbnbは元々グローバル・ツーリズムの成長を背景として誕生したプラットフォームであり，海外旅行の個人手配をサポートするツールとしての役割が大きく，その意味で越境サービス取引の原動力の１つと評価できます。

第２項　越境データ取引

越境データ取引は21世紀のデジタル貿易で最も注目されている形態です。これまでは越境の流通と言えばヒト・モノ・カネが中心でしたが，現在は情報，検索，通信，取引，映像，企業間データなどデータ流通が注目を浴びています。以下，BtoCサービス，BtoBサービスの順で越境データ取引について紹介します。

図表８-18　越境データ取引

手段			何を	誰が	概要
電子的に注文	プラットフォーム化	電子的に配達			
○	×	○	サービス	B2B	Ａ国にある企業がサプライヤからサービスをオンラインで購入する。その後サービスは電子的に提供される（例えば，標準的なメンテナンスや修理サービスなど）。
○	×	○	サービス	B2C	Ａ国にある企業がＢ国のサプライヤから直接オンラインでサービスを購入する。その後，サービスは電子的に提供される（例えば，保険証券など）。
○	○	○	サービス	B2B	Ａ国にある企業がＡ国やＢ国又はその他の国にあるオンラインのプラットフォームを経由してＢ国にあるサプライヤのサービスを購入する。サービスは電子的に提供される（例えば，企業がグラフィックデザイナーのプラットフォーム経由でロゴデザインを注文する場合）。
○	○	○	サービス	B2C	Ａ国にいる消費者が，Ａ国やＢ国又はその他の国にあるオンラインのプラットフォームを経由してＢ国にあるサプライヤからサービスを購入する。サービスは電子的に提供される（例えば，音楽配信サービスなど）。
×	×	○	サービス	B2B	Ａ国にある企業がＢ国のサプライヤにオフラインでサービスを注文し，サービスはその後電子的に提供される（例えば，オーダーメイドのコンサルティングサービス，BPO（ビジネス・プロセス・アウトソーシング）サービスなど）。
×	×	○	サービス	B2C	Ａ国にいる消費者がＢ国のサプライヤからオフラインでサービスを購入するが，サービスは電子的に提供される（例えば，オンライン講義形式の教育サービスなど）。

（出所）経済産業省「通商白書2018年版」を筆者修正

（１）音楽配信サービス

音楽配信サービスについては，今更説明するまでもないほど巷間に溢れていますので，ここではAppleのビジネス・モデルを紹介することとします。

Appleはインターネット・プラットフォーマーとしてGAFAと一括りにされていますが，元々はPCを世界で初めて商業ベースで販売することに成功したメーカーであり，主力製品はMacintoshでした。しかしながら，1980年代以降，IBMがAppleからPC市場のシェアを奪うために，第三企業に対しても，自社開発のPCの回路図やBIOSのソース・コード等の技術情報及び仕様を公開し，OS，CPU等もMicrosoft，Intelから調達可能とするオープン路線を取った結果，IBM互換機が世界PC市場で９割超のシェアを占めるに至り，1990年代末，Appleは

（IBMではなく）IBM互換機との競争に敗退し，経営破綻寸前に陥ります。

1997年，Appleの経営に復帰したジョブズはPCビジネスをリストラで立ち直らせると，新商品として，本体に搭載された記憶装置に数百から数万曲の音楽を保存できる携帯型デジタル音楽プレーヤーのiPodを製品化します。当時，インターネットには音楽配信サイトはなく，世界中の音楽愛好家が好事家同士で自分の所有する音楽データを交換することが広く行われていました（著作権侵害のケースが多かった模様）。

2001年１月，Appleは音楽データをPC上で管理するソフト「iTunes」の無料配布を開始。当時，MP３ファイル[33]が再生できるソフトが有料である中，iTunesは①有料ソフトにひけをとらない高機能での再生，②Apple流のシンプルで分かりやすいインターフェイスを備えており，瞬く間に世界中に広まりますが，その上で，Appleは同年11月にiPodの発売に踏み切ります。“1000 songs in your pocket”をスローガンに，「自分の全ての音楽コレクションを持ち運び，どこでも聞くことができる」と価値提案します。日本では47,800円と高価格にも関わらず，「ハイエンドの音楽ファン」を中心に大ヒットし，発売当初Macのみ対応していたiPodが2002年にWindows対応にもなるや，またたく間に世界中に普及します。

当時，音楽業界は苦境にありました。Napster等の音楽交換ソフトにより，音楽愛好家同士がネット上で楽曲を交換する結果，CD売上が急落し1998～2002年には半減（全米レコード産業協会調べ）。音楽会社は著作権法によりネット上での楽曲交換と共有を食い止めようとしますが，新たな音楽交換ソフトの出現やユーザの著作権法違反を承知での利用を根絶できず，インターネット時代に対応したビジネス・モデルが必要となっていました。そこで，Appleは音楽愛好家がインターネットから正規ルートで楽曲を購入できる仕掛けを構築しようと考え，iTunesストアを立ち上げます。

iTunesストアはiPodのサービスの１つという位置付けだったのですが，主客は逆転しiPodがiTunesストアを利用するためのデバイスという位置付けに変わってしまいます。Appleは世界的な音楽レーベル５社の参加を得て，iTunesストアで楽曲を一曲99セントでダウンロード販売することとし，著作権法違反を犯さず正規に楽曲データを購入したい者はクレジット・カード等で対価を支払えば楽曲をダウンロードでき，自己の所有するiPodにのみ保存できる仕掛けを構築し

33　MP3（MPEG-1 Audio Layer-3）は音響データの圧縮技術の１つであり，同技術で制作される音声ファイル・フォーマットの呼び名であるが，インターネット上で効果される音楽データはMP3によるものだった。

ます。音楽レーベルとすれば，CDは１枚１枚が10～15ドルの売上となったのに対し，１曲99セントですので単価は低いものの，違法ダウンロードによりCDそのものの売行きが壊滅的に減っていたことから，2003年４月にスタートしたiTunesストアはインターネット時代に対応した新たな音楽ビジネスの形となりました[34]。

Appleは元々メーカーでしたが，iTunesストアで音楽愛好家（楽曲データ購入者）と音楽レーベル（楽曲データ販売者）を仲介するプラットフォーマーとなると，爾後，ビジネスの軸足をモノからプラットフォームに動かします。iPodに続く画期的な製品であったiPhone，iPadにおいても，Appleはデバイスを開発供給するメーカーであるだけに止まらず，アプリケーションの販売プラットフォームであるApp Storeを運営するプラットフォーマーとしての役割にビジネスの軸足を置いています。デジタル貿易の観点では，iTunesもApp Storeもインターネットの無国境性に対応して，世界中の誰もがグローバルにアクセス可能であり，越境データ取引がなされています。

（2）動画配信サービス

AppleはiTunesストアで音楽からスタートし，ダウンロード型からオンデマンド型ストリーミングにもサービスを拡大し，取扱品も音楽に限らずビデオやオーディオブックなど幅広く販売するようになりました。音楽配信サービスと同様に，動画配信サービスは今や何を選択したらよいか判断に困るほど多数のプラットフォームが乱立していますが，ここでは動画配信サービスとして著名なNetflixを紹介します。

Netflixには，現在の動画配信サービスに転ずる前の時代があり，1997年創業時，Netflixはオンラインでの DVDレンタル事業者でした。従来，利用者は店舗に来店してDVDを探さなければならず，お目当てのDVDがなければ来店した時間がムダとなっていましたが，Netflixは店舗を持たず，利用者がインターネットでDVDを探してレンタルを申し込めば，巨大倉庫よりDVDをピックアップして郵送等で貸し出すシステムを導入します。DVDの在庫はサイトで確認できるため，

34　現在，音楽配信サイトでは，楽曲を一曲一曲ダウンロードする代わりに，データを受信しながら同時に随時再生していく「ストリーミング」が一般的になっている。ストリーミングには，オンデマンド型とライブ型の２種類があり，オンデマンド型は，予めファイルを圧縮技術で圧縮した上で配信用サーバにアップロードしておき，ユーザがWebサイトや配信プラットフォームを通してアクセスして，動画や音楽を再生して試聴する配信方式。ライブ型は，同一コンテンツが同一時間に配信される放送型の配信方式であり，インターネット上のコンテンツを順次ストリーミング配信用のデータに変換し，リアルタイムに配信するもの（オンライン上での展示会や販促イベント，視聴者参加型のセミナーに適する）。

店まで足を運ぶ必要もなく，返却についても郵送等により返せば足りるため，利用者は実店舗に足を運ぶ必要もなくなりました。

また，Netflixはオンラインでの DVDレンタル事業者時代にいち早くサブスクリプションに取り組みます。当時，ビデオレンタル業界は利用者の返却期日超過に対する延滞金も収益源としていましたが，Netflixは1998年に月額20ドルで月６本までビデオを借りられるサービスをスタート。これは単に月６本借りられるというのではなく，利用者のオンライン予約リストと連動して，予約リストに登録されたタイトルが毎月６本を上限としてユーザへ送られ，返却すれば次のタイトルが送られる仕掛けとなっていました。つまり利用者がビデオを返却し忘れたとしても，借用数が６本の範囲であれば遅延金は課されず，Netflixは絶えず利用者に６本のビデオをレンタルしつつ，利用者の好みのビデオを次々と提供しました。

このように，NetflixはDVDレンタル事業者時代から革新的な企業でしたが，2000年代に電子商取引が急速な成長を遂げる中，リアルの世界におけるDVDレンタル事業に限界を感じ，次世代の成長ドライブとして動画配信に着眼。2007年１月，自社のコア事業をDVDレンタルからオンデマンド方式によるストリーミング配信にシフトします。動画配信ビジネスに参入したのはNetflixだけではないので，Netflixが熾烈な競争の中で，競争優位を構築できた背景には，独自の経営戦略と差別化戦略がありました。

第一に，NetflixはDVDレンタル事業時代に，インターネットでのレンタル予約とDVDの顧客郵送と自社返却システム，サブスクリプション制など利用者が気楽にサービスを受けられるシステムの開発に取り組んできました。動画配信ビジネスにおいても，Netflixは加入後のキャンセルを簡単にすることで，会員登録に対する顧客の心理的ハードルを下げて大量の顧客獲得に成功。DVDレンタルで実証済みのサブスクリプション制を導入して，月額固定料金で無制限にコンテンツを視聴できることを魅力として，安定した顧客基盤を築くことに成功します。Netflixは利用者のコンテンツ視聴中には広告を挿入せず，顧客が広告により感興を殺がれることなく視聴体験できるよう配慮するなど，顧客の満足度の向上に努めます[35]。

第二に，DVDレンタル事業時代より，多様なコンテンツ・ライブラリがビジネスの成否を決定することを認識してきたNetflixは，映画会社，テレビ局等と

35　Netflixは2008～2010年，ゲーム・メーカー，家電メーカー，情報端末メーカー等と提携し，ゲーム機（Xbox 360，PlayStation 3，Wii），ブルーレイ・ディスク・プレーヤー，インターネット接続テレビ，iPhone・iPad等のApple製品，その他デバイスでの配信を可能として顧客層の拡大を図った。

提携し，幅広いジャンルの映画，ドキュメンタリー，テレビ・シリーズ，アニメなど豊富なコンテンツを確保するとともに，自らオリジナル・コンテンツの制作に乗り出して動画配信サービス他社との差別化を図っています[36]。また，コンテンツの多様化と拡充に合わせて，顧客が豊富なコンテンツから何を視聴したらよいか困らないように，ユーザの視聴履歴や嗜好に基づいてお勧めのコンテンツを提示するシステムを開発し動画配信サイトに実装しており，顧客が最適化された視聴体験をできる工夫をしています。

第三に，インターネットは無国境性がビジネス上の魅力の1つであり，グローバル市場は中国等新興国市場の成長など動画配信ビジネスの巨大なチャンスを生みつつあることを踏まえ，Netflixは世界最大の動画配信サービス市場の米国だけに注力せず，動画配信サービスのグローバル展開に取り組み，グローバル・ブランドとしての地位確立を目指しました。グローバル展開では米国本国での経験がベースとはなっていますが，各国の言語や文化に合わせたコンテンツの提供を重視し，各国の制作者と連携して多様なコンテンツを配信し（日本のアニメや韓国ドラマ等），世界の様々な文化圏の顧客にアピールしようとしています。

図表 8-19　Netflixの会員数の推移

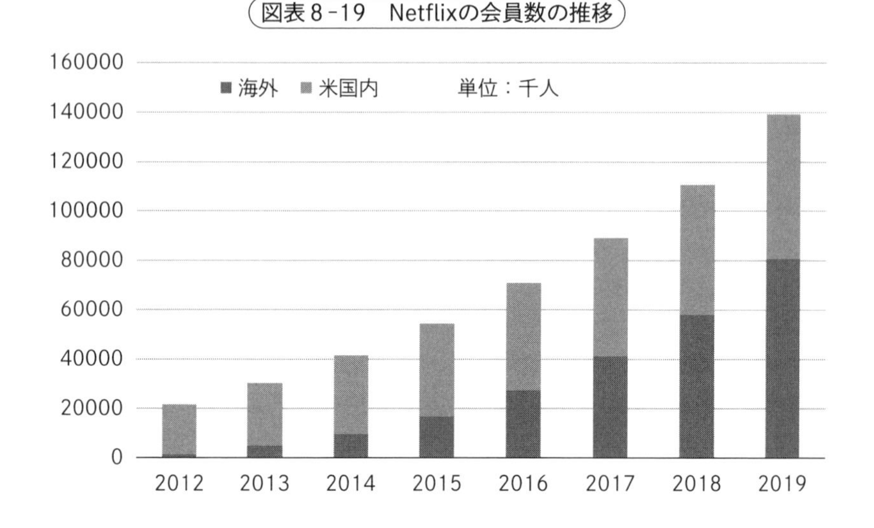

36　Netflixは他社の映画やドラマ配信するストリーミング市場を開拓したが，Hulu，Amazon Prime，Disney+などがそこに市場参入してくる。新規参入者の多くは豊富なコンテンツを所有する映画・テレビ制作会社であり，映像作品のカタログや制作力を強みとしており，Netflixはこれらの古豪に対抗するため，2013年にオリジナル作品（Netflix Originals）の制作を開始し，自社プラットフォームだけでしか見られないコンテンツを制作提供し，顧客の退会防止と新規登録者の獲得を図っている。

（出所）Netflix「アニュアル・レポート」各年に基づき筆者作成

以上のように，Netflixは差別化戦略と戦略的なグローバル展開を通じて，動画配信業界での独自のポジションを確立し競争優位を築いており，デジタル貿易中，動画配信サービスでグローバル・ブランド構築として認知されています。

（３）設計・デザインのアウトソース

越境データ取引では，BtoBの分野で，製造企業等による設計・開発の外注や，ソフトウェア会社によるソフトウェア開発の一部外注が1990年代後半から行われてきましたが，2000年以降，光ファイバー活用により高速大容量通信が可能になると，インターネットを介して設計・デザイン情報をグローバル拠点間でシェアし，複数拠点が共同で設計・デザインに当たることも可能となりました。

日本メーカーでは，1990年代央以降，生産体制が国内集約生産からグローバル生産に転換すると，開発・設計もグローバル拠点間で分業が必要となり，総合電機・自動車メーカー等では，国内開発拠点と海外開発拠点がインターネットを介して共同開発を行う試みが2000年頃からスタートします。ここから一足飛びに設計・デザインの海外アウトソースにつながるわけではなく，日本メーカーの場合，国内拠点と海外拠点の開発・設計の分業システムが確立して，国内拠点が設計・開発の何を，どのようにアウトソースできるかが明確になってから，設計・デザインの海外開発者へのアウトソースが可能となりました。

例えば，富士通子会社の事例ですが，富士通テンでは，設計・開発の効率化のために，設計拠点として海外現地法人を設立し，神戸本社の設計部門と設計拠点が一体となって設計業務を進めるグローバル設計システムを長期間かけて構築してきました。2000年代までは海外設計拠点に十分な設計・開発能力がなかったため，神戸本社と海外設計拠点が同一製品の設計部位を分担する共同設計でしたが，海外設計拠点の設計・開発能力の向上とともに，神戸本社と海外設計拠点が製品種別や個々の機種毎に設計・開発を分担するようになり（先端商品は神戸本社，標準品等は海外設計拠点），海外設計拠点の技術的向上により，先端商品も含めて，同一製品の設計を構成するユニットや部品単位で分担，さらには，同一製品・部品の設計を設計拠点間の時差を活用して時間で分担する「24時間設計」を実現しています。

グローバル設計環境の課題として，富士通テンはネットワーク環境，共通環境の維持，設計途中情報の共有，遠隔地コミュニケーション，コンプライアンス遵守，セキュリティ等があるとしていますが，2000年代後半，通信システムの４G

以降によりインターネット通信の高速大容量化が進む中で，遠隔コラボレーション・システム等設計開発環境を整え問題をクリアします。かかる動きは富士通だけでなく，我が国の総合電機，自動車などグローバル製造企業に共通のものであり，2000年代末以降，彼等は生産体制のグローバル化に対応して設計・開発体制もグローバル化しました。そして，一部の先鋭的なメーカーは企業内の分業経験をベースとして，外部のエンジニアリング・サービス・プロバイダに対して設計・デザインのアウトソースも始めます。

図表8-20　グローバル設計・開発の整備

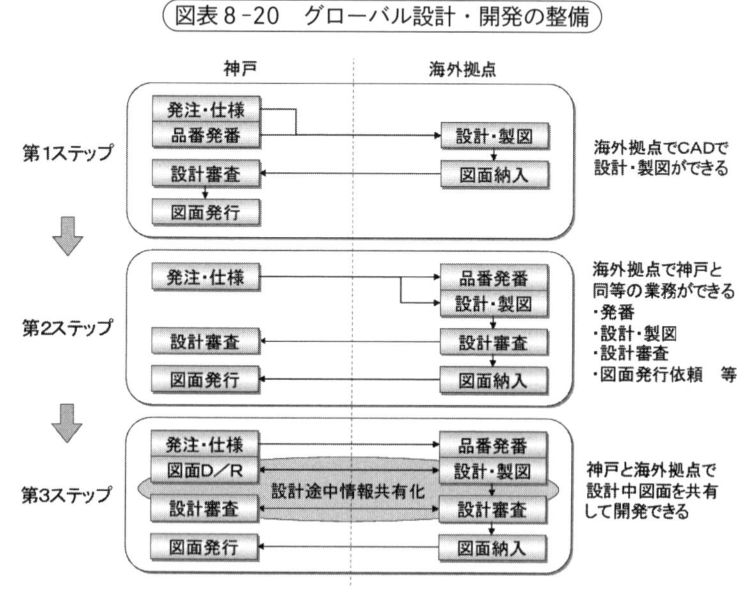

（出所）紀野（2007）

エンジニアリング・サービス・プロバイダとして，自動車部門では，内燃機関と車両技術の開発を専門とする独FEV（Forschungsgesellschaft für Energietechnik und Verbrennungsmotoren）が著名ですが，FEVは日本メーカーだけでなく世界の有名自動車メーカーを顧客として，自動車のエンジン及びパワートレイン[37]をスクラッチ開発（既存製品の改良ではなくゼロ・ベースでの開発）から生産開

37　エンジンが生み出した回転エネルギーを駆動輪へ伝達する装置類の総称であり，エンジン，トランスミッション，クラッチ，プロペラ・シャフト，ディファレンシャル・ギア，ドライブ・シャフトなどの動力伝達装置全体を言う。

始まで一貫して設計するサービスを提供しており，独アーヘン本社等とグローバルに分散する自動車メーカー各社の研究開発拠点とインターネット等を介しつつ，共同でエンジン及びパワートレインの設計・デザインを行っています。

また，自動車部門では，同じくドイツのエンジニアリング・サービス・プロバイダですが，ベルリンのIAVはパワートレインのスクラッチ開発から生産開始まで一貫設計するサービスをFEVと同じく提供しています。同社はEV関連パワートレイン開発，燃料電池・水素エンジンなど水素ベースのエンジン開発，自動運転に係るセンサ・機能・制御開発など将来技術に注力した分野での共同開発パートナーを目指しており，世界各地の自動車メーカーの研究開発部門とインターネット等を介しつつ，EV関連パワートレイン等を共同で設計・開発しています。

設計・開発のアウトソース（それに伴うBtoBデータ越境取引）は，メーカーが生産体制のグローバル化に伴い設計・開発のグローバル化を進めざるを得なくなった事情（多国籍製造企業の国際組織マネジメントの問題）によるとともに，2000年以降中国等の台頭により製造部門でのグローバル競争が激化した事情（例えば自動車の開発期間が1990年代の５年から２年に短縮）による部分も大きく，グローバル製造企業は新製品開発期間の短縮化の手段として設計・デザインの海外アウトソースを採用しています。

（4）BPOサービス

BPO（Business Process Outsourcing）は，企業の業務プロセスの一部を一括して専門業者に外部委託することであり，自社よりも優れた専門性を有する外部企業に業務委託することで，企業は，経営資源のコア業務に集中し，コスト削減や固定費の変動費化ができるとされます。BPOは安価な労働力の確保できるオフショア（海外）へのアウトソースが一般であり，業務領域としては人事・総務・経理・情報システムなどの間接業務や物流業務があります。日本企業では，国内業務プロセスを外注化することは稀ですが，海外展開する現地法人の税務・経理をBPOすることがあります。

企業が海外事業展開する場合，現地で法人税等の税務申告や決算書等の作成が必要であり，現地の会計基準や税法に精通した経理スタッフが不可欠です。法改正が多く制度の複雑化が進む中，会計・税務の専門知識と実務経験をバランスよく兼ね備え，日本本社ともスムーズに連携が取れる現地スタッフの継続雇用は容易ではありません。

海外進出する国内企業にとって，海外での事業展開が軌道に乗るまでの間，経理業務を現地支社で行うことは煩雑さとリスクが伴うため，日系企業特有の経理業務に詳しいサービス・プロバイダにアウトソースすることが考えられます。外注先のサービス・プロバイダは日系現地子会社から会計・経理資料（データ）の提供を受けて，米国等現地の税法・会計基準に即した総勘定元帳・決算書・税務申告書を作成し，現地子会社担当に報告するとともに，本国本社に現地子会社に係る総勘定元帳・決算書・税務報告書等を送信・報告。本国の指示に従ってデータを修正して決算書として対外公表し，現地税務当局に納税手続を行います。ここでは，サービス・プロバイダと本国本社との間でデータの越境取引があり，サービス・プロバイダが日系現地法人と同一国に所在していない場合は両者間のデータ送受信も越境データ取引となります。

なお，サービス・プロバイダへの間接業務委託では，業務プロセス全体ではなく，一部業務を切り出してアウトソースすることも行われます。上記事例に即すと，特定海外拠点が近隣国に展開する複数支社分をまとめて会計帳簿を作成したり，経理機能を果たしていたりする場合があり（シェアード・サービス），シェアード・サービス会社がサービス・プロバイダに対して，各国の税法・会計基準に対応した法人税申告書及び計算書類作成を委託することも行われています。両者は多くの場合，同一の国・地域に立地していないため，両者の間で越境データ取引が行われることとなります。

第3項　オンライン・サービス

（1）オンライン・サービスの定義

越境データ取引は，インターネットでクライアントとサービス・プロバイダの間でデータが遣り取りされ，サービス・プロバイダが発注に従いデータ加工し，インターネットを介して「納品」するものでした。モノではありませんが，データが国・地域を異にする供給者と需要者の間で越境取引されますので，「貿易」というと「モノの国境を越える移転」を考える向きにも「貿易」としてカテゴライズできるでしょう。

ただし，デジタル貿易には，本章第1節で示したように「インターネット上でインターネット完結のサービスが提供されるもの」もあります。ここでは，国際電子商取引のようにモノが越境移転するわけでも，越境データ取引のようにデータが国境を越えて送信されるわけでもなく，インターネット空間においてユーザがサービス提供者のサーバにアクセスして情報処理を行うことでサービスが完結しており，「貿易」というと連想する（越境）「移転」という概念が成り立ちません。

（２）SNS

オンライン・サービスにはSNS，クラウド，オンライン会議等があります。SNSについては，改めて説明するまでもないのかもしれませんが，“Social Networking Service”の略であり，登録した利用者同士が交流できるWebサイトの会員制サービスです。利用者はSNS事業者の用意したサーバにアクセスして，自分のホームページを開設し，そこに個人のプロフィールや写真を掲載して「交流」の場に参加しますと，公開する範囲を制限できる日記機能，Webメールと同じメッセージ機能やチャット機能，特定の仲間の間で情報・ファイル交換できるグループ機能を活用できます。

まず，SNSの代表格であるFacebookについてですが，Facebookは2004年にハーバード大学で学生だったザッカーバーグ（Mark Zuckerberg）により運営がスタートした世界最大の実名登録制SNSであり，基本的に実名登録を原則として，リアルの人的つながりをインターネット上でも再現し，友人とインターネット上で交流することを念頭に置いて開発されています。このため，友達の友達のつながりで「輪」が拡がるものの，全く知らない人と突然つながることはあまりありません。実名に加えてプロフィールを公開しますので（公開範囲の制限は可能），過去のコンタクト先も分からなくなった知人・友人も含めてコミュニケーションを取りやすいメリットがあります。登録者は日々の出来事や所感を公開し，それに対して「友人」から「いいね！」やコメントをもらう形でコミュニケーションを行ったり，個別にメッセージを送ったりできます。個人が日記のように使うことが多いものの，イベントの参加やアンケートを取ることもできるため，企業による活用も早い時期から行われてきました。

次に，2022年にイーロン・マスクによる買収後に社名変更されたX（旧Twitter）はポスト（ツイート，つぶやき）と呼ばれる140文字以内の短い文章を投稿するSNSで（画像・動画の添付も可能），特定の登録者のポスト（ツイート）を見たい場合は，その登録者をフォロー指定するとフォロー指定した者のツイートが届くようになっており，気に入った投稿については「いいね」を付けて共感・評価することができます。また，他人のポスト（ツイート）をコピー・転載できるリポスト（リツイート）機能があり，広範な登録者に対してポスト（ツイート）を拡散できるようになっており，短文のため気軽に投稿でき拡散しやすい反面，近年，「炎上」（インターネット上での失言や不適切な行動が瞬時に拡散し，信頼を大きく損なう現象。SNSのサーバがダウンするケースもあり）が頻発して問題となっています。

最後に紹介するInstagramは写真や動画などをメインに投稿できるSNSであり，

画像や動画だけで気軽に投稿ができ，ユーザ同士で共有できます。Instagramには＃（ハッシュタグ）という機能があり，投稿時にテキスト部分にキーワードを付けて入力しておくと，閲覧者はハッシュタグをタップすれば，同じハッシュタグが付いた投稿を一覧でき，特定個人のアカウントだけでなく，特定のテーマの画像・動画をフォローすることも可能です。「インスタ映え」（Instagrammable）という言葉が日常語で定着しているように，人気のあるSNSとなっています。

（3）クラウド

クラウド・サービスは，これまでユーザがコンピュータないしコンピュータ・システムで利用していたデータやソフトウェアを，ネットワーク経由で，サービスとして利用者に提供するものです。クラウドでは，仮想化技術が活用されており，クラウド事業者が保有する物理的サーバをインターネット上で複数の仮想のサーバがあるように働かせることができる技術であり，ユーザは仮想サーバの１つをあたかも自己が保有するコンピュータ・システムのように利用することとなります。

従来，ユーザはコンピュータのハードウェア，ソフトウェア，データなどを自らリアルに保有・管理・利用していましたが，クラウド・サービスを活用すれば，巨額のIT投資をしてコンピュータ・システムを構築・運営管理する必要はなくなり，Microsoft，AWS等のクラウド事業者が保有する最新鋭のコンピュータ・システムにおいて，同じく最新鋭のソフトウェアを活用して，データ処理・保存ができるようになります。かつ，ユーザはコンピュータ・システムの運営管理等が不要になっただけ業務の効率化やコスト削減も図れます。

サービス提供時，ユーザはクラウド事業者のサーバにアクセスしますが，基本的にデータはクラウド事業者側のサーバに保管されており，ユーザのコンピュータ・システムやコンピュータとインターネットを介してデータを遣り取りしつつ，仮想化されたコンピュータ・システムの利用がなされます。基本的にユーザの所在地に最も近い地点にあるサーバがサービス提供時のデータ処理では使用されますが，Microsoft等クラウド事業者はコンピュータ・システムのシステム・ダウンやサイバー攻撃等を想定して，同一データを保存する複数のサーバ群をグローバルに分散立地させており，ユーザのクラウド・サービス活用はグローバルなインターネット空間で完結する形となっています（データの越境移転云々を議論する意味はありません）。

クラウド・サービスには，SaaS（Software as a Service），PaaS（Platform as a Service），IaaS（Infrastructure as a Service）の３種類があり，SaaSはイン

ターネット経由で電子メール，グループウェア，顧客管理，財務会計などのソフトウェア機能の提供を行うものであり，PaaSは仮想化されたアプリケーション・サーバやデータベースなど，アプリケーションの開発・実行のためのプラットフォーム機能の提供を行うサービスで，IaaSはデスクトップ仮想化や共有ディスクなど，ハードウェアやインフラ機能の提供を行います。

なお，クラウド・コンピューティングは，パブリック・クラウド，プライベート・クラウド，ハイブリッド・クラウドの３種類があり，パブリック・クラウドは，クラウド事業者が構築・管理・所有するクラウドにユーザはアクセスし，コンピューティング，ストレージ，ネットワークのリソースを使用して，企業独自の要件とビジネス目標に基づき，オンデマンドの共有リソースをアクセス・使用するものです。プライベート・クラウドは，単一の組織がデータ・センタを独占的にホスト使用し，システムもクラウド事業者でなく当該組織により構築・管理・所有され，当該組織に属する「内部ユーザ」はコンピューティング，ストレージ，ネットワークの各リソースを共同利用します。ハイブリッド・クラウドは，パブリック・クラウドとプライベート・クラウドを組み合わせたものです。

デジタル貿易の観点からクラウドを考えると，無国境性が特徴であるインターネット空間において，ユーザとサービス・プロバイダ，ユーザ間の立地国の違いを議論する意味がそもそも乏しく，デジタル貿易でも，オンライン・サービスでは，これまでリアルの世界を前提として組み立ててきたビジネスの在り方が一新されています。

（４）動画配信プラットフォーム

混同を避けるために一言すると，越境データ取引で紹介した動画配信サービスでは，サービス・プロバイダは自己のシステム上で保存・管理する動画コンテンツをユーザの視聴に供している「一面的」な存在ですが，動画配信プラットフォームでは，動画の作成・所有者は自ら動画配信能力がないためプラットフォーム上に動画をアップし（あるいはプラットフォーマーにストリーミングを依頼），動画を視聴する者はプラットフォームにアクセスして動画を視聴する「二面性」が特徴です。前者では，データがサービス・プロバイダからユーザへ移転し，データ移転がデジタル取引であるのに対し，後者では，プラットフォームが動画提供者と動画視聴者の間に介在し，三者全体で動画提供・動画視聴を可能とするデジタル取引が構成されています。

動画配信プラットフォームには，SNS／メディア型と企業向けSaaS型があり，SNS／メディア型ではYouTubeやニコニコ動画，TikTokが代表的プラットフォーマーです。不特定多数の投稿者が動画を投稿し，不特定多数の視聴者が視聴するものであり，プラットフォーマーは動画視聴と連動した広告システムによりマネタイズしています。企業向けSaaS型は，動画配信事業者が企業毎にプラットフォームを契約して利用させるものであり，オンデマンド視聴できる動画による社内広報・社内情報共有，文章等では教えられない動画による研修・トレーニング，製造現場等における技術継承のための動画学習，ウェビナー（インターネット上のセミナー）ないしビジネス・カンファレンス等の用途があります。

おわりに

紙数も尽きました。限りある紙数の中で，全てを語り尽くせたわけではありませんが，読者がサプライ・チェーン・マネジメントの観点から国際ビジネス，国際貿易を捉え直し，企業がどのようにグローバル・ビジネスを組み立てて，グローバル・サプライ・チェーン・マネジメントを実行しているかを理解するのに必要な点については，すべからく取り上げたつもりです。

出発点はビジネス観の見直しです。貿易はInternational Tradeの訳ですが，Tradeは広く商取引，ビジネスを意味します。貿易工程だけに捉われる必要はありません。ビジネスとは，顧客に対する価値提供を目的としたサプライ・チェーンのマネジメント（企画・形成・運営管理・成長発展）であり，製造企業は川上から製品の企画・開発，部品の製造・調達，最終製品の組立，物流，販売・サービスと工程（プロセス）を１つ１つつなぎあわせ，川下の顧客に付加価値を提供します。国際事業環境の変化に応じて，企業は提供価値の内容を見直すとともに価値提供方法も再検討し，絶えずグローバル・サプライ・チェーンを構築し直し続けます。

同時に視野の拡張が重要です。1990年まで先進国製造企業は国内集約生産を行い内外市場に製品供給していましたので，製造企業のグローバル・ビジネスは最川下の（輸出）貿易構造を見れば，おおよそ理解できました。しかしながら，1990年以降のグローバル資本主義では，サプライ・チェーンは各工程が世界最適立地し，製造企業が全工程を自前で管理する垂直統合モデルも放棄されたため，企業のグローバル・ビジネスはもはや（輸出）貿易プロセスだけ見ていても理解できません。視野をグローバル・サプライ・チェーン全体に拡げ，企業が各工程を如何なるロジックでグローバル展開し，サプライ・チェーン全体を統合しているかを考える必要があります。

本書では，企業がどのようにグローバル・ビジネスを展開するのか，それに応じて，グローバル・サプライ・チェーンを如何にマネジメント（企画・形成・運営管理等）するかを具体的に取り扱いました。読者におかれては，企業のグローバル・ビジネス展開をサプライ・チェーン・マネジメントの観点から分析・理解する習慣を身に付け，仮に自分が経営幹部となった場合，国際ビジネス環境の変化に応じて，グローバル・ビジネスをどのように組み立て，グローバル・サプライ・チェーンの形で具体化するかを思考実験していただくと，将来のInternational Tradeの備えになると考えます。

その思考実験において，グローバル・ビジネスは制度的要因にも左右されることを忘れてはならないと思います。「WTOを学ぶとは国際経済法を逐条，判例も併せて学ぶことか？」と短絡されがちですが，グローバル・ビジネスの当事者であるならば制度ユーザとして「如何にWTOシステムを活用してサプライ･チェーンをグローバル最適化するか」と発想転換してもよいはずです。また，2010年代央以降の米中覇権対立の中で，米国が米中デカップリング（サプライ・チェーンの切離し）に向けて，先端企業等に再グローバル化を求めていますが，Intel，TSMC等のサプライ・チェーン見直しは他社にとり大いなるヒントであり，今なお見直し方針の固まらない日本企業に代わり如何なる再グローバル化があり得るかを考えてはいかがでしょうか。

また，21世紀はデジタル・エコノミーの世紀ですが，デジタル技術がグローバル・サプライ・チェーンをスマート化しようとしています。それは貿易決済のデジタル化，貿易手続の電子化に止まらず，企業はIoT技術を活用して商品・データ・財務のフローを可視化し，サプライヤー，部品メーカー，卸売業者，輸送手段提供者，物流業者，小売業者など関係者を含めてグローバルに商流・物流を最適化しようとしています。サプライ・チェーン・マネジメントは各工程のグローバル最適配置と連結だけではなく，デジタル化により日進月歩する商流・物流の効率化・最適化も含まれています。

さらに，デジタル化と言えば，20世紀まで貿易はモノ貿易と同義でしたが，21世紀はデジタル貿易が登場し世界経済を牽引することが期待されています。モノ貿易の延長で理解できる国際電子商取引，越境データ取引だけでなく，役務がインターネット空間で完結し，「国境を超える」という越境概念が成り立たないオンライン・サービスについても「モノ貿易と違う」という理由だけで学ぶことを忌避していても仕方ありません。デジタル・エコノミーにおける新たなグローバル・ビジネスの展開を知らずして，21世紀のグローバル資本主義の世界では生き残れません。

大学講義では，本書で学んだ知識を踏まえて，学生が企業経営幹部になったつもりで，顧客提供する付加価値を考え，グローバル・ビジネスを組み立てて，グローバル・サプライ・チェーン・マネジメントをシミュレーションすることを考えています。読者におかれては，企業がどのようにグローバル・ビジネスを組み立ててサプライ・チェーン・マネジメントを実行しているかを理解するだけでなく，自らグローバル・ビジネスを構想し，その構想を実現するために如何にグローバル・サプライ・チェーンを組み立てるかを思考実験いただいてはいかがでしょうか。

この一世代の間，日本は「失われた10年」「失われた20年」というように死んだ子の年を数えるようなことばかりしてきました。今や「失われた30年」だそうですが，そろそろ過去を振り返るのは止めて（過去の延長に未来がなかったわけですから），改めて顧客に対して何を価値提供するのか，顧客への価値提供のためグローバル・サプライ・チェーンをどのように構築するのかに専念したいものです。過去30年間，日本製造業はコスト競争ではなく，イノベーションに注力できず価値創造で敗れたのですから，再び顧客への価値提供から出発しなければならないのではないでしょうか。

また，戦後「グローバル化」「グローバル人材」は繰り返し国民運動化してきましたが，2000年以降の「グローバル」ブームも2010年代末頃からで下火となり，我々の視線は「内向き」となっています。もはや世界に通じる競争力あるモノを創り出せないという諦めが背後にあるのかもしれません。とはいえ，資源のない国が世界で生きていくには価値あるモノを創り出し，世界で価値提供していかなければならない状況に変わりはありません。改めて世界に目を向けて，世界の顧客に対して，どのような価値を提供するのかから再出発を図るしかないのではないでしょうか。

「教科書」の後書きからは脱線してしまったかもしれませんが，本書はそうした取組に対する支援に些少なりともなれば幸いです。本書の執筆は公私多事多端な時期に進められましたが，一貫してサポートしてくれた妻，優子に感謝したいと思います。

2024年11月

榎本俊一

参考文献

Andreasson, S.（2024）, *Amazon FBA Success: Strategies For Selling On The Online Platform*

Balassa, B.A.（1961）, *The Theory of Economic Integration*, Richard D. Irwin, Illinois.

Bartlett, C.A. and S. Ghoshal（1989）, *Managing Across Borders: The Transnational Solution*, Harvard Business School Press Boston, MA（吉原英樹監訳『地球市場時代の企業戦略―トランスナショナル・マネジメントの構築』（1990）日本経済新聞社）

Bernard, A.B., J.B. Jensen, S.J. Redding and P.K. Schott（2007）, "Firms in International Trade." *Journal of Economic Perspectives*, Vol.21, No.3, pp.105-130.

Bremmer, Ian（2010）, *The end of the free market: who wins the war between states and corporations?* Portfolio（有賀裕子訳『自由市場の終焉』（2011）日本経済新聞社）

Covey, P.G.（2018）, *Selling on Amazon: A Step-by-Step Guide to Using Amazon's Seller Platform*

Cusumano, M.A., A. Gawer and D.B. Yoffie（2019）, *The Business of Platforms: Strategy in the Age of Digital Competition, Innovation, and Power*, Harper Business（青島矢一訳『プラットフォームビジネス』（2020）有斐閣）

Del Rey, J.（2023）, *Winner Sells All: Amazon, Walmart, and the Battle for Our Wallets*, Harper Business

Fukuyama, F.（1992）, *The End of History and the Last Man*, Free Press（渡部昇一訳『歴史の終わり』（1992）三笠書房）

Gaster, R.（2020）, *Behemoth, Amazon Rising: Power and Seduction in the Age of Amazon*, Incumetrics Press.

Gonzále1z, L. J., and M. Jouanjean（2017）, "Digital Trade: Developing a Framework for Analysis", *OECD Trade Policy Papers*, No. 205, OECD Publishing, Paris.

Heenan, D.A. and H.V. Perlmutter（1979）, *Multinational Organization Development*, Addision-Wesley Publishing Company, Inc.（江夏健一・奥村皓一監修，国際ビジネス研究センター訳『グローバル組織開発―企業・都市・地域社会・大学の国際化を考える ―』（1990）文眞堂）

Henderson, B.D. *The Experience Curve - Reviewed II: History, 1973*（https://www.bcg.com/publications/1973/corporate-finance-strategy-portfolio-management-experience-curve-reviewed-part-ii-the-history）

Krugman, P.（1980）, "Scale Economies, Product Differentiation, and the Pattern of Trade," *American Economic Review*, Vol.70, No.5, pp.950-959.

Mattioli, D.（2024）, *The Everything War: Amazon's Ruthless Quest to Own the World and Remake Corporate Power*, Torva

Melitz, M.J.（2003）, "The Impact of Trade on Intra-Industry Real Locations and

Aggregate Industry Productivity," *Econometrica*, Vol.71, No.6, pp.1695-1725.

Parker, G.G., M.W. van Alstyne and S.P. Choudary (2016), *Platform Revolution: How Networked Markets Are Transforming the Economy and How to Make Them Work for You: How Networked Markets Are Transforming the Economy—and ... to Make Them Work for You*, W.W. Norton & Company.

Porter, M.E. (1985), *Competitive Advantage: creating and sustaining superior performance*, The Free Press（土岐坤他訳『競争優位の戦略—いかに高業績を持続させるか』(1985) ダイヤモンド社）

Ricardo, D. (1817), *On the Principles of Political Economy, and Taxation*（羽鳥卓也・吉澤芳樹訳『経済学および課税の原理』(1987) 岩波書店）

Smith, A. (1776), *An Inquiry into the Nature and Causes of the Wealth of Nations, Individual capital, Social integrated stock*（水田洋監訳『国富論』(2000,2001) 岩波書店）

UNITED STATES INTERNATIONAL TRADE COMMISSION (USITC) (2013), *GLOBAL DIGITAL TRADE 1: MARKET OPPORTUNITIES AND KEY FOREIGN TRADE RESTRICTIONS* (https://www.usitc.gov/publications/industry_econ_analysis_332/2017/global_digital_trade_1_market_opportunities_and.htm)

Vernon, R. (1971), *Sovereignty at Bay: The multinational spread of U.S. enterprises*, New York: Basic Books.

The White House Report (2021) "*BUILDING RESILIENT SUPPLY CHAINS, REVITALIZING AMERICAN MANUFACTURING, AND FOSTERING BROAD-BASED GROWTH*"

World Trade Organization (WTO) (2008),*World Trade Report 2008*

習近平 (2012)『承前啓後　継往開来　継続朝着中華民族偉大復興目標奮勇前進』2012年11月29日 新 華 網 (http://news.xinhuanet.com/politics/2012-11/29/c_113852724.htm)

Zimmerman, S. "Amazon cited for safety violations at 3 more warehouses," *SUPPLYCHAINDIVE* 2023年 2 月 2 日付記事 (https://www.supplychaindive.com/news/amazon-osha-workplace-violation-labor-warehouse/641872/)

Apple (2020)『Apple, 2030年までにサプライ・チェーンの100%カーボンニュートラル達成を約束』2020年 7 月21日付プレス発表

Apple (2022)『Apple, グローバルサプライ・チェーンに対して2030年までに脱炭素化することを要請』2022年10月25日付プレス発表

井上義明 (2015)『LNG（液化天然ガス）プロジェクトファイナンス－リスク分析と対応策』きんざい

今村隆・大野雅人 (2023)『BEPSプロジェクトと各国の裁判例から読み解く 移転価格税制のメカニズム』中央経済社

NTTデータ（2020）『貿易プラットフォーム「TradeWaltz®」の運営会社に業界横断７社で出資』2020年10月27日付プレス発表
NTTデータ（2021）『新たな貿易決済の仕組みの実現に向けた実証実験を実施』2021年12月27日付プレス発表
榎本俊一（2012）『総合商社論　Value Chain上の事業革新と世界企業化』中央経済社
榎本俊一（2017）『2020年代の新総合商社論　日本的グローバル企業はトランスナショナル化できるか』中央経済社
岡村志嘉子（2017）『中国の国家情報法』国立国会図書館デジタルコレクション（https://dl.ndl.go.jp/view/download/digidepo_10404463_po_02720209.pdf?contentNo=1），2024年３月26日閲覧。
角井亮一（2016）「アマゾンが秘密にする物流センターの正体　配送網を全て手中に収め始めたECの王者」東洋経済新報Online 2016年６月７日付（https://toyokeizai.net/articles/-/121435）
角井亮一（2018）「アマゾンの物流戦略はここまで徹底している　日本で宅配クライシスを乗り切れた真の理由」東洋経済新報Online 2018年８月17日付（https://toyokeizai.net/articles/-/231845?page=2）
角井亮一（2019）「32期増収増益の「ニトリ」がつくった物流でもうかる仕組み」東洋経済新報『東洋経済on-line』記事2019年10月18日付（https://toyokeizai.net/articles/-/231885?page=3）
環境省（2016）『物語でわかるサプライチェーン排出量算定』
環境省（2021）『環境白書2021年版』
紀野隆他（2007）『グローバル設計環境の構築』富士通テン技報Vol.25 No.1
栗原章他（2021）『日本における貿易業務電子化に向けた民間プラットフォーマーの役割と戦略』NTTデータ経営研究所
経済産業省（2011a）『欧州の化学品規則（REACH/CLP）に関する解説書』
経済産業省（2011b）『通商白書2011年版』
経済産業省（2017）『通商白書2017年版』
経済産業省（2018）『通商白書2018年版』
経済産業省（2021）「半導体・デジタル産業戦略（改定案）」
経済産業省（2022）『貿易分野デジタル化の在り方等に係る調査報告書』
経済産業省（2023a）『サプライチェーンにおける脱炭素化に関する調査最終報告書』
経済産業省（2023b）『製造業を巡る現状と課題と今後の政策の方向性』（https://www.meti.go.jp/shingikai/sankoshin/seizo_sangyo/pdf/014_04_00.pdf）
経済産業省（2023c）『第52回海外事業活動基本調査』
経済産業省（2024）『貿易プラットフォームの利活用推進に向けた検討会中間報告書』
経済産業省・国土交通省・農林水産省（2022）『我が国の物流を取り巻く現状と取組状況』
国際連合（1973）*Multinational Corporations in World Development*, ST/ECA/190 and Corp.1（外務省訳『多国籍企業と国際開発：国際企業活動の行動基準を求めて 国

連事務局報告』）
国土交通省（2021）『総合物流施策大綱（2021年度～2025年度）』
国土交通省（2022）『港湾の電子化サイバーポート 推進委員会について』
国土交通省（2024）『日本貿易プラットフォーム「TradeWaltz」と港湾電子化プラットフォーム「Cyber Port」のシステム間連携を開始』2024年３月14日付報道発表
資源エネルギー庁（2021）『総合資源エネルギー調査会 発電コスト検証ワーキンググループ（第８回会合）』資料
嶋正和（2014）『EPAビジネス戦略の実態』
関志雄（2016）『スマイルカーブは誰に微笑んでいるか？ ―豊作貧乏の罠に陥った中国―』経済産業研究所（https://www.rieti.go.jp/users/china-tr/jp/ssqs/040116ssqs.html）
Zenken『キャククル』2022年１月18日付記事
（https://www.shopowner-support.net/glossary/position/nitori-positioning/）
センコー（2022）『煩雑な輸出業務を一元管理できる貿易実務プラットフォームの提供を開始』2022年10月26日付ニュース
総務省（2014）『平成26年版情報通信白書』
総務省（2018）『海外におけるICTを活用した労働参加・質の向上及び新サービスの展開に関する調査研究』
大和総研（2018）『GAFAの台頭　世界でデータをめぐる競争が激化』
田中鮎夢（2010a）『新貿易理論』（https://www.rieti.go.jp/users/tanaka-ayumu/serial/002.html ）
田中鮎夢（2010b）『新々貿易理論とは何か？』（https://www.rieti.go.jp/jp/columns/a01_0286.html）
中華人民共和国国務院（2015）『中国製造2025』「中国制造 2025」（科学技術振興機構（2015）「『中国製造 2025』の公布に関する国務院の通知の全訳」）
（https://www.jst.go.jp/crds/pdf/2015/FU/CN20150725.pdf）
中小企業金融公庫総合研究所（2003）『電気・電子機器産業におけるアジア各国間の分業構造の変化と日系中小企業の対応 ― 日系大企業の国際的調達・生産戦略への対応 ―』中小公庫レポート　No.2002-7
東洋経済On-line『「TSMC熊本進出」のあまり語られない本当の理由　当然，背景にはアメリカIT大手の存在がある』2023年12月12日記事
東洋経済On-line『インテル「TSMC追撃」150兆円目指す半導体市場　ゲルシンガーCEOが高らかに宣言した「新戦略」』2024年２月27日記事
東洋経済新報オンライン2024年３月27日付記事「中国電池CATL，海外市場でも『シェア首位』に躍進　１月の搭載量が韓国LGエナジーを初めて逆転」（https://toyokeizai.net/articles/-/742244）
トレードワルツ（2022）『貿易情報連携プラットフォーム「TradeWaltz」４月１日から製品版リリース』2022年３月30日付ニュース発表
内閣府（2019）『世界経済の潮流』
内閣府（2023）『SIPスマート物流サービス最終成果報告書』

中川威雄（2014）「フォックスコンのモノづくり」『型技術』第28巻第７号
日刊自動車新聞2020年５月15日付記事（メガサプライヤー）
日本エネルギー経済研究所（2006）『LNGチェーンにおける事業者の変化とわが国の課題に関する調査』
日本自動車工業会編（1988）『日本自動車産業史』日本自動車工業会
日本貿易振興機構（2016）『日本の経済連携協定（EPA）特恵関税利用のための基礎知識と手順・実務』
日本貿易振興機構（2024a）『これだけは知っておきたいEPA/FTA要点と注意点』
日本貿易振興機構（2024b）『変貌する世界の半導体エコシステム』
日本貿易振興機構（2024c）『貿易・投資動向から読み解く米中対立がサプライチェーンに与えた影響』
日本貿易手続簡易化協会（2001）「平成13年度貿易手続簡易化特別委員会報告書」
Fast Retailing（2010）『アニュアルレポート2010』
FOURIN社（1999）『北米自動車産業』
FOURIN社（2001）『日米欧主要部品企業の世界生産体制』
PcW（2023）『米中デカップリングに企業はどう備えるべきか』（https://pwc.com/jp/ja/knowledge/column/geopolitical-risk-column/vol3.html）
深尾京司・袁堂軍（2001）「日本の対外直接投資と空洞化」『RIETI Discussion Paper Series』01-J-003
藤枝純他（2020）『デジタル課税と租税回避の実務詳解』中央経済社
富士経済（2022）『2023年版 次世代物流ビジネス・システムの実態と将来展望』
Bloomberg『アップルのグローバル供給網，米中の断層で分断も－分散化が加速か』2023年８月29日付記事（https://www.bloomberg.co.jp/news/articles/2023-08-29/S02P0EDWLU6801）
堀一郎（2010）「ミッタル・スチール社の成長とグローバル企業買収戦略」愛知県立大学外国語学部『紀要』第44号
松下満雄・米谷三以（2015）『国際経済法』東京大学出版会
松本恒雄他（2011）『電子商取引法』勁草書房
三菱商事編（2011）『現代総合商社論　三菱商事・ビジネスの創造と革新』早稲田大学出版部
三菱商事編（2013）『新・現代総合商社論: 三菱商事ビジネスの創造と革新』早稲田大学出版部
森川哲男他（2006）「LNGチェーンにおける事業者の変化とわが国の課題に関する調査」日本エネルギー経済研究所『IEEJ』2006年６月号
森田浩仁（2005）「都市ガスとLNG第17回　LNG大躍進時代③ －三菱商事が果たした役割」，日本エネルギー経済研究所『IEEJ』2005年８月
森山弘將・赤倉康寛（2019）『我が国の北米西岸コンテナ輸出における経路選択の分析～直航・海外フィーダー経路の選択水準の差～』国土技術政策総合研究所資料No. 1064（YSK-N-408）（https://www.ysk.nilim.go.jp/kenkyuseika/pdf/ks1064.pdf）

湯之上隆（2023）「なぜTSMCが米日欧に工場を建設するのか～米国の半導体政策とその影響」『EE Times Japan』2023年1月19日付記事（https://eetimes.itmedia.co.jp/ee/articles/2301/19/news043.html）
Reuters『TSMC創業者，グローバル化の意義低下に警鐘　国家安保優先で』2023年7月4日付記事（https://jp.reuters.com/article/idUSKBN2YK082/）

索　引

外国語

日本語

[あ行]

[か行]

[さ行]

［た行］

［な行］

［は行］

［ま行］

［や行］

［ら行］

〈著者紹介〉

榎本俊一（えのもと しゅんいち）

1990年，東京大学法学部卒業後，通商産業省入省。爾後，産業政策・通商政策に従事し，日本経済・企業に関わる問題について広く関与。2015年以降，経済社会を一変させつつあるIoT革命に行政官として取り組むとともに，製造IoT化をServitization（製造企業のサービス化）とユーザ・イノベーションの観点から研究。2019年，関西学院大学商学部准教授（国際ビジネス）に転じ，2023年以降，中央大学商学部准教授（貿易論）を務める。経営学博士。

[研究分野] 国際貿易とグローバル経営，製造企業のサービス化，ユーザ・イノベーション，企業と経済システムのIoT化

[所属] 日本経営学会，サービス学会，日本国際経済学会会員等

[著書] 博士論文「製造企業のサービス成長と脱コモディティ化～工作機械ビジネス革新を通じた市場誘導型イノベーションのモデル化～」埼玉大学大学院（2022年），「転換期にある“製造企業のサービス成長”研究」『関西学院大学商学論究』第69巻１号（2021年），「DENSOのモノづくり～“Smart Factory”はTPSに収斂するのか」『中央大学商学論纂』第61巻１・２号（2019年），『2020年代の新総合商社論～日本的グローバル企業はトランスナショナル化できるか』中央経済社（2017年）等

国際貿易・ビジネスの再構築
——サプライ・チェーンの企画・形成・運営の観点から

2025年３月30日　第１版第１刷発行

著者　榎　本　俊　一
発行者　山　本　継
発行所　㈱中央経済社
発売元　㈱中央経済グループパブリッシング

〒101-0051　東京都千代田区神田神保町１-35
電話　03（3293）3371（編集代表）
03（3293）3381（営業代表）
https://www.chuokeizai.co.jp
印刷／三英グラフィック・アーツ㈱
製本／㈲井上製本所

ISBN978-4-502-51481-4　C3034